Haiphong

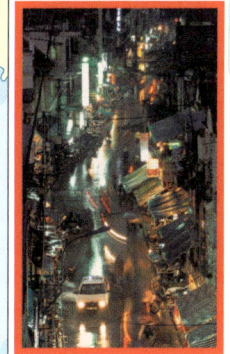

HANOI
Seiten 152–177

**SÜDLICHES
ZENTRALVIETNAM**
Seiten 102–119

ZENTRAL-
VIETNAM

Hue

Ðanang
Hoi An

SÜDLICHES
ZENTRALVIETNAM

Nha Trang

Dalat

CHI MINH
CITY

ong

HO CHI MINH CITY
Seiten 52–83

0 Kilometer   500

VIETNAM
& ANGKOR

VIS À VIS

VIETNAM
& ANGKOR

DORLING KINDERSLEY

EIN DORLING KINDERSLEY BUCH

www.travel.dk.com

PRODUKTION Dorling Kindersley India, Delhi
MANAGING EDITOR Aruna Ghose

TEXTE Claire Boobbyer, Andrew Forbes,
Dana Healy, Richard Sterling

FOTOGRAFIEN Demetrio Carrasco, David Henley, Chris Stowers

ILLUSTRATIONEN Gary Cross, Surat Kumar Mantu, Arun Pottirayil,
Gautam Trivedi, Mark Warner

KARTOGRAFIE Uma Bhattacharya, Mohammad Hassan,
Casper Morris

REDAKTION UND GESTALTUNG
Dorling Kindersley India, Delhi: Priyanka Thakur, Shahnaaz Bakshi,
Kavita Saha, Arunabh Borgohain, Jyoti Kumari, Jayashree Menon,
Asavari Singh, Shipra Gupta, Taiyaba Khatoon, Vinod Harish
Dorling Kindersley Ltd., London: Douglas Amrine, Jane Ewart,
Scarlett O'Hara, Kate Poole, Kathryn Lane, Ros Walford, Gadi
Farfour, Kate Leonhard, Natasha Lu, Louise Daily

•

© 2007 Dorling Kindersley Ltd., London
Titel der englischen Originalausgabe:
Eyewitness Travel Guide *Vietnam & Angkor Wat*
Zuerst erschienen 2007 in Großbritannien
bei Dorling Kindersley Ltd., London
A Penguin Company

Für die deutsche Ausgabe:
© 2007 Dorling Kindersley Verlag GmbH, München

Aktualisierte Neuauflage 2009 / 2010

PROGRAMMLEITUNG Dr. Jörg Theilacker, Dorling Kindersley Verlag
ÜBERSETZUNG Jürgen Scheunemann, Berlin
REDAKTION Brigitte Maier, Konzept & Text München
SCHLUSSREDAKTION Philip Anton, Köln
SATZ UND PRODUKTION Dorling Kindersley Verlag
LITHOGRAFIE Colourscan, Singapur
DRUCK KHL Printing Co. Pte. Ltd., Singapur

ISBN 978-3-8310-1563-4
2 3 4 5 12 11 10 09

Dieser Reiseführer wird regelmäßig aktualisiert. Angaben wie
Telefonnummern, Öffnungszeiten, Adressen, Preise und Fahrpläne
können sich jedoch ändern. Der Verlag kann für fehlerhafte oder
veraltete Angaben nicht haftbar gemacht werden. Für Hinweise,
Verbesserungsvorschläge und Korrekturen ist der Verlag dankbar.
Bitte richten Sie Ihr Schreiben an:

Dorling Kindersley Verlag GmbH
Redaktion Reiseführer
Arnulfstraße 124 • 80636 München

◁ **Die grünen Reisfelder von Dien Bien Phu, Nordvietnam** *(siehe S. 195)*
◁◁ **Umschlag: Bei Can Tho im Mekong-Delta** *(siehe S. 94)*

INHALT

**Glimmende Weihrauchspiralen in
der Thien Hau-Pagode** *(siehe S. 70)*

**Fischer bei der Arbeit im
Mekong-Delta**

Kalksteinfelsen in der Bucht von Halong *(siehe S. 182–184)*

Filigrane Urne im Hof der Tu Dam-Pagode *(siehe S. 139)*

Figur eines Hofmusikers

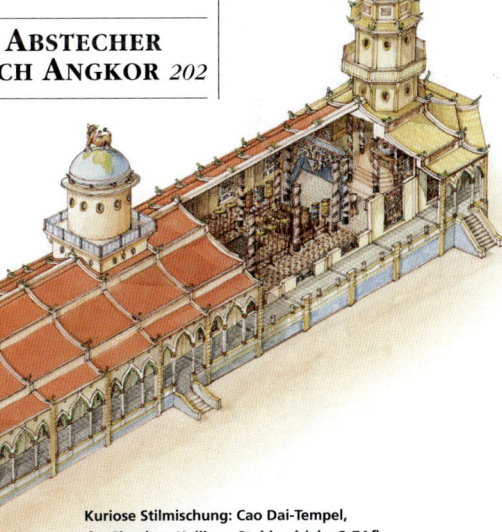

Kuriose Stilmischung: Cao Dai-Tempel, der Sitz des »Heiligen Stuhls« *(siehe S. 74 f)*

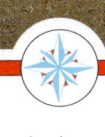

VIETNAM
STELLT SICH VOR

VIETNAM ENTDECKEN

Das S-förmige Land erstreckt sich vom bergigen Norden über das Delta des Roten Flusses bis hinunter zu den Flussläufen des Mekong-Deltas und bietet eine Vielzahl kultureller Sehenswürdigkeiten – auf- und anregend für alle Sinne. Im Norden liegt das reizvolle Hanoi, eine einzigartige Mischung aus französischer Kolonialarchitek-

Fein gearbeitete Oc Eo-Statue

tur und vietnamesischer Kultur, im äußersten Süden Ho Chi Minh City, die moderne Wirtschaftsmetropole. Auf der abwechslungsreichen Reise durchs Land entdeckt man spektakuläre Kalksteinfelsen, reich verzierte Tempel, fantastisches Essen, Dörfer ethnischer Volksgruppen und Spuren des Vietnamkriegs. Die Highlights werden hier kurz vorgestellt.

Ho Chi Minh-Statue vor dem Sitz des Volkskomitees, Ho Chi Minh City

HO CHI MINH CITY

- Markttreiben in Cholon
- Tunnelkomplexe von Cu Chi
- Reich verzierte Pagoden

Ho Chi Minh City, das ehemalige Saigon, lange als Paris des Fernen Ostens gefeiert, bietet eine anziehende Mischung aus Geschichte und Moderne. Kulturelles Zentrum ist der **Dong Khoi** (siehe S. 56f) mit seinen französischen Kolonialbauten, schicken neuen Restaurants, Hotels und Läden. Berühmt wurde die Straße als Schauplatz von Graham Greenes Saigon-Roman *Der stille Amerikaner*. Ein architektonisches Highlight ist der **Sitz des Volkskomitees** (siehe S. 59) mit seiner dem Pariser Hôtel de Ville nachempfundenen Fassade. Eines der interessantesten Museen, das **Museum für Kriegsrelikte** (siehe S. 65), erinnert an die Schrecken des Vietnamkriegs. Nördlich erstrecken sich die betriebsamen Märkte von **Cholon** (siehe S. 68f), auf denen man von Heilkräutern

bis hin zu Seide alles kaufen kann. Die **Jadekaiser-Pagode** (siehe S. 62f) hat ein reich verziertes Dach. Tagesausflüge führen zu den spektakulären **Tunnelsystemen von Cu Chi** (siehe S. 72) und zum **Cao Dai-Tempel** (siehe S. 74f), Zentrum des Caodaismus.

MEKONG-DELTA UND SÜDVIETNAM

- Leben im Flussdelta auf schwimmenden Märkten
- Bootstouren um Vinh Long
- Korallenriffe vor Con Dao

Durch die weite Landschaft aus Reisfeldern und Mangrovenwäldern führen Bootsausflüge ab **My Tho** (siehe S. 88) und **Vinh Long** (siehe S. 90f) zu intakten Dörfern und ihren Handwerken, zu Inseln voller Obstgärten und dem bunten Treiben der schwimmenden Märkte von **Can Tho** (siehe S. 94). Ganz in der Nähe leben in den Städten **Tra Vinh** (siehe S. 89) und **Soc Trang** (siehe S. 96) die Khmer Vietnams. Sehenswert sind die buddhistischen

Theravada-Tempel, ein deutlicher Unterschied zu den Mahayana-Pagoden der Viet. Vor der Küste bei **Ha Tien** (siehe S. 100) liegt die für die Sonnenuntergänge und schönen Wanderwege bekannte Insel **Phu Quoc** (siehe S. 101). Außerhalb des Deltas sind die **Con Dao-Inseln** (siehe S. 98) wegen ihrer Traumstrände und artenreichen Korallenriffe bekannt.

SÜDLICHES ZENTRALVIETNAM

- Traumhafte Strände
- Historische Tempel
- Kühle Erholung in Dalat

Die Region hat einige der schönsten Traumstrände: **Mui Ne** (siehe S. 106f) ist ein idyllischer, palmengesäumter Strand mit hohen Dünen. Die Küste um **Nha Trang** (siehe S. 108–111) bietet ausgezeichnete Möglichkeiten für Wassersport und Abstecher zu den Inseln. In **Phan Rang-Thap Cham** (siehe S. 107) stehen zwei der am besten erhaltenen Tempel-

Fischerboote im Hafen von Ha Tien, Mekong-Delta

◁ Gemälde eines zeitgenössischen Künstlers: Bauern aus dem Dorf Vinh Tri in den Reisfeldern von Tongking (heute Tonki

Prächtiger Innenraum des Khai Dinh-Grabmals in Hue, Zentralvietnam

anlagen Vietnams. Das kühle Klima, gute Wanderrouten und die Wasserfälle in **Dalat** *(siehe S. 114–116)* machen den Bergort zu einem beliebten Sommerziel. Die Dörfer rund um **Buon Ma Thuot** *(siehe S. 117)* und **Kontum** *(siehe S. 118)* bieten einen faszinierenden Einblick in das Leben der Bergvölker.

Der palmengesäumte Mui Ne Beach im südlichen Zentralvietnam

ZENTRALVIETNAM

- **Einkaufen in Hoi An**
- **Kaiserpaläste in Hue**
- **Demilitarisierte Zone**

Die Festung von **Hue** *(siehe S. 138–145)*, eine Welterbestätte, ist Mittelpunkt einer riesigen Stadt mit Tempelruinen, Königsgräbern und Palästen. Während des Vietnamkriegs war der **China Beach** *(siehe S. 133)* ein Erholungsgebiet für US-Soldaten, heute ist er ein beliebter Badeort. **Hoi An** *(siehe S. 124–129)* gilt schon lange als Shopping-Mekka, Schneider nähen hier in wenigen

Stunden einen Anzug. Vom Bergort **Ba Na** *(siehe S. 133)*, der in der französischen Kolonialzeit gegründet wurde, kann man bis zum Südchinesischen Meer blicken. Der **Bach Ma-Nationalpark** *(siehe S. 136)* ist ein Vogelparadies. Bewegend ist eine Tour in die ehemalige **Demilitarisierte Zone** *(siehe S. 149)* und zu Stätten des Vietnamkriegs.

HANOI

- **Stiller Tempel der Literatur**
- **Mittelalterliche Straßen im Altstadtviertel**
- **Edle Kolonialarchitektur**

Hanoi ist Hauptstadt und die älteste Stadt der Region. Hier sieht man schöne einheimische und koloniale Architektur, erlebt eine lebendige Kunstszene und findet einige der besten Restaurants Vietnams. Höhepunkt ist eine Tour durch die Gassen der **Altstadt** *(siehe S. 156f)*. Im Herzen der Stadt liegt der **Hoan Kiem-See** *(siehe S. 160)*, an dem man spazieren geht oder Schach spielt. Ruhe inmitten der lauten Stadt bietet der **Tempel der Literatur** *(siehe S. 166f)*. Ganz in der Nähe lädt das elegante französische Viertel mit seinen schattigen Boulevards und herrschaftlichen Kolonialbauten zum Bummeln ein. Im **Ho Chi Minh-Mausoleum** *(siehe S. 165)* liegt der einbalsamierte Leichnam des verehrten Politikers. Ein Muss ist eine Aufführung des Wasserpuppen-Theaters

(siehe S. 159), einer alten Kunst, die nur in Hanoi und am Delta des Roten Flusses praktiziert wird.

NORDVIETNAM

- **Ausflug in die Halong-Bucht**
- **Einzigartige Parfümpagode**
- **Ethnische Minderheiten in Sapa**

Nordvietnam ist für seine Natur und seine lebendige Tradition bekannt. Südlich von Hanoi lockt die **Parfümpagode** *(siehe S. 192)*, eine Pilgerstätte in einer Hügelgrotte, die nur per Fahrt mit dem *sampan* durch ein überflutetes Tal erreichbar ist. Nördlich liegen die **Yen Tu-Pilgerstätten** *(siehe S. 185)* in nebelverhangenen Bergen und erzählen von der vietnamesischen Geschichte. Im Nordosten fährt man durch eine spektakuläre Berg- und Seenlandschaft in den **Ba Be-Nationalpark** *(siehe S. 200)*. Ein Bootsausflug rund um die beeindruckende **Bucht von Halong** *(siehe S. 182–184)* mit ihren Kalksteinfelsen im Meer ist unvergesslich. Im Nordwesten sieht man auf dem Markt in **Sapa** *(siehe S. 196f)* Bergvölker wie die Roten Dao und Hmong *(siehe S. 198f)*, im **Mai Chau-Tal** *(siehe S. 194)* kann man bei Familien in einem echten Pfahlbau wohnen. Wer fit ist, hat vielleicht Lust, den **Fansipan** *(siehe S. 197)* zu erklimmen, Vietnams höchsten Berg.

Hmong-Frau mit bunten Stoffen in Sapa, Nordvietnam

Vietnam auf der Karte

Die Sozialistische Republik Vietnam (Cong Hoa Xa Hoi Chu Nghia Viet Nam) erstreckt sich in tropischen Breiten, elf Grad nördlich des Äquators. Das Land grenzt an China, Laos und Kambodscha und nimmt eine Fläche von 331 690 Quadratkilometern ein. Die 3260 Kilometer lange Küste Vietnams reicht vom Südchinesischen Meer bis zum Golf von Tonkin. Die rund 86 Millionen Einwohner (88 Prozent Vietnamesen, daneben 53 ethnische Minderheiten) leben in 59 Provinzen *(tinh)* und fünf zentral verwalteten Städten *(thanh pho)*. Hanoi ist die Hauptstadt, Wirtschaftsmetropole ist jedoch Ho Chi Minh City.

Satellitenbild der Flussläufe im Mekong-Delta

CHINA

Cao Bang

Lang Son

Bac Kan

Thai Nguyen

HANOI

Halong City

Cam Pha

Haiphong

Nam Dinh

Thanh Hoa

Golf von Tonkin

Hainan

Satellitenaufnahme von Vietnam und seinen Nachbarländern

Vinh

Dong Hoi

Dong Ha

Hue

Danang

Hoi An

Tam Ky

Pakxe

Quang Ngai

VIETNAM

Kontum

Sa Huynh

Pleiku

Quy Nhon

Tuy Hoa

Buon Ma Thuot

...SCHA

Kampong Cham

Gia Nghia

Dalat

Nha Trang

Dong Xoai

Phan Rang-Thap Cham

Ninh...

Bien Hoa

Mui Ne

Tan An

Ho Chi Minh City

Phan Thiet

Phu Quy

My Tho

Vung Tau

Vinh Long

Giang

Soc Trang

SÜDCHINESISCHES MEER

Bac Lieu

Con Dao-Archipel

LEGENDE

✈ Internationaler Flughafen

⚓ Fährhafen

— Autobahn

— Hauptstraße

— Eisenbahn

– – Staatsgrenze

0 Kilometer — 500

SÜDOSTASIEN

CHINA

BHUTAN

NEPAL

TAIWAN

INDIEN

MYANMAR

LAOS

Hanoi

BANGLADESCH

THAILAND

VIETNAM

PHILIPPINEN

KAMBODSCHA

Ho Chi Minh City

SRI LANKA

BRUNEI

MALAYSIA

SINGAPUR

INDONESIEN

EIN PORTRÄT VIETNAMS

Grüne Berge, traumhafte Strände, historische Pagoden und der Reiz einer geheimnisvollen Kultur locken alljährlich Millionen Besucher nach Vietnam. Das Land und seine florierende Tourismusindustrie erleben heute dank wirtschaftlicher Reformen einen enormen Aufschwung. Vietnam zeigt sich erfolgreich als ein Reiseziel, in dem der Krieg nun Geschichte ist.

Vietnam erstreckt sich im südöstlichen Zipfel der indochinesischen Halbinsel an den warmen Gewässern des Südchinesischen Meeres. Im Westen, hinter der 1100 Kilometer langen Truong Son-Gebirgskette, liegen Laos und Kambodscha, im Norden China. Vietnam selbst ist lang und schmal – an der schmalsten Stelle gerade mal 50 Kilometer breit. Die Küste verläuft vom Golf von Tonkin im Norden bis zum Golf von Thailand im Süden.

Vietnamesen teilen ihr Land in drei Regionen auf: Der Norden, das fruchtbare Delta des Roten Flusses (Song Hong oder Hong Ha), ist an drei Seiten von Bergen eingerahmt und wird von der reizvollen Hauptstadt Hanoi geprägt. Die lange Zentralregion lädt mit ihren malerischen

Exponat im Kunstmuseum von Hue

Stränden und der alten Kaiserstadt Hue sowie dem Wirtschaftszentrum Hoi An und der großen Hafenstadt Danang ein. Hier sieht man noch Spuren der Demilitarisierten Zone (DMZ). Der Süden mit seinen Hochplateaus rund um Pleiku und Dalat ist etwas breiter. Im äußersten Süden liegen die Wirtschaftsmetropole Ho Chi Minh City und das Mekong-Delta. Dieser von Palmen und vielen Kanälen geprägte Landstrich ist die fruchtbare Reiskammer Vietnams.

Die geografische Vielfalt Vietnams spiegelt sich in den 54 ethnischen Gruppen wider. Die größte davon, Kinh oder Viet, macht 88 Prozent der 86 Millionen Einwohner aus. Kinh leben vor allem in den Tiefebenen entlang der Küste und der Flüsse.

Der Fluss Yen auf seinem gewundenen Lauf bis zur Parfümpagode *(siehe S. 192f)*

◁ **Straßenküche in Hoi An** *(siehe S. 124–129)*

Hmong-Frauen im nördlichen Hochland

Die meisten ethnischen Minderheitsgruppen mit ihrer ganz eigenen Geschichte, Sprache und Kultur haben ihre Heimat im nördlichen und zentralen Hochland. Die Hoa, chinesischstämmige Vietnamesen, leben in den Tiefebenen und Großstädten, während die Cham und Khmer in den südlichen Küstenebenen und im Mekong-Delta heimisch sind.

VIETNAMESISCHE KULTUR

Die vietnamesische Gesellschaft ist von jeher hierarchisch als Patriarchat strukturiert und orientiert sich stark am Konfuzianismus. Familie und die Pflichten der Kinder gelten als wichtige Tugenden, Respekt gegenüber Älteren und der Wert von Bildung sind ebenso entscheidend. Die Rolle der Frau hat sich seit der Emanzipation im kommunistischen Staat zwar verbessert, doch trotz Gleichberechtigung in der Gesellschaft bleibt das Leben der Frauen oft auf den Haushalt beschränkt.

Die vietnamesische Kultur fasziniert nicht zuletzt wegen der viele Jahrhunderte andauernden Einflüsse fremder Kulturen. Rund tausend Jahre chinesischer Herrschaft haben ihre Spuren hinterlassen: Vietnamesen haben einige Traditionen, Sitten und Architektur übernommen. Doch das Verhältnis zu China bleibt schwierig, denn Vietnam lehnt jede politische Beeinflussung durch den mächtigen Nachbarn im Norden strikt ab. Der Einfluss der Franzosen, die Saigon nach einer Hinrichtungswelle von Katholiken eroberten und dann das Land besetzten, ist weniger stark. Doch koloniale Spuren zeigen sich bis heute in städtischer Architektur und teilweise im Essen.

Einige im Ausland lebende Vietnamesen, auch Viet Kieu genannt, die den kommunistischen Norden in den 1950er Jahren und den Süden 1975 als Flüchtlinge verließen, kehren heute zurück und bringen westliche Kultur ins Land. Die ältere Generation besucht zwar die frühere Heimat, in

Französisches Baguette

der eben jene herrschen, die sie ins Exil trieben, eher selten. Doch andere machen hier Geschäfte oder entdecken ihre familiären Wurzeln.

Tourismus und Medien spielen bei der Verwestlichung vietnamesischer Kultur eine wichtige Rolle. Das zeigt sich vor allem bei der Großstadtjugend: Alle lernen Englisch, Handys sind allgegenwärtig, Jeans und Designerkleidung fast schon Standard. Noch vor einem Jahrzehnt galt Vietnam modisch als einfallslos, heute ist es ein Shopping-Mekka für schicke, ausgefallene Designermode, Accessoires und Deko-Artikel. Junge Frauen lieben westliche Kleidung, bei Festen jedoch sieht man sie auch im traditionellen *ao dai*, der engen Hose mit dem langen, geschlitzten Oberteil.

Vietnamesin mit *ao dai* und Schal

Aufwendig geschnitzte Drachensäulen schmücken die Quan Am-Pagode in Ho Chi Minh City *(siehe S. 70)*

RELIGION

Im Kommunismus wurde offiziell der Atheismus gepredigt, doch heute gibt man sich pragmatischer, und so leben alte Religionen und Traditionen wieder auf. Typisch für Vietnam war lange Zeit Tam Giao, eine Mischung auf der Grundlage der drei Religionen Buddhismus, Taoismus und Konfuzianismus. Dazu kamen die Ahnenverehrung sowie eigene Naturreligionen und Hindu-Traditionen aus dem alten Champa. In Vietnam findet man eine große katholische Minderheit und eher eigenwillige Religionen wie den Caodaismus *(siehe S. 23)* und Hoa Hao. Alle Glaubensrichtungen werden toleriert – solange sie nicht die Macht der Partei infrage stellen.

Buddhistischer Mönch

SPRACHE UND LITERATUR

Vietnamesisch *(tieng Viet)* ist die Landessprache und für 86 Prozent der Bevölkerung Muttersprache. Bis etwa 1000 n. Chr. gab es keine Schriftsprache, erst im 11. Jahrhundert wurde ein System namens *chu nom* auf der Grundlage chinesischer Schriftzeichen eingeführt. Im 17. Jahrhundert entwickelten europäische Missionare eine romanisierte Schrift, *quoc ngu*, die bis heute trotz zahlreicher Dialekte als Schriftsprache verwendet wird. Vietnam blickt auf eine reiche literarische Tradition in chinesischer Sprache *(chu nom)* und *quoc ngu* zurück. Das größte literarische Werk des Landes ist ein lyrisches Epos: *Die Sage von Kieu* wurde vom Mandarin und Gelehrten Nguyen Du (1766–1820) als klassische Moralgeschichte verfasst. Ebenso berühmt sind die oft geistreichen Gedichte einer hochgestellten Konkubine, Ho Xuan Huong (1775–1825). Dank der allmählichen politischen Liberalisierung entsteht eine neue Literatur über einstmals verbotene Themen, die auch persönliche Probleme behandelt. Bao Ninh ist ein populärer Autor, dessen *Sorrow of War* als kraftvoller Antikriegsroman gilt. Andere zeitgenössische Schriftsteller sind Pham Thi Hoai, Nguyen Huy Thiep und Duong Thu Huong.

WIRTSCHAFTLICHER AUFSCHWUNG

Vietnam war früher eines der weltweit ärmsten Länder, erlebte aber einen einzigartigen wirtschaftlichen Aufschwung. Auslöser dafür waren die *doi moi* (Wirtschaftsreformen) von 1986, die erstmals gestatteten, Unternehmen zu gründen, die kollektivierte Landwirtschaft abschafften und die politische Liberalisierung des Landes vorantrieben. Vietnam konnte stolz sein auf seine nach China am zweitstärksten wachsende Wirtschaft Asiens.

Die jährlichen Wachstumsraten lagen bei etwa sieben Prozent, erst 2008 gingen sie zurück. Noch 1993 stufte die Weltbank 58 Prozent der Vietnamesen als arm ein. 2008 war diese Zahl auf unter 16 Prozent gesunken.

Motorräder und Hochhäuser in Ho Chi Minh City

Dennoch bleibt die Landwirtschaft mit fast 65 Prozent aller Beschäftigten und einem Großteil aller Exporte das wirtschaftliche Rückgrat des Landes. Heute ist Vietnam der zweitgrößte Reisexporteur der Welt: Eine erstaunliche Leistung für ein Land, das noch in den 1980er Jahren Hungersnöte kannte. Auch die Industrie hat sich enorm entwickelt: Der Bergbau ist nach wie vor ein wichtiger Wirtschaftsfaktor, Öl-, Gas- und Kohleförderung kamen dazu. Größter Devisenbringer ist der Tourismus. Auf dem internationalen Parkett hat Vietnam große Fortschritte gemacht: 1995 wurde es Vollmitglied der ASEAN und 2006 der WTO.

Die Folgen des Aufschwungs sieht man überall: Große Shopping-Center beleben die Städte, und vietnamesische, japanische und koreanische Motorräder verstopfen neben klimatisierten Autos die Straßen, in denen man früher nur Fahrräder sah.

Reisanbau, Vietnams wichtigster Agrarzweig

REGIERUNG UND POLITIK

Vietnam ist ein Ein-Parteien-Staat, der von der Kommunistischen Partei Vietnams regiert wird. 2006 wurde Nguyen Tan Dung Ministerpräsident und Nguyen Minh Triet Präsident der Sozialistischen Republik Vietnam. Die Ämter werden alle fünf Jahre durch den Nationalkongress besetzt. Grundsätzlich gibt sich die Partei autoritär, politischer Widerstand wird nicht geduldet und oft bestraft. Doch seit Einführung einer eingeschränkten freien Marktwirtschaft wagt sich die Partei an erste Reformen. Gleichwohl wird sie von Korruption geprägt, die den politischen Wandel hemmt. Deshalb schreiten die wirtschaftlichen Reformen in Eilschritten voran, während politische Rechte und Freiheit hinterherhinken. Kurz vor der Sitzung des Nationalkongresses 2006 setzte sich die Partei mit der öffentlichen Meinung auseinander – ein Zeichen für zeitgemäßere Tendenzen. Der Wunsch nach politischem Wandel ist in Vietnam weitverbreitet, denn die Bevölkerung hat verstanden, dass eine größere politische Mündigkeit nicht nur wünschenswert, sondern entscheidend für die Zukunft des Landes ist.

UMWELTSCHUTZ

Trotz zunehmenden Wohlstands bleibt Vietnam ein armes Land mit einem hohen Bevölkerungswachstum und nur begrenzten Landressourcen. Im Jahr 2020 wird es doppelt so viele Vietnamesen wie Thailänder geben – aber nur knapp halb so viel landwirtschaftliche Nutzfläche wie in Thailand. Nach einer Untersuchung des World Conservation Monitoring Center gehen jährlich 30 000 Hektar Wald verloren. Schon der Vietnamkrieg hat mit Brandbomben und dem Entlaubungsmittel Agent Orange die Waldbestände reduziert. In den 1980er Jahren ließen Agrarprojekte der Regierung große Flächen abholzen, die dann jedoch nie als Ackerland genutzt wurden.

Glücklicherweise sieht die Zukunft für die vietnamesische Natur heute besser aus. Neue Gesetze zum Schutz der Wälder und bedrohten Tierarten werden jedes Jahr aufgelegt, getreu Ho Chi Minhs Maxime von 1962: »Wald ist Gold«. Auch der Tourismus hat zum Umweltschutz beigetragen, da sich die neue Einnahmequelle als weitaus profitabler erweist als die Jagd oder der Holzschlag.

Warenvielfalt im Kunsthandwerksladen, Hoi An

TOURISMUS

Als sich Vietnam Anfang der 1990er Jahre dem Tourismus öffnete, kamen viele Besucher wegen der Geschichte des Vietnamkriegs. Die Vietnamesen haben sich seitdem sehr bemüht, stattdessen die Schönheiten ihres Landes zu präsentieren. Historische Pagoden und die einst verblichene französische Kolonialarchitektur erstrahlen heute in neuem Glanz. Die meisten Hotels und Restaurants sind privatisiert und geben jetzt ihr Bestes, um in einem zunehmend harten Wettbewerb zu bestehen. Das Straßen- und Bahnnetz Vietnams muss zwar verbessert werden, Flughäfen und nationale Airlines bieten jedoch hohen Standard.

Der Tourismus wuchs bis 2008 jährlich um fast 20 Prozent pro Jahr. Millionen Besucher kommen wegen der historischen Monumente und Traumstrände, wegen Shopping-Möglichkeiten, exquisiter Küche und vietnamesischer Gastfreundschaft. Nicht zuletzt durch den Tourismus entdeckte Vietnam seine Traditionen in Musik, Tanz und Theater neu. Alte Feste wurden wiederbelebt, und einzigartige Künste wie das Wasserpuppen-Theater sind heute ebenso beliebt wie früher.

Hien Lam-Pavillon in der Zitadelle von Hue, eine der größten Besucherattraktionen Vietnams *(siehe S. 140–143)*

Flora und Fauna

**Nachtfalter-
orchidee**

Vietnam ist eines der ökologisch vielfältigsten Länder Asiens mit unterschiedlichsten Lebensräumen: Von den kühlen Gebirgsregionen im Nordwesten über die Tiefebenen der Küste und das Hochland im Zentrum zu den Deltas des Roten Flusses und des Mekong. Besonders faszinierend sind die weitläufigen Nationalparks in Nordvietnam mit ihrer großen Tier- und Pflanzenvielfalt *(siehe S. 201)*. Zugvögel und einheimische Arten beobachtet man am besten im Mekong-Delta *(siehe S. 97)*, die Inseln sind teils von traumhaften Korallenriffen umgeben *(siehe S. 190)*.

LEGENDE

- Flussdelta
- Zentrales Hochland
- Zentrale Küste
- Nördliche Gebirgsregion

FLUSSDELTAS

Das weite, fruchtbare Delta des Roten Flusses ist das Herz Nordvietnams, der Süden des Landes wird von den nährstoffreichen Schlammböden des Mekong-Deltas geprägt. Beide Regionen sind die Reiskammern Vietnams. Am Roten Fluss herrscht Landwirtschaft vor, während das Mekong-Delta auch artenreiche, endlose Marschlandschaften und Mangrovenwälder aufweist.

ZENTRALES HOCHLAND

Die Topografie der bergigen Zentralregion reicht bis an die südlichen Ausläufer der Truong Son-Gebirgskette und umfasst zerklüftete Bergspitzen im äußersten Westen und fruchtbare Plateaus im Landesinnern. In der roten Vulkanerde bei Pleiku und Kontum gedeihen Kaffee, Tee und Gummipflanzen, während die Berge von Dschungel bedeckt sind.

Rote Mangroven *fallen
wegen ihrer Wurzeln
auf, die sich über dem
Wasserspiegel wölben
und vielen Arten, etwa
kleinen Fischen, Vögeln
und Reptilien, Lebens-
raum bieten.*

Asiatische Elefanten
*wurden in der Forstwirt-
schaft eingesetzt, sind
heute aber bedroht. Der
Yok Don-Nationalpark
(siehe S. 118) ist ein wichtiges Schutzgebiet.*

Der bedrohte Saruskranich
*lebt fast ausschließlich in
den Graslandschaften des
Mekong-Deltas. Die größte Population
des seltenen Vogels existiert heute im
Tam Nong-Vogelschutzgebiet
(siehe S. 90).*

**Der Blau-
glockenbaum** *ist ein Laub-
baum in Vietnam und
Südchina. Zu Beginn
des Frühjahrs trägt er
violette, fingerhutähnliche
Blüten.*

**Die Großaugen-
Bambusotter** *ist ein
kleines, in Bäumen le-
bendes Jagdtier, das
Echsen, Nager und
Vögel mit seinem Gift
lähmt und tötet.*

Der Nebelparder, *ein Verwandter des urzeitlichen Säbelzahntigers, weist
Ovale auf gelb-braunem Fell auf,
hat einen buschigen Schwanz
und kurze Beine.*

SCHMETTERLINGE

Überall in Vietnam schwirren farbenprächtige Schmetterlinge durch die Lüfte – von den Riesenfaltern auf Azaleen in Stadtparks bis hin zu ganzen Schwärmen, die alljährlich im April und Mai im Cuc Phuong-Nationalpark *(siehe S. 193)* zu sehen sind. Im nordvietnamesischen Tam Dao-Nationalpark *(siehe S. 200)* leben über 300 verschiedene Arten, im Cat Tien-Nationalpark *(siehe S. 77)* etwa 440 Arten. Besonders die englischen fantasievollen Namen entsprechen der Schönheit der Tiere: White Dragontail, Red Lacewing, Purple Sapphire, Peacock Pansy und Jungle Queen.

Schwalbenschwanz

Cethosia cyane (Leoparden-Netzflügler)

Precis almana

Delias pasithoe

KÜSTEN DER ZENTRALREGION

Die nördliche Zentralregion Vietnams besteht aus einem sehr lang gestreckten, schmalen Landstreifen küstennaher Tiefebenen am oft unruhigen Südchinesischen Meer. Das Land ist nicht so fruchtbar wie die Deltagebiete, begeistert aber durch Traumstrände, vor allem bei Nha Trang *(siehe S. 111)* im Süden.

Die Dreistreifen-Scharnierschildkröte, *eine äußerst bedrohte Tierart, ist in den Gewässern Zentral- und Nordvietnams heimisch.*

Der Braunliest *ist doppelt so groß wie der gewöhnliche Eisvogel. Er stößt einen schrillen Laut aus und hat einen großen roten Schnabel. Die leuchtend blauen Flügel- und Schwanzfedern bilden einen hübschen Kontrast zur weißen Brust.*

Die Kokospalme *findet man überall in Vietnam. Sie liefert viele Produkte – die Frucht dient als Nahrung, das Holz für den Bootsbau, die Palmwedel als Dächer, die Kokosfasern für Matten.*

NÖRDLICHE GEBIRGSREGION

Gebirgszüge umschließen im Norden das Delta des Roten Flusses an drei Seiten. Die schroffen, gezackten Felsspitzen türmen sich über Tälern auf – die unzugänglichsten Gebiete Vietnams. Die bewaldeten Hänge im Nordwesten waren lange Zeit eine unberührte Naturlandschaft, die heute durch Straßenbau, Holzschlag und Besiedlung bedroht ist.

Der Glockenblütige Rhododendron *wächst selbst an den felsigen Hängen des Truong Son-Gebirges. Die Blüten sind schön, aber giftig.*

Der Asiatische Schwarzbär oder Kragenbär *ist ein nachtaktiver Allesfresser und kaum zu erspähen. Man erkennt ihn an seinem glatten, schwarzen Fell und dem weißen, V-förmigen Brustfleck.*

Der Bären- oder Stummelschwanzmakak *ist ein gedrungener Primat aus Nordvietnam. Er wiegt bis zu zehn Kilogramm und kann bis zu 30 Jahre alt werden.*

Ethnische Gruppen

Handgeflochtener Bambuskorb

In Vietnam leben 54 anerkannte ethnische Volksgruppen. Dabei machen die Kinh, d. h. die ursprünglichen Viet mongolischer Abstammung, 86 Prozent der Bevölkerung aus. In den Tiefebenen der Küste sowie am Roten Fluss und am Mekong teilen sie sich das Land mit den Hoa, den ethnischen Chinesen, sowie den Khmer und den Cham. Rund weitere 50 Minderheiten leben verstreut im nördlichen und zentralen Hochland mit jeweils eigenen Sitten, Trachten und Sprachen. Volksgruppen des Nordens, etwa die Thai und Hmong, stammen aus China, die im zentralen Hochland meist aus Vietnam.

Viet Kinh-Brautpaar im *ao dai,* **der traditionellen Seidenbekleidung**

Die Khmer *stammen aus Kambodscha und halten an vielen alten Bräuchen wie dem Prathom Sva Pol (Affentanz) fest. Er wird zum Oc Om Boc-Fest (siehe S. 33) getanzt, die Tänzer tragen dabei exotische Masken und imitieren Affenverhalten.*

Bei den Bahnar *im zentralen Hochland spielt sich das kulturelle Leben im* nha rong, *dem Gemeinschaftshaus, ab. Die Bauten mit den auffallenden Spitzdächern werden mit Gongschlägen, Tanz und Reiswein eingeweiht.*

Babytragetaschen sind praktisch, um das Baby gleich nach der Geburt überallhin mitzunehmen.

VERTEILUNG DER VOLKSGRUPPEN

LEGENDE

1	Khmer		
2	Hoa	**8**	Mnong
3	Cham	**9**	Bru
4	Co Ho/Lat	**10**	Muong
5	Ede/Rhade	**11**	Schwarze Thai
6	Jarai	**12**	Blumen-Hmong
7	Bahnar	**13**	Rote Dao

Kinh/Viet machen rund 88 Prozent der Bevölkerung aus.

Cham-Muslime *(Cham Bani) sind Anhänger einer Variante des schiitischen Islam. Das Freitagsgebet wird von 50 Geistlichen gesungen. Sie tragen weiße Sarongs und bedecken ihre kahl rasierten Köpfe mit einem Turban.*

Die Bru *siedeln im zentralen Hochland und gehören der Mon-Khmer-Gruppe an. Sie leben vom Nassreis-Anbau und spielen eine lebendige Volksmusik. Die Bru rauchen sehr gerne Tabak, oft sieht man Erwachsene wie Kinder mit einer Tabakspfeife im Mund.*

Mnong-Stammesangehörige, *einst als Elefantenhalter und -ausbilder berühmt, rauchen seit jeher gemeinschaftlich Tabak in Wasserpfeifen. Heute sind Männer wie Frauen der matrilinearen Volksgruppe für herausragende Korb-, Textildruck- und Schmuckarbeiten bekannt.*

Als Kopfschmuck tragen die Frauen der Schwarzen Thai einen schwarzen Turban mit leuchtenden Stickereien.

SCHWARZE THAI

Die Thai sind die zweitgrößte ethnische Gruppe Vietnams; sie werden nach der Farbe ihrer Trachten sowie den ersten Siedlungen am Schwarzen bzw. Roten Fluss in schwarze, weiße und rote Untergruppen eingeteilt. Die Schwarzen Thai gelten als die wirtschaftlich erfolgreichste Gruppe und bewirtschaften im Hochland des Nordwestens sehr fruchtbare Reisfelder. Bildung ist bei ihnen äußerst wichtig, zugleich sind sie tief in ihrer Kulturtradition verankert. So glauben sie an Geisteranbetung, singen uralte Volkslieder und halten an jahrhundertealten Tanztraditionen fest.

Die Frauen der Blumen-Hmong *tragen mehrere Lagen reich verzierter Kleidung aus farbenfrohen Stoffen und verzieren diese mit aufwendigen Stickereien* (siehe S. 198 f).

Die bevorzugte Kleidung der Thai-Frauen besteht aus einem engen Röhrenrock, einer Schärpe und einer engen Bluse mit Silberknöpfen.

Die Muong *sind zu Recht wegen ihrer Webkünste berühmt. Die Webstühle aus Bambusholz stehen meist im Schatten ihrer strohgedeckten Pfahlbauten.*

Die Roten Dao *sind eine Untergruppe der Dao in Nordvietnam. Sie verdanken ihren Namen den leuchtend roten Turbanen der Frauen, die sich Kopf und Augenbrauen rasieren. Die Dao gelten als tüchtiges Bergvolk, das Ackerbau, Webkunst und Papierherstellung betreibt. Sie verfügen über eine vielfältige Literatur, die in einer abgewandelten Form chinesischer Schriftzeichen verfasst wird.*

Religionen

Das Yin-Yang-Symbol des Taoismus

Die drei wichtigsten Glaubensrichtungen Vietnams sind Buddhismus, Taoismus und Konfuzianismus, die man Tam Giao, »Drei Lehren« oder »Dreifache Religion«, nennt. Auch einheimische, heute blühende Glaubensformen wie Ahnenverehrung, Geister- und Dämonenglaube und die Vergöttlichung vietnamesischer Nationalhelden sind weitverbreitet. Dazu kommen der Caodaismus als junge, eklektische Religion im Süden, viele christliche Gemeinden, eine kleinere Hindu-Gruppe und die muslimischen Cham.

Die drei großen religiösen Weisen Konfuzius, Buddha und Laotse

TAM GIAO

In Vietnam hat sich der Mahayana-Buddhismus eng mit dem chinesischen Konfuzianismus, einem ethischen Regelwerk, sowie dem Taoismus Chinas verbunden: Alle drei Lehren zusammen heißen Tam Giao. Vietnamesen sind Mahayana- und Theravada-Buddhisten.

Der Theravada-Buddhismus *will den Lehren Buddhas besonders streng folgen. Er wurde von Kaufleuten aus Indien nach Vietnam gebracht. Die Mönche tragen safrangelbe Roben und singen aus den Schriften des* Tripitika, *eines Bestandteils des buddhistischen Kanons.*

Bodhisattvas, *von Mahayana-Buddhisten angebetet, sind Dai The Chi Bo Tat (Gott der Macht), Thich Ca (historischer Buddha) und Quan Am (Gnadengöttin).*

Der chinesische Weise Konfuzius *(551–479 v. Chr.) wird seit Jahrhunderten verehrt. Seine Lehre definiert einen ethischen Kodex, der unter anderem die Treue und den Respekt zum Staat und zur Familie beinhaltet. So schafft der Konfuzianismus die Basis für überaus komplexe Familienhierarchien.*

Glimmender Weihrauch, *eigentlich eine buddhistische Praxis, spielt im Ritus des Tam Giao, für die Götteranbetung und Ahnenverehrung, in Cao Dai-Tempeln und in Kirchen eine wichtige Rolle.*

Familiengräber *sieht man überall zwischen Reisfeldern. Die Viet-Religion ist familienorientiert, daher wirkt diese Nähe zu den Vorfahren beruhigend und symbolisiert Kontinuität. Die Tradition geht auf den Konfuzianismus zurück.*

Laotse, *ein chinesischer Philosoph des 6. Jahrhunderts v. Chr., erkannte Tao (»der Weg«) als natürliche Quelle allen Lebens und als Bewahrer von Stabilität. Im Taoismus geht es darum, dem richtigen Weg zu folgen, um in Harmonie mit der Welt zu leben.*

CAODAISMUS

Der von dem vietnamesischen Beamten Ngo Van Chieu 1926 begründete Caodaismus («Höchster Geist») interpretiert Inhalte des Tam Giao neu und verbindet sie mit Aspekten des Katholizismus. Grundlage dieser Religion ist der Glaube an »göttliche Stellvertreter«, die in Séancen mit Priestern Kontakt aufnehmen. Schutzheilige sind Johanna von Orléans, Louis Pasteur und Charlie Chaplin. Es gibt etwa drei Millionen Gläubige.

Cao Dai-Priester *tragen gelbe, blaue und rote Roben als Symbol für Buddhismus, Taoismus und Konfuzianismus sowie hohe Mitras mit dem göttlichen Auge.*

Gottesdienste im Cao Dai-Tempel (siehe S.74f) *sind dank der farbenfroh bekleideten Gemeinde inmitten der drachengeschmückten Säulen ein Fest für die Augen.*

Das Allessehende Göttliche Auge *erschien Ngo Van Chieu erstmals in einer Vision. Das Cao Dai-Kultsymbol schwebt in einem Dreieck und ist in allen Tempeln sichtbar.*

AHNENVEREHRUNG UND GEISTERBESCHWÖRUNG

Rituale in Gedenken an die Vorfahren und zur Besänftigung der Geister werden überall in Vietnam betrieben und sind eine vierte, inoffizielle Form des Tam Giao. Die Ahnenverehrung hat chinesische Ursprünge, die Geisterbeschwörung ist eine Tradition Südostasiens. Buddhismus und Konfuzianismus lehnen Letztere zwar ab, haben sie in Vietnam aber nie unterbinden können.

Ahnentafeln *folgen dem konfuzianischen Glauben an kindliche Treue. Sie hängen in den meisten Haushalten sowie Tempeln und zeigen Bilder und Darstellungen der Verstorbenen. Davor stehen Opfergaben mit Obst, Blumen, Dufttee – und sogar Zigaretten und Alkohol.*

Geistergeld, *oft nachgemachte US-Dollar, wird durch Verbrennen der Vorfahren geschickt – zusammen mit anderen nützlichen Dingen aus Papier, etwa Autos, Fernseher und Häuser.*

Der Animismus *basiert auf dem Glauben, dass Schutzgeister in Steinen, auf Feldern, in Wäldern und anderen leblosen Dingen wohnen. Vor allem die Bergstämme Vietnams bauen den Geistern kleine Hütten und bringen ihnen darin Opfer dar.*

ANDERE RELIGIONEN

Die vielen Volksgruppen Vietnams spiegeln sich in einer vielfältigen Religionswelt wider. Dazu zählen auch neun Millionen Christen, über 90 Prozent davon katholisch. Das Christentum verbreitete sich in Vietnam durch europäische Missionare im 16. Jahrhundert. Eine unbekanntere Religion ist Hoa Hao im Mekong-Delta. Die Sekte folgt einer strengen Auslegung des Buddhismus und war im Vietnamkrieg wegen ihrer militanten Ablehnung des Kommunismus bekannt. Varianten des Hinduismus und Islam sind die Religionen der Cham an der Zentralküste bzw. im Mekong-Delta.

Kathedralen und Kirchen *der christlichen Gemeinden findet man überall in Vietnam.*

Musik und Theater

Vietnam blickt auf eine lange und reiche Musik- sowie Theatergeschichte mit einheimischen und ausländischen Elementen zurück. Die Musikstile spielen in den vielen verschiedenen Formen des Theaters eine entscheidende Rolle. Dazu zählen Volkslieder, Klassik, Kompositionen für den Hof und die einzigartigen Liebeslieder der Volksgruppen. Ohne dieses vielfältige, in der Kultur Vietnams tief verankerte Erbe wäre hier kein Fest denkbar.

**Bambus-
flöten**

**Ein Musiker spielt das *dan bau*,
ein einsaitiges Instrument**

TRADITIONELLE MUSIK

Die traditionelle vietnamesische Musik umfasst mehrere Genres, darunter Hof-, Tempel-, Zeremonien-, Kammer-, Volks- und Theatermusik. Ausländische Einflüsse wie die chinesische Operntradition und indische Rhythmen aus dem Cham-Reich wurden übernommen und zu einem eigenständigen Musikstil geformt. Charakteristisch für vietnamesische Musik ist Pentatonik (Fünftonmusik) im Gegensatz zu den im Westen üblichen acht Tönen.

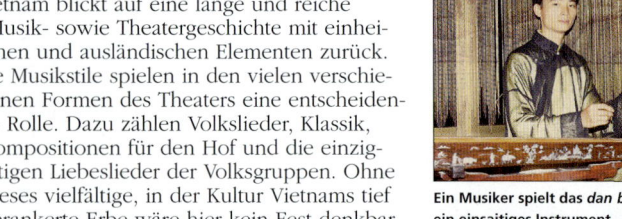

Hat Chau Van *ist eine Mischung aus rhythmischen Gesängen und Tänzen, die einem von seiner Seele getrennten Menschen helfen sollen. Diese Kunst geht auf Beschwörungsgesänge religiöser Rituale des 16. Jahrhunderts zurück.*

Quan Ho *sind aus dem 13. Jahrhundert stammende Gesangswettbewerbe, die bei Frühlingsfesten eine wichtige Rolle spielen. Bei den volkstümlichen Gesängen singen junge Männer- und Frauengruppen in einem stilisierten Werben umeinander im Wechsel.*

Dan day – eine rechteckige Laute mit drei Saiten und langem Hals.

Trong de – eine mit einem Hartholzstock gespielte Trommel.

Phach – ein Holzinstrument, das an spanische Kastagnetten erinnert.

Ca Tru oder Hat A Dao (»*Singen für Belohnung*«) *ist Kammermusik. Bei dieser an Geishas orientierten Unterhaltung für wohlhabende Männer spielen Frauen das phach und singen dazu. Die Kunst blühte im 15. Jahrhundert auf, war im Kommunismus fast vergessen und erlebt eine Wiedergeburt.*

Nhac Tai Tu *ist eine Form der Kammermusik, die zum* Cai luong-*Theater erklingt. Die abgebildeten Instrumente sind das* dan tranh *(links), eine Zither mit 16 Saiten, das* dan nguyet *(Mitte) und die Flöte (rechts).*

MUSIKINSTRUMENTE

Die Vietnamesen verfügen über verschiedene einheimische Instrumente, die aus Naturmaterialien wie Holz, Tierhörnern, Bambus, Steinen und Schilf hergestellt werden. *Dan nguyet*, die mondförmige Laute, spielt man seit dem 11. Jahrhundert. Beim *dan bau* ist eine Saite, die mit einem Holzplektrum gezupft wird, über einen Klangkörper gespannt. Das *dan ty ba* ist eine birnenförmige Gitarre, das *dan trung* ein Xylofon aus Bambus. Dazu gibt es etliche Arten von Gongs (*cong chien*) und verschiedene Trommeln (*trong*).

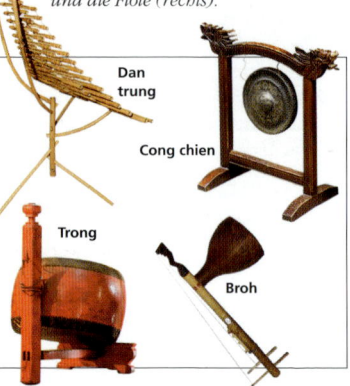

Dan trung

Cong chien

Trong

Broh

THEATERSTILE

Vietnam hat eine große Tradition verschiedenster Theaterstile, die alle mit Musik, Gesang und Tanz einhergehen. Die Darstellungen variieren je nach Publikum: So ist *cheo* Volkstheater mit moralischer Botschaft für ländliche Gemeinden, während *roi nuoc* (Wasserpuppen) als Spektakel zum Ende der Ernte aufgeführt wird. *Tuong* oder *hat boi*, die klassischen Formen, entstanden zur Unterhaltung des königlichen Hofes, und *cai luong*, eine modernisierte Form des *tuong*, war das Schauspiel für die Intellektuellen in den Städten.

Roi nuoc *ist eine einzigartige Kunstform, in der Wasser als Bühne dient* (siehe S. 159). *Die bunten Figuren der Puppenspieler, begleitet von Trommeln und Knallkörpern, erzählen Volkstümliches und Sagen, von der Vergangenheit und vom Alltag.*

Tuong oder Hat Boi, *von der chinesischen Oper geprägt, verwendet stilisierte Gesten und Symbole, um Gefühle und Figuren darzustellen. Es thematisiert konfuzianische Tugenden wie Mut und Frömmigkeit, Treue zum König und den Kampf gegen das Böse.*

Das aufwendige Tuong-Make-up, *die Kostüme und das Bühnenbild folgen herkömmlichen Regeln. Die Schminke hilft dabei, eine Rolle zu formen: So symbolisiert ein rot bemaltes Gesicht Treue und Mut, während ein weißes Gesicht für Grausamkeit und Boshaftigkeit steht.*

Cai Luong (»Erneuertes Theater«) *entstand Anfang des 20. Jahrhunderts in Südvietnam und ist vom französischen Theater in Form von Sprechszenen beeinflusst. Es ist weniger stilisiert als klassisches Theater und greift gesellschaftliche Probleme wie Korruption oder Alkoholismus auf.*

Schauspieler in Hofkostümen, Hue

HOFMUSIK UND TANZ

Die Unterhaltung für das höfische Publikum Vietnams basierte auf der Musik des chinesischen Kaiserpalasts. Die Hofmusik, *nha nhac*, entstand im 13. Jahrhundert und erreichte ihre Blüte in der Nguyen-Dynastie *(siehe S. 41)*. Die von Tänzen begleitete Musik wurde bei Zeremonien wie Krönungen oder Begräbnissen, aber auch bei religiösen Festen gespielt. Mit dem Ende der Monarchie geriet *nha nhac* in Vergessenheit, erlebt aber seit Kurzem eine Renaissance. Seit 1996 wird sie an der Kunsthochschule von Hue unterrichtet. 2003 nahm sie die UNESCO in die Liste der »Meisterwerke des mündlichen und immateriellen Erbes der Menschheit« auf.

Cheo (*Volkstheater*) *hat seine Ursprünge bei den Reisbauern am Roten Fluss. Die Stücke werden meist unter freiem Himmel vor dem Versammlungshaus des Dorfes mit viel Gesang, Tanz, Lyrik und Improvisation aufgeführt.*

Traditionelle Tänzerinnen

Architektur

Die vielen Invasoren Vietnams hinterließen überall im Land ihre eigenen Architekturmerkmale. Einheimische Stile, etwa in Form der Röhrenhäuser und der einstöckigen Pagode, findet man deshalb neben von fremden Stilen geprägten Gebäuden. Die historischen Bauten an der Zentralküste verraten den Einfluss der alten Cham-Kultur, chinesische Elemente spiegeln sich in den Pagoden von Hanoi und Hue wider, und Frankreich steuerte seine Kolonialarchitektur bei.

Glocke, Cong-Pagode, Hoi An

Diep Dong Nguyen – ein altes Röhrenhaus in Hoi An

PAGODEN

Pagoden sind meist einstöckige Bauten auf Holzsäulen. Darüber erheben sich weit hinausragende Konstruktionen aus Holzbalken und ein Ziegeldach mit nach oben geschwungenen Dachtraufen. Das Innere besteht aus einer vorderen, einer zentralen und der Hauptaltar-Halle, meist aufsteigend hintereinandergebaut. Oft gehören ein heiliger Teich, ein Glockenturm und ein Garten dazu, außerdem viele Symbole, vor allem chinesische Figuren.

Die Ein-Säulen-Pagode in Hanoi *stand ursprünglich auf einer einzigen Holzsäule mitten in einem Teich. 1954 brannte die Pagode teilweise ab, heute ruht sie auf einer Betonsäule.*

Unterkünfte für Mönche oder Nonnen

Ziegeldach

Chinesisch-vietnamesische Dachtraufe

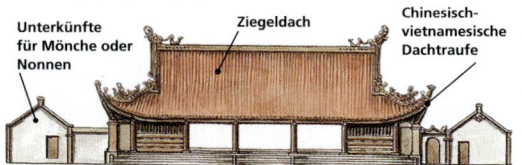

Die Thay-Pagode in Hanoi *steht auf einem Steinfundament, darauf tragen Hartholzsäulen das Gewicht des Baus. Das niedrige Steildach hat verzierte Dachtraufen mit Drachen als Endpunkten. Drehbare Holzsprossengitter lassen frische Luft herein.*

Die Tran Quoc-Pagode in Hanoi *ist ein herausragendes Beispiel einer einstöckigen Pagode, die um steinerne Stupas gebaut wurde. Die wahrscheinlich älteste Pagode Vietnams entstand im 6. Jahrhundert unter Kaiser Ly Nam De am Ufer des Roten Flusses und wurde nach Ho Tay (siehe S. 168) versetzt.*

Chinesisches geschwunges Dach

Der long *(Drache) wird in der Mythologie Chinas und Vietnams mit königlicher Macht, Wohlstand, Langlebigkeit und Glück assoziiert. Dekorative Drachenmotive sind daher in Pagoden und Tempeln weitverbreitet.*

Mehrstöckige Pagoden *sind eine chinesische Tradition. Sie laufen oben meist spitz zu, auf den Dächern liegen Terrakottaziegel.*

ZITADELLEN

Die bedrohlich wirkenden, imposanten Zitadellen Vietnams wurden als Bollwerke gegen menschliche Feinde und spirituelle Bedrohungen errichtet. Dafür kombinierte man chinesische Bauelemente wie riesige, rechtwinklige und zinnenbewehrte Steinmauern mit Feng-Shui-Prinzipien. Die französische Festungsarchitektur steuerte massive Mauern hinter Wassergräben, Türme, zinnengeschützte Wälle und fünfeckige Bastionen bei.

Das Hien Nhon-Tor *der Zitadelle von Hue ist ein gutes Beispiel chinesisch-vietnamesischer Zierkunst im Einklang mit französischer Militärarchitektur: Das Tor weist verzierte Türme, aber auch zwei Plateaus für Soldaten auf.*

Das Ngo Mon-Tor der Zitadelle von Hue *ist aus dicken Steinmauern nach Feng-Shui-Prinzipien mit fünf Eingängen erbaut. Das mittlere Tor war dem Kaiser vorbehalten, die anderen Torbogen für die Mandarine des königlichen Hofes bestimmt.*

FRANZÖSISCHE ARCHITEKTUR

Hanoi, im 19. Jahrhundert die Hauptstadt von Französisch-Indochina, verwandelte sich durch den Bau von französischen Landvillen, Verwaltungsgebäuden nach Pariser Vorbildern und französisch-gotischen Baudenkmälern, etwa der Kathedrale von Hanoi.

Fensterläden mit Jalousien

Schmiedeeiserne Verzierungen

Das Staatliche Gästehaus Hanois *war früher der französische Gouverneurssitz, ein wunderschönes, restauriertes Kolonialgebäude mit einem reich verzierten schmiedeeisernen Eingang.*

Der Präsidentenpalast in Hanoi *(1900–06) ist der vollkommene französische Kolonialbau, mit großer Freitreppe, schmiedeeisernen Toren, Filigranarbeiten und Kolonnaden. Der Palast liegt inmitten großzügiger Gärten und Obstplantagen.*

RÖHRENHÄUSER UND IHRE HEUTIGE ERWEITERUNG

Der Innenhof dient der Luftzirkulation und trennt Arbeits- und Wohnbereiche.

An der Rückseite des Hauses waren die Küche und das Badezimmer.

Die erstmals in der Le-Dynastie (1428–1788) erbauten Röhrenhäuser sind teilweise nur zwei Meter breit, aber bis zu 80 Meter tief. Hinter der Ladenfront verstecken sich Arbeitsräume, Höfe und Wohnquartiere, oft durch einen Flur verbunden. Heute baut man die Häuser auf den schmalen Grundstücken zu hohen »Raketenhäusern« in die Höhe.

Schmale Straßenfront für Läden

Farbenfrohe schmale Wohnhäuser in Hanoi

Tet Nguyen Dan (Tet-Fest)

Bunte Tet-Maske

Traditioneller Schmuck mit Kumquatbäumen zum Tet-Fest

Das »Fest des Ersten Tages«, Tet Nguyen Dan, ist das wichtigste vietnamesische Fest und feiert den Beginn des neuen Mondjahres. Tet ist ein Frühlingsfest der Wiedergeburt sowie Erneuerung und dient der Danksagung sowie Ahnenverehrung. Die Vorbereitungen beginnen eine Woche vor Tet: Dann zahlt man seine Schulden, säubert die Gräber der Ahnen, dekoriert die Häuser mit Pfirsichblüten oder Kumquatbäumen und bringt dem Jadekaiser *(siehe S. 62f)* Opfer dar. Das dreitägige Neujahrsfest selbst wird im Familienkreis begangen mit aufwendigen Festessen, Geschenken und guten Wünschen.

AHNENVEREHRUNG

Die vietnamesische Ahnenverehrung erreicht ihren Höhepunkt, wenn die Geister der verstorbenen Familienmitglieder die Lebenden besuchen. Die Ahnen werden mit Gebeten, Speisen und symbolischen Geschenken aus Papier, etwa Geldscheinen, Kleidung und Uhren, gelockt.

Speisen- und Getränkeopfer   **Fotos der Vorfahren**

Eine schillernde Blumenpracht *schmückt Straßen und Märkte. Pfirsichblütenzweige, Symbol für Reichtum und Wohlbefinden, sind bei der Dekoration von Häusern und Läden am beliebtesten.*

Namen der Verstorbenen

Weihrauch-stäbchen

Familienkapellen oder -altäre *sind ein wichtiger Bestandteil jeden vietnamesischen Haushalts. Sie zeigen Bilder der Vorfahren und Namenstafeln. Davor stellt man Weihrauchstäbchen, Blumen sowie Opfergaben wie Reis, Obst und Alkohol.*

Weihrauchstangen *spielen in den Festriten eine wichtige Rolle. Der duftende Rauch steigt bis in den Himmel empor und lockt die Vorfahren zum Feiern herab. Stangen jeder Größe werden in Dörfern hergestellt, in der Sonne getrocknet und in den Städten zum Kauf angeboten.*

Die Gräber der Vorfahren *liegen in Vietnam meist inmitten von Ackerflächen. Zum Tet-Fest säubert man die Grabstätten der Ahnen und bringt Opfergaben dar, damit die Geister der Verstorbenen Frieden finden.*

SPEZIALITÄTEN ZUM TET-FEST

Das Tet-Fest ist ohne bestimmte Schlemmereien nicht denkbar. Familien sparen dafür das ganze Jahr lang, und die Festgelage sind ihr Geld wert: Schwein, Ente und Hühnchen gehören dazu, kräftige Reissuppen und riesige Mengen klebriger Reis. Danach gibt es saftige Tropenfrüchte, vor allem Wassermelonen mit ihrem Glück verheißenden roten Fruchtfleisch.

Traditionelle Tet-Süßigkeiten *sind kandierte Früchte, Kokosnuss, Lotossamen und Süßigkeiten mit Puffreis und Ingwer. Allerdings sieht man immer häufiger auch westliche Schokolade und Konfekt auf den Märkten.*

Banh chung und banh tet *sind typische Leckereien aus Klebreis, Sojabohnenpaste und fettem Schweinefleisch. Alles zusammen wird in kleinen Päckchen aus Bananenblättern gekocht und mit Bambusfäden verschnürt.*

Banh tet-Zutaten zum Einwickeln

TET-FEIERLICHKEITEN

Das Neujahrsfest wird heute, nach den eher mageren Jahren im »strengen« Kommunismus, wieder ausgelassen, fröhlich und traditionell gefeiert. Ganze Gemeinden kommen wie schon vor Jahrhunderten bei Musik, Gesang und Tanz, Märkten, Prozessionen und Spielen zusammen. Die Jugendlichen freuen sich ebenfalls auf Tet: Sie treffen sich heute bei den Festen zum ersten Flirt.

Schach mit menschlichen Figuren *wird nur zu Tet gespielt. Die Spieler sollen jung und attraktiv sein – und möglichst in den letzten Wochen kein Pech oder Unglück erlebt haben.*

Bit mat dap nieu, *das Zerschlagen von Töpfen, ist ein traditionelles Spiel, bei dem man schrille Masken trägt und versucht, blind mit einem Holzstock Tongefäße zu treffen.*

Umzug mit Feuerwerkskörper

TET-FEUERWERKSKÖRPER

Raketen und Knaller gehörten früher zum Tet-Fest einfach dazu, doch seit 1994 sind sie aus Sicherheitsgründen untersagt. Stattdessen fährt man Imitate durch die Gegend. Knallerei soll die bösen Geister vertreiben, aber gegenwärtig verbietet das Gesetz selbst das Abspielen von CDs mit Knallgeräuschen.

Der Drachentanz *ist eine uralte chinesische Tradition zur Begrüßung des neuen Jahres. Junge Männer tanzen mit einem Drachen, dem Symbol für Glück, ausgelassen und mit lautem Trommelstakkato durch die Straßen und vertreiben dabei böse Dämonen.*

DAS JAHR IN VIETNAM

Die meisten traditionellen vietnamesischen Feste sind von chinesischer Kultur geprägt und folgen dem Mondkalender, der nur 29,5 Tage im Monat zählt. Deshalb fallen die Feste immer auf ein anderes Datum. Weltliche Feiertage dagegen folgen dem westlichen Kalender und erinnern oft an die jüngere Geschichte des Landes. Mit der Liberalisierung der vietnamesischen Wirtschaft und Gesellschaft haben viele

Pfirsichblütenzweige für das Tet-Fest

Feste in den letzten 20 Jahren eine erstaunliche Renaissance erlebt, vor allem Feiern für die königlichen Dynastien Vietnams. Sie werden von Gebeten für die Vorfahren, farbenprächtigen Paraden, Gesang und Tanz geprägt. Neben den landesweiten Feiertagen finden vor allem im Delta des Roten Flusses viele lokale Feste statt. Die ethnischen Volksgruppen im Norden sowie die Cham und die Khmer im Süden haben ihre eigenen Feste.

FRÜHLING (FEB – APR)

Der Frühling gilt als Zeit der Erneuerung und Wiedergeburt – in Vietnam die festlichste Jahreszeit. Die Feier eines neuen Mondjahres, Tet *(siehe S. 28f)*, leitet eine Reihe fröhlicher Feste überall im Land ein.

ERSTER MONDMONAT

Tet Nguyen Dan *(Ende Jan–Feb)*. Das Tet genannte Neujahrsfest ist die wichtigste vietnamesische Feier. Man dekoriert Häuser und Straßen mit Lichtern und bunten Blumen, Straßenstände verkaufen traditionelle Speisen, Familien beschenken sich. Das Fest dauert nur drei Tage, aber viele Geschäfte bleiben eine Woche geschlossen.
Gründungstag der Kommunistischen Partei Vietnams *(3. Feb)*. Der Feiertag erinnert an die Gründung der

Partei durch Ho Chi Minh im Jahr 1930.
Tay Son-Fest *(Anfang Feb)*, Tay Son District, Provinz Binh Dinh. Eine Woche lang wird mit Elefantenparaden, Trommelwettbewerben und Kampfsportvorführungen der Tay Son-Aufstand im 18. Jahrhundert gefeiert.
Yen Tu-Fest *(Mitte Feb– Ende Apr)*, Berg Yen Tu *(siehe S. 185)*. Die Feier ehrt die buddhistische Sekte Truc Lam. Pilger erklimmen den Berggipfel, entzünden Weihrauch und meditieren in den Pagoden.
Lim-Fest *(Mitte Feb)*, Dorf Lim, Provinz Bac Ninh. Das Fest wird 14 Tage nach Tet gefeiert und ist vor allem wegen der *quan ho* (Volkslieder) bekannt: Männer und Frauen in Volkstrachten tragen sich gegenseitig improvisierte Lieder vor, oft mit Witz und Schlagfertigkeit. Außerdem gibt es Ringkämpfe und Weberei-Wettbewerbe.

Frauen in traditioneller Tracht singen beim Lim-Fest

Parfümpagoden-Fest *(Feb–Mai)*, Parfümpagode *(siehe S. 192f)*. Die malerische Umgebung gilt als Buddhas Himmel. Drei Monate lang pilgern Tausende zur Pagode, um das religiöse Fest würdig zu begehen.

ZWEITER MONDMONAT

Hai Ba Trung-Fest *(Anfang März)*, Hai Ba Trung-Tempel *(siehe S. 163)*, Hanoi. Das Fest ehrt die mutigen Trung-Schwestern mit einer Prozession, bei der ihre Statuen feierlich vom Tempel zu einem zeremoniellen Bad im Roten Fluss getragen werden.
Ba Chua Kho-Tempelfest *(März)*, Ba Chua Kho-Tempel, Co Me, Provinz Bac Ninh. Gläubige versammeln sich am Tempel, bitten die Göttin Chua Kho um Glück und borgen sich in einem symbolischen Ritual Geld von ihr.

Blumen gehören zum Tet-Fest dazu und werden an Ständen verkauft

Opferspeisen für Chua Kho beim Ba Chua Kho-Tempelfest

DRITTER MONDMONAT

Thay-Pagodenfest
(5.–7. Apr), Thay-Pagode
(siehe S.173), Provinz Ha
Tay. Die Gläubigen beten
zum Schutzpatron der Wasserpuppen, Tu Dao Hanh, der
in der Thay-Pagode Buddhist
wurde. Zwei Tage lang wird
Wasserpuppen-Theater auf-
geführt.
Hon Chen-Fest *(Anfang Apr)*,
Hon Chen-Tempel *(siehe
S.148)*, Hue. Das alle zwei
Jahre im dritten und siebten
Mondmonat gefeierte Fest
geht auf ein altes Cham-Fest
zurück und ehrt die Göttin
Thien Y A Na. Das farben-
prächtige Spektakel besteht
aus einer Bootsprozession
auf dem Huong Giang (Per-
fume River) und der Inszenierung von Massenbildern.
Thanh Minh *(Anfang Apr)*.
Das in ganz Vietnam gefeierte Fest ehrt die Verstorbenen
und schenkt den Geistern
der Toten Opfergaben; Gräber werden repariert und
sorgfältig gesäubert.

**Zu Thanh Minh werden Gräber
geputzt und geschmückt**

Hung-Könige-Tempelfest
(Apr), Tempel der Hung-Kö-
nige *(siehe S.173)*, Provinz
Phu Tho. Drei Tage Feiern
mit Prozessionen, Opern in
Den Ha und *xoan* (Gesän-
gen) in Den Thuong.
Befreiungstag *(30. Apr)*.
Feier zur Befreiung Saigons
am 30. April 1975.

SOMMER (MAI – JULI)

Die Sommersonnenwende
wird Anfang Juni gefeiert, in
einer feuchtwarmen Jahreszeit, in die einige der wichtigsten vietnamesischen
Feiertage fallen.

VIERTER MONDMONAT

Tag der Arbeit *(1. Mai)*. Tausende von Arbeiter feiern mit
Paraden in allen Städten die
internationale Solidarität der
Arbeiterklasse.
Ho Chi Minhs Geburtstag
(19. Mai). Dieser eigentlich
weltliche Feiertag ist ein fast
religiöses Ereignis, da Ho Chi
Minh wie ein gottähnlicher
Nationalheld verehrt wird.
Buddhas Geburtstag
(28. Mai). Auch als Le Phat
Dan bekannt. Laternen hän-
gen zur Feier von Buddhas
Geburtstag, der Erleuchtung
und seines Todes an Tem-
peln und Häusern.
Tra Co-Dorffest *(30. Mai–
7. Juni)*, Hai Ninh-Viertel,
Provinz Quang Ninh. Das
Bauernfest im äußersten
Nordosten dreht sich um
Schweinezucht, Kochwett-
bewerbe, traditionelle Spiele
und Tänze.

ASTROLOGIE IN VIETNAM

Der Tierkreis wiederholt sich
alle zwölf Jahre; jedes Jahr
symbolisiert ein Tier. Der
Mondkalender teilt die Zeit
in Zyklen von 60 Jahren
(boi) auf, die jeweils aus
fünf zwölfjährigen Tierzyklen
bestehen.

Büffel *(suu)* 2009, bringt
Reichtum durch harte Arbeit.

Tiger *(dan)* 2010, warmher-
zig, aber bedrohlich; angesichts von Gefahr mutig.

Katze *(meo)* 2011, gilt als
ruhig, realistisch, intelligent
und künstlerisch.

Drache *(thin)* 2012, königliches Symbol, steht für das
männliche Element Yang.

Schlange *(ty)* 2013, rätselhaft,
weise; lebt gerne gut.

Pferd *(ngo)* 2014, symbolisiert Freiheit und Zuversicht.

Ziege *(mui)* 2015, steht für
Kreativität und guten Ge-
schmack.

Affe *(than)* 2016, vielseitig,
aber boshaft. Erfinder, Unter-
haltungskünstler, Vertreter
alles Geistreichen.

Hahn *(dau)* 2017, mutig und
entschlossen, oft auch ichbe-
zogen und prätentiös.

Hund *(tuat)* 2018, hat oft
Glück, ist loyal und sym-
pathisch.

Schwein *(hoi)* 2019, ist ehr-
lich, geduldig, steht für
männliche Zeugungskraft.

Ratte *(ty)* 2020, als Glücks-
bringer sehr beliebt.

**Als königliches Symbol ziert der
Drache Paläste und Gräber**

Farbenprächtige Prozession am Nationalfeiertag, Quoc Khanh in Hanoi

FÜNFTER MONDMONAT

Tet Doan Ngo *(Anfang Juni)*. Das taoistische Fest fällt auf den fünften Tag des fünften Mondmonats und heißt auch »der Doppelfünfte« oder »Tötung der inneren Insekten«. Es feiert die Sommersonnenwende, die heißeste Zeit des Jahres, wenn sich die durch Insekten übertragenen Krankheiten häufen. Mit Opfern bittet man um Gesundheit.
Chem-Tempelfest *(Mitte Juni)*, Dorf Thuy Phuong, Distrikt Tu Liem, Hanoi. Fest zu Ehren von Ly Ong Trong, einem großen Krieger des 3. Jahrhunderts. Drachenbootrennen, Freilassung von Tauben und rituelle Waschung der Tempelstatuen.

SECHSTER MONDMONAT

Dad Xa-Dorffest *(9./10. Juli)*, Distrikt Tam Thanh, Provinz Phu Tho. Das Fest erinnert mit Bootsrennen auf dem Song Da (Schwarzer Fluss) an den Sieg von General Ly Thuong Kiet über die Chinesen im Jahr 1075.
Tam Tong-Fest *(Juli)*, Distrikt Vinh Loc, Provinz Thanh Hoa. Tam Tong hat kein festes Datum, wird aber stets zur Zeit der Dürre gefeiert.

HERBST (AUG – OKT)

Im Süden bleibt es heiß und feucht, der Norden wird kühler und angenehmer. Die herbstliche Laubpracht bietet die ideale Kulisse für die Feste im Norden.

SIEBTER MONDMONAT

Hon Chen-Fest *(Anfang Aug)*, Hon Chen-Tempel *(siehe S. 31)*.
Trung Nguyen *(Mitte Aug)*. Das nach Tet wichtigste Fest Vietnams entstammt dem Taoismus, hat aber zur selben Zeit auch ein buddhistisches Pendant, das Vu Lan-Fest. Angeblich wandern verirrte Geister an diesem Tag aus der Unterwelt über die Erde; mit Verbrennen von Papiergeld versucht man sie zu besänftigen.
Le Van Duyet-Tempelfest *(Ende Aug–Anfang Sep)*, Le Van Duyet-Tempel *(siehe S. 64)*, Ho Chi Minh City. Am Fest zum Todestag von Le Van Duyet beten Gläubige an seinem Mausoleum für gute Ernten, Sicherheit und Glück. Dazu gibt es traditionellen Tanz und Gesang.

ACHTER MONDMONAT

Nationalfeiertag *(2. Sep)*. Der Nationalfeiertag erinnert an Ho Chi Minhs Verkündung

der Unabhängigkeit 1954 und wird in Hanoi mit fröhlichen Paraden auf dem Ba Dinh-Platz gefeiert.
Do Son-Büffelkampf-Fest *(Anfang Sep)*, Do Son, Provinz Haiphong. In einer Prozession werden sechs speziell trainierte Büffel feierlich zum Kampf in die Arena geführt. Verloren hat der Büffel, der als erster wegrennt – ein kurzes Spektakel, denn abends werden die Tiere geschlachtet und verspeist.
Trung Thu oder Mittherbst-Fest *(Mitte Sep)*. Der auch als »Kinder-Mondfest« bekannte Tag ist ein buntes Fest mit vielen Feiern und Partys für Kinder: Sie bekommen neues Spielzeug, Festmasken und frisch gebackene Mondkuchen. Laternenprozessionen, Spiele und Kampfsport-Shows gehören dazu.

Verzierte süße Mondkuchen für das Trung Thu-Fest

Wal-Fest *(Sep)*. Die Anbetung der Wale ist eine in den Khmer- und Cham-Kulturen verwurzelte Tradition. Viele Menschen bringen an Tempeln Opfergaben dar. In Phan Thiet *(siehe S. 106)* nehmen auch die Chinesen an den Prozessionen teil.

Do Son-Büffelkampf-Fest in Haiphong

Cham-Tänzer und Musiker begrüßen das neue Jahr

Cham-Neujahr *(Sep/Okt)*, Po Klong Garai-Türme, Phan Rang-Thap Cham *(siehe S. 107)*. Das auch als »Kate« bekannte zehntägige Fest folgt dem Cham-Kalender und ist die wichtigste Feier der hinduistischen Cham-Volksgruppe. Hunderte von Gläubigen schreiten in farbenprächtigen Prozessionen mit volkstümlicher Musik hinauf zu den Türmen und ehren dort ihre Götter, Herrscher und Nationalhelden.

NEUNTER MONDMONAT

Keo Pagode-Fest *(Mitte Okt)*, Dorf Vu Nhat, Provinz Thai Binh. Mit viel Pomp wird drei Tage lang des Todestags des buddhistischen Mönchs Duong Khong Lo (12. Jh.) gedacht. Höhepunkt der vielen religiösen Rituale ist eine aufwendige Prozession. Daneben gibt es Koch-, Trompeten- und Trommelwettbewerbe.
Konfuzius' Geburtstag *(Ende Okt/Anfang Nov)*. Der Konfuzianismus ist als Prinzip staatlicher Verwaltung im Kommunismus zwar verschwunden, aber Konfuzius wird bis heute verehrt. Am »Tag des großen Lehrers« finden in vielen Tempeln Zeremonien mit Weihrauch und Gebeten für den Weisen statt.

WINTER (NOV – JAN)

Der Norden Vietnams, in dem die meisten traditionellen Festen wurzeln, ist nun kalt und regnerisch, sodass in dieser Jahreszeit nur wenige Feste stattfinden.

ZEHNTER MONDMONAT

Oc Om Boc-Fest und Ngo-Bootsrennen *(Mitte Nov)*, Soc Trang *(siehe S. 96)*. Das Khmer-Fest feiert den Mond. Dorfbewohner bringen Reis, Bananen und Kokosnüsse in Tempeln dar und hoffen auf reiche Ernte und Fischfänge. Highlights sind die *Ngo*-Kanurennen mit Booten aus Vietnam und Kambodscha. Jedes Boot wurde aus nur einem Baumstamm gebaut.
Nguyen Trung Truc-Tempelfest *(Ende Nov)*, Dorf Long Kien, Distrikt Cho Moi, Provinz An Giang. Der Tempel ist dem gottgleichen Nationalhelden Nguyen Trung Truc (1837–1868) gewidmet, der die antifranzösische Bewegung in Südvietnam anführte. Bootsrennen und Schachwettkämpfe sorgen ebenso für Unterhaltung wie das Theaterspektakel, bei dem das französische Schiff *Espérance* durch Nguyen Trung Truc und seine Partisanenkämpfer versenkt wird.

Festlich verpackter Weihrauch, Kerzen und Geld für die Ahnen

ELFTER MONDMONAT

Dalat-Blumenfest *(10.– 18. Dez)*, Dalat *(siehe S. 114– 116)*. Das am Ufer des Sees Xuan Huong gefeierte Fest präsentiert die vielen schönen Blumenarten, die im kühlen Hochland rund um Dalat gedeihen. Dazu gibt es Musik, Tanz und viele farbenfrohe Laternen.
Trung Do-Fest *(Ende Dez)*. Das Fest erinnert an den Viet-Kämpfer Ly Bon, der 542 n. Chr. einen erfolgreichen Aufstand gegen die Chinesen anführte und sich später selbst zum Kaiser Li Nam De ernannte. Bei den ausgelassenen Feiern werden traditionelle Ballspiele wie *phet* gespielt.
Weihnachten *(25. Dez)*. Im vorwiegend buddhistischen Vietnam lebt eine große christliche Gemeinde, die Weihnachten mit Hingabe feiert. Vor allem in Großstädten sind die Straßen und Geschäfte mit Lichtern, Kunstschnee und glänzenden Christbaumkugeln geschmückt.

ZWÖLFTER MONDMONAT

Neujahrstag *(1. Jan)*. Erst seit Kurzem dringt Neujahr nach dem westlichen Kalender ins Bewusstsein der Vietnamesen – nicht zuletzt, weil es zum öffentlichen Feiertag erklärt wurde. Dennoch ist Neujahr weit davon entfernt, dem Tet-Fest an Bedeutung gleichzukommen.

FEIERTAGE

Neujahr *1. Jan*
Gründungstag der Kommunistischen Partei Vietnams *3. Feb*
Tet Nguyen Dan *13.–18. Feb (2010)*
Tag der Hung-Könige *23. Apr (2010)*
Tag der Befreiung von Saigon *30. April*
Tag der Arbeit *1. Mai*
Ho Chi Minhs Geburtstag *19. Mai*
Nationalfeiertag *2. Sep*

Klima

Vietnam hat zwar ein tropisches Klima, aber zwischen Norden und Süden sowie den Küsten und dem Hochland gibt es deutliche Unterschiede. Generell bringt der Monsun zwischen Mai und Oktober schwere Regenfälle, dafür ist es von November bis Februar eher trocken. Mit Temperaturen bis zu 35 °C und 80 bis 100 Prozent Luftfeuchtigkeit kann es zwischen Februar und April unangenehm heiß werden. Im Süden bleibt es fast immer warm und schwül, nur in der Regenzeit sind Niederschläge häufig. Die Küste Zentralvietnams wird zwischen Juli und November von Taifunen heimgesucht, die Winter (November bis März) sind hier oft regnerisch und kühl. Auch im Norden sind die Winter kalt und nass, auf dem Fansipan liegt mitunter sogar Schnee. Dafür sind hier die Sommer warm und schwül.

LEGENDE

- Heiße, feuchte Sommer, kalte, trockene Winter, mitunter Frost
- Milde, feuchte Sommer, kalte, regnerische Winter mit Schnee
- Kühl-regnerische Sommer, kühle, trockene Winter mit etwas Regen
- Warme, feuchte Sommer, kühle Winter mit etwas Regen
- Heiße und trockene Sommer, kühle, regnerische Winter
- Stets gemäßigtes, trockenes Klima mit kurzem Wintermonsun
- Warme Sommer mit viel Regen, kühle, trockene Winter
- Heiß-feuchte Sommer, warme, trockene Winter mit Regen
- Heiße Sommer mit viel Regen, warme, feuchte Winter

0 Kilometer   500

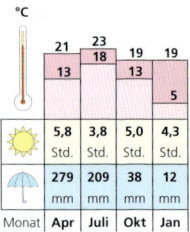

LAO CAI

°C				
	30 / 23	33 / 25	28 / 20	21 / 13
☀	5,2 Std.	4 Std.	4,5 Std.	4,7 Std.
☂	52 mm	38 mm	81 mm	20 mm
Monat	Apr	Juli	Okt	Jan

SON LA

°C				
	21 / 13	23 / 18	19 / 13	19 / 5
☀	5,8 Std.	3,8 Std.	5,0 Std.	4,3 Std.
☂	279 mm	209 mm	38 mm	12 mm
Monat	Apr	Juli	Okt	Jan

CHAU DOC

°C				
	35 / 24	32 / 23	30 / 24	31 / 21
☀	5 Std.	4 Std.	7 Std.	8 Std.
☂	70 mm	190 mm	230 mm	10 mm
Monat	Apr	Juli	Okt	Jan

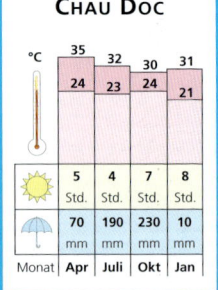

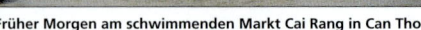

Früher Morgen am schwimmenden Markt Cai Rang in Can Tho

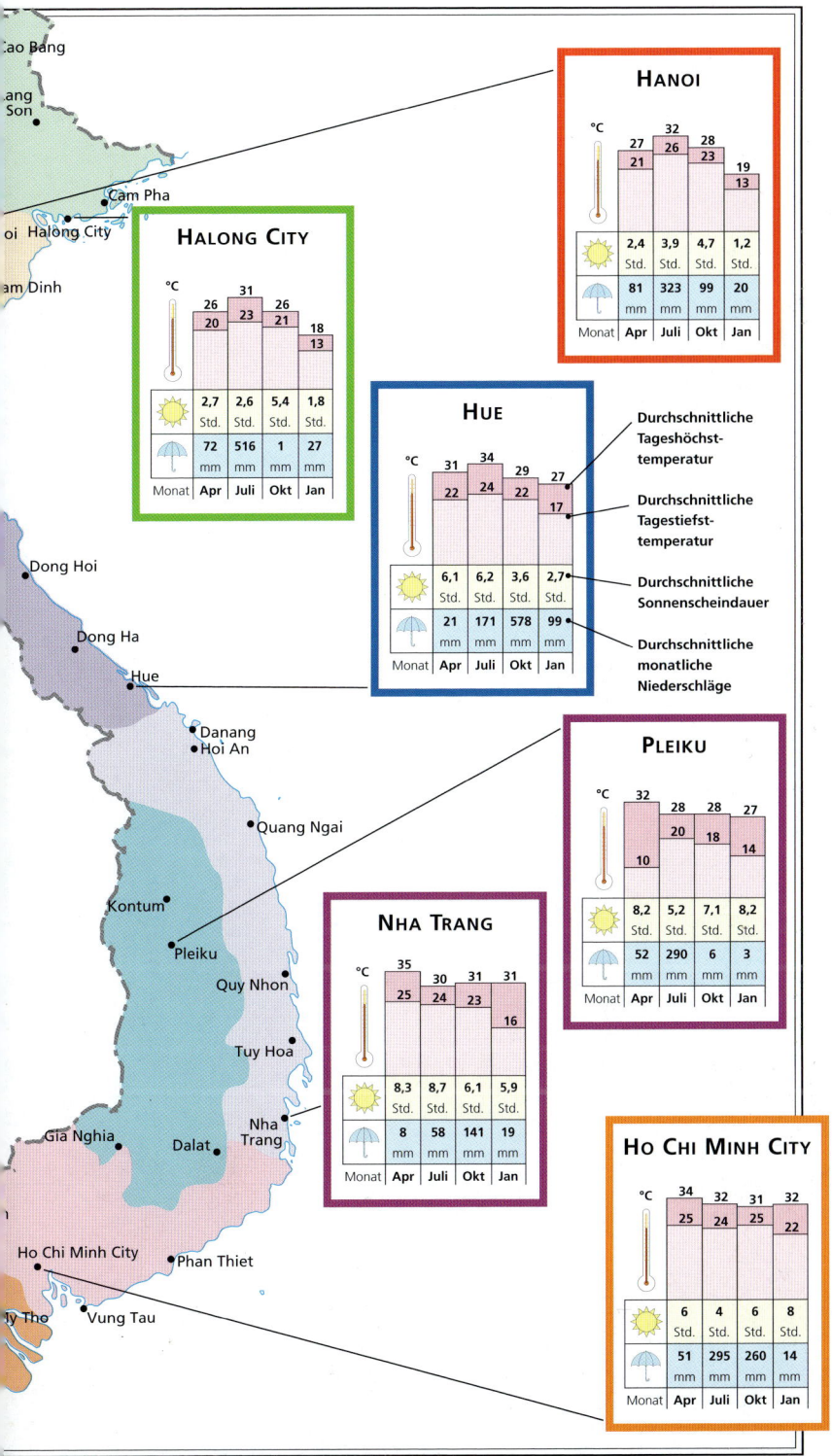

Map locations: Cao Bang, Lang Son, Cam Pha, Halong City, Nam Dinh, Dong Hoi, Dong Ha, Hue, Danang, Hoi An, Quang Ngai, Kontum, Pleiku, Quy Nhon, Tuy Hoa, Gia Nghia, Dalat, Nha Trang, Ho Chi Minh City, Phan Thiet, Vung Tau, My Tho

HANOI

Monat	Apr	Juli	Okt	Jan
°C (Tageshöchst)	27	32	28	19
°C (Tagestiefst)	21	26	23	13
Sonnenschein	2,4 Std.	3,9 Std.	4,7 Std.	1,2 Std.
Niederschläge	81 mm	323 mm	99 mm	20 mm

HALONG CITY

Monat	Apr	Juli	Okt	Jan
°C (Tageshöchst)	26	31	26	18
°C (Tagestiefst)	20	23	21	13
Sonnenschein	2,7 Std.	2,6 Std.	5,4 Std.	1,8 Std.
Niederschläge	72 mm	516 mm	1 mm	27 mm

HUE

Monat	Apr	Juli	Okt	Jan
°C (Tageshöchst)	31	34	29	27
°C (Tagestiefst)	22	24	22	17
Sonnenschein	6,1 Std.	6,2 Std.	3,6 Std.	2,7 Std.
Niederschläge	21 mm	171 mm	578 mm	99 mm

Durchschnittliche Tageshöchsttemperatur
Durchschnittliche Tagestiefsttemperatur
Durchschnittliche Sonnenscheindauer
Durchschnittliche monatliche Niederschläge

PLEIKU

Monat	Apr	Juli	Okt	Jan
°C (Tageshöchst)	32	28	28	27
°C (Tagestiefst)	10	20	18	14
Sonnenschein	8,2 Std.	5,2 Std.	7,1 Std.	8,2 Std.
Niederschläge	52 mm	290 mm	6 mm	3 mm

NHA TRANG

Monat	Apr	Juli	Okt	Jan
°C (Tageshöchst)	35	30	31	31
°C (Tagestiefst)	25	24	23	16
Sonnenschein	8,3 Std.	8,7 Std.	6,1 Std.	5,9 Std.
Niederschläge	8 mm	58 mm	141 mm	19 mm

HO CHI MINH CITY

Monat	Apr	Juli	Okt	Jan
°C (Tageshöchst)	34	32	31	32
°C (Tagestiefst)	25	24	25	22
Sonnenschein	6 Std.	4 Std.	6 Std.	8 Std.
Niederschläge	51 mm	295 mm	260 mm	14 mm

DIE GESCHICHTE VIETNAMS

*D*ie Ursprünge Vietnams werden bis heute in Sagen tradiert, doch auch Aufzeichnungen erzählen die Historie eines von fremden Invasoren heimgesuchten Volkes. Nach einem Jahrtausend chinesischer Besatzung beginnt Ende des 10. Jahrhunderts Vietnams Unabhängigkeit. Von der französischen Kolonialherrschaft im 19. Jahrhundert bis hin zur Wiedervereinigung 1975 zeigt sich Vietnams ungebeugter Wille zur Autonomie und Freiheit.

Schon vor über 5000 Jahren bauten die Viet den ersten Reis an und siedelten im fruchtbaren Land rund um das heutige Guangxi und Guangdong in China. Doch die Viet mussten vor ihren Nachbarn im Norden, den chinesischen Han, nach Süden fliehen. Dort ernannte sich ihr Führer zum Viem De, dem »Roten Kaiser des Südens«, und gründete das Reich Xich Qui im Delta des Roten Flusses. In diese Epoche fallen der erste Staat der Viet und die erste aufgezeichnete Trennung von China.

Der Sage nach heiratete De Minh vom Reich Xich Qui eine sagenumwobene Bergfee, und ihr Sohn, Kinh Duong, vermählte sich mit der Tochter des Drachenherrn des Meeres. Dieser Ehe entsprang Lac Long Quan, der als erster König Vietnams gilt. Um den Frieden mit den Chinesen zu festigen, nahm er die Prinzessin Au Co zur Frau, eine wunderschöne chinesische Unsterbliche, die ihm 100 Söhne gebar. Lac Long Quan schickte seine Frau mit 50 dieser Söhne in die Berge und blieb mit den anderen 50 am Meer. So entstand das vietnamesische Volk, eine

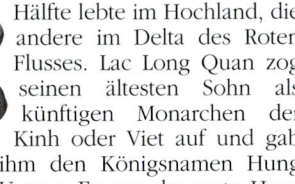

Dong Son-Bronzetrommel

Hälfte lebte im Hochland, die andere im Delta des Roten Flusses. Lac Long Quan zog seinen ältesten Sohn als künftigen Monarchen der Kinh oder Viet auf und gab ihm den Königsnamen Hung Vuong. Er war der erste Herrscher einer legendären Monarchie, der Hung-Könige. Van Lang, der Sitz ihrer Dynastie, lag in Phu Tho am linken Ufer des Roten Flusses, 80 Kilometer nordwestlich des heutigen Hanoi. Die Funde antiker Bronzetrommeln aus Nordvietnam und Südchina entstammen der Dong Son-Kultur, die mit dieser Dynastie in Zusammenhang gebracht wird.

DIE ÄRA DER HUNG-KÖNIGE

Glaubt man den Volkssagen, herrschten 18 Hung-Könige 150 Jahre lang. Im dritten Jahrhundert v.Chr. jedenfalls begann der Niedergang Van Langs. 258 v.Chr. stürzte Thuc Phan, König von Au Viet, einem gegnerischen Reich im Norden, die Hung und gründete den neuen Staat Au Lac mit einer Hauptstadt bei Co Loa in der Nähe Hanois. Au Lac gilt als erster vietnamesischer Staat, Thuc Phan regierte als An Duong Vuong.

ZEITSKALA

	9000–6500 v. Chr. Jungsteinzeit	1000 v. Chr. Entwicklung des Nassreis-anbaus und der Bronze-gießerei in Van Lang	400–100 v. Chr. Dong Son-Kultur 551–479 v. Chr. Konfuzius in China	258–208 v. Chr. Aufbau der Hauptstadt von Au Lac bei Co Loa
9000 v. Chr.	**5000 v. Chr.**	**1000 v. Chr.**	**500**	
	6500 v. Chr. Früher Ackerbau 2879 v. Chr. Gründung des halb-mythischen Reichs Van Lang	2361 v. Chr. Vermuteter erster Kontakt Chinas mit Van Lang	*Bronze-Krieger der Dong Son-Kultur*	258 v. Chr. Gründung des Königreichs Au Lac

Steinzeitrelikt

◁ **Bei der Eroberung von Hong Hoa erkundeten die Franzosen das Gebiet mit festgetäuten Fesselballons, 1884**

CHINA UND VIETNAM

Die vietnamesische Geschichte wurde sehr lange Zeit durch die Nähe zu China geprägt. Im Jahr 207 v. Chr. eroberte der abtrünnige chinesische General Trieu Da das Königreich Au Lac und vereinte es mit seinen eigenen Gebieten in Südchina. Das von ihm gegründete Königreich Nam Viet mit der Hauptstadt bei Fanyu in der heutigen chinesischen Provinz Guangdong markiert den Beginn einer tausendjährigen Besetzung: Vietnam wurde chinesischer Vorposten in Südostasien.

Statue eines Han-Kriegers

Nam Viet war eine Mischung aus China und Vietnam: Die herrschende Westliche Han-Dynastie (206 v. Chr.–9 n. Chr.) sah in der Region südlich des Yangzi zwar nur ein unbedeutendes Randgebiet, dennoch wurden Nam Viet die Werte und die Lebensweise der Han-Kultur zunehmend aufgezwungen. Im Jahr 111 v. Chr. erkannten die Nachfahren von Trieu Da die Oberhoheit des Kaisers Wudi (reg. 141–87 v. Chr.) an, das gesamte Königreich wurde ein Vasall der Westlichen Han und die Viet-Gebiete damit in die chinesische Provinz Giao Chi eingegliedert.

Nach und nach übernahmen die Viet viele Aspekte der chinesischen Kultur, vom Konfuzianismus, Taoismus und Buddhismus bis hin zur Idee der Bildung. Doch immer gab es auch Widerstand gegen die chinesische Oberhoheit: Im Jahr 40 n. Chr. führten zwei adelige Viet-Frauen, die Trung-Schwestern *(siehe S. 163)*, die erste und berühmteste Rebellion an: Sie ernannten sich zu Königinnen eines unabhängigen Reichs mit einer Hauptstadt in Me Linh. Doch schon drei Jahre später waren diese Gebiete wieder unter der chinesischen Kontrolle der Han.

Trotz aller Aufstände blieb die chinesische Herrschaft für weitere 900 Jahre stabil; ab 679 n. Chr. war Vietnam nur noch ein Anhängsel der Tang-Dynastie (618–907 n. Chr.). Das Land hieß An Nam (»Befriedeter Süden«); Tong Binh am Ufer des Roten Flusses in der Nähe des heutigen Hanoi diente als Hauptstadt.

DIE GEBURT DER DAI VIET

Die 1000 Jahre ausländischer Besetzung endeten 938 n. Chr., als Ngo Quyen, einer der großen vietnamesischen Nationalhelden, die Schwächephase der chinesischen Tang-Dynastie nutzte. Er ließ eine Barriere aus eisenbewehrten Pfählen ins Flussbett des Bach Dang schlagen und vernichtete eine chinesische Flotte auf ihrem Weg den Fluss hinauf bei Haiphong. Nach seinem Sieg krönte er sich zum König Ngo Vuong der Dai Viet und verlegte die Hauptstadt von Dai La, der Tong Binh-Festung, zurück nach Co Loa, 1000 Jahre davor Sitz des ersten freien Reichs Au Lac.

Die Trung-Schwestern im Kampf gegen Chinesen

ZEITSKALA

Cham-Skulptur

208 v. Chr. Hauptstadt nach Fanyu in Guangdong verlegt

1. Jh. n. Chr. Han-Oberherren führen chinesische Kultur in Nam Viet ein

40 Aufstand der Trung-Schwestern

2. Jh. Gründung des Cham-Königreichs

200 v. Chr.	100 v. Chr.	0	100 n. Chr.	200	300

111 Nam Viet durch Han-Kaiser Wudi erobert

43 Chinesische Rückeroberung

1 n. Chr. Gründung des Funan-Königreichs

4. Jh. Cham-Hauptstadt Singhapura

Funan-Schmuck

Ruinen in My Son *(siehe S. 130–132)*, dem religiösen Zentrum der Cham im 4. bis 13. Jahrhundert

FUNAN UND CHAMPA

Die chinesisch orientierte Viet-Kultur blühte im Delta des Roten Flusses, gleichzeitig entstanden im Süden zwei von Indien beeinflusste Königreiche, Funan und Champa. Funan gilt als Vorläufer des mächtigen Khmer-Reichs und entstand wahrscheinlich im 1. Jahrhundert n. Chr. im Mekong-Delta. Auf dem Höhepunkt seiner Ausdehnung erstreckte es sich über weite Teile Kambodschas und die Ostküste Thailands. Gründer war ein indischer Kaufmann, der einer Legende nach die Tochter einer *naga* (Schlangengottheit) heiratete.

Zwischen dem 2. und dem 6. Jahrhundert brachten es die Herrscher Funans durch Handel bis China, Indien und Rom zu großem Reichtum. Doch gegen Ende des 6. Jahrhunderts mussten sie den Khmer weichen, dem Königreich von Chen La. Es lag weiter landeinwärts und war daher Angriffen durch Javanesen und Überflutungen weniger stark ausgesetzt. Von Funan geblieben sind nur Ruinen der Hafenstadt Oc Eo bei Rach Gia sowie einige Exponate in den Museen von Hanoi, Ho Chi Minh City und Long Xuyen.

Die ersten Spuren des Königreichs von Champa stammen von 192 n. Chr., als Siedlungen der Cham – die wahrscheinlich aus Java stammten – auch an der Zentralküste Vietnams entstanden. Auf dem Höhepunkt ihrer Macht kontrollierten die Cham das gesamte Gebiet von Vinh bis zum Mekong-Delta. Sie betrieben einen schwunghaften Seehandel, Sklaven und Sandelholz waren die wichtigsten Exportgüter.

Um 800 n. Chr. sahen sich die Cham einer zunehmenden Bedrohung durch das aufstrebende Khmer-Königreich von Angkor und die Ausdehnung der Viet nach Süden ausgesetzt. Ihre Lage verschlechterte sich, und 1471 versetzten die Viet den Cham den endgültigen Todesstoß. Champa wurde auf Nha Trang reduziert, das der König und viele seiner Untertanen mit ihrer Flucht vor den Vietnamesen nach Kambodscha schließlich 1720 aufgaben.

Statue aus der Oc Eo-Epoche

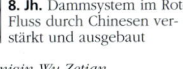

Königin Wu Zetian, Tang-Dynastie

Der Tempel der Literatur, Hanoi, ist ein Ort der Lehre

DAI VIET-REICH

Ngo Vuong starb 945, und die Unabhängigkeit des Viet-Reiches wurde erneut durch den Kampf zwischen rivalisierenden Feudalherren bedroht. Glücklicherweise vereinte Dinh Bo Linh, der mächtigste Kriegsherr, das Land 968. Er nannte es Dai Co Viet und gab sich selbst den Titel Tien Hoang De. In der kurzlebigen Dinh-Dynastie (968–980) machte er sein Reich erneut zu einem Vasallenstaat Chinas, um so einer Invasion zu entgehen. Doch 979 erkämpfte sich Le Dai Hanh den Thron, gründete die Frühe Le-Dynastie (980–1009) und setzte die Eroberung von Champa fort.

LY-DYNASTIE

Die folgende Ly-Dynastie (1009–1225) gilt als erstes völlig unabhängiges vietnamesisches Reich. Gründer war der sehr belesene und mutige Ly Thai To. 1010 verlegte er die Hauptstadt wieder nach Dai La in Tong Binh und gab ihr den vielversprechenden Namen Thang Long (»Steigender Drache«; *siehe S. 160*). Thang Long sollte

800 Jahre lang Vietnams Hauptstadt bleiben. Der Buddhismus wurde zur Staatsreligion, und unter der Herrschaft von Ly Thai To richtete sich die staatliche Verwaltung nach den Prinzipien des Konfuzianismus. Die Dynastie verwandelte Vietnam in eine starke, autonome Nation, auch wenn diese im chinesischen Kulturkreis verblieb. Vietnam hatte eine Zentralregierung, ein kodifiziertes Rechtssystem und ein stehendes Heer. An der Spitze stand als absoluter Monarch und Mittler zwischen Himmel und Erde der König.

TRAN-DYNASTIE

Die Tran-Dynastie (1225–1400) führte eine Landreform durch und wehrte Mongolenangriffe ab. 1288 zerschlug der vietnamesische Nationalheld Tran Hung Dao in der zweiten Schlacht am Fluss Bach Dang eine bedrohliche Mongoleninvasion, indem er, dem Vorbild von Ngo Quyen folgend, Metallpflöcke in das Flussbett rammte. Gleichzeitig dehnte sich Vietnam nach Süden in das Cham-Gebiet bis nach Hue aus.

SPÄTERE LE-DYNASTIE

Zwar fielen 1407 die Ming in Vietnam ein, wurden aber 1428 unter Le Loi während der Lam Son-Rebellion zurückgeschlagen. Nach diesem Triumph mussten die Chinesen Dai Viet als unabhängig anerkennen; Le Loi begründete die spätere Le-Dynastie (1428–1788). Sein Nachfolger, Le Than Ton, schlug die Cham 1471 vernichtend und weitete sein Reich südlich bis nach Qui Nhon aus: Vietnam war nun eine bedeutende Macht Südostasiens.

Nguyen Trai, Berater von Tran Hung Dao

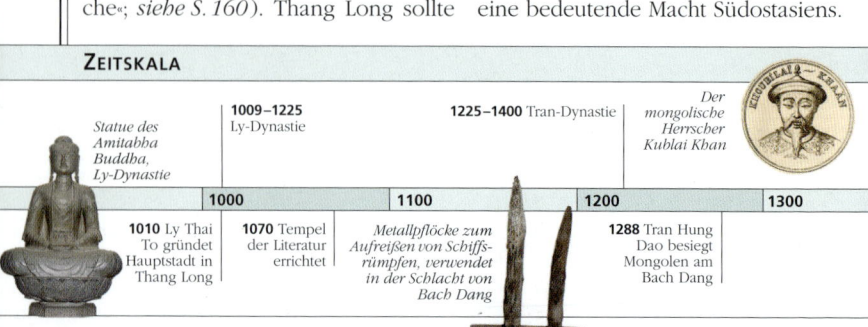

ZEITSKALA

	1009–1225 Ly-Dynastie		**1225–1400** Tran-Dynastie	*Der mongolische Herrscher Kublai Khan*	
Statue des Amitabha Buddha, Ly-Dynastie					
	1000	**1100**	**1200**	**1300**	
1010 Ly Thai To gründet Hauptstadt in Thang Long	**1070** Tempel der Literatur errichtet	*Metallpflöcke zum Aufreißen von Schiffsrümpfen, verwendet in der Schlacht von Bach Dang*		**1288** Tran Hung Dao besiegt Mongolen am Bach Dang	

DIE ZERRISSENE NATION

Die Le-Dynastie dehnte sich zum Missfallen der regionalen Fürsten immer weiter aus. 1527 griff Mac Dang Dung, ein Höfling der Le, nach der Krone. Ab 1539 teilten sich zwei Clans die Macht: die Trinh und die Nguyen. Zwei Jahrhunderte lang blieb das Land geteilt, die Nguyen bauten ihre Hauptstadt Hue weiter aus und konkurrierten mit der Trinh-Hauptstadt Thang Long. Unter den

Schrein für Quang Trung, Führer der Tay Son-Rebellion

Nguyen begann die Eroberung des südlichen Kambodscha, und mit der Einverleibung der Khmer-Siedlung Prey Nokor, dem späteren Saigon, auch des Mekong-Deltas.

DIE ERSTEN EUROPÄER

1545 gründeten Portugiesen die ersten europäischen Manufakturen in Vietnam. Zunächst halfen sie den Nguyen-Fürsten beim Bau einer Gießerei und bei der Waffenherstellung, unterstützten später aber wegen des Gewürzhandels auch die Trinh. Die Niederländer und im 17. Jahrhundert schließlich die Franzosen folgten als wichtigste Handelsmächte. Auch christliche Missionare erkundeten das Land. Einer der wichtigsten war Alexandre de Rhodes (1591–1660), ein französischer Jesuit, der Tausende von Einheimischen vom Christentum überzeugte, bis er aus dem Land gejagt wurde. Schon damals begann das französische Interesse am Reichtum Vietnams.

TAY SON-AUFSTAND

Der jahrelange Bürgerkrieg und das brutale Regime der Trinh und Nguyen führte 1771 zum Ausbruch der Tay Son-Rebellion. Sie wurde von drei Brüdern angeführt, denen es dank der Unterstützung durch Kaufleute und Bauern 1783 gelang, die Nguyen zu stürzen. Der letzte Herrscher, Nguyen Anh, floh ins Ausland und bat um französische Hilfe. 1786 besiegten die Tay Son die Trinh, China reagierte mit einer Invasion, doch der bedeutendste unter den Tay Son-Brüdern schlug sogar die Chinesen und ernannte sich zum Kaiser Quang Trung. Er starb 1792.

SIEG DER NGUYEN-DYNASTIE

Nguyen Anh kehrte 1788 in seine Heimat zurück und eroberte mithilfe des französischen Missionars Pigneau de Behaine (1741–1799) Saigon. Nach dem Tod von Quang Trung besiegte Nguyen Anh auch die Tay Son im Norden. 1802 machte er Hue zur neuen Hauptstadt und sich selbst zum ersten König der Nguyen-Dynastie.

Ngo Mon-Tor der Hue-Zitadelle, erbaut unter Nguyen-Kaiser Gia Long

Frankreichs Truppen in der Bucht von Haiphong, 1884

KOLONIALMACHT FRANKREICH

Nguyen Anh gab sich den Titel Gia Long, ein Symbol für die Vereinigung Vietnams, zusammengesetzt aus den alten Namen für Ho Chi Minh City und Hanoi, Gia Dinh und Thang Long. Der mächtige König starb 1820.

Sein Sohn Minh Mang (reg. 1820–41) erbte nicht nur den Thron, sondern auch die französische Einflussnahme in Vietnam. Doch anders als sein Vater begegnete er den Franzosen nicht in Dankbarkeit, sondern mit Ablehnung und erließ drei Gesetze gegen die Ausbreitung des Katholizismus. Sein Sohn Thieu Tri (reg. 1841–47) und dessen Nachfolger Tu Duc (reg. 1847–83) setzten diese Politik fort.

Die antifranzösischen Gesetze brachten imperialistische Politiker in Frankreich dazu, eine »zivilisierende Mission« zu fordern, die Vietnam ein Jahrhundert seiner Souveränität kosten sollte. Frankreich nutzte die Hinrichtung von Missionaren 1858/59 als Vorwand, um Danang zu besetzen. Zwei Jahre später eroberten französi-

sche Truppen Saigon und zwangen 1865 Tu Duc, die Kolonie Cochinchina zu gründen. 1883 kontrollierte Frankreich ganz Vietnam und deklarierte Annam (Norden) und Tonkin (Zentralregion) zu Protektoraten. Tu Duc starb 1883, seine Nachfolger waren Marionetten Frankreichs, das nun Kambodscha sowie Laos besetzte und 1887 die Indochinesische Union mit der Hauptstadt Hanoi schuf.

DIE KOLONIALZEIT

Der französische Gouverneur Indochinas, Paul Doumer (1897–1902), erinnerte an An Nam, den »Befriedeten Süden« des 7. Jahrhunderts, und bemerkte: »Als Frankreich nach Indochina kam, waren die Annamiten reif für ihre Unterwerfung.« Die Geschichte sollte ihn korrigieren, doch viele Jahrzehnte lang litten die Vietnamesen unter hohen französischen Steuern, Staatsmonopolen auf Salz, Alkohol und Opium sowie der *corvée*, einer Zwangsarbeit. Frankreich beutete die Kaffee- und Gummiplantagen sowie die Mineralvorkommen des Landes aus. Doch mit der deutschen Besetzung Frankreichs im Zweiten Weltkrieg 1940 und dem Vichy-Regime änderte sich dies: In Indochina kollaborierte das deutschfreundliche Regime Restfrankreichs mit Japan und lieferte Vietnam der Unterdrückung und Ausbeutung aus.

Paul Doumer, französischer Gouverneur

KOMMUNISTISCHER WIDERSTAND

Zu Beginn des 20. Jahrhunderts entstanden überall in Vietnam Unabhängigkeitsbewegungen. Die chinesische Revolution 1911 stärkte auch die Vietnamesen, die Nationalpartei Viet Nam

---

ZEITSKALA

1820–41 Kaiser Minh Mang erlässt antifranzösische Gesetze

1858–59 Frankreich erobert Danang

1887 Frankreich gründet Indochinesische Union mit Vietnam, Laos und Kambodscha

1865 Cochinchina wird französische Kolonie

1820	1835	1850	1865	1880

1832 Letzte Gebiete der Champa vernichtet

Kaiser Minh Mang

1883 Frankreich gründet Protektorate von Annam und Tonkin

1890 Geburt von Ho Chi Minh bei Kim Lien

Quoc Dan Dang (VNQDD) entstand nach dem Vorbild der chinesischen Partei Kuomintang. 1930 ließ Frankreich den Vorsitzenden der VNQDD, Nguyen Thai Hoc, sowie zwölf seiner Parteifreunde hinrichten. Elf Jahre später kehrte Ho Chi Minh *(siehe S. 169)*, der Vordenker der Unabhängigkeit Vietnams, nach einem langen Exil zurück. Er gründete die vietnamesische Unabhängigkeits-

Ho Chi Minh *(links)* mit Militärs in Dien Bien Phu, 1953

liga, die Viet Minh, und organisierte die Nationalbewegung gegen Frankreich und Japan. Im März 1945 rissen die Japaner die direkte Kontrolle über Vietnam an sich. Doch Ho Chi Minh und die Truppen der Viet Minh hatten bereits Gebiete im äußersten Norden Vietnams unter ihre Kontrolle gebracht und rückten nach Hanoi vor. Japan kapitulierte am 15. August 1945, am 2. September erklärte Ho Chi Minh auf dem Ba Dinh-Platz in Hanoi ein unabhängiges Vietnam.

ERSTER INDOCHINAKRIEG

Nach der Befreiung Frankreichs von der deutschen Besetzung wollte General Charles de Gaulle die französische Macht auch in Indochina festigen und schickte Truppen nach Vietnam: Dieser Schritt führte 1946 zu einem Aufstand in Hanoi und dem Ausbruch des Indochinakriegs. Die Viet Minh-Kräfte operierten unter General Vo Nguyen Giap aus Viet Bac heraus und konnten weite Teile des Landes unter ihre Kontrolle bringen. Die Franzosen hielten sich jedoch in Hanoi, Saigon und den meisten

größeren Städten. Ho Chi Minh warnte die Franzosen 1946, sie könnten »zehn meiner Männer umbringen für jeden Franzosen, den wir getötet haben. Aber selbst dann werdet ihr verlieren und ich gewinnen.« 1954 schlugen die Viet Minh die Franzosen in Dien Bien Phu *(siehe S. 195)*. Die USA finanzierten zu diesem Zeitpunkt bereits 80 Prozent der französischen Kriegsausgaben.

AUFTAKT ZUM VIETNAMKRIEG

Auf der Genfer Konferenz 1954 einigten sich Frankreich, Großbritannien, die USA und die UdSSR darauf, Vietnam nach allgemeinen Wahlen 1956 am 17. Breitengrad zu teilen. Doch die Teilung wurde ohne Beteiligung der Vietnamesen vorgenommen, die Wahlen fanden nie statt. Der Norden wurde zur (kommunistischen) Demokratischen Republik Vietnam mit der Hauptstadt Hanoi unter Führung von Ho Chi Minh, der Süden die (antikommunistische) Republik Vietnam mit der Hauptstadt Saigon unter Führung des katholischen Ngo Dinh Diem, eines Verbündeten der USA.

Viet Minh-Soldaten im Angriff auf Dien Bien Phu

Bao Dai *(rechts) mit General Navarre*

Postkarte aus Französisch-Indochina

1911 Ho Chi Minh reist nach Paris und tritt 1920 der Kommunistischen Partei bei

1924 Ho Chi Minh wird Agent der Comintern

1940 Frankreich deutsch besetzt; Vichy-Regime

1945 Nguyen-Kaiser Bao Dai dankt ab; Ho Chi Minh ruft Unabhängigkeit aus

| 1910 | 1925 | 1940 | 1955 |

1930 Ho Chi Minh gründet in Hongkong die Kommunistische Partei Indochinas

1945 9. März, japanischer Coup gegen die Franzosen; 15. August, Japan kapituliert

1954 Frankreich in Dien Bien Phu vernichtend geschlagen

1946 Erster Indochinakrieg beginnt

Vietnamkrieg

Medaille, Tet-Offensive

Schon ab 1954 wurde das südvietnamesische Regime unter Präsident Diem von den USA politisch und finanziell am Leben erhalten. Er ließ Kommunisten und Buddhisten verfolgen, während aus Nordvietnam Katholiken in den Süden fliehen mussten. Vietnam war ein Pulverfass, schließlich intervenierten die USA. Gleichzeitig verbündete sich Nordvietnam mit China und der UdSSR. 1960 gründete sich die Nationale Befreiungsfront, der Vietcong, mit dem Ziel, das Land zu vereinen. Im selben Jahr kamen die ersten US-Militärberater nach Südvietnam: Damit begann der 15 Jahre lange, in Vietnam »Amerikanischer Krieg«, in den USA »Vietnamkrieg« genannte bewaffnete Konflikt.

Guerillakrieg
Der Vietcong und die verbündete nordvietnamesische Armee bauten simple, aber tödliche Sprengfallen.

US-SOLDATEN IN REISFELDERN, MEKONG-DELTA

Im Jahr 1967 kämpften eine halbe Million US-Soldaten in Vietnam, die meisten von ihnen waren junge Männer, die lediglich ein Jahr Wehrpflicht ableisteten. Die meisten GIs waren unerfahren, kämpften in unbekanntem, schwierigem Terrain, schlugen sich durch Reisfelder und Sümpfe und verfolgten einen oft unsichtbaren Feind. Spezialeinheiten unternahmen fünftägige, gefährliche Kampfmissionen durch Dschungel- und Sumpfgebiete.

Tonkin-Zwischenfall (1964)
Die USA beschuldigten Nordvietnam, die USS Maddox mit Torpedobooten angegriffen zu haben. Präsident Johnson nahm dies zum Anlass für den Armeeeinsatz und die Bombardierung Nordvietnams.

Erbarmungsloser Luftkrieg
Die US-Luftwaffe und ihre südvietnamesischen Verbündeten setzten gegen ihre Feinde verschiedene Chemiewaffen ein, darunter weißen Phosphor. Ein US-Flugzeug bombardiert hier Danang, 1966.

Ho Chi Minh-Pfad
Diesen Pfad (siehe S. 151) mit seinen schmalen Wegen nutzten kommunistische Truppen zum Vormarsch aus dem Norden nach Saigon.

ZEITSKALA

Der Präsident Südvietnams, Ngo Dinh Diem, 1958

1954 Genfer Indochina-Konferenz bestätigt die Teilung Vietnams

1960 Kommunisten gründen Nationale Befreiungsfront Südvietnams

1965 Erste US-Kampftruppen in Vietnam. US-Luftwaffe startet die Bombardierung Nordvietnams

1955	1960	1965

Der buddhistische Mönch Thich Quang Duc verbrennt sich 1963 aus Protest gegen das Diem-Regime

1963 Diem stirbt bei Attentat durch südvietnamesische Generäle

1964 Nordvietnamesisches Torpedoboot greift angeblich US-Zerstörer im Golf von Tonkin an

Tet-Offensive (1968)
Die längste und blutigste Schlacht war die Tet-Offensive im Januar, als kommunistische Truppen die Kaiserstadt Hue eroberten und sie trotz ständiger Angriffe 25 Tage mit großen Verlusten für beide Seiten hielten.

Hamburger Hill (1969)
Am 10. Mai griff das 101. US-Luftlandebataillon den vom Vietcong gehaltenen Hügel Ap Bia bei Laos an: In zehn Tagen kamen 46 US-Soldaten um, 400 wurden verletzt. Der Hügel wurde als «Hamburger Hill» berüchtigt.

Napalmbomben
Napalm ist eine hochgiftige, aber effektive Brandwaffe aus geliertem Benzin. Napalmbomben töteten Tausende Vietnamesen. Dieses Foto junger Opfer ging im Juni 1972 um die Welt und führte zu einem Stimmungsumschwung in den USA gegen den Krieg.

Antikriegsproteste
Ende der 1960er und Anfang der 1970er Jahre wurde die Antikriegsbewegung wie in den USA überall auf der Welt stärker. Das Foto zeigt eine Demonstration vor der US-Botschaft in London.

Paris Peace Accords (1973)
Vertragsunterzeichnung durch Henry Kissinger und Le Duc Tho am 23. Januar. Daraufhin verließen US-Truppen Vietnam, der Norden gab 500 GIs frei.

29. April 1975
Die letzten Amerikaner mussten per Hubschrauber aus Saigon auf US-Kriegsschiffe im Südchinesischen Meer evakuiert werden, während die Stadt bereits von kommunistischen Truppen erobert wurde.

Denkmal für das Massaker von My Lai

1968 Tet-Offensive im Jan/Feb; Massaker von My Lai *(siehe S. 119)* erschüttert die Welt

1973 Unterzeichnung eines Waffenstillstands; erster US-Truppenabzug

Antikriegssticker der 1970er Jahre

1970	1975

1969 Tod Ho Chi Minhs; Nixon schlägt Friedensgespräche vor

1972 USA bombardieren Hafen von Haiphong

1975 Süden kapituliert vor Norden; provisorische Regierung

1971 *New York Times* veröffentlicht Auszüge der «Pentagon-Papiere» zur US-Verwicklung im Krieg

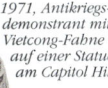

1971, Antikriegsdemonstrant mit Vietcong-Fahne auf einer Statue am Capitol Hill

WIEDERVEREINIGUNG UND ISOLATION

Nach Ho Chi Minhs Tod und dem Sieg Nordvietnams 1975 wurde Le Duan, Generalsekretär der Kommunistischen Partei, neuer Machthaber. Seine Vision sollte die starre Regierungspolitik des nächsten Jahrzehnts prägen. Im Juli 1976 wurde Vietnam offiziell wiedervereint und die Sozialistische Republik Vietnam ausgerufen. Sechs Monate später, auf dem Vierten Parteikongress, beschloss man die weitere Zwangsverstaatlichung von Industrie, Handel und Landwirtschaft im Süden. Die Vertreter des südvietnamesischen Regimes mussten lange Strafen in Umerziehungslagern verbüßen; damit verzichtete man auf Tausende gut ausgebildeter Menschen. Saigon benannte man in Thanh Pho Ho Chi Minh (Ho Chi Minh City) um. In Cholon *(siehe S. 68f)* und überall im Süden beendete die Unterdrückung der Privatwirtschaft den

Vietnamesische Truppen verlassen Kambodscha, 1989

Handel, eine Provokation für China, da Geschäfte weitgehend von den chinesischstämmigen Hoa betrieben wurden. 1977 begann der Exodus: Viele Vietnamesen, die sogenannten »Boat People«, flohen ins Ausland. Das 1975 von den USA verhängte Handelsembargo verschärfte den wirtschaftlichen Niedergang.

Auch politisch ging es bergab. 1976 fielen die Roten Khmer des Pol Pot-Regimes Kambodschas mit chinesischer Unterstützung immer wieder in Vietnam ein. Die Vietnamesen schlossen daher 1978 einen Sicherheitspakt mit der UdSSR. Anfang 1979 schlug China mit einer Invasion in Nordvietnam zurück, zerstörte einige Provinzhauptstädte und zog sich wieder zurück. Die Isolierung Hanois von China und den westlichen Staaten trieb das Land in ein engeres Bündnis mit der UdSSR. Doch Anfang der 1980er Jahre stand der verarmte und isolierte Vietnam kurz vor dem Kollaps.

ERNEUERUNG

Mit dem Tod von Le Duan begann 1986 eine Erneuerung: Nguyen Van Linh, ein Südvietnamese, wurde Parteiführer. Der Sechste Parteikongress verabschiedete die sogenannte *doi moi* (wörtlich »Erneuerung«, konkret Öffnung des Wirtschaftsmarkts) und

»Boat People« auf der Flucht nach Manila, 1978

ZEITSKALA

1975 Wiedervereinigung von Nord und Süd im Kommunismus

1978 Vietnam greift Kambodscha an, Sturz der Roten Khmer

1979 Angriffe Chinas auf Nordvietnam

Pol Pot, Diktator Kambodschas

1989 Vietnamesische Truppen ziehen aus Kambodscha ab

1994 Ende des US-Embargos

1976	1980	1984	1988	1992

1976 Gründung der Sozialistischen Republik

Vertragsunterzeichnung zur Wiedervereinigung Vietnams in Saigon

1986 Tod von Le Duan; Beginn der *doi moi*

Le Duan

1995 Vietnam in der ASEAN; diplomatische Beziehungen zu den USA

machte den Weg frei für allmähliche wirtschaftliche und sozialpolitische Reformen unter der Kommunistischen Partei. Das Ende der UdSSR 1991 beschleunigte die Liberalisierung, denn Vietnam verlor seinen Verbündeten und Geldgeber. Vietnam musste sein Verhältnis zu China verbessern, engere Beziehungen zu seinen Nachbarn in Südostasien eingehen und sich dem Westen öffnen.

Der Erfolg stellte sich ein: 1994 beendeten die USA ihr Handelsembargo und nahmen ein Jahr darauf volle diplomatische Beziehungen zu Hanoi auf. Im selben Jahr trat Vietnam als Vollmitglied der Association of Southeast Asian Nations (ASEAN) bei. 1997 wurde die liberale Wirtschaftspolitik mit der Wahl des innovativ denkenden Tran Duc Luong zum Präsidenten und von Phan Van Khai zum Premierminister bestätigt.

Tran Duc Luong mit US-Präsident Bill Clinton, 2000

AUFSCHWUNG

Seit dem Jahrtausendwechsel hat Vietnam einen bemerkenswerten Wandel vollzogen. Der Besuch von US-Präsident Bill Clinton im Jahr 2000 zeigte, wie rasch sich das Verhältnis zwischen den früheren Feinden normalisierte. Ein Jahr darauf markierten auch die Normalisierung der Handelsbeziehungen zwischen Washington und Hanoi sowie die Wahl von Nong Duc Manh zum Generalsekretär der Kommunistischen Partei, das wichtigste Amt noch vor dem des Präsidenten und des Premierministers, diesen Wandel. Der Politiker gilt als Modernisierer, der bei seiner Wahl versprach, sich auf die wirtschaftliche

Entwicklung zu konzentrieren und korrupte Bürokratie zu bekämpfen. 2006 wurde Nguyen Tan Dung, der jüngste Premierminister des Landes, durch die Nationalversammlung bestätigt. Sein erklärtes Ziel ist es, »das Land nachhaltig zu entwickeln«, und alles deutet darauf hin, dass er dieses Ziel erreicht.

Denn wirtschaftlich entwickelte sich Vietnam im 21. Jahrhundert außerordentlich schnell. Das Bruttoinlandsprodukt wuchs 2007 um 8,5 Prozent, erst 2008 ging das Wirtschaftswachstum aufgrund der hohen Inflation und der weltweiten Krise zurück. Zwar ist die Staatsform mit dem Einparteiensystem noch autokratisch, aber die Regierung begünstigt inzwischen die freie Marktwirtschaft. Dennoch bleiben die Gegensätze zwischen Arm und Reich in den Städten und auf dem Land gewaltig. Menschenrechtsgruppen beklagen, dass Oppositionelle unterdrückt werden. Doch trotzdem genießen die meisten Vietnamesen heute mehr Freiheit als alle ihre Vorfahren.

Modernes Vietnam: Hochhäuser in Ho Chi Minh City

George Bush und Phan Van Khai bei Verhandlungen über die Aufnahme Vietnams in die Welthandelsorganisation im Juni 2005; Vietnam wird 2007 Mitglied der WTO

Die Regionen Vietnams

Vietnam im Überblick

Vietnam ist ein schmales, lang gestreck-
tes Land mit einer erstaunlich vielfältigen
Landschaft: romantische, einsame Täler im
Nordwesten, hohe Berggipfel und Hochebenen
im zentralen Gebirgszug und tropische Traumstrände an den Küsten im Süden. Der mächtige
Rote Fluss (Song Hong) im Norden und der Mekong
im Süden speisen zwei äußerst fruchtbare Flussdeltas
mit unzähligen Seitenarmen, üppigen Wäldern und
Kanälen sowie endlosen Reisfeldern. Ebenso vielfältig sind
die Kunst und Kultur Vietnams, wie sich in den Museen, in
der französischen Kolonialarchitektur Hanois, in den Kaiserpalästen des alten Hue sowie in den eleganten Restaurants
in Ho Chi Minh City zeigt. Dieses Buch gliedert Vietnam in
sechs Regionen, jede davon ist mit einer Farbe codiert.

NORDVIETNAM
(Seiten 178–201)

HANOI
(Seiten 152–177)

Sapa (siehe S. 196f)
*liegt in einem einsamen
Gebiet Nordvietnams und ist
wegen seiner atemberaubenden landschaftlichen Schönheit bekannt. Die steilen Reisterrassen an den Hängen der
Hoang Lien-Berge werden
seit Jahrhunderten von den
ethnischen Minderheiten
der Region bebaut.*

0 Kilometer   500

Hanois Altstadt (siehe S. 156f)
*umfasst das einzigartige Ge-
schäftsviertel. Früher hieß es
»Viertel der 36 Gassen«, von hier
wurde im 13. Jahrhundert der
Palast beliefert. Heute werden in
den farbenprächtigen, schillern-
den Marktstraßen Seide, frischer
Kaffee, bunte Laternen und vieles andere mehr angeboten.*

Tra Vinh (siehe S. 89)
*ist eine Stadt inmitten
des fruchtbaren Deltas.
Schmale Kanäle bahnen
sich den Weg durch
dichte Wälder, Kokos-
palmenhaine und Obst-
gärten. In der für ihre
Religionsvielfalt be-
kannten Stadt leben
viele Khmer, Buddhis-
ten und Christen.*

**MEKONG-DELTA
UND SÜDVIETNAM**
(Seiten 84–101)

◁ Bunte Holzboote am Mui Ne Beach *(siehe S. 106f)* mit roten Sanddünen im Hintergrund

Der Hien Lam-Pavillon in der Zitadelle von Hue (siehe S. 140–143) *ist auch als »Palast der Glorreichen Ankunft« bekannt. Der filigrane Tempel mit seinen drei Dächern ist das höchste Gebäude der Kaiserstadt. Er erhebt sich über den großen Neun Dynastischen Urnen.*

Die Po Nagar Cham-Türme (siehe S. 109) *entstanden im 8. Jahrhundert und zählen zu den wichtigsten Cham-Stätten. Diese wunderschönen Ruinen in Nha Trang bieten einen faszinierenden Einblick in die Architekturstile des einst mächtigen Cham-Reichs.*

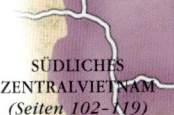

ENTRALVIETNAM
Seiten 120-151)

Mui Ne Beach (siehe S. 106f) *ist mit zwölf Kilometern Länge einer der schönsten Strände südlich von Nha Trang. Zwischen August und Januar eignet sich das Wetter gut zum Surfen. Morgens beginnt der Tag im Dorf Mui Ne mit den lauten Rufen der Fischhändler.*

SÜDLICHES
ZENTRALVIETNAM
(Seiten 102-119)

O CHI MINH CITY
(Seiten 52-83)

Der Dachgarten des Rex Hotel (siehe S. 60) *ist eines der beliebtesten Restaurants in Ho Chi Minh City. Von hier hat man eine spektakuläre Aussicht auf das bunte, faszinierende Treiben in den Straßen der Innenstadt.*

HO CHI MINH CITY

Die größte Stadt und das Wirtschaftszentrum Vietnams entwickelt sich zur Vorzeige-Metropole des Landes. In der vor Lebensfreude sprühenden Ho Chi Minh City gibt man sich weltoffen, hört Popmusik und trinkt französischen Wein. Inmitten der Hoteltürme, Shopping-Center und Restaurants erinnern alte Pagoden und Kolonialbauten an eine wechselvolle, lebendige Geschichte.

Vor vielen Jahrhunderten bauten die Khmer hier ein Fischerdorf, das sich zum Handelsposten entwickelte. Im 18. Jahrhundert wurde die nun Saigon genannte, zur Festung ausgebaute Stadt Provinzhauptstadt der Nguyen-Dynastie. Ab 1862 kontrollierte die französische Kolonialmacht Saigon, das jetzt Hauptstadt des französischen Cochinchina war. Aus dieser Zeit stammt ein Großteil der Infrastruktur und Architektur, Saigon galt damals als das »Paris des Fernen Ostens«. Viele Bauten haben sich bis heute gut erhalten. 1954 wurde Saigon zur Hauptstadt Südvietnams ausgerufen *(siehe S. 43)*, 1975 endete hier mit dem Einmarsch der nordvietnamesischen Armee der Vietnamkrieg. Saigon wurde von den neuen Machthabern in Thanh Pho Ho Chi Minh umbenannt.

Heute verändert sich Ho Chi Minh City dank der wirtschaftlichen und kulturellen Liberalisierung in atemberaubendem Tempo: Die Sechs-Millionen-Metropole modernisiert und erfindet sich praktisch jeden Tag aufs Neue, sie entwickelt sich rasch zum Industrie-, Entertainment- und Gourmetzentrum Vietnams. Selbst der Name Saigon wird wieder oft benutzt. Schicke internationale Restaurants und Cafés öffnen an jeder Ecke, Bars und Clubs bieten ein vibrierendes Nachtleben. Zentrum des Geschehens ist die Gegend um Dong Khoi *(siehe S. 56f)*, die dank historischer Architektur, Museen, eleganter Läden und Straßencafés Besucher anzieht. Es ist ein aufregendes Viertel, in dem sich die Einheimischen auf knatternden Motorrädern durch die Massen schlängeln.

Ein großes Porträt von Ho Chi Minh überblickt die Halle des Hauptpostamts

◁ Die funkelnden Hotels Caravelle und Sheraton überragen das lebendige Viertel Dong Khoi *(siehe S. 56f)*

Überblick: Ho Chi Minh City

Ho Chi Minh City (Thanh Pho Ho Chi Minh) ist mit über 6,5 Millionen Einwohnern das größte Ballungsgebiet Vietnams, unterteilt in 17 Stadtbezirke/Distrikte *(quan)* und fünf Landbezirke *(huyen)*. Das Zentrum (das alte Saigon) erstreckt sich um die Dong Khoi-Straße im ersten Distrikt und bietet elegante Geschäfte, Restaurants und Museen. Hier findet man französische Kolonialarchitektur, etwa das Stadttheater, die Kathedrale Notre Dame und das Hauptpostamt. Nördlich davon liegen Wohnviertel und die Jadekaiser-Pagode. Im Westen lockt Cholon, wo die chinesischstämmigen Hoa leben. Hier stehen einige der ältesten Pagoden der Stadt.

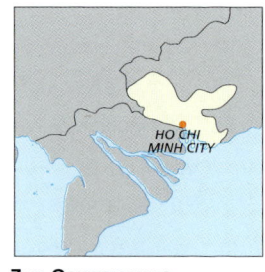

ZUR ORIENTIERUNG
Siehe Stadtplan, S. 78–83

SEHENSWÜRDIGKEITEN AUF EINEN BLICK

Kirchen, Tempel und Pagoden
Cao Dai-Tempel S. 74f 30
Ein-Säulen-Pagode von Thu Duc 27
Giac Vien-Pagode 26
Hoi Quan Nghia An-Pagode 21
Jadekaiser-Pagode S. 62f 11
Le Van Duyet-Tempel 12
Mariamman Hindu-Tempel 17
Notre Dame-Kathedrale 7
Phung Son-Pagode 25
Quan Am-Pagode 23
Thien Hau-Pagode 22
Vinh Nghiem-Pagode 13
Xa Loi-Pagode 16

Historische Sehenswürdigkeiten und Gebäude
Cu Chi-Tunnel 28
Hauptpostamt 8
Sitz des Volkskomitees 4

Theater
Stadttheater 2

Museen und Paläste
Ho Chi Minh City-Museum 5
Museum für die Frauen Südvietnams 14
Museum der Geschichte Vietnams 10
Museum für Kriegsrelikte 15
Museum der Schönen Künste 19
Palast der Wiedervereinigung 9

Strände, Quellen, Naturschutzgebiete und Berge
Cat Tien-Nationalpark 35
Heiße Quellen von Binh Chau 34
Ho Coc-Strand 33
Nui Ba Den 29

Kleinstädte und Märkte
Ben Thanh-Markt 18
Binh Tay-Markt 24
Dan Sinh-Markt 20
Long Hai 32
Vung Tau 31

Hotels
Caravelle Hotel 1
Continental Hotel 3
Rex Hotel 6

Stadtplan Ho Chi Minh City *siehe Seiten 78–83*

LEGENDE

- Detailkarte: *siehe S. 56 f*
- ✈ Flughafen
- 🚆 Bahnhof
- 🚍 Fernbusbahnhof
- ⛴ Fähranlegestelle
- ▬ Autobahn
- ▬ Hauptstraße
- ═ Nebenstraße
- — Eisenbahn
- ▪▪ Staatsgrenze
- ▪▪ Provinzgrenze

IN HO CHI MINH CITY UNTERWEGS

Die Stadtviertel Dong Khoi und Cholon sind so klein, dass man sie bequem zu Fuß erkunden kann. Das beliebteste Verkehrsmittel in Ho Chi Minh City ist das *honda om*, ein Motorradtaxi. Kaum eine Fahrt zu einem beliebigen Ziel im Stadtgebiet kostet damit mehr als ein paar US-Dollar. Mittlerweile sind auch Funktaxis leicht zu bekommen. Die meisten Reisebüros organisieren für Besucher Ausflüge zu entlegenen Stadtgebieten.

0 Kilometer 1

SIEHE AUCH

- *Übernachten* S. 232–234
- *Restaurants* S. 250–252

DISTRIKT 3

DISTRIKT 1

Fhu Thiem-Fähranleger

Bach Dang-Fähranleger

UMGEBUNG VON HO CHI MINH CITY

0 Kilometer 50

TAY NINH

BINH PHUOC

Dong Xoai

Dan Tieng-See

Tay Ninh

BINH DUONG

Tri An-See

DONG NAI

Go Dau

Thu Dau Mot

Cu Chi

Flughafen Tan Son Nhat

LONGAN

Ho Chi Minh City

BA RIA-VUNG TAU

Tan An

Ba Ria

TIEN GIANG

My Tho

BEN TRE

Vinh Long

Im Detail: Dong Khoi

Die Gegend rund um die Dong Khoi-Straße ist sicher das pulsierendste Viertel von Ho Chi Minh City. Die Straße erlangte unter dem Namen Rue Catinat schon in der französischen Kolonialzeit Berühmtheit: Luxushotels, elegante Boutiquen und gemütliche Cafés lagen hier direkt neben Bars und Bordellen. Kein Wunder, dass der Roman *Der stille Amerikaner* von Graham Greene hier spielt. Mit der Ausgelassenheit war es unter den Kommunisten vorbei, doch seit der wirtschaftlichen Liberalisierung 1986 erlebt das Viertel mit gehobenen Hotels, Restaurants und Designerläden die Wiedergeburt. Nirgendwo sonst im Land vibriert das Großstadtleben so wie hier und erinnert an Ho Chi Minh Citys historischen Ruf als »Paris des Fernen Ostens«.

Dong Khoi, von der Diamond Plaza (siehe S. 263) aus gesehen

★ Hauptpostamt

Das labyrinthartige Gebäude ist eines der schönsten französischen Kolonialdenkmäler der Stadt. Sitzbänke in der kühlen Halle laden zur Erholung von der Hitze draußen ein. ❽

International SOS bietet mit einem mehrsprachigen Team medizinische Hilfe im Stadtzentrum.

★ Notre Dame-Kathedrale

Im späten 19. Jahrhundert baute man die Kathedrale aus einheimischen Steinen und verkleidete sie mit roten Keramikfliesen aus Frankreich. Die Marienstatue auf der kleinen Grünanlage davor stammt aus den 1950er Jahren. ❼

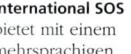

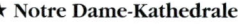

Sitz des Volkskomitees

Das ursprüngliche Hôtel de Ville (Fertigstellung 1908) wurde als Saigoner Rathaus dem Pariser Hôtel de Ville nachempfunden. Es ist eines der fotogensten Kolonialgebäude der Metropole. ❹

NICHT VERSÄUMEN

★ Hauptpostamt

★ Notre Dame

★ Stadttheater

Givral Restaurant und Café
Das stimmungsvolle Café mit Konditorei stammt aus der französischen Kolonialzeit und bietet Baguettes, Sandwiches und Kuchen an.

Continental Hotel
Das im französischen Kolonialstil errichtete Hotel ist eine elegante Oase mitten im Trubel der Stadt. Im zentralen Atrium trifft man sich zum Nachmittagstee oder zu einem Rendezvous in ruhiger, entspannter Atmosphäre. ❸

LEGENDE

– – – Routenempfehlung

Das Chi Lang-Café liegt in einer grünen Idylle; an heißen Tagen ist ein *café da* (Eiskaffee) hier genau das Richtige.

0 Meter 150

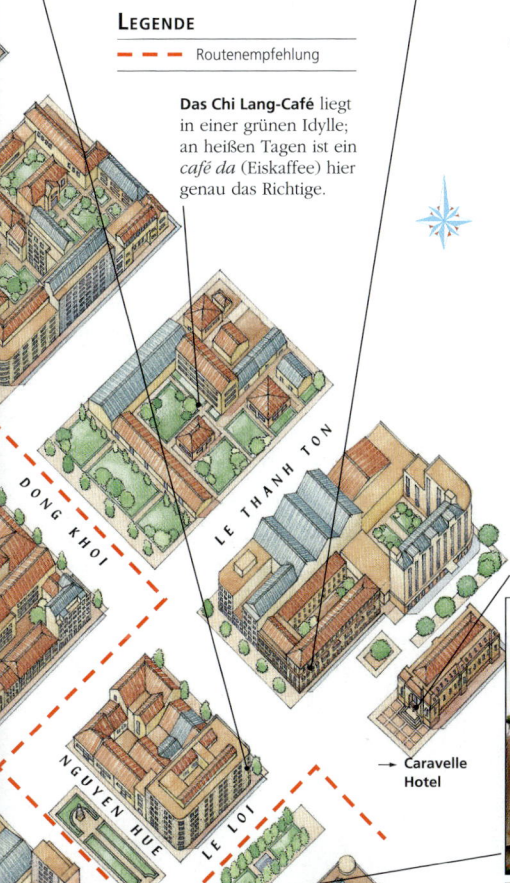

DONG KHOI

LE THANH TON

NGUYEN HUE

LE LOI

→ Caravelle Hotel

★ Stadttheater
Das reizvolle, neoklassizistische Theater war zur Kolonialzeit als Opernhaus das Zentrum der französischen Gesellschaft. ❷

Rex Hotel
Während des Vietnamkriegs war das Hotel ein legendärer Journalistentreff. Heute ist es eines der bekanntesten Wahrzeichen. Von der Dachbar hat man eine tolle Aussicht. ❻

Stadtplan Ho Chi Minh City *siehe Seiten 78–83*

Caravelle Hotel ❶

19 Lam Son-Platz, Distrikt 1. **Stadtplan** 2 F3. 📞 (08) 3823 4999.
🚪 *tägl.* 🍴 🛏 📷
www.caravellehotel.com

Als das Caravelle Hotel an Weihnachten 1959 eröffnete, war es mit zehn Stockwerken der höchste Bau Saigons und wurde von der Presse wegen der zentralen Klimaanlage und den schusssicheren Fenstern gefeiert. Das geschah in weiser Voraussicht, denn im Vietnamkrieg war das Hotel Mittelpunkt für Diplomaten und Journalisten *(siehe S. 44 f).* Australien und Neuseeland unterhielten hier ihre Botschaften, Medien wie die *Washington Post, New York Times, Associated Press* und viele andere hatten

Fein gearbeitete Statuen am Dach des Theaters

hier ihre Büros. Die Journalisten scherzten damals, dass sie den ganzen Krieg bequem von der Dachbar aus verfolgen könnten. Damit war es nach dem Fall Saigons 1975 vorbei. Die Regierung übernahm das Hotel und ließ es nach aufwendiger Renovierung 1998 wiedereröffnen.

Heute ist das Caravelle mit seinem neuen, marmorverkleideten Hotelturm das beste Luxushotel der Stadt. Frühere Gäste erkennen es vielleicht kaum wieder, doch die Dachbar und ihre geschwungenen Balkonecken schweben wie früher über dem alten Flügel. Es ist Saigons schönster Ort, um einen Cocktail zu trinken.

Stadttheater ❷

7 Lam Son-Platz, Kreuzung Le Loi und Dong Khoi, Distrikt 1. **Stadtplan** 2 F3. 📞 (08) 3829 9976.
🚪 *variierend.* 🎫 📷

Der herausragende französische Kolonialbau, in dem das Stadttheater (Nha Hat Thanh Pho) zu Hause ist, wurde 1899 als Konzerthalle erbaut (bis heute spricht man vom Opernhaus) und diente 1956 als Sitz der südvietnamesischen Nationalversammlung. Eine elegante Treppe führt zum Eingang, den zwei riesige wie griechisch-römische Göttinnen geformte Säulen rahmen. Geflügelte Figuren und feine Ornamente verzieren die Dachtraufe. Auf dem Gelände stehen Statuen und Brunnen.

Innen ist der Bau nicht so reich verziert, bietet aber gleichwohl einen eleganten Rahmen für traditionelles vietnamesisches Theater oder westliche klassische Dramen, aber auch für Rockkonzerte, Tanzvorstellungen und Modenschauen. Das Programm ist außen an der Kasse angeschlagen.

Gemütliches Abendessen im Innenhof des Continental Hotel

Continental Hotel ❸

132–134 Dong Khoi, Distrikt 1.
Stadtplan 2 F3. 📞 (08) 3829 9201.
🚪 *tägl.* 🍴 📷 **www**.continental
hotel.com.vn

Mit seiner herrschaftlichen Fassade gilt das Continental als Grande Dame unter den Hotels aus der französischen Kolonialzeit. Das Hotel gruppiert sich um einen Hof, dessen Frangipani-Bäume Schatten bieten. Innen kann man die mit roten Teppichen ausgelegten alten Böden aus tropischen Hölzern bewundern. Überhaupt hat das Continental seinen Charme und verblichenen Glanz bewahrt und auf eine historisierende Modernisierung verzichtet.

Seit der Eröffnung 1886 kann man eine illustre Gästeschar verzeichnen. Während des Vietnamkriegs wohnten im Continental berühmte Journalisten wie Walter Cronkite (geb. 1916), der hier seine Zeit an der Terrassenbar mit dem Spitznamen »The Continental Shelf« verbrachte. Andere prominente Gäste waren Schriftsteller wie André Malraux (1901–1976) und W. Somerset Maugham (1874–1965), doch erst Graham Greene (1904–1991) machte das Hotel mit seinem Roman *Der stille Amerikaner* (1955) berühmt. Greene hatte hier monatelang gewohnt, um die Atmosphäre angemessen schildern zu können.

Die elegante, weihnachtlich geschmückte Lobby des Caravelle Hotel

Hotels und Restaurants in Ho Chi Minh City *siehe Seiten 232–234 und 250–252*

Sitz des Volkskomitees ❹

Kreuzung Le Thanh Ton und Nguyen Hue, Distrikt 1. **Stadtplan** 2 E3. ⬤ *für Besucher.*

Das vom französischen Architekten P. Gardes entworfene und 1908 eingeweihte Hôtel de Ville (Rathaus) der französischen Kolonialzeit gehört zu den meistfotografierten Gebäuden der Stadt. Bei Ho Chi Minhs Unabhängigkeitserklärung und der Gründung des provisorischen Verwaltungskomitees für Südvietnam 1945 versammelten sich hier, genau im Zentrum der Stadt, Tausende von Menschen, um zu feiern.

Bei der Planung des zweistöckigen Gebäudes orientierte man sich am 20 Jahre davor fertiggestellten Hôtel de Ville (Rathaus) von Paris. Mit seinen zwei Flügeln rund um eine Zentralhalle, dem Uhrenturm, dem roten Ziegeldach und vor allem mit der üppig verzierten cremefarbenen Fassade mit Arkaden macht der Bau deutliche Anleihen beim europäischen Zuckerbäckerstil. Doch trotz dieser »fremden« Architektur harmoniert er hervorragend mit dem Stadtbild, besonders wenn er abends in beeindruckender Illumination erstrahlt.

Leider können Besucher die mit Kronleuchtern prunkenden Innenräume nicht besichtigen. Am Platz vor der Haupthalle steht eine Statue von Ho Chi Minh, der ein Kind im Arm trägt.

Foto von der Eroberung Saigons (1975) im Ho Chi Minh City-Museum

Ho Chi Minh City-Museum ❺

65 Ly Tu Trong, Distrikt 1. **Stadtplan** 2 E4. ☎ *(08) 3829 9741.* ⬤ *tägl. 8–17 Uhr.* 🎥 🚻

Die frühere Residenz des französischen Generalgouverneurs sieht wie viele Bauten der Stadt so aus, als stehe sie in Frankreich. Das hellgraue Stadtmuseum mit weißen Zierleisten und Kolonnade ist imposant. Die Hallen mit ihren hohen Decken und Lüstern sind ein beliebtes Motiv für Hochzeitsfotos.

Das Museum erstreckt sich über zwei weitläufige Stockwerke und erhebt den Anspruch, die 300-jährige Stadtgeschichte zu dokumentieren. Allerdings charakterisiert der ursprüngliche Museumsname, »Museum der Revolution«, Inhalt und Tendenz der Ausstellung wohl treffender. Im Erdgeschoss findet man einige Fotos des französisch-kolonialen Saigon, alte Stadtpläne und Dokumente aus der Zeit der Stadtgründung im 17. Jahrhundert. Dazwischen sind Exponate aus Vietnams alter Geschichte und Volkstrachten ausgestellt. Das Museum beherbergt auch eine Sammlung zur vietnamesischen Währung.

Der erste Stock widmet sich dem Kampf Vietnams gegen den Imperialismus: Zu sehen sind Waffen wie die AK-47 und selbst gebaute Bomben, daneben Fotos von Soldaten, Briefe von der Front und politische Pamphlete. Draußen steht Kriegsmaschinerie, darunter ein Huey-Helikopter, ein Kampfjet sowie ein US-amerikanischer Panzer.

Der Sitz des Volkskomitees erinnert an europäischen Zuckerbäckerstil

VIETNAM IM FILM

Kein anderes Land Südostasiens spielt in Hollywood-Filmen eine so große Rolle wie Vietnam, nicht nur in Kriegsfilmen. Der erste hier angesiedelte US-Streifen war *Red Dust* (1932), ein romantischer Liebesfilm mit Clark Gable. Um Politik und Ethik ging es in beiden Verfilmungen des Romans von Graham Greene *Der stille Amerikaner*: 1957 mit Audie Murphy und 2002 mit Michael Caine. Unter den vielen Antikriegsfilmen sind Francis Ford Coppolas *Apocalypse Now* (1979) und Oliver Stones realistisches Drama *Platoon* (1986) am bekanntesten.

Szene aus Oliver Stones *Platoon*

Andere Filme, die in Ho Chi Minh City spielen, sind Régis Wargniers *Indochine* (1991), ein sinnlicher Reigen durch das weiße, koloniale Vietnam, sowie der in Vietnam verbotene, da systemkritische Film *Cyclo* (1995) des französisch-vietnamesischen Regisseurs Tran Anh Hung, der auch *Der Duft der grünen Papaya* (1993) drehte.

Stadtplan Ho Chi Minh City *siehe Seiten 78–83*

Aussicht von der Dachgartenbar des Rex Hotel

Rex Hotel ❻

141 Nguyen Hue Blvd, Distrikt 1.
Stadtplan 2 E4. ☎ (08) 3829 2185.
◷ tägl. 24 Stunden. 🍴 ▯ ▯ ▯
www.rexhotelvietnam.com

D as Rex Hotel hat seit seinem Bau mitten im Stadtzentrum in den 1950er Jahren eine wichtige Rolle in der Stadtgeschichte gespielt. Ursprünglich wurde es von französischen Investoren finanziert, im Vietnamkrieg stieg es rasch zum Mittelpunkt des gesellschaftlichen und militärischen Lebens der US-Soldaten auf. Hier verkündeten die US-Presseoffiziere die täglichen Lagenachrichten, die wegen ihrer offensichtlichen Subjektivität als »The Five O'Clock Follies« verhöhnt wurden.

Auch heute ist das Rex mit seiner Dachgartenbar ein wichtiger Treffpunkt. Unternehmen tagen hier, Spieler versuchen ihr Glück im Bingosaal, und der zentrale Innenhof ist für Hochzeitsfeiern beliebt.

Notre Dame-Kathedrale ❼

1 Cong Xa Paris-Platz, Distrikt 1.
Stadtplan 2 E3. ◷ Mo–Sa 8–10.30, 15–16 Uhr; So zur Messe. ♿

D ie basilikaähnliche Kathedrale Notre Dame oder Nha Tho Duc Ba ist die größte jemals in den französischen Kolonien erbaute Kirche. Bei ihrer Vollendung 1880 waren ihre 40 Meter hohen Türme die höchsten Bauten Saigons. Auf den ersten Blick wirkt die Kirche wie ein Backsteinbau, doch es sind rote Fliesen aus Marseille, die den Granitsteinbau verkleiden. Die Kirche hatte sogar Buntglasfenster aus Chartres, die im Zweiten Weltkrieg zerstört und gegen herkömmliches Glas ausgetauscht wurden. Das Innere ist schmucklos, aber das stimmungsvolle Licht sorgt für andächtige Stille.

Vor der Kirche steht eine Marienstatue, die man in Rom fertigte, 1959 nach Vietnam brachte und in der Hoffnung auf Frieden für Vietnam »Heilige Maria, Königin des Friedens« taufte. Die Katholiken sind heute keine politische Kraft mehr, aber die Messe ist stets gut besucht. Der nur sonntags geöffnete Glockenturm bietet eine hervorragende Aussicht.

Marienstatue, Notre Dame

Hauptpostamt ❽

2 Cong Xa Paris-Platz, Distrikt 1.
Stadtplan 2 E3. ☎ (08) 3829 3274.
◷ tägl. 7–20 Uhr. ▯

D er französische Architekt Gustave Eiffel erbaute 1886–91 das Hauptpostamt, Buu Dien Trung Tam. Er schuf damit einen Hohetempel des Postwesens und eines der schönsten Baudenkmäler der Stadt. Die korallenfarbene Fassade hat eine cremefarbene Dachtraufe und weist steinerne Gesichter von Philosophen und Wissenschaftlern sowie Inschriften auf.

Die Innenhalle erinnert auf merkwürdige Weise an einen Bahnhof, die Gewölbedecke ruht auf schmiedeeisernen grünen Säulen mit vergoldeten Kapitälen. Die Kachelmosaike auf dem Fußboden sind sehr filigran, vor allem im Foyer, in dem riesige alte Karten mit Stadt- und Landansichten von Kronleuchtern zur Geltung gebracht werden. Ein Porträt von Ho Chi Minh blickt gelassen auf das Kommen und Gehen.

Kunden können hier Holzschreibbänke nutzen oder einfach nur auf den bequemen Bänken ausruhen. Ein Stand verkauft Souvenirs und Briefmarken; Letztere sind nicht selbstklebend, dafür stehen Klebstofftöpfchen bei den Türen.

Das höhlenähnliche Innere des Hauptpostamts

Hotels und Restaurants in Ho Chi Minh City siehe Seiten 232–234 und 250–252

Die strenge Fassade des Palasts der Wiedervereinigung, ein Architekturbeispiel der 1960er Jahre

Palast der Wieder-vereinigung **9**

135 Nam Ky Khoi Nghia, Distrikt 1.
Stadtplan 2 D3. (08) 3822
3652. tägl. 7–11, 13–16 Uhr,
außer bei offiziellen Anlässen.

Die »Reunification Hall« (Hoi Truong Thong Nhat) ist umgeben von einer weitläufigen Anlage und gilt als bedeutendes Symbol vietnamesischer Geschichte. Im 19. Jahrhundert stand hier der Norodom-Palast, die alte Residenz des französischen Generalgouverneurs, der spätere Präsidentenpalast, in dem der südvietnamesische Präsident Ngo Dinh Diem (siehe S. 43) residierte. 1962 wurde dieser Bau bei einem Attentatsversuch auf Diem durch zwei Piloten seiner eigenen Luftwaffe weitgehend zerstört. Zwar baute man den Palast wieder auf, doch Diem wurde ermordet, bevor er nach der Fertigstellung 1966 wieder einziehen konnte.

Im Palast empfing Diems Nachfolger, Präsident Van Thieu, Machthaber und Präsidenten – bis er 1975 vor den nordvietnamesischen Truppen flüchten und vom Dach aus per Hubschrauber ausgeflogen werden musste. Im selben Jahr kapitulierte Südvietnam, die Palasttore wurden von einem nordvietnamesischen Panzer überrollt – festgehalten in einem für Vietnam symbolischen Foto.

Das Innere ist heute mit seinen Korridorfluchten und Empfangssälen weitgehend intakt. Die Wohnräume sind rund um ein sonniges Atrium gruppiert und mit Kronleuchtern und feinen Antiquitäten

neben Mobiliar der 1960er Jahre eingerichtet. Interessant sind die Elefantenfüße in der Ausstellung präsidialer Geschenke und die großen Lackkunstwerke mit Szenen aus der Le-Dynastie (siehe S. 40).

Im Keller verstecken sich ein Bunker und ein militärischer Befehlsstand mit Funkgeräten und Landkarten. Im zweiten Stock befindet sich merkwürdigerweise ein Spielsalon. Der angrenzende Park lädt zum Entspannen ein.

Museum der Geschichte Vietnams **10**

2 Nguyen Binh Khiem, Distrikt 1. **Stadtplan** 2 F1.
(08) 3829 8146. Di–So 8–11, 13.30–16.30 Uhr.
Saigon Zoo
2 Nguyen Binh Khiem.
(08) 3829 3728.
tägl. 7–21 Uhr.

Das im klassischen Pagodenstil erbaute Museum Bao Tang Lich Su lohnt wegen seiner riesigen Sammlung mit Exponaten aus der gesamten Geschichte Viet-

Vase aus der Le-Dynastie

nams unbedingt einen Besuch. Relikte aus der frühen Kultur des Landes sind prähistorische Werkzeuge und Geräte. Die Ära der Hung-Könige (siehe S. 37) ist durch Bronzeobjekte vertreten. Highlights sind Bronzetrommeln der Dong Son-Kultur und Münzen der Oc Eo-Kultur, aber auch eine römische Münze aus dem 2. Jahrhundert n. Chr.

Überreste der Nguyen-Dynastie (siehe S. 41) umfassen eine kostbare Sammlung mit Kleidung und Schmuck. Ausgestellt sind auch etliche Cham- und Khmer-Fundstücke, darunter ein Steinphallus und Keramik. Auffallend ist eine Mumie aus dem Jahre 1869.

Ungewöhnlich für Südvietnam, aber gleichwohl interessant sind die täglichen Aufführungen des eigentlich in Hanoi beheimateten Wasserpuppen-Theaters (siehe S. 159).

Das Museum liegt im weitläufigen, idyllischen Gelände des **Saigon Zoo** – ideal für einen entspannenden Spaziergang im Grünen.

Elefanten begrüßen die Besucher des Saigon Zoo

Stadtplan Ho Chi Minh City siehe Seiten 78–83

Jadekaiser-Pagode ⓫

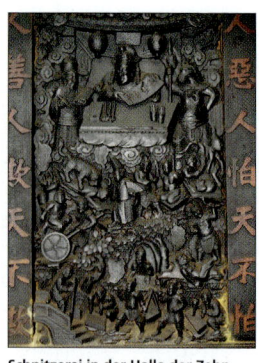

Der kleine Tempel ist eine der am reichsten verzierten Pagoden der Stadt und dem Weltenherrscher, dem Jadekaiser Ngoc Huang, geweiht, der wichtigsten Gottheit im taoistischen Pantheon. Der 1909 von der kantonesischen Gemeinde erbaute Tempel hat eine schlichte, rosafarbene Fassade, doch das Dach aus Keramikkacheln ist ebenso wie die großen, verzierten Holztüren ein Kunstwerk. Auffallend sind die farbenprächtigen, vergoldeten buddhistischen und taoistischen Gottheiten im Inneren. Im Vorhof ist ein Teich, dem der Tempel seinen Beinamen »Schildkrötenpagode« verdankt.

Statue im Frauenraum

Schnitzerei in der Halle der Zehn Höllen mit einer von 1000 Qualen

Der König der Hölle und sein rotes, lebensgroßes Pferd reiten in die Halle der Zehn Höllen mit Holzreliefs voller Verdammnismotive.

Frauenraum
Der faszinierende Raum ist mit zwei Reihen aus je sechs Frauenfiguren aus Keramik geschmückt. Jede der farbenprächtig bekleideten Figuren symbolisiert ein Mondjahr und je eine Tugend oder ein Laster. Kim Hoa, Göttin der Mütter, wacht über alle.

Im Opferofen werden geweihte Gaben aus Papier verbrannt. Der aufsteigende Rauch soll die Ahnen im Himmel erreichen.

Schildkrötenteich
In dieser grünen Idylle leben zahlreiche Schildkröten, die in Vietnam als Glücks- und Wohlstandsbringer gelten. Bilder von Schildkröten sind zwar häufig, Schutzzonen wie diese aber selten.

Zum Haupttor

NICHT VERSÄUMEN

★ Dämonenwachen

★ Hauptheiligtum

★ Mutter der Fünf Buddhas

Vorhof
Der Vorhof bietet im Schatten blühender Sträucher und eines alten Banyan-Baums Parkbänke und einen Schildkrötenteich.

Traditionelles Dach mit grünen Keramikziegeln
Ein Drachenrudel, wahrscheinlich ein Symbol für die Verbindung zum Himmel, erhebt sich zwischen den Dächern mit feinen Holzschnitzereien und Keramikziegeln.

INFOBOX

73 Mai Thi Luu, Distrikt 3.
Stadtplan 2 D1. 🚗 🚌 tägl.
6–18 Uhr. Da man vor dem Tempel nur schwer ein Taxi bekommt, sollte man vorher eines für die Rückfahrt bestellen.

★ Hauptheiligtum
Flankiert von Wachen, beherrscht der kostbar bekleidete Jadekaiser das Hauptheiligtum.

Schildkrötenteich

★ Dämonenwachen
Zwei riesige Dämonenwachen aus Pappmaché, bunt bemalt und prächtig bekleidet, halten einen bösen Drachen und einen wilden Tiger unter ihren Füssen in Schach.

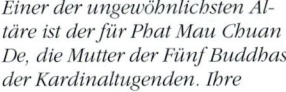

★ Mutter der Fünf Buddhas
Einer der ungewöhnlichsten Altäre ist der für Phat Mau Chuan De, die Mutter der Fünf Buddhas der Kardinaltugenden. Ihre Hindu-Figur wird von den fünf Statuen ihrer Söhne umgeben.

RELIGIÖSE BEDEUTUNG DER HERDE

Ong Tao, der Küchengott, residiert im Herd und dient dem Jadekaiser als Spitzel, schließlich weiß er genau, was in einem Haushalt vor sich geht. Der Gott wird als komischer, fetter Geselle mit verbrannten Hosen dargestellt. In vielen vietnamesischen Küchen findet man einen Altar für ihn. Alljährlich zum Tet-Fest *(siehe S.28f)* berichtet Ong Tao dem Jadekaiser über das Verhalten der Familie: Gibt es Unfrieden, folgen Strafen; herrscht Harmonie, gibt es eine Belohnung. Um einen guten Bericht zu erhalten, sorgt man dafür, dass vor Ong Taos Altar stets Speiseopfer stehen.

Familienaltar mit Gaben für Ong Tao

Le Van Duyet-Tempel ⑫

1 Bis Phan Dang Luu, Distrikt Binh Thanh. ☎ (08) 3841 2517. ☐ tägl. Sonnenauf- bis -untergang. ⚑ Le Van Duyet-Tempelfest (Ende Aug–Anfang Sep).

Der General Le Van Duyet (1763–1831) gewidmete Tempel ist ein Beispiel für eine Anlage, die keiner Gottheit oder Religion geweiht ist. Le Van Duyet spielte in der Niederwerfung des Tay Son-Aufstands *(siehe S. 41)* eine wichtige Rolle und wurde von Kaiser Gia Long geehrt. Nach seinem Tod fiel der General bei Kaiser Minh Mang (reg. 1820–41) in Ungnade, wurde aber in den 1840er Jahren rehabilitiert und erhielt sogar einen Tempel.

Im Haupttheiligtum hängt nichts außer einem riesigen Bildnis von Le Van Duyet, das daran erinnert, dass man hier zu einem Sterblichen betet. Innen findet man eine Sammlung persönlicher Gegenstände des Generals, darunter Kristallwaren, Waffen und einen ausgestopften Tiger. Hier kann jeder meditieren, Opfergaben darbringen oder sogar einen Schwur ablegen, der so viel gilt wie ein notarielles Dokument.

Seit seiner Gründung hat sich der Tempel zu einem Komplex erweitert. Von der Straße führt ein Tor in eine Parklandschaft mit Bäumen und schattigen Sitzbänken. Die Tempelfassade fällt durch Wandmosaike und Reliefs auf, dagegen zeigt sich die Vorhalle des Heiligtums schlicht: Säulen und Altar sind aus poliertem Holz, ebenso die riesigen Kranich- und lebensgroßen Pferdefiguren. Das innere Heiligtum bietet mit seinen rotgoldenen Drachensäulen allerdings eine wahre Farbenpracht. Das Grab des Generals liegt ebenfalls auf dem Gelände. Alljährlich feiert man an seinem Todestag ein Fest.

Vinh Nghiem-Pagode ⑬

339 Nam Ky Khoi Nghia, Distrikt 3. **Stadtplan** 1 B2. ☎ (08) 3848 3153. ☐ tägl. Sonnenauf- bis -untergang. ⬛

Die Pagode wurde 1971 mit Unterstützung der Gesellschaft zur japanisch-vietnamesischen Freundschaft errichtet. Mit ihrem achtstöckigen Turm, der links vom Eingangstor aufragt, ist sie die höchste der Stadt. Beide Seiten des Turms sind mit Buddha-Abbildungen in Hochreliefs verziert. Rechts vom Tor steht ein fünf Meter hoher Turm aus Betonblöcken, die in ihrer Struktur und Farbe wie Granit wirken.

Die Vinh Nghiem-Pagode ragt acht Stockwerke empor

Riesige Buddha-Statue in der Vinh Nghiem-Pagode

Auf der anderen Seite des 20 Meter breiten Innenhofes liegt das große, flache Haupthaus, zu beiden Seiten eingerahmt von einem Garten. Eine steile Treppe führt hinauf in das Heiligtum. Hier gelangt man durch fünf massive Türen mit Lackverzierungen in den riesigen ersten Raum. Die Wände sind mit ausgezeichneten Bildern religiöser Szenen geschmückt; man findet sogar Erläuterungen daneben. Weiter hinten im Saal sitzt am Hauptaltar ein riesiger Buddha, neben sich seine Schüler.

Hinter dem Heiligtum wacht eine Statue von Quan Am, der Göttin der Barmherzigkeit, in einem feierlichen Andachtsraum über Fotos und Erinnerungsstücke von Toten. Im ersten Stock führen Arkaden zu einer Galerie, die Werke einheimischer Künstler ausstellt.

Der große Hof und die reich verzierte Fassade des Le Van Duyet-Tempels

Hotels und Restaurants in Ho Chi Minh City siehe Seiten 232–234 und 250–252

Museum für die Frauen Südvietnams ⑭

202 Vo Thi Sau, Distrikt 3. **Stadtplan** 1 C3. ☎ (08) 932 35696. ○ tägl. 7.30–11.30, 13.30–17 Uhr.

Bao Tang Phu Nu Nam Bo, das 1985 eröffnete Frauenmuseum, widmet sich auf 2000 Quadratmetern der Rolle, die Frauen für die Kultur und in der Militärgeschichte Südvietnams spielten. Zehn Säle, auf drei Stockwerke verteilt, sind voller faszinierender Exponate – von Militärabzeichen und Medaillen bis hin zu wunderschönen Volkstrachten.

Ein Rundgang beginnt am besten im zweiten Stock, dessen Ausstellung über Frauen im Unabhängigkeits- und Einigungskampf Vietnams im 20. Jahrhundert berichtet. An den Wänden hängen Fotografien dieser Frauen, persönliche Gegenstände sind in Schaukästen ausgestellt. Sie zeigen eindrücklich, dass Frauen auch in Kampfhandlungen eine wichtige Rolle spielten.

Das Thema setzt sich im ersten Stock mit Statuen und großflächigen Gemälden historischer Ereignisse mit bedeutenden Frauen fort. Auch eine nachgebaute Gefängniszelle, in der eine Nationalheldin einsaß, ist zu sehen.

Am meisten Farbe und Abwechslung bietet das Erdgeschoss mit einer Ausstellung über traditionelles Kunsthandwerk und Gebräuche. Im Vorraum, der wie ein Tempeleingang mit Kunstwerken dekoriert ist, geht es um die vietnamesische Tradition der Göttinnenverehrung. Im nächsten Raum tragen Puppen fein gearbeitete regionale Trachten, in einem Schaukasten ist Schmuck zu sehen. In einem großen Saal links geht es darum, wie Frauen Baumwollstoffe und Schilfmatten herstellen.

Zum Komplex gehören ein Kino, eine kleine Bibliothek und ein Museumsshop.

Ein Panzer auf dem Gelände des Museums für Kriegsrelikte

Museum für Kriegsrelikte ⑮

28 Vo Van Tan, Distrikt 3. **Stadtplan** 2 D3. ☎ (08) 3930 2112. ○ tägl. 7.30–12, 13.30–17 Uhr.

Das Museum im ehemaligen Sitz des US Information Service hieß früher »Museum der chinesischen und amerikanischen Kriegsverbrechen«, heute wird meist der englische Name »War Remnants Museum« verwendet. Die Filme, Fotos und anderen Exponate dokumentieren vor allem den Vietnamkrieg – aus vietnamesischer Perspektive, bewegend und erschreckend: Zu den besonders aufwühlenden Objekte zählen die in Formaldehyd erhaltenen Föten mit starken Deformationen als Folge des im Vietnamkrieg eingesetzten chemischen Entlaubungsmittels Agent Orange. Gezeigt werden auch Fotos der Folgen von Folter, Nachbildungen von Gefängniszellen und ein Video, in dem ein Gefangener aus einem Hubschrauber geworfen wird, außerdem Waffen und Militärfahrzeuge.

Splitterbombe, Kriegsmuseum

Xa Loi-Pagode ⑯

89 Ba Huyen Thanh, Distrikt 3. **Stadtplan** 1 C4. ☎ (08) 3930 7438. ○ tägl. 7–11, 14–19 Uhr.

Die 1956 errichtete Pagode ist eine der historisch bedeutendsten Südvietnams. Anfang der 1960er Jahre war sie ein Widerstandszentrum gegen das korrupte, antibuddhistische Regime von Ngo Dinh Diem (siehe S. 43). Drei Mönche verbrannten sich hier als Zeichen des Protests, einmal wurden 400 Gläubige und Geistliche verhaftet. Der Widerstand trug entscheidend dazu bei, die Opposition gegen das Diem-Regime zu verstärken – bis hin zum Umsturz, bei dem der General 1963 getötet wurde.

Von diesen Ereignissen ist heute in der farbenprächtigen siebenstöckigen Pagode nur noch wenig zu sehen. Der Turm ist 15 Meter hoch, bemalte Wandpaneele an der oberen Kante der Mauern erzählen vom Leben Buddhas. Die Unterkünfte der Mönche liegen im Erdgeschoss des zweistöckigen Hauptgebäudes, das schlichte Hauptheiligtum befindet sich darüber. Der große Saal präsentiert sich ohne die üblichen Säulen und Weihrauchgefäße, sodass die riesige bronzene Buddha-Statue hinter dem einzigen Altar noch besser zur Geltung kommen kann.

Riesige Buddha-Statue aus Bronze, Xa Loi-Pagode

Stadtplan Ho Chi Minh City siehe Seiten 78–83

Farbenpracht an der Fassade des Mariamman Hindu-Tempels

Mariamman Hindu-Tempel ⓱

45 Truong Dinh, Distrikt 1. **Stadtplan** 2 D4. ☎ (08) 3823 2735. ⬜ tägl. Sonnenauf- bis -untergang. ♿

Der hinduistische Tempel ist Mariamman, einer Inkarnation von Shakti, der Hindu-Göttin der Stärke, geweiht und wird nicht nur von der kleinen Hindu-Gemeinde der Stadt besucht, sondern auch von anderen Gläubigen. Dazu zählen vietnamesische Buddhisten, die hier um Glück bitten.

Der Ende des 19. Jahrhunderts errichtete Tempel ist zwar klein, aber sehr schön und gepflegt, da er von der Regierung unterhalten wird. An den leuchtenden korallenfarbenen Außenmauern befinden sich zahlreiche Götterbildnisse, Kühe und Löwen, die alle in grellen Rosa-, Grün- und Blautönen bemalt sind. Über dem Eingang erhebt sich ein Turm mit Stufenpyramide als Dach, auf dem weitere Skulpturen, vor allem Göttinnen, emporragen.

Innen bewacht eine imposante Statue eines rot gewandeten Löwen den Eingang, der zu einem offenen Säulengang rund um das Haupttheiligtum führt. In drei Mauern des Hofes sind Altarnischen mit verschiedenen Götterbildnissen eingelassen.

In der Mitte des Säulengangs erhebt sich das Allerheiligste: Der Steinbau orientiert sich an Angkor Wat (siehe S. 212f) und enthält das Bildnis der vielarmigen Mariamman. Die Göttin wird in Begleitung anderer Gottheiten dargestellt, an jeder Seite steht eine Göttin, außerdem entdeckt man Ganesha, den hinduistischen Elefantengott. Davor ragen zwei lingam (hinduistische Phallussymbole) auf.

Den Altar umgeben etliche Weihrauchfässer und Messingöllampen in Figurenform. Die Gläubigen halten die Weihrauchstäbchen beim Beten in beiden Händen, im hinteren Bereich pressen die Betenden ihren Kopf gegen eine Gebets-

wand – in der Hoffnung, die Göttin werde ihre Wünsche und Gebete besser hören.

Ben Thanh-Markt ⓲

Kreuzung Le Loi und Ham Nghi, Distrikt 1. **Stadtplan** 2 E4. ⬜ tägl. 6–17 Uhr, im Außenbereich länger. ♿ 🍴 🖼 📷

Der auffallende, riesige Einkaufskomplex, eines der sichtbarsten Bauwerke der Stadt, wurde 1914 von den Franzosen als zentrale Markthalle geplant und Les Halles Centrales genannt. Das endlos wirkende Hauptgebäude mit dem Markt besteht aus Beton, darüber erhebt sich ein massiver Uhrenturm.

Auf dem Markt tummeln sich Hunderte von Verkäufern an ihren Ständen und Läden, die eine erstaunliche Vielfalt an Waren und Produkten anbieten – von Lebensmitteln über Lederwaren, Haushaltsgeräten und Kleidung bis hin zu Tieren. Kein Wunder, dass der ganze Bau von einem lebhaften Treiben erfüllt ist, vor allem wenn neue Waren aus dem ganzen Land eintreffen, die Marktschreier ihre Waren anbieten oder lautstark mit Kunden verhandeln. In all dem Trubel stöbern zahlreiche Besucher auf der Suche nach Schnäppchen.

Betritt man den Markt durch den Haupteingang am Le Loi Boulevard, findet man allgemeine Waren links. Rechts werden Bekleidung und Textilien verkauft. Etwas weiter innen gehört der rechte Bereich Trockenwaren wie Tee, Kaffee und Gewürzen sowie abgepackten Lebensmitteln. Etwa in der Mitte der Halle findet man rechts frische Lebensmittel und links kleine Imbiss-Stände. Sie sind für ihre gute Qualität und niedrigen Preise bekannt. Dank der englischsprachigen Speisekarte kann man hier problemlos bestellen.

Stand auf dem Ben Thanh-Markt

Museum der Schönen Künste ❶⓳

97A Pho Duc Chinh, Distrikt 1.
Stadtplan 2 E5. 📞 (08) 3829 4441.
⏱ Di–So 9–16.30 Uhr. ♿ 🏠

Auf den ersten Blick wirkt der hübsche Bau mit seiner gelben Fassade und der weißen Dachtraufe typisch französisch: ein großzügiges, säulengeschmücktes Gebäude mit schmiedeeisernen Fenstern und Balkonen, darüber ein chinesisches Ziegeldach.

Die Innenräume präsentieren auf drei Stockwerken vietnamesische Kunst, darunter Keramik, Lackarbeiten, Skulpturen und Ölgemälde einheimischer und ausländischer Künstler. Im Erdgeschoss findet man eine bunte Mischung aus Kunst der Moderne und der Belle Époque neben traditioneller chinesischer und sowjetischer Propagandakunst. Im zweiten Stock steht politische Kunst, fast ausschließlich zum Vietnamkrieg, im Mittelpunkt. Hier ist auch eine Ausstellung chinesischen Porzellans sehenswert.

Am interessantesten sind die Kunstwerke der Cham, Funan, Khmer, aus China und Indien im dritten Stock: Antiquitäten, Oc Eo-Keramik und Skulpturen, chinesische Kunstobjekte und Holzschnitzereien sowie Cham-Statuen. Highlights sind einige hölzerne Grabstatuen des 20. Jahrhunderts aus dem zentralen Hochland. Leider sind nur wenige Exponate auf Englisch erläutert.

Hinter dem Museum verkaufen zwei Galerien zeitgenössische Kunst aus Vietnam.

Kunstobjekt mit Soldatenhelmen, Museum der Schönen Künste

Steinbüste, Museum der Schönen Künste

Dan Sinh-Markt ❷⓴

104 Yersin, Distrikt 1. **Stadtplan** 2 E5. ⏱ tägl. Sonnenauf- bis -untergang.

Das riesige, verwirrende Labyrinth aus Läden und Ständen ist vor allem wegen seiner Militärartikel und Erinnerungsstücke aus dem Krieg bekannt. Hier findet man alles für ein Zeltlager oder den Survival-Trip, u. a. auch im Land hergestellte Uniformen, Stiefel, Feldausrüstung, Helme – eigentlich alles, was auch ein Soldat benötigt. Fast alle Produkte sind übrigens den Ausrüstungen der US-Armee nachempfunden. Neben diesen praxistauglichen Utensilien werden Tausende (gefälschter) »Zippo«-Feuerzeuge angeboten, viele mit Regimentsabzeichen, die GIs im Vietnamkrieg zurückgelassen haben sollen. Andere Kriegsmemorabilien sind alte Erkennungsmarken, Schulterstücke, Vietcong-Abzeichen, Medaillen, Gürtelschnallen und Tropenhelme.

Der Markt bietet darüber hinaus eine Riesenauswahl an Haushalts- und Eisenwaren. Hier findet man jedes erdenkliche Küchengerät, von Woks über Kaffeemaschinen bis hin zu Cocktailmixern, dazwischen türmen sich Hand- und Elektrogeräte in den Regalen.

Hoi Quan Nghia An-Pagode ❷⓴

678 Nguyen Trai, Cholon.
Stadtplan 4 E4. 📞 (08) 3853 8775.
⏱ tägl. Sonnenauf- bis -untergang.

Die für ihre detailreichen Holzarbeiten und filigranen Schnitzereien berühmte Pagode ist eine der ältesten der Stadt. Der Tempel des 19. Jahrhunderts ist Quan Cong geweiht, einem zum Gott erhobenen chinesischen General, sowie Nghia An, seinem treuen Stallknecht.

Hinter dem Eingang fallen die übergroßen Holzstatuen von Quan Congs rotem Pferd und Nghia An auf. Die Gläubigen beten an diesen Statuen und berühren sie, um den Segen zu erbitten. Auch das Pferd gilt als heilig: Die Betenden klingeln mit dem Glöckchen am Halfter und kriechen unter der Statue durch, um dabei symbolisch den Segen »aufzuwischen«.

Rechts davon thront in einem verglasten Altar der Hüter von Glück und Tugend, Ong Bon. Das Hauptheiligtum betritt man durch hölzerne Gittertüren. Innen sieht man Friese mit einem Tiger und einem Drachen. Der Glaskasten hinter dem Hauptaltar zeigt Bildnisse von Quan Cong und seinen Beratern: Quan Binh, sein wichtigster Mandarin, sitzt rechts, sein General Chau Xuong links.

Die chinesisch beeinflusste Fassade der Hoi Quan Nghia An-Pagode

Stadtplan Ho Chi Minh City siehe Seiten 78–83

Spaziergang durch Cholon

Cholon wird seit über drei Jahrhunderten als chinesisches Händler- und Marktviertel seinem Namen »Großer Markt« gerecht. Das auch schlicht »Distrikt 5« genannte Viertel lockt mit einer verwirrenden Vielfalt an Läden, in denen von früh bis spät mit Seide, Gewürzen, Heilkräutern, aber auch mit Hüten, Jade, Kuriositäten und Keramik gehandelt wird. Da hier die meisten Hoa (chinesischstämmige Vietnamesen) der Stadt leben, ist Cholon mit seinen chinesischen Pagoden und Tempeln auch ein religiöses Zentrum. Die auffallenden Bauten säumen vor allem die Hauptstraße des Viertels, Nguyen Trai. Die engen Straßen erkundet man am besten zu Fuß.

Glimmende Weihrauchspiralen, Thien Hau-Pagode *(siehe S. 70)*

Auf dem Markt für Elektroartikel findet man einen bunten Mix: Fernseher, Toaster, Klimaanlagen und vieles mehr.

Phuoc An Hoi Quan-Pagode ①
Der von der Fujian-Gemeinde 1902 erbaute Tempel ist Quan Cong geweiht. Die historischen Speere am Hauptaltar symbolisieren die Kardinaltugenden.

Quan Am-Pagode ②
Dies ist die einzige durch eine Straße getrennte Tempelanlage. Sie wird auch Ong Lang genannt und hat eine bunte Fassade mit Keramikziegeldach (siehe S. 70).

LEGENDE

•••••••• Routenempfehlung

0 Meter   100

Thien Hau-Pagode ③
Die Pagode fällt vor allem durch den fein geschnitzten Dachfries mit detailliert gestalteten Motiven chinesischer Sagen auf (siehe S. 70).

Trieu Quang Phuc-Straße
Die Straße, eine der lebhaftesten (und lautesten!)
in Cholon, ist vom scharfen Duft der Heilkräuter
aus den traditionellen chinesischen
Medizinläden erfüllt.

ROUTENINFOS

Länge: ca. 1,5 Kilometer.
Rasten: Preiswerte Snacks und
Produkte erhält man auf dem
Xa Tay-Markt neben der
Cholon-Moschee, auf der Trieu
Quang Phuc-Straße und auf
dem Markt für Elektroartikel.
An der Tran Hung Dao-Straße
liegen teurere Restaurants.
Sicherheit: Vor allem auf der
Hung Vuong-Straße herrscht
reger Verkehr. Passen Sie hier
besonders auf!

PHU DONG THIEN VUONG

U Y E N   T R A I

T R A N   H U N G   D A O

Hoi Quan Nghia An-Pagode ④
Der in Rot und Gold prächtig bemalte
und mit feinsten Holzschnitzereien verzierte Hauptaltar ist Quan Cong geweiht, einem tief verehrten
Nguyen-Fürsten (siehe S. 67).

Cholon-Moschee ⑤
Die kleine Moschee aus den frühen 1930er
Jahren hat einen heiteren Charme. Die
schlichte Architektur steht im Gegensatz zu
den verzierten Pagoden des Viertels.

Tam Son Hoi Quan-Pagode ⑥
Die Pagode aus dem 19. Jahrhundert ist
der Fruchtbarkeitsgöttin Me Sanh geweiht,
farbenprächtig dekoriert und mit Schreinen
für verschiedene Götter eingerichtet. Am
Altar von Me Sanh im hinteren Teil beten
Frauen in der Hoffnung auf Empfängnis.

Stadtplan Ho Chi Minh City siehe Seiten 78–83

Thien Hau-Pagode ㉒

710 Nguyen Trai, Cholon. **Stadtplan** 4 E4. ☎ *(08) 3855 5322.* ◯ *tägl. Sonnauf- bis -untergang.* 🖼 📷 🖼 *Thien Hau-Pagodenfest (Apr.)*

Der Tempel wird auch Hoi Quan Tue Thanh genannt und ist ebenfalls als Chua Ba («Frauen-Pagode») bekannt. Geweiht ist er Thien Hau, der Meeresgöttin und Schutzpatronin der Seeleute. Die von der kantonesischen Gemeinde im frühen 19. Jahrhundert errichtete Pagode ist einer der beliebtesten und am reichsten verzierten Tempel der Stadt. Den Vorhof umgeben hohe Mauern mit fein gestalteten Friesen und geschnitzten Paneelen. Die Decke am Eingang weist Schnitzarbeiten und Vergoldungen auf.

Kostbare Friese und Reliefs schmücken das Atrium innen, aus Weihrauchfässern steigen duftende Rauchschwaden empor. In der großen Haupthalle fallen Messingwasserrohre mit chinesischen Inschriften auf – Reste der Feuerwehrschläuche, mit denen 1898 ein Brand im Tempel gelöscht wurde. An den Wänden hängen Gebetsfahnen, rote Papierstreifen, auf die Gläubige ihr Gebet notieren. Weht ein Lufthauch durch das Papier, werden die Gebete zu Thien Hau gebracht.

Reihen von Weihrauchspiralen hängen im Hauptheiligtum an der Decke. Am Altar thronen drei Statuen von Thien Hau, von zwei Helfern flankiert. An der Decke entdeckt man ein ge-

Weiß strahlende Quan Am, Quan Am-Pagode

schnitztes Holzboot, rechts ein Bildnis von Long Mau, der Göttin der Mütter und Neugeborenen.

Quan Am-Pagode ㉓

12 Lao Tu, Cholon. **Stadtplan** 4 D4. ☎ *(08) 3855 3543.* ◯ *tägl. Sonnenauf- bis -untergang.*

Diese auch Ong Lang genannte Pagode, 1816 von chinesischen Kaufleuten errichtet, ist der chinesischen Göttin der Barmherzigkeit geweiht, die Quan Am oder Kwan Yin heißt. Der ungewöhnliche Bau wird durch eine Straße in zwei Bereiche getrennt: Auf der Südseite liegt eine kleine Plaza

Weihrauchtopf, Thien Hau-Pagode

mit einer Grotte an einem Fischteich, auf der Nordseite steht der Haupttempel.

Das auffallende Dach und der Eingangsbereich ist geschmückt mit Heiligenbildern, vergoldeten Ornamenten und geschnitzten Holzpaneelen voller Drachen, Häuser, Menschen und Szenen aus dem traditionellen Leben Chinas.

Im Innern ist der erste Altar Buddha geweiht, danach geht man ins Haupttheiligtum mit zwei lotosförmigen Gebetsmühlen. Die rotierenden Säulen zeigen unzählige Buddha-Bildnisse. Die Gläubigen geben hier eine Spende und hängen ein Zettelchen mit ihrem Namen an eines der Bilder. Bei jeder Drehung der Säule wird ihr Gebet »erhört«.

Neben dem Hauptaltar steht Quan Am inmitten von anderen Götterstatuen, etwa Amida, dem glücklichen Buddha der Zukunft, oder A Di Da, dem Buddha der Vergangenheit, und Thich Ca, dem historischen Buddha Siddhartha. Zu beiden Seiten des Altars kann man in kleinen Öfen Papiergeld für die Verstorbenen verbrennen. Auffallend ist eine Statue von A Pho, der Göttin des Himmels. In einem Hof dahinter stehen weitere Altäre und Götterbildnisse. Lebende Schildkröten, die man hier hält, sollen Glück bringen.

Überall sieht man Öllampen und Weihkerzen, ölgefüllte Gläser mit Dochten, die intensiven Weihrauchduft verströmen.

Aufwendig verzierte Skulpturen und Keramikfriese am Dach der Thien Hau-Pagode

Binh Tay-Markt ㉔

Thap Muoi, Cholon. **Stadtplan**
3 C5. 📞 (08) 3855 6130. ⏱ tägl.
8–17 Uhr. 🍴 📷

D er »Große Markt«, so die
Bedeutung von *cho lon*,
wird seinem Anspruch voll
gerecht. Aus einer kleinen
Ansammlung einiger Markt-
stände unter freiem Himmel
machte ein chinesischer Kaufmann 1826 einen dauerhaften
Marktplatz, der sich im Laufe
der Zeit zu dem heutigen
riesigen Handelszentrum entwickelte.

Der gelbe Bau hat vier Flügel um einen Innenhof mit
Brunnen. In der Mitte überragt ein Uhrenturm das Gelände. Unter den übereinan-
derliegenden Pagodendächern
spielt sich das Markttreiben
ab. Als Großmarkt ist Binh
Tay weniger touristisch als
der Ben Thanh-Markt *(siehe
S. 66)*. Im Angebot sind Heilkräuter, aus China importiertes Spielzeug und Singvögel.
Schneider und Mechaniker
bieten ihre Dienste an.

**Süßigkeiten in Glasgefäßen locken
auf dem Binh Tay-Markt**

Phung Son-Pagode ㉕

1408 3 Thang 2, Distrikt 11.
Stadtplan 3 B4. 📞 (08) 3969 3584.
⏱ tägl. Sonnenauf- bis -untergang.

D er auch als Go-Pagode
bekannte Komplex ent-
stand 1802–20 auf den Ruinen eines älteren Gebäudes.
Inzwischen haben Archäo-
logen nachgewiesen, dass

**Betende Frau vor einer Statue am
Eingang der Phung Son-Pagode**

hier einst ein Gebäude des
Funan-Reichs *(siehe S. 39)*
stand. Der Legende nach sollte der Tempel an einen
anderen Ort versetzt
werden, doch als
man die Schätze
auf einen weißen
Elefanten packte,
stürzte das Tier –
ein Omen, um den
Tempel am ange-
stammten Platz zu
belassen.

Im Tempel gibt es
zwei Mönchsunterkünfte, das
Haupttheiligtum mit verschiedenen Buddha-Statuen er-
streckt sich auf der linken
Seite. Daran schließt sich ein
Hof an mit Bildnissen von
Buddha und Quan Am, der
Göttin der Gnade, sowie einer
Trommel und einer Bronze-
glocke. Im inneren Heiligtum
thront eine Statue von Boddhi-
dharma, der den Buddhismus
aus Indien nach Vietnam brachte. Sein Antlitz ähnelt einer
christlichen Jesus-Darstellung.

**Hakenkreuz,
Giac Vien-Pagode**

Giac Vien-Pagode ㉖

161/35/20 Lac Long Quan, Distrikt 11.
Stadtplan 3 A4. ⏱ tägl. Sonnenauf-
bis -untergang. **Dam Sen Water Park**
3 Hoa Binh, Distrikt 11. 📞 (08)
3858 8418. ⏱ tägl. 9–18 Uhr. 📷 ♿
🍴 www.damsenwaterpark.com.vn

D er 1744 von dem Mönch
Hai Tinh Giac Vien ge-
gründete Tempel liegt am

Stadtrand und ist einer der
ruhigsten Orte der Metropole.
Die Pagode ist wegen ihrer
Sammlung von 150 Holzsta-
tuen bekannt und dient vor
allem der Totenehrung. Etliche große und wunderschön
verzierte Gräber liegen gleich
rechts vom Eingang, jeweils
geschmückt mit den Bildern
der Verstorbenen. In einem
Kolumbarium stehen Urnen:
Zwar ist es innen dunkel,
aber durch geschickt platzierte Dachöffnungen fällt Licht
hinein und schafft eine fast
filmreife Atmosphäre.

Der Altar im Heiligtum ist
eine bunte Mischung aus
Buddha-Statuen verschiedenster Größen, manche vergol-
det, andere schlicht aus Holz
oder Keramik gefertigt. Ein
großer A Di Da-Buddha
thront am Raumende, zwei
kleine Bodhisattvas ducken
sich davor, dazwischen
sitzen über ein Dut-
zend weitere. Am
Altar erheben sich
auf reihenförmigen
Stufen kleine, in
sanftes Licht ge-
tauchte Buddhas. Zu
beiden Seiten des Hei-
ligtums findet man
Bonsaibäume und
Grotten.

Abwechslung, vor allem für
Kinder, bietet der nahe gelegene **Dam Sen Water Park** mit
Wasserrutschen, einem künstlichen Fluss, einem See und
schattigen Plätzen.

**Großer, vergoldeter Buddha auf
einem Altar der Giac Vien-Pagode**

Stadtplan Ho Chi Minh City *siehe Seiten 78–83*

Rekonstruktion einer Küche im Tunnelsystem von Cu Chi

Nui Ba Den ㉙

106 km nordwestl. von HCMC, am Hwy 22; 15 km nordöstl. der Stadt-Tay Ninh. 🚌 nach Tay Ninh, dann Taxi. 📞 (066) 382 6763. 🌐 💻 🎎 Nui Ba Den-Fest (Juni).

Die Provinz Tay Ninh lockt mit zwei Sehenswürdigkeiten, dem Cao Dai-Tempel (siehe S. 74f) und Nui Ba Den, dem »Berg der Schwarzen Frau«. Beide Attraktionen sind nicht weit von der Stadt Tay Ninh entfernt, Nui Ba Den liegt aber etwas abseits, sodass sich nur wenige Besucher hierher verirren, zumal es keine Verbindung mit öffentlichen Verkehrsmitteln gibt. Doch wer Nui Ba Den besucht, wird reich belohnt.

Die Jahrmarkt-Atmosphäre am Fuß des Bergs kann man zugunsten des idyllischen bewaldeten Gipfels getrost links liegen lassen. Der 986 Meter hohe Berg erhebt sich in einer üppig grünen Tiefebene mit glitzernden Seen. Der Gipfel bietet eine herrliche Aussicht und den Schrein der »Schwarzen Frau«, einer gläubigen Frau namens Huong, die einst für ihre Ehre starb. Wer Lust auf eine Wanderung hat, kann wie die Pilger den Berg zu Fuß erklimmen, bequemer ist der Sessellift.

Der Berg diente früher als Vietcong-Basis und wurde im Vietnamkrieg deshalb mit chemischen Waffen bombardiert. Heute sind die von Buddhisten als heilige Stätten genutzten Höhlen so schön wie einst. Alljährlich im Juni finden hier Opfer, Gesang und Tanz statt.

Ein-Säulen-Pagode von Thu Duc ㉗

100 Dang Van Bi, Distrikt Thu Duc. 🚌 📞 (08) 3897 2143. 🕐 tägl. Sonnenauf- bis -untergang.

Nach ihrer Flucht aus Hanoi 1954 errichteten Mönche die kleine Pagode und versuchten dabei, die Lien Phai-Pagode in Hanoi (siehe S. 163) zu kopieren. Während des Vietnamkriegs (siehe S. 44f) nutzte der Vietcong den Tempel als Lager. Trotz der Bemühungen des Diem-Regimes, die Pagode zu zerstören, blieb sie dank des Engagements der Mönche und der lokalen Unterstützung unversehrt.

Wie ihr Vorbild erhebt sich auch diese Pagode in einem Lotosteich. Eine enge Treppe führt vom Teichufer zu einem portalähnlichen Eingang empor. Dank der vielen Fenster hat man oben eine hervorragende Rundumsicht. Der Innenraum ist schlicht mit einem niedrigen Altar.

Die Ein-Säulen-Pagode erhebt sich in einem Lotosteich

Cu Chi-Tunnel ㉘

40 km nordwestl. von HCMC. 🚌 nach Cu Chi, dann Taxi. 📞 (08) 3794 8820. 🕐 tägl. 7.30–17 Uhr. 🌐 💻

Der kleine Ort Cu Chi ist wegen der Tunnelsysteme rund 15 Kilometer außerhalb der Stadt berühmt. In dem Gebiet verstecken sich zwei Tunnelkomplexe: Die Tunnel rund um das Dorf Ben Dinh nutzte der Vietcong im Vietnamkrieg.

Die Tunnelführung beginnt im Lagerraum, dessen Karten die Ausdehnung der Tunnel zeigen. Nach einer audiovisuellen Einführung in die Geschichte der Tunnel geht es weiter an nachgebauten Sprengfallen und Vietcong-Soldatenfiguren vorbei. Hier sieht man Falltüren, die in unglaublich enge Tunnel führen: Sie wurden für westliche Besucher zwar erweitert, dennoch bekommt man leicht Platzangst. Noch tiefer im Inneren wurden die Kammern mit Betten, Herd und Munitionsdepots wie im Krieg hergerichtet.

Das zweite Tunnelsystem findet man in Ben Duoc. Die Tunnel wurden hier eher als Sehenswürdigkeit angelegt und sind daher etwas geräumiger als die Originaltunnel des Vietcong.

Cu Chi selbst ist für seine Schießstände bekannt, aber auch eine Gedenkpagode mit Wandbildern und einer Skulptur in Tränenform sind sehenswert. Von der Straße aus sieht man überall schlichte Friedhöfe mit Gefallenengräbern des Vietnamkriegs.

Eine große, rundliche Statue mit Zigarette am Fuß des Nui Ba Den

Tunnelsysteme

Schon seit Jahrhunderten nutzten Vietnamesen Tunnelsysteme wie die in Cu Chi und Vinh Moc (siehe S. 150). Im Vietnamkrieg (siehe S. 44f) waren sie der entscheidende Schlüssel im Guerillakampf und trugen zum Sieg über die US-Armee bei. Die Tunnelsysteme erstreckten sich wahrscheinlich über mehr als 200 Kilometer und wurden von Bauern nur mit Schaufeln gegraben. Man-

Tränengasgranate der US-Soldaten

che waren mehrstöckig, mit Wohnräumen, Küchen und Lazaretten ausgestattet. Von hier konnten die Vietcong-Soldaten – vor Bombenangriffen sicher – Überraschungsangriffe starten. Die US-Armee wusste von den Tunneln und versuchte, sie mit Infrarotlicht, Stethoskopen und Spürhunden zu finden – meist ohne Erfolg, da man die Eingänge immer wieder umlegte.

AUFBAU DER TUNNELSYSTEME

Die meisten Tunnel waren klein und primitiv, aber die größeren erstreckten sich über drei Stockwerke bis zu zehn Meter tief. Die Tunnel enthielten alles, was man zum Leben brauchte, mitunter sogar ein kleines Kino.

Tunneleingänge *waren winzig und mit Laub und Ästen so gut getarnt, dass sie den US-Soldaten meist verborgen blieben. Die GIs suchten daher mit Stethoskopen am Boden, um unterirdischen Geräuschen auf die Spur zu kommen.*

Die Küche bot einfallsreiche Lösungen, damit der Rauch nicht nach oben stieg.

»Tunnelratten« *war der Spitzname für besondere US-Einheiten, die in Tunnel kriechen und sie mit Tränengas ausräumen mussten, um die Vietcong-Soldaten an die Oberfläche zu treiben.*

Aus gut getarnten Feuerstellungen konnten die Vietnamesen auf Feinde schießen und rasch verschwinden.

Lage- und Strategieraum

Unterwassereingang

Im Lazarett wurden nicht nur Verwundete versorgt, sondern auch viele Kinder geboren.

Munitionslager

Luftschutzbunker schützten die Vietnamesen in den tiefsten Tunnelschichten vor schweren Bombenangriffen.

Die schmalen Tunnelgänge *wurden so eng und kompakt wie möglich gebaut, damit die viel größeren US-Soldaten nicht durch die Tunnel kriechen konnten.*

Einfallsreiche Sprengfallen *nutzten alles von Bambus über Eisenstäbe bis zu Sprengstoff und machten die Tunnel zu Todesfallen.*

Cao Dai-Tempel ③⓪

Symbole des Caodaismus

Das Zentrum der 1926 entstandenen Religion des Caodaismus *(siehe S. 23)*, auch »Heiliger Stuhl« genannt, zieht jährlich drei Millionen Gläubige an. Hauptattraktion ist der Große Himmelstempel, ein Bau mit einer Stilmischung europäischer und asiatischer Architektur. Zwischen den leuchtenden Rosa-, Grün- und Gelbtönen findet man Schnitzereien sich krümmender Schlangen und Drachen sowie zahllose »Göttliche Augen«. Die täglichen Gottesdienste mit Hunderten prächtig gekleideter Geistlicher sind ein spektakulärer Anblick.

Bunte Drachenmotive verzieren die Säulen

Maitreya Buddha
Eine Buddha-Statue thront auf dem mittleren Turm der Frontfassade – im Caodaismus wird auch Buddha verehrt.

Gebetshalle
Die lang gestreckte, bunt geschmückte Halle besteht aus neun Ebenen, Sinnbild für die neun Stufen zum Himmel. Geschnitzte Säulen und Fenster mit dem Göttlichen Auge säumen beide Seiten.

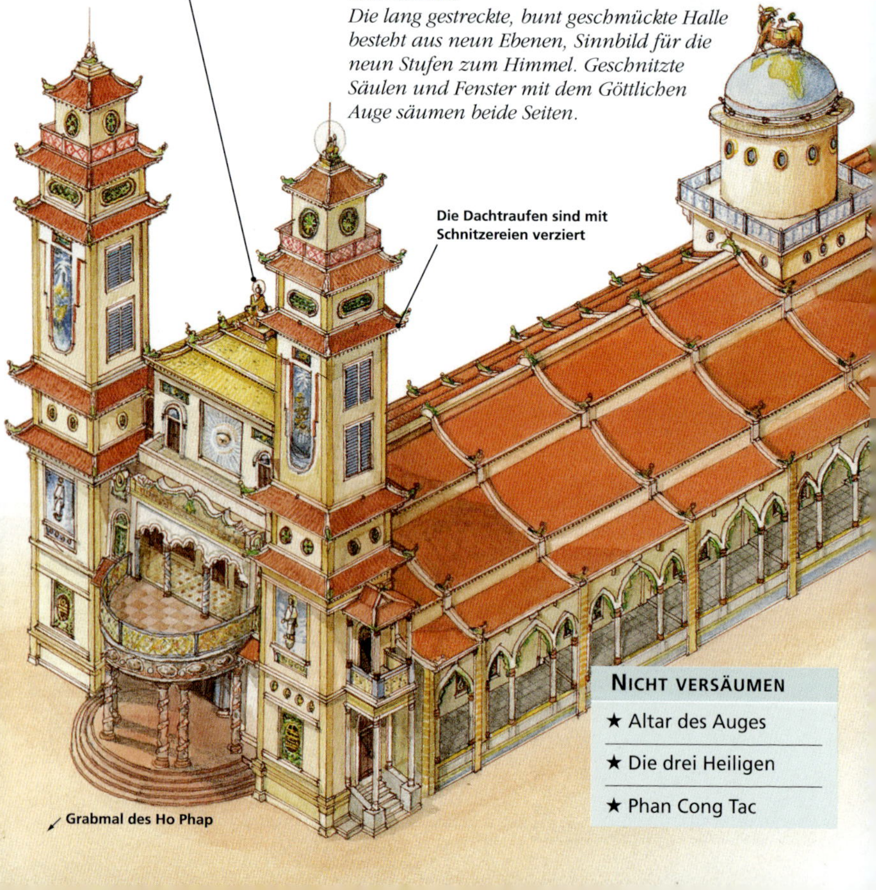

Die Dachtraufen sind mit Schnitzereien verziert

Grabmal des Ho Phap

NICHT VERSÄUMEN

★ Altar des Auges

★ Die drei Heiligen

★ Phan Cong Tac

INFOBOX

Long Hoa, 4 km östl. von Tay Ninh; 96 km nordwestl. von HCMC. 🚌 🛈 *Tay Ninh Tourist, 210B 30 Thang 4 St, Tay Ninh, (066) 382 2376.* ⭕ *tägl.* **Gottesdienst** *6, 12, 18 Uhr und Mitternacht.*

★ **Phan Cong Tac**
Einer der Mitbegründer des Caodaismus war ein Medium, das bei Séancen mit den Heiligen Geistern kommunizieren konnte.

★ **Altar des Auges**
Das Allessehende Göttliche Auge, Symbol des Caodaismus, ist auf einem großen, sternenbedeckten Globus am Hauptaltar aufgemalt. Die Wolken und Sterne der Kuppel symbolisieren die Ankunft im Himmel.

★ **Die drei Heiligen**
Das Wandbild zeigt den chinesischen Politiker Sun Yat Sen, den Schriftsteller Victor Hugo und den Dichter Nguyen Binh Khiem, die als Irdische das »Dritte Bündnis zwischen Gott und Mensch« unterzeichnen.

Gebetshalle

Strahlende Architektur
Die hellen Farben sowie die Schnitzereien mit Drachen- und Lotosmotiven machen den Tempel zu einem der meistfotografierten im Land.

Statuen der Cao Dai-Götterwelt, darunter Jesus, Buddha und Konfuzius, stehen über dem Altar.

GROSSER HIMMELSTEMPEL
Das geistige Zentrum des Cao Dai-Komplexes entstand 1933–55. Das dreireihige Dach, die Buntglasfenster und die vielen verschiedenen Farben schaffen eine höchst ausgefallene Ästhetik. Das Göttliche Auge symbolisiert Wissen und Weisheit. Die Hierarchie im Caodaismus folgt dem Vorbild der katholischen Kirche.

GRUNDRISS CAO DAI-TEMPEL

LEGENDE
① Großer Himmelstempel
② Tempel der Hl. Mutter
③ Grab des Ho Phap
④ Amphitheater
⑤ Meditationsraum
⑥ Öffentliche Anlagen
⑦ Webhaus
⑧ Informationssaal
⑨ Büro des Papstes
⑩ Büro der Kardinalin

LEGENDE
🟨 Illustration oben

Fischerboote im Hafen von Vung Tau vor malerischer Bergkulisse

Vung Tau ❸❶

130 km östl. von HCMC am Hwy 51. 🏠 250 000. ✈ Hubschrauber ab HCMC. 🚌 🚤 Tragflächenboot ab HCMC. 🚗 ℹ Ba Ria-Vung Tau Tourist, 33 Tran Hung Dao, (064) 385 6445. www.bariavungtautourism. com Bach Dinh Museum 4 Tran Phu. 📞 (064) 385 2605. 🕐 tägl. 7–11.30, 13.30–17 Uhr. 📷

Die Stadt Vung Tau liegt auf einer Halbinsel und war einst ein eleganter französischer Badeort namens Cap St. Jacques. Als Urlaubsort ist Vung Tau nach wie vor beliebt, aber Wasser- und Strandqualität haben durch die starke Bebauung und die Ölbohrinseln vor der Küste gelitten. An Wochenenden ist die Stadt überlaufen, laut und teuer. Doch während der Woche geht es ruhiger zu, und die Nähe zu Ho Chi Minh City machte Vung Tau zu einem idealen Strandziel.

Die zwei wichtigsten Strände heißen **Bai Truoc** (Vorderer Strand) im Westen und der lange, breite **Bai Sau** (Hinterer Strand) an der Ostküste der Halbinsel. Am Bai Truoc stehen mehr Hotels, Bars und Restaurants, der ruhigere Bai Sau ist preiswerter.

In der Nähe von Vung Tau lohnen zwei Felsgipfel, **Nui Lon** (Großer Berg) und **Nui Nho** (Kleiner Berg), wegen der schönen Aussicht einen Ausflug. Auf Nui Nho steht eine riesige Jesus-Statue. Man kann sie besteigen und von oben die Aussicht genießen. Eine wunderbare Aussicht bietet auch der **Vung Tau-Leuchtturm**, etwa 1,5 Kilometer von der Fähranlegestelle entfernt.

Die »Weiße Villa« **Bach Dinh** wurde 1898–1902 vom französischen Generalgouverneur Paul Doumer als Sommerresidenz erbaut und war 1947–55 der Wohnsitz von Kaiser Thanh Thai, als er von den Franzosen unter Hausarrest gestellt wurde. Heute kann man hier Objekte der chinesischen Qing-Dynastie besichtigen, die aus einem Schiffswrack des 17. Jahrhunderts geborgen wurden.

Fischerboot aus Long Hai

Long Hai ❸❷

130 km östl. von HCMC am Hwy 19; 40 km nordöstl. von Vung Tau. 🚌 ab HCMC. ℹ Long Hai Tourism, Hai Son Group, (064) 386 8401. 🎉 Fischerfest (Feb/März).

Noch bis vor Kurzem war die Küste zwischen Vung Tau und Phan Thiet fast menschenleer, abgesehen von einigen Fischerdörfern. Heute wird das Gebiet rund um das Städtchen Long Hai etwas übertrieben als »Riviera Vietnams« angepriesen. Immerhin ist das Wasser sauber, die Strände sind teilweise noch immer paradiesisch unberührt, die Preise niedrig, die Fischgerichte wirklich frisch und die Atmosphäre entspannt.

Sehenswert ist der bei Long Hai gelegene **Mo Co-Tempel**, wo zum Fischerfest Hunderte von Booten aus der ganzen Region festmachen. Weiter östlich steht eine der Villen von Bao Dai, in dem sich heute das schicke Anoasis Resort (siehe S. 234) befindet. Der Strand ist privat, gegen eine kleine Gebühr kann man jedoch den ganzen Tag lang die Hoteleinrichtungen nutzen. Von Vung Tau gibt es keine direkte Verbindung mit öffentlichen Verkehrsmitteln, aber die Fahrt von Ho Chi Minh City nach Long Hai führt an interessanten Kirchen und Tempeln vorbei.

Ho Coc-Strand ❸❸

190 km östl. von HCMC; 36 km nordöstl. von Long Hai. 🍴 💻

Der Strand von Ho Coc ist nach wie vor unbebaut; die Einsamkeit ist der größte Reiz. Zwar strömen am Wochenende viele Einheimische hierher, doch es gibt nur wenige öffentliche Verkehrsmittel, kaum Unterkünfte und nur einige wenige einfache Cafés. Am kilometerlangen, sauberen weißen Sandstrand fallen riesige, von der Erosion geglättete Felsbrocken auf.

Umgebung: Ho Coc liegt direkt am Naturpark **Binh Chau-Phuoc Buu**. Dessen Bäume wachsen bis hinunter zum Strand, etliche Wanderpfade (für die man vor Ort für wenig Geld auch Guides buchen kann) führen vom

Einfache Baumhütte am Strand von Ho Coc

Die aufgewühlte See des Südchinesisches Meers am Strand von Ho Coc

Strand aus in den Dschungel. Einst lebten in diesem Gebiet viele größere Tiere, doch die meisten sind zu ihrem Schutz umgesiedelt worden. Dennoch kann man verschiedene Affen- und Vogelarten beobachten – eine äußerst erholsame, grüne Idylle.

Heiße Quellen von Binh Chau ③

150 km südöstl. von HCMC; 50 km nordöstl. von Long Hai. 🚗
ℹ️ *Binh Chau Hot Springs Resort,* (064) 387 0103. 📷 🍴 🖼️

Die über 100 heißen Naturquellen, denen therapeutische Wirkung nachgesagt wird, ziehen in Binh Chau vor allem rheuma- und arthritiskranke Menschen an. Zwar sind der mineralstoffreiche Schlamm und die Quellen die Hauptattraktion, aber man kann sich hier auch gut ohne Therapie amüsieren.

Das Binh Chau Hot Springs Resort ist heute ein beliebtes Urlaubsziel, bietet Tennisplätze und Billardtische sowie eine Karaokebar. Private und öffentliche Einrichtungen für Bäder in den heißen Quellen sind ebenfalls vorhanden. Die privaten Bäder sind mit Holzpaneelen zum Umkleiden abgeschirmt und haben Sonnenschutzdächer. Sie bieten zwischen zwei und zehn Gästen Platz und sind teurer als die öffentlichen Bäder, die sogar einen Pool haben. Die Wassertemperaturen liegen bei durchschnittlich 40 °C, einige Thermen erreichen 87 °C. An manchen Stellen werden

Körbchen mit Eiern verteilt, die man zum Kochen in die Pools oder in die heißen Quellen hält – große Hühnerfiguren werben für diese Form der »Unterhaltung«. Empfehlenswert sind allerdings die medizinischen Schlammbäder.

Zwischen den heißen Quellen liegen große Marschregionen mit gut ausgeschilderten Wanderwegen.

Eierkochen an den heißen Quellen von Binh Chau

Cat Tien-Nationalpark ㉟

250 km südöstl. von HCMC. 🚗 🚌
ab HCMC. 📞 (061) 379 1228. 📷 🖼️
🍴 🖼️

Der Cat Tien-Nationalpark, von der UNESCO als Biosphärenreservat offiziell geschützt, ist zweifellos einer der artenreichsten und vielfältigsten Parks seiner Art. Das ist umso erstaunlicher, als die Gegend während des Vietnamkriegs mit Entlaubungschemikalien bombardiert wurde. Vor Urzeiten war dies sogar eine Pilgerstätte, wie die Entdeckung alter religiöser Artefakte aus den Funan- und Champa-Reichen *(siehe S. 39)* zeigen.

Heute gedeiht in dem 718 Quadratkilometer großen Park eine abwechslungsreiche Pflanzen- und Tierwelt, mit über 1600 Pflanzenarten – immer neue werden hier entdeckt. Berühmt ist der Park als Refugium für das fast ausgestorbene Java-Nashorn, aber auch viele andere Tierarten wie Hirsche, Elefanten und über 300 Vogelarten fühlen sich hier wohl. Affenvölker, u. a. seltene Kleideraffen-Arten, leben in den Bäumen, 440 verschiedene Schmetterlingsarten flattern über Wildblumen. Angesichts dieser Idylle wundert es nicht, dass der Park eines der beliebtesten Reiseziele für Naturliebhaber und Aktivurlauber ist. Die wenigen Parkunterkünfte liegen auf der anderen Seite des Flusses Dong Nai.

JAVA-NASHORN

Unter den vielen Tierarten im Cat Tien-Nationalpark hat kaum eine so viel besorgte Aufmerksamkeit erregt wie das vom Aussterben bedrohte Java-Nashorn *(Rhinoceros sondaicus)*. Diese beeindruckenden Tiere zogen früher herdenweise durch die Wälder, wurden aber in der Kolonialzeit durch die Jagd fast ausgerottet. Der Cat Tien-Nationalpark ist Heimat der letzten acht Exemplare außerhalb Javas. Sie sind kleiner als die meisten Nashornarten und leben unter dem dichten tropischen Blätterdach, sodass ihre Haut sehr hell bleibt. Die Männchen haben ein bis zu 25 Zentimeter langes Horn, die Weibchen ein kürzeres oder gar kein Horn.

Das sehr seltene Java-Nashorn

STADTPLAN

Die Orientierung in den engen Straßen und gewundenen Gassen von Ho Chi Minh City ist mitunter nicht einfach. Die Stadt ist in 19 *quan* (Stadtbezirke/Distrikte) und fünf Vorortbezirke aufgeteilt. Vietnamesische Adressen *(siehe S. 287)* sind meist recht klar. Hier jedoch wird das Auffinden einer Adresse dadurch kompliziert, dass die Hausnummern bei durchgehenden Straßen nach jeder Distriktgrenze neu beginnen. Im Stadtplan sind die für Straßennamen typischen Wörter abgekürzt. So wird Nguyen nur mit »Ng« wiedergegeben. Bei Straßen im Süden wird das Wort *duong* (Straße) dem Namen meist beigestellt. (*Pho* heißt Straße im Norden Vietnams.) Neben den Sehenswürdigkeiten sind im Stadtplan auch andere wichtige Gebäude eingetragen.

Ho Chi Minh City entdecken

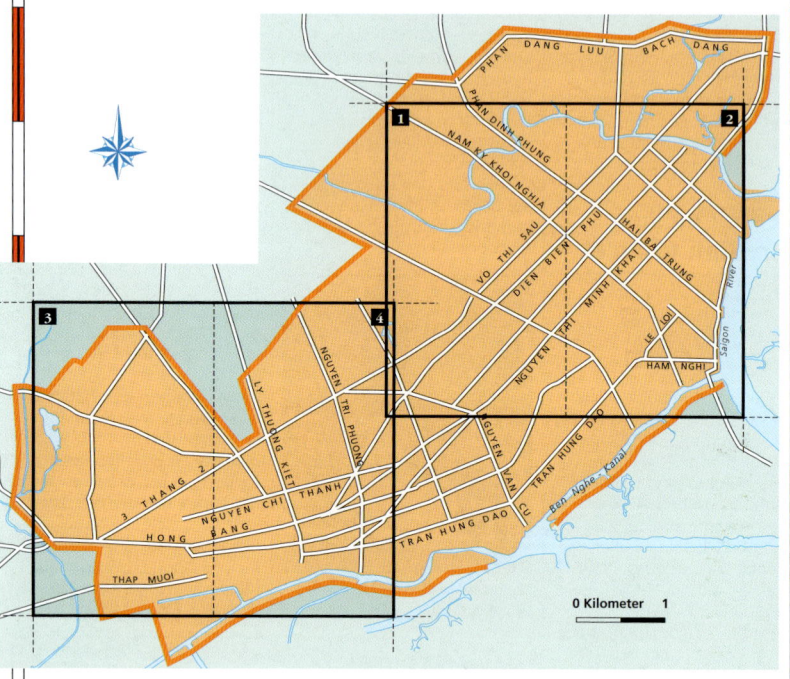

LEGENDE

Hauptsehenswürdigkeit	Information
Sehenswürdigkeit	Krankenhaus
Wichtiges Gebäude	Post
Bahnhof	Pagode/Tempel
Busbahnhof	Christliche Kirche
Anlegestelle Flussboote	Islamische Moschee

MASSTAB DER KARTEN 1–4

0 Meter   500

Kartenregister

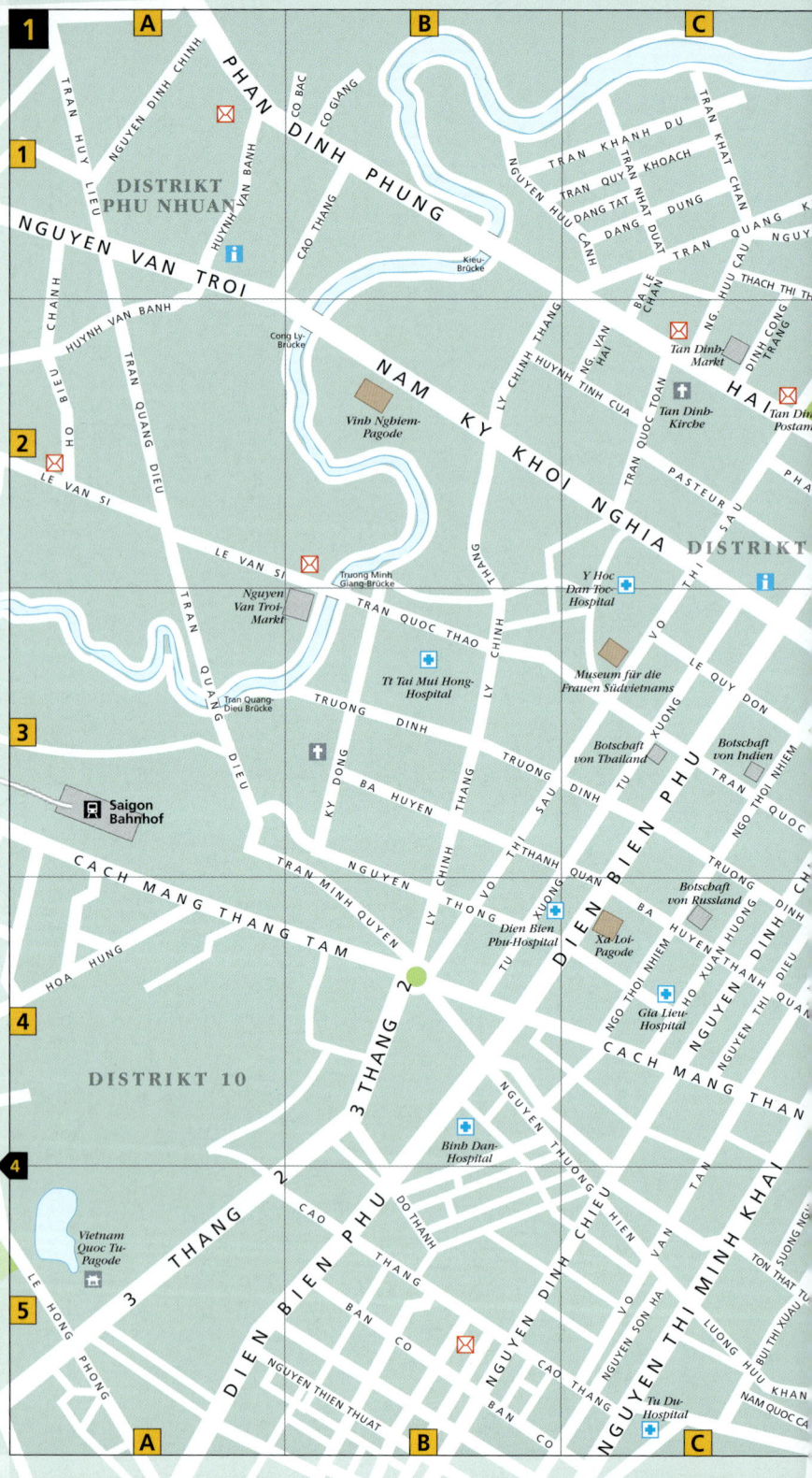

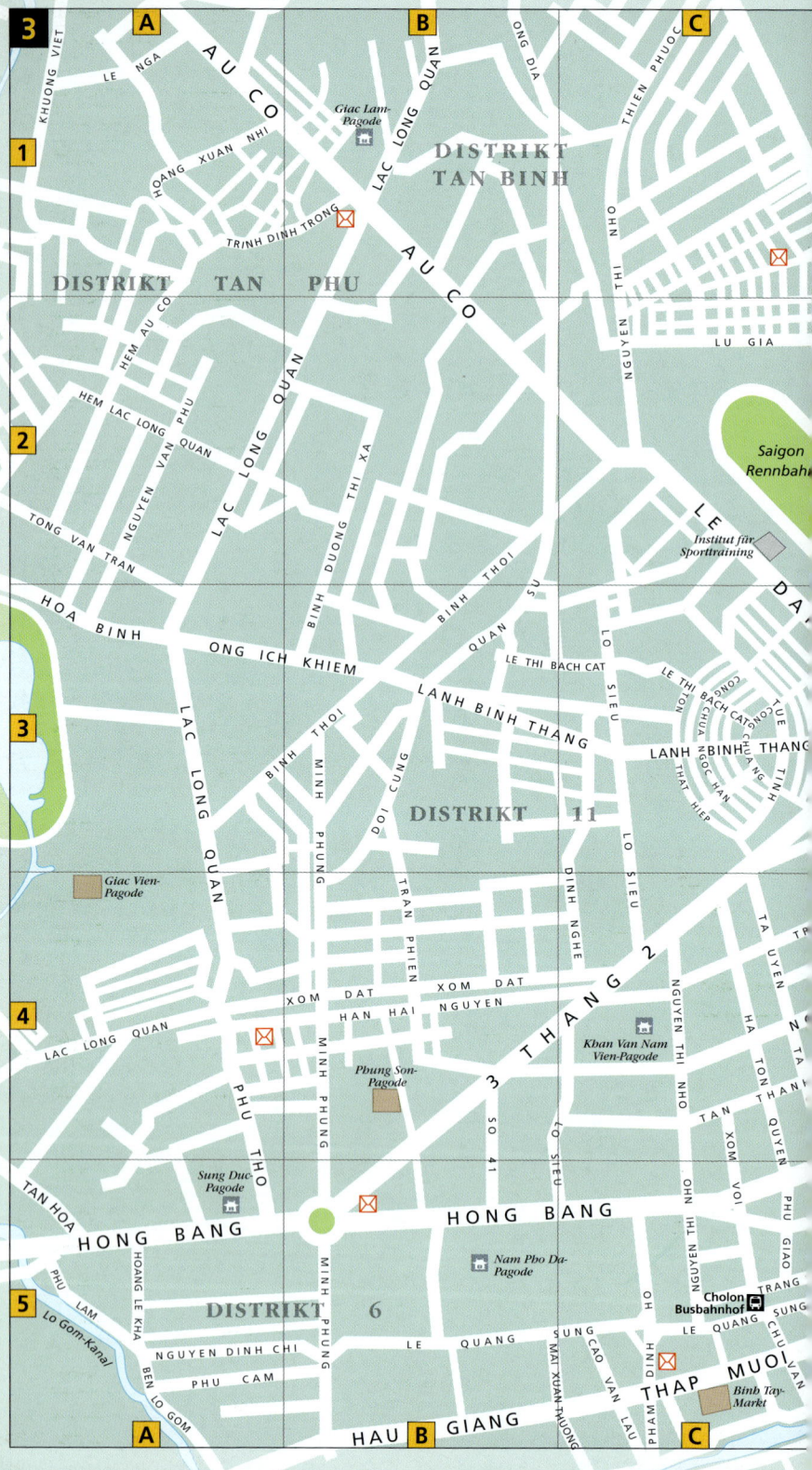

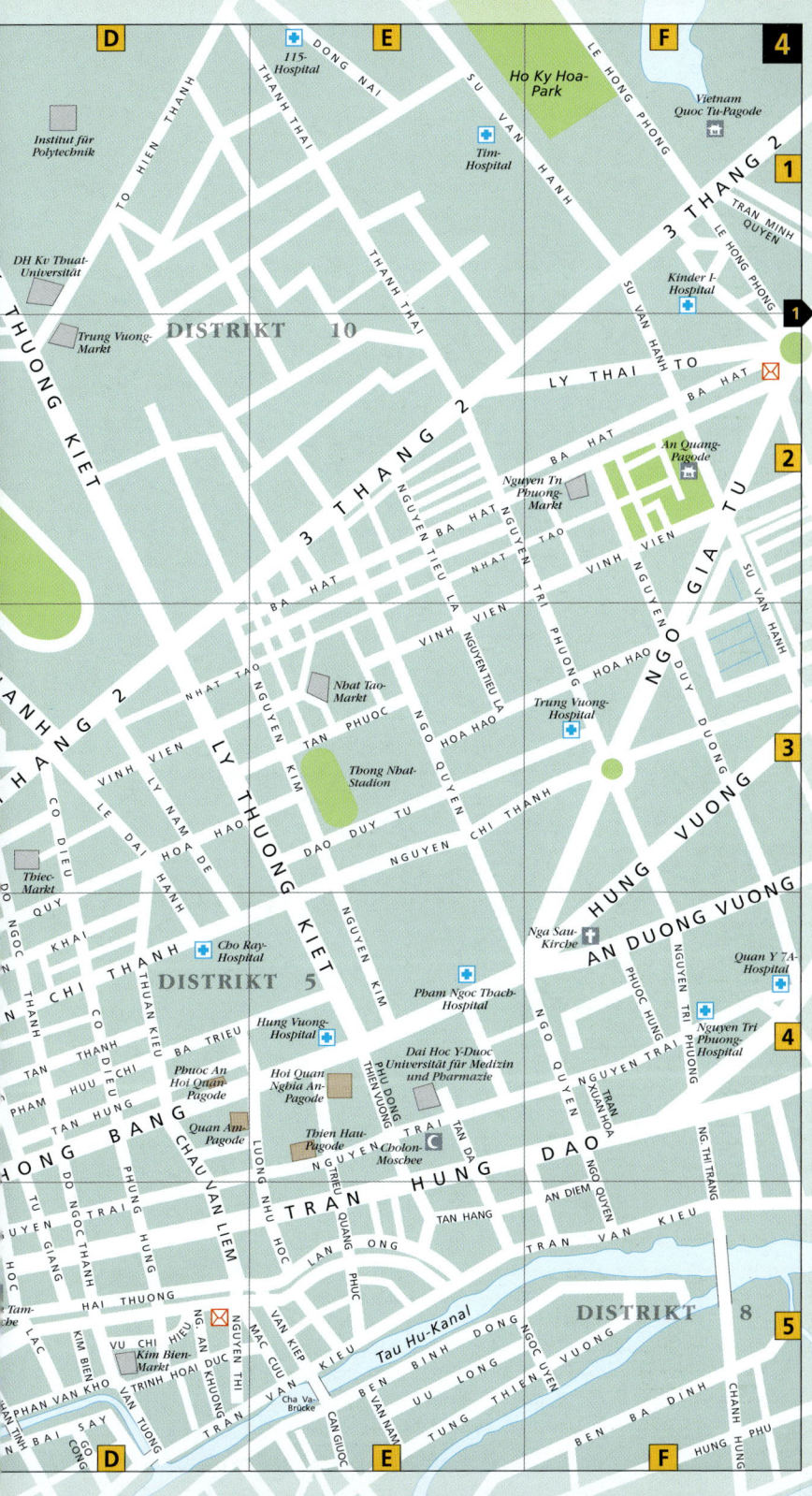

MEKONG-DELTA UND SÜDVIETNAM

Alles Leben im Flussdelta wird vom Mekong geprägt, der die grünen Reisfelder, die fruchtbaren Obstplantagen und das weitverzweigte Kanalnetz versorgt. Haus- und Fischerboote schaukeln auf den Flüssen, die vorgelagerten Inseln locken mit dichten Wäldern und traumhaften, weißen Sandstränden, und der Klang von Trommeln, Glocken und Gesang in den Pagoden zeigt, wie hier das Leben selbst im 21. Jahrhundert seinem uralten Rhythmus folgt.

Der mächtige Mekong bahnt sich seinen Weg von einem Hochplateau Tibets 4500 Kilometer lang durch China, Myanmar, Thailand, Laos und Kambodscha, bevor er seine Schlamm- und Erdmassen in die Deltaregion Song Cuu Long, den »Fluss der neun Drachen«, trägt. Die unzähligen Wasserläufe versorgen die südliche Tiefebene Vietnams mit fruchtbarem Schlamm, der die Region zur Reiskammer und zum Obstgarten des Landes erblühen lässt – mit Kokosnuss-, Longan- und Mangobäumen.

Das Delta wurde lange von Kambodscha beansprucht, 1978 verübten die Roten Khmer blutige Massaker in mehreren Dörfern. Doch die Menschen hier lassen sich nicht unterkriegen: Sie trotzten verheerenden Überflutungen, litten unter der Besetzung durch Frankreich und Kambodscha und überlebten selbst die katastrophalen Folgen des chemischen Entlaubungsmittels »Agent Orange«, das hier im Vietnamkrieg zum Einsatz kam. Es scheint so, als folge das Leben am Land von jeher dem jahrhundertealten Auf und Ab des Flusses. Die Grenzen zwischen Land und Wasser werden von den Bauern aufgehoben, die Kanäle kreuz und quer durch die sattgrünen Felder anlegen. Ganz anders entwickeln sich Wirtschaftszentren wie Can Tho und Rach Gia, die im Eiltempo modernisiert werden. Die schönen Pagoden im Stil der Khmer, Vietnams oder Chinas spiegeln die ethnische Vielfalt der Region wider.

Die Natur macht das Flussdelta so anziehend: die weißen Sandstrände von Ha Tien, hoch aufragende Kalksteinklippen, das Marschland bei Bac Lieu mit seiner Vogelwelt und vor der Küste die Inseln Phu Quoc und Con Dao, deren Nationalparks heute beliebte Ökotourismus-Ziele sind.

Einsame Fahrt in einem *sampan* durch dichte Palmenhaine

◁ Geschäftiges Treiben am frühen Morgen auf dem schwimmenden Markt von Cai Rang, Can Tho *(siehe S. 94)*

Überblick: Mekong-Delta und Südvietnam

Das Mekong-Delta ist eine einzigartige Region, deren Leben schon immer vom Wasser bestimmt wird. In My Tho, dem Ho Chi Minh City am nächsten gelegenen Ort, starten ebenso wie in Vinh Long südlich davon Bootstouren. Die größte Stadt der Gegend ist Can Tho, das von schwimmenden Märkten umgeben ist. Flussarchitektur findet man in Chau Doc, wo die meisten Menschen auf dem Wasser leben und arbeiten. Die Khmer-Kultur prägt Soc Trang und Tra Vinh. Der Con Dao-Nationalpark, die Korallenriffe vor der Insel Phu Quoc und die einsamen Strände auf Ha Tien begeistern Naturliebhaber.

Obststand in Ben Tre
(siehe S. 89)

SEHENSWÜRDIGKEITEN AUF EINEN BLICK

Städte und Orte

Bac Lieu **9**
Ben Tre **3**
Can Tho **7**
Cao Lanh **6**
Chau Doc **12**
Ha Tien **13**
My Tho **1**
Rach Gia **11**
Soc Trang **8**
Tra Vinh **4**
Vinh Long **5**

Inseln

Con Dao-Inseln **10**
Phoenix-Insel **2**
Phu Quoc **14**

SIEHE AUCH

- *Übernachten* S. 235f
- *Restaurants* S. 252f

0 Kilometer   25

Kolonnadenfassade im Khmer-Stil,
Ong Met-Pagode, Tra Vinh *(siehe S. 89)*

Hong N

Tan Chau

CHAU DOC **12**   Cho \
Nha Bang   **C**
91

948   Ca
Dau
Chi Lang   AN GIANG

Thach Dong-
Tempel   **13** HA TIEN   Tri Ton

Kien Luong   Trung
Son

80   Oc Eo

Hon Dat

Duong   **14** PHU QUOC
Dong   *Chua Hang-*   Cay Duong-   KIEN GIANG
Grotte   Bucht

RACH GIA **11**   80

Cay Dua   *Tre*   Rach Soi   Gio
Rie
Rach Gia-Bucht
Minh
Luong
63
Go Qua

Thu Muoi
Mot
Vinh Thuan

U Minh

U Minh-
Naturschutz-   Thoi Binh
gebiet
63

Ca Mau
Tran Van
Thoi
Song Doc
CA MAU   Dam

Cai Nuoc

Cai Doi Vam   *Bay Hap*

Nam Can   Mai

Cua Lon

Ca Mau-
Kap

Khoai
Da Le

Bäuerinnen bei der Reisernte, vor der Sonne durch Strohhüte geschützt

Vinh Hung

Sa Rai

Tan Hung

Moc Hoa

Dong Thanh

Hau Nghia

Duc Hoa

Ho Chi Minh City

Vam Co Tay

Thanh Hoa

LONGAN

Thu Thua

Ben Luc

Tram him

DONG THAP

Tan Thanh

Thanh Binh

My An

Can Duoc

Tan An

TIEN GIANG

Cai Lay

Dong Tam-Schlangenfarm

MY THO

Go Cong

CAO LANH **6**

ong Xuyen

Tien Giang

Cai Be

PHOENIX-INSEL **1**

2

Vinh Binh

Tan Hoa

Cua Tieu

Not

Sa Dec

5 VINH LONG

BEN TRE **3**

My Tho

Binh Dai

Hai Giang

O Mon

VINH LONG

Vung Liem

Mo Cay

Giong Trom

Ba Tri

Do

noi Lai

Cai Rang

CAN THO **7**

Tra On

Cang Long

Thanh Phu

Ham Luong

CAN THO

TRA VINH **4**

Vi Thanh

Phung Hiep

Tieu Can

Hang-Pagode

Chau Thanh

Co Chien

Cau Ngang

Ke Sach

Cau Quan

TRA VINH

g Mau

Long My

SOC TRANG

Tra Cu

Ba Dong

Ngan Dua

SOC TRANG **8**

Long Phu

Duyen Hai

nuoc Long

Phu Loc

My Xuyen

Chau Thanh

Huynh Ky

C LIEU

Hoa Binh

Vinh Chau

ai

Phong

BAC LIEU **9**

Bac Lieu-Vogelschutzgebiet

anh Hao

IM MEKONG-DELTA
UNTERWEGS

Das Mekong-Delta war früher eine rückständige Provinz, heute ist es durch Flughäfen in Can Tho, Con Dao, Rach Gia und Phu Quoc gut erschlossen. Die Highways sind recht ordentlich, auf den Landstraßen verkehren Busse mit unregelmäßigen Fahrplänen. Viele Reisebüros in Ho Chi Minh City und in der Region organisieren Touren per Bus oder Auto durch den Süden. Am meisten sieht man bei einer Bootstour durch das weitverzweigte Kanalsystem (2800 km Gesamtlänge), auf dem auch öffentliche Boote verkehren; Charterboote bieten allerdings mehr Komfort. Fahrräder und Motorräder kann man überall mieten.

LEGENDE

— Hauptstraße

--- Nebenstraße

— Staatsgrenze

— Provinzgrenze

Con Dao **10**

CON DAO-INSELN

Weitere Zeichenerklärungen *siehe hintere Umschlagklappe*

My Tho ❶

Straßenkarte B6. 72 km südwestl.
von HCMC am Hwy 1. 🚶 170 000.
🚌 ab HCMC. ⛴ ☎ 🏢 Tien Giang
Tourist, 63 Trung Trac, (073) 387 2105.

My Tho ist wegen seiner Nähe zu Ho Chi Minh City am nördlichsten Nebenfluss des Mekong das beliebteste Tagesausflugsziel im Delta. Die Stadt eignet sich ideal für Bootsausflüge auf den Kanälen sowie für Abstecher zu den nahen Inseln.

Ein Spaziergang durch die breiten, baumgesäumten Boulevards und den Markt am Flussufer ist wie eine Zeitreise: Hölzerne Boote und Frachtkähne treiben in der Nähe des Ufers, Straßenhändler preisen eine unglaubliche Warenvielfalt von Haushaltsartikeln bis hin zu riesigen Tontöpfen zum Baden an. Die Luft ist erfüllt vom beißenden Geruch der Trockenfische und dem Duft von Ananas und Jackfrucht.

My Tho ist auch ein religiöses Zentrum: Die **Vinh Trang-Pagode** ist der wichtigste Tempel. Mosaike aus Keramikscherben schmücken seine Fassade, eine Tradition, die man in ganz Südostasien sieht. Lotosteiche und Steingräber sowie ein Bildnis der Göttin der Barmherzigkeit, Quan Am, mitten in einem Banyan-Baum vervollständigen die Idylle.

Die große christliche Gemeinde der Stadt versammelt sich in der **My Tho-Kirche**, Diözesensitz und katholische Schule zugleich. Der massive gelbe Bau aus dem 19. Jahrhundert steht inmitten eines Gartens voller Bäume und Sträucher und fällt durch seine hohe Gewölbedecke und das rote Ziegeldach auf.

Nicht weit entfernt von My Tho liegt der winzige, historisch aber bedeutende Ort **Ap Bac**. Hier fand 1963 ein Gefecht statt, das zum ersten wichtigen Sieg des Vietcong gegen die von den USA unterstützte südvietnamesische Armee führte.

🏯 **Vinh Trang-Pagode**
60 Nguyen Trung Truc.
📞 (073) 387 3427. ⬭ tägl.
9–11.30, 13.30–17 Uhr.

🏯 **My Tho-Kirche**
32 Hung Vuong. 📞 (073) 387
2290. ⬭ tägl. 7–18 Uhr. ♿

DER KOKOSNUSS-MÖNCH

Geschwärzte Urne auf einer Schildkrötenskulptur, Phoenix-Insel

Der Kokosnuss-Mönch hieß eigentlich Nguyen Thanh Nam (1909–1990). Ursprünglich wollte er in Frankreich Chemie studieren, verzichtete dann aber auf ein westliches Leben, vertiefte sich ganz in Meditation und ernährte sich nur von Kokosnüssen. Nguyen Thanh Nam gründete sogar eine eigene Religion, Tinh Do Cu Si – eine Mischung aus Buddhismus und Christentum. In der Hoffnung, Vietnam den Frieden zu schenken, bedrängte er den Staat nach der Teilung des Landes 1954 mit Ideen zur Vereinigung und saß deswegen mehrfach im Gefängnis. Geblieben ist sein bizarrer Tempelsitz auf der Phoenix-Insel.

Phoenix-Insel ❷

Straßenkarte B6. 3 km ab My Tho.
⛴ ☒ **Schutzgebiet** ⬭ tägl.
8.30–11, 13.30–18 Uhr. 📷

Auf halbem Weg zwischen My Tho und Ben Tre liegen mehrere kleine Inseln. Das bekannteste Eiland heißt Con Phung oder Phoenix-Insel, der einsame Rückzugsort des Kokosnuss-Mönchs. Mitten in die Einöde baute er einen ungewöhnlichen Tempel mit mehreren frei stehenden, blau-goldenen Drachensäulen, die einen 25 Meter messenden Kreis bilden. In der Nähe steht eine Holzkonstruktion, die wie eine alte Achterbahnanlage wirkt, daneben sind einige Minarette und eine Art Mondrakete. Weiter flussaufwärts ruht eine

Die reich verzierte Fassade der Vinh Trang-Pagode in My Tho

Die blau-goldenen Drachensäulen des Kokosnuss-Mönchs, Phoenix-Insel

riesige Urne auf dem Rücken einer massiven Schildkrötenskulptur. Am Rand der Insel stellt eine kleine Fabrik Süßigkeiten aus Kokosnüssen her.

Rund um die Phoenix-Insel gruppieren sich weitere Inselchen, die zum Picknicken einladen, darunter Con Tan Long, die Dracheninsel, auf der Bienenzüchter und Bootsbauer *(siehe S. 90)* leben. Thoi Son, die Einhorninsel, zeichnet sich durch enge Kanäle inmitten üppiger Longan-Obstgärten aus. Con Qui, die Schildkröteninsel, ist bekannt für starken Bananenschnaps und für saftige Ananas, Jackfrucht und Mangos, die hier wachsen. Zwischen den Inseln verkehren Fähren.

Schmucksäule, Phoenix-Insel

Ben Tre ③

Straßenkarte B6. 86 km südwestl. von HCMC; 14 km südl. von My Tho. 🚍 *112 000.* 🚌 ab HCMC. 🚤 ab My Tho. 🛈 Ben Tre Tourist, 65 Dong Khoi, (075) 382 9618.

Ben Tre liegt abseits der Touristenpfade und wirkt daher verschlafener als andere Städte im Flussdelta, eine seltene Chance, eine traditionelle Flussstadt zu entdecken.

Ben Tre ist die Hauptstadt der gleichnamigen Provinz und in Vietnam wegen seiner Süßigkeiten aus Kokosnuss berühmt. Überall sieht man üppige Kokosnussplantagen mit unglaublich reicher Ernte. Bei der Herstellung der Süßig

keiten werden Milch und Fruchtfleisch zu einer klebrigen Masse verkocht. Diese härtet beim Trocknen aus, wird in Stückchen geschnitten und in essbares Reispapier eingewickelt: Es macht ebenso viel Spaß, die Arbeiter dabei zu beobachten wie das Endprodukt zu kauen.

Auf dem Zentralmarkt kauft man vor allem praktische Haushaltswaren, Stoffe und Lebensmittel. Besonders sehenswert ist die Vielfalt der Frisch- und Trockenfische.

Eine Sehenswürdigkeit ist die **Vien Minh-Pagode**, die um 1900 entstand und heute Sitz der Buddhisten-Vereinigung der Provinz ist. Bunte Wandbehänge und Bildnisse mit Neon-Heiligenscheinen erhellen das schlichte Innere.

🛕 **Vien Minh-Pagode**
156 Nguyen Dinh Chieu.
📞 (075) 381 3931. 🕐 tägl.
Sonnenauf- bis -untergang.

Tra Vinh ④

Straßenkarte B6. 100 km westl. von Can Tho. 🚍 *75 000.* 🚌 ab Vinh Long und Can Tho. 🛈 Tra Vinh Information, 64–66 Le Loi, (074) 385 8556.

Mit seinen großen Volksgruppen von Khmer und Chinesen bietet Tra Vinh eine ungewöhnliche Religionsvielfalt. Unter den vielen religiösen Khmer-Bauten ist die **Ong Met-Pagode** wegen ihres Säulenportals mit viergesichtigen Buddha-Bildnissen darüber sehenswert. Die drei Meter hohen, vergoldeten Stupas erinnern an verstorbene Mönche. Als eine der

schönsten chinesischen Pagoden der Stadt gilt die **Ong-Pagode**, 1556 dem zum Gott erhobenen chinesischen General Quan Cong des 3. Jahrhunderts geweiht. Sie ist vor allem wegen des überaus bunten hinteren Hofs bekannt, dessen Wand mit roten Drachen zwischen blauen Bergen und grünem Meer verziert ist. Interessant ist auch ein Fischteich mit farbenfrohen Skulpturen: Sie zeigen Karpfen mitten im Sprung aus dem Wasser. Die Kunstwerke stammen alle von Le Van Chot, der auf dem Gelände arbeitet.

Die Religionsvielfalt der Stadt zeigt sich jedoch am eindrücklichsten in der **Tra Vinh-Kirche**. Auf den ersten Blick wirkt sie außen wie ein Kolonialbau, doch die Dachtraufen zeigen die für Khmer-Tempel typischen »Drachenflammen«.

Umgebung: Etwa sechs Kilometer südlich der Stadt erhebt sich die schlichte **Hang-Pagode.** Hauptattraktion sind hier Hunderte nistender Störche.

Detail einer Statue, Ong Met-Pagode

Das **Khmer-Museum** zeigt einige interessante Exponate (leider ohne englische Erklärungen). Haushaltsgegenstände, Bekleidung und Schmuck kann man auch so bewundern, doch für die religiösen Objekte wären Erläuterungen hilfreich.

Auf dem Weg zum Museum lädt der von Bäumen gesäumte **Ba Om-Teich**, etwa sieben Kilometer südwestlich von Tra Vinh, zum Ausspannen ein. In der Nähe steht die **Ang-Pagode**. Schon seit dem 11. Jahrhundert war dies eine religiöse Stätte, das Alter der Pagode ist leider unbekannt. Den Eingang bewachen zwei Löwenskulpturen, Wandbilder zeigen Buddha-Motive.

🏛 **Khmer-Museum**
7 km südwestl. der Stadt,
3 SEB Luong Hoa. 📞 (074)
384 2188. 🕐 tägl. 7.30–11.30,
13.30–16.30 Uhr.

Händler auf ihren *sampans* auf
dem Markt von Cai Be

Vinh Long ❺

Straßenkarte B6. 136 km südwestl. von HCMC; 74 km südwestl.
von My Tho. 🚶 126.000. 🚗 🚤
ℹ *Cuu Long Tourist, 1 Thang 5,
(070) 382 3616.*

V inh Long ist eine Stadt am
Ufer des Co Chien, die
Besuchern vorrangig als Basis
für Ausflüge zu den Inseln im
Delta dient, aber auch selbst
Sehenswertes bietet: Die große Kirche aus der französischen Kolonialzeit zeigt, wie
wichtig die Region einst für
Missionare war. Am Stadtrand
steht der **Van Thanh Mieu-
Tempel**, ein einfacher, aber
eleganter, 1866 für Konfuzius
errichteter Bau. 1930 wurde
ein weiteres Gebäude zu
Ehren von Phan Thanh Gian,
einem Rebellenführer gegen
Frankreich, geweiht.
Verschiedene Bootsausflüge
sind im Angebot für die Erkundung des weitverzweigten
Flusslaufs und der idyllischen,
teils in unglaublicher Farbenpracht erblühenden Inseln
vor der Küste. **An Binh** und

Binh Hoa Phuoc sind als reizvolle Ausflugsziele beliebt.
Auf An Binh steht nördlich
des Fähranlegers die von
außen unscheinbar wirkende
Tien Chau-Pagode. Innen
erschrecken grelle Wandbilder
mit den Qualen der buddhistischen Hölle: Sünder werden
von Pferden zertrampelt, von
Schlangen verschlungen oder
verrotten in alle Ewigkeit.
Inmitten des Gewirrs aus
Obstgärten, Sampan-Booten
und wackeligen Stegbrücken
gehen Bootsbauer, Kerzen-
hersteller, Bienenzüchter und
Handwerker ihrer Arbeit
nach. Hier kann man
den für das Delta
typischen Lebens-
rhythmus authen-
tisch erleben und bei
Familien in sogenann-
ten »Homestays« *(siehe
S. 229)* kennenlernen.

Umgebung: Überall
im Delta finden
schwimmende Märkte
statt, u. a. in **Cai Be**,
das per Boot eine Stunde von
Vinh Long entfernt und damit
leicht erreichbar ist. Am besten kommt man am frühen
Morgen, wenn sowohl Groß-
handelsware den Besitzer
wechselt als auch Waren für
den Endverbraucher angeboten werden. Schön zu beobachten ist, wie geschickt Obst,
Kaffee und selbst heiße Nudeln von Boot zu Boot um-
geladen werden.

🏛 **Van Thanh Mieu-Tempel**
3 km südlich der Stadt an der Straße
nach Tran Phu. 📞 *(070) 383 0174.*
🕐 *tägl. 8 Uhr bis Sonnenuntergang.*

Cao Lanh ❻

Straßenkarte B6. 162 km von
HCMC entfernt. 🚶 140.000. 🚌
ℹ *Dong Thap Tourist, 2 Doc Binh
Kieu, (067) 385 5637.*

Z war ist die Stadt selbst
nicht besonders sehens-
wert, aber die Fahrt nach
Chau Doc *(siehe S. 100)* über
Cao Lanh ist reizvoll.
Das **Dong Thap-Museum**
zeigt traditionelles Werkzeug
der Flussbauern und Fischer,
darunter ein großes Boots-
modell und Fischfallen *(siehe
S. 99)*. Das sowjetisch
wirkende **Krie-
gerdenkmal**
ist ein riesiger,
muschelförmiger Bau,
überladen mit Ham-
mer, Sichel und Fah-
nen. Auf dem dazu-
gehörigen Friedhof
sind Vietcong-Sol-
daten bestattet.
Etwa 1,6 Kilome-
ter südwestlich von
Cao Lanh findet man
das **Grab von Nguyen Sinh
Sac**, dem Vater von Ho Chi
Minh. Gedenktafeln erinnern
an seine Verdienste.

Statue im Dong
Thap-Museum

Umgebung: Das fruchtbare
Sumpfgebiet Dong Thap Muoi
(»Schilfebene«) erstreckt sich
nördlich von Cao Lanh. Hier
leben u. a. im **Tam Nong-Vogelschutzgebiet**, 45 Kilometer
nordwestlich der Stadt, viele
Vogelarten. In **Vuon Co Thap
Muoi**, rund 44 Kilometer
nordöstlich von Cao Lanh,
sind viele Weißstörche heimisch. Eventuell können Vogelschutzgebiete wegen der
Vogelgrippe *(siehe S. 283)*
geschlossen sein. Erkundigen
Sie sich aktuell.
Südöstlich von Cao Lanh
versteckt sich im Wald von
Rung Tram ein ehemaliges
Vietcong-Lager, **Xeo Quyt**.
Mit einer Genehmigung des
Tourismusbüros darf man das
mit 30-minütiger Bootsfahrt
erreichbare, eigentlich ge-
sperrte Gelände besichtigen.

🏛 **Dong Thap-Museum**
162 Nguyen Thai Hoc. 📞 *(067) 385
1342.* 🕐 *tägl. 7–11, 13–16 Uhr.*

🏛 **Kriegerdenkmal**
Nahe dem Hwy 30, östlicher Stadtrand. 🕐 *tägl.*

DIE BOOTSBAUER DES MEKONG-DELTAS

Boote in einer Werft, kurz
vor der Fertigstellung

Die Bootsbaukunst ist vielleicht
das älteste Handwerk im Flussdelta. Schließlich gäbe es ohne sie
keinen Transport, keinen Handel
und für viele auch kein Dach über
dem Kopf. Das jahrhundertealte
Handwerk wird in den Familien
vererbt, zusammen mit dem Spe-
zialwerkzeug. Alte, aber zuverläs-
sige Boote werden meist auseinan-
dergenommen und dann Stück für
Stück nachgebaut: Jedes heutige
Boot könnte also der Nachbau
eines Boots sein, das seit 500 Jahren unverändert gebaut wird.

Hotels und Restaurants im Mekong-Delta und in Südvietnam *siehe Seiten 235 f und 252 f*

Vinh Long-Bootstour

Orchideenblüte, Vinh Long

Den ländlich zeitlosen Charme des Mekong-Deltas erlebt man am besten bei einer Bootstour durch das dichte Kanalnetz rund um Vinh Long. Dieser Ausflug führt zu den winzigen Inseln An Binh sowie Binh Hoa Phuoc und bietet einen unverfälschten Blick auf das Leben am Fluss – eine Fahrt zu strohgedeckten Hütten inmitten üppiger Obstgärten, mit unzähligen Gerüchen und farbenprächtigen Eindrücken der schwimmenden Märkte.

Uferkirche am schwimmenden Markt von Cai Be

Vinh Long ①
Der Ort versteckt sich in einem Kanal- und Insellabyrinth und wirkt selbst wie eine Insel. Vinh Long liegt am Ufer des Flusses Co Chien und ist der ideale Startpunkt für Ausflüge in die Region.

Schwimmender Markt von Cai Be ②
Auf dem Markt vor der malerischen Kulisse einer kleinen Kirche drängen sich Händler mit den verschiedensten Waren auf ihren Booten. Am besten besucht man Cai Be am frühen Morgen, da der Markt mittags endet.

Dong Phu ③
In dem winzigen Dorf arbeiten Bauern, Obstpflanzer und Bootsbauer wie seit Jahrhunderten.

Tien

Co Chien

Hoa Ninh ④
Hoa Ninh ist per Boot oder Fußgängerbrücke erreichbar und für seine Blumengärten voller Jasminblüten, Aprikosen-, Mango- und Longan-Bäume bekannt.

Binh Hoa Phuoc ⑤
Das Dorf auf der gleichnamigen Insel ist wegen der Bonsai-Obstgärten bekannt und bietet gemütliche Privatunterkünfte.

0 Kilometer   3

Obstgärten auf An Binh ⑥
In den blühenden Obstgärten der Insel wachsen Longan, Jackfrucht, Rosenäpfel und »Uglifruit«, eine Zitrusfrucht, die viel besser schmeckt, als sie aussieht.

ROUTENINFOS

Dauer: *5 bis 6 Stunden.*
Mietboote: *Besucher können nur bei »Cuu Long Tourist« Boote mieten. Das Chartern privater Boote ist illegal und kann mit Geldbußen geahndet werden.*
Rasten: *Das Dorf Binh Hoa Phuoc ist ideal für einen leckeren und schnellen Imbiss.*

Fischer bei ihrer frühmorgendlichen Ausfahrt im Mekong-Delta ▷

Can Tho ❼

Munirangsyaram-Schnitzerei

Can Tho ist die größte Stadt im Delta und eines der interessantesten Reiseziele der Region. Da sie an der Grenze von sechs Provinzen liegt, ist die Stadt Verkehrs- und Landwirtschaftszentrum. Wichtigster Wirtschaftszweig ist die Weiterverarbeitung von Reis. Can Tho ist die ideale Basis für Tagesausflüge zu den schwimmenden Märkten. Sehenswert in der Stadt sind der Zentralmarkt mit frischen Produkten und Flussfischen, das Can Tho-Museum sowie der Munirangsyaram-Tempel der Khmer.

INFOBOX

Straßenkarte B6. 169 km südwestl. von HCMC. 335000. 10 km südl. Can Tho Tourist, 20 Hai Ba Trung, (071) 382 1852. Binh Thuy-Tempelfest (Jan, Mai).

Ong-Pagode
32 Hai Ba Trung. *(071) 382 3862.*
In dem kleinen Tempel betet man zum Gott des Glücks, Than Tai, und zur Göttin der Barmherzigkeit, Quan Am. Damit die Gebete erhört werden, lassen Gläubige ihre Wünsche von Tempelkalligrafen auf Papierrollen schreiben und hängen sie an die Wand.

Can Tho-Museum
6 Phan Dinh Phung. *(071) 381 6016.* *tägl. 8–17 Uhr.*
Exponate wie ein traditionelles Teehaus, ein lebensgroßes Diorama eines Heilkräuterladens mitsamt Patienten und Kunstobjekte vermitteln einen Einblick in den vietnamesischen Alltag. Eines der besten Museen im Flussdelta.

Munirangsyaram-Tempel
36 Hoa Binh. *(071) 381 6022.* *tägl. 8–17 Uhr.*
Ein an Angkor erinnernder Turm erhebt sich über diesem Theravada-Buddhismus-Tempel der Khmer. Innen bilden dorische Säulen und asiatische Elemente wie sitzende Buddhas und Lotosblüten aus Keramik ein harmonisches Ensemble.

Schwimmende Märkte
Rund um Can Tho locken drei schwimmende Märkte, auf denen die Händler von Boot zu Boot paddeln und ihre Waren im Gewühl der Sampan-Boote verkaufen. Der Morgenmarkt von **Cai Rang** ist der größte und mit nur sieben Kilometer Entfernung südlich

der Stadt auch der betriebsamste. Von einer Brücke hat man einen guten Überblick, aufregender ist jedoch eine Bootsfahrt durch den Markt. Weitere 14 Kilometer entfernt ist der einfache, aber reizvolle Markt von **Phong Dien**. Man erreicht beide Märkte mit *Sampan*-Booten ab der Hai Ba Trung-Straße. Der Markt von **Phung Hiep** mit seinen bunten Booten ist der kleinste Markt und liegt 32 Kilometer südlich von Can Tho.

Gemüseangebot am schwimmenden Morgenmarkt von Cai Rang

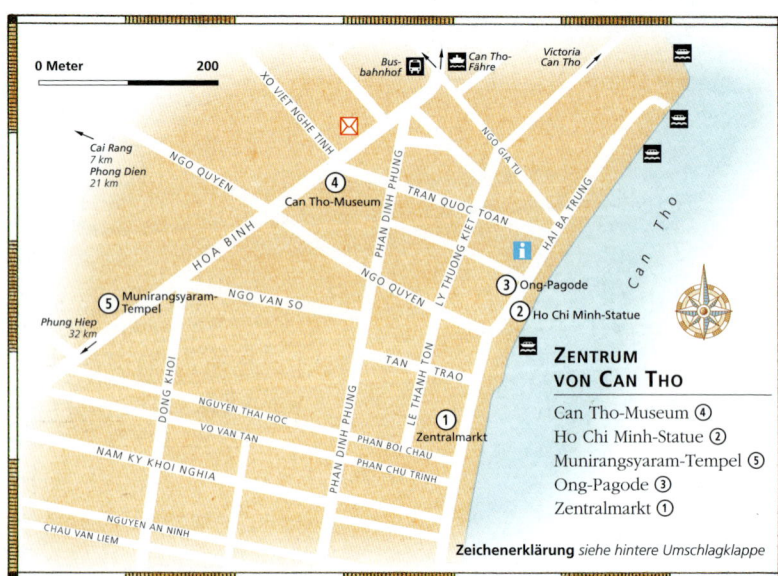

ZENTRUM VON CAN THO

Can Tho-Museum ④
Ho Chi Minh-Statue ②
Munirangsyaram-Tempel ⑤
Ong-Pagode ③
Zentralmarkt ①

Zeichenerklärung *siehe hintere Umschlagklappe*

Reisanbau

Reis ist das Hauptnahrungsmittel Vietnams und das wichtigste landwirtschaftliche Exportgut des Landes. Fast 80 Prozent der Bevölkerung haben auf irgendeine Weise mit dem Reisanbau zu tun. Reis wird vor allem im Mekong-Delta angebaut, dessen fruchtbarer Boden Vietnam zum zweitgrößten Reisexporteur der

Reisbauer mit Ernte

Welt macht. Ein großer Teil dieser Produktivität beruht auf harter körperlicher Arbeit, teils mit der Hand, teils mit Tieren. Die Felder werden oft nicht von Traktoren, sondern von Wasserbüffeln gepflügt. Statt einer Bewässerung mit Pumpen mühen sich die Bauern oft mit großen Eimern oder wasserdichten Körben ab.

Reisanbau ist immer eine Arbeit für mehrere Familienmitglieder.

Bewässerungskanäle trennen auch die verschiedenen Flurstücke der Bauern.

Fruchtbarer Flussboden ist für eine gute Ernte entscheidend.

ANPFLANZUNG
Die Samen für die Reisfelder lässt man auskeimen und außerhalb der Felder, meist in Töpfen oder Schalen, wachsen. Erst wenn die Setzlinge einige Zentimeter Höhe erreicht haben, werden sie im Reisfeld angepflanzt.

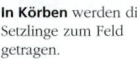

In Körben werden die Setzlinge zum Feld getragen.

Setzlinge zum Anpflanzen

Die Ernte, *die in der Regel Frauen erledigen, erfolgt im Bücken, meist mit einer Sichel.*

Nach dem Dreschen *und Trennen der Körner von der Spreu legt man den Reis zum Trocknen in der Sonne auf Matten aus.*

Transportiert *wird Reis zwar manchmal auch auf Ochsenkarren oder Lastern, doch die Wasserläufe sind der übliche, da effizienteste Transportweg zu den Märkten.*

Arbeiterin in einer Fabrik für Reispapier

Wasser- und Reismehlmischung

Stofftuch über Kochkessel

Reispapier trocknet auf Bambusmatten

DIE HERSTELLUNG VON REISPAPIER
Reispapier *(banh trang)* findet man überall in der Küche Vietnams. Fast jede Speise kann man darin einwickeln und so bequem essen. Das Reispapier wird in verschiedenen Küchen und Fabriken überall im Land produziert. Ein dünner Teig aus Reismehl und Wasser wird auf ein Tuch über einem Kessel mit köchelndem Wasser ausgebreitet, der aufsteigende Dampf kocht die Mixtur in Sekunden. Das Reispapier trocknet anschließend auf Bambusmatten, wodurch das typische Gittermuster entsteht.

Die farbenfrohen bemalten Tonfiguren in Chua Dat Set, Soc Trang

Soc Trang ❽

Straßenkarte B6. 63 km südöstl. von Can Tho. 🚶 112000. 🚌 🛈 Soc Trang Tourist, 131 Nguyen Chi Thanh, (079) 382 1489. 🎏 Oc Om Boc-Fest (Mitte Nov.).

Der lebendige Ort ist für seine religiösen Stätten und Feste bekannt. Die Provinz gehörte einst zum Reich von Angkor, sodass man heute in der Region verstreut 90 Khmer-, 47 chinesische und 30 vietnamesische Pagoden findet, viele davon in Soc Trang. Unter den zehn Festen des Jahres ist das karnevalsähnliche Khmer-Fest Oc Om Boc (siehe S. 33) mit seinem berühmten Bootsrennen sicher das bedeutendste.

Die wunderschön gelegene **Khleang-Pagode** ist der bekannteste Khmer-Tempel des Ortes: Der mandarinorange Bau wird von einem Giebelspitzdach mit Speiern gekrönt. Im Heiligtum hängen Lüster mit Lotosmotiven, ein vergoldeter Buddha beherrscht den Altar.

Rund 200 Meter östlich der Khleang-Pagode findet man **Chua Dat Set**, die Tonpagode mit faszinierenden Tonskulpturen des Mönchs Ngo Kim Tong, der zwischen 1930 und 1970 als »Tonmönch« bekannt wurde. Am Eingang wacht eine fast lebensgroße Elefantenfigur. Ein goldener Löwe, ein großer Phönix und andere Tiere folgen innen.

Das **Khmer-Museum** dient auch als Kulturzentrum mit traditionellem Tanz und Musik. Ausgestellt sind Trachten, Töpferwaren, Statuen und sogar einige Boote. Der Bau selbst ist ein exotischer Stilmix aus französischer Kolonial- und Khmer-Architektur.

Umgebung: Chua Doi, die »Flughunde-Pagode« vier Kilometer westlich der Stadt an der Le Hong Phong-Straße, verdankt ihren Spitznamen den Flughunden in den dichten Wäldern: Bei Sonnenuntergang füllt sich hier der Himmel mit einer riesigen, kreischenden Wolke. Ebenso sehenswert sind im Tempel die freundlichen Mönche und ihre fünfzehigen Schweine sowie die bunten Wandbilder mit Buddha-Szenen.

Weitere 14 Kilometer vom Ort entfernt steht die **Xa Lon-Pagode**, die vor 200 Jahren als strohgedeckter Khmer-Bau entstand, aber durch Kämpfe 1968 fast gänzlich zerstört wurde. Der heutige gedrungene Bau mit seinen schönen Fliesen an der Fassade dient als Tempel und Sanskritschule.

Altarstatue, Khleang-Pagode

Sehenswert ist auch die **Im Som Rong-Pagode**, ein Tempel im Khmer-Stil, rund 1,6 Kilometer östlich von Soc Trang.

🏛 **Khmer-Museum**
23 Nguyen Chi Thanh.
📞 (078) 382 2983. ⏰ Mi–Mo 7.30–11, 13.30–17 Uhr.

Bac Lieu ❾

Straßenkarte B6. 280 km von HCMC; 50 km südwestl. von Soc Trang. 🚶 131000. 🚌 🛈 Bac Lieu Tourist, 2 Hoang Van Thu, (781) 382 4273.

Der überschaubare Ort ist vor allem ein landwirtschaftliches Zentrum, das von den Garnelen- und Salzfarmen an der Küste lebt. Die meisten Besucher erkunden von hier aus die Region und besuchen das nahe gelegene Vogelschutzgebiet. Gleichwohl sieht man im Ort einige interessante Pagoden und hübsche französische Kolonialbauten wie denr beeindruckenden **Cong Tu Bac Lieu**, ein Palast der Fürsten der Provinz Bac Lieu. Das Hotel, das heute hier steht, erstrahlt nach einer Renovierung wieder im Glanz der 1930er Jahre und entführt seine Gäste auf eine Zeitreise.

Umgebung: Das **Bac Lieu-Vogelschutzgebiet** liegt etwa fünf Kilometer südlich der Stadt. In den Mangrovenwäldern leben über 50 Vogelarten oder machen hier auf ihren Wanderrouten halt. Besonders auffallend sind die großen Schwärme des Östlichen Silberreihers, die Hauptattraktion im Park. Abgesehen von primitiven Toiletten bietet das Schutzgebiet keine Besuchereinrichtungen. Das hat bislang Vogelfreunde nicht abgeschreckt, doch die Bedrohung durch Vogelgrippe ließ die Besucherzahlen stark zurückgehen.

Eingang zum Palast Cong Tu Bac Lieu im französischen Provinzialstil

Flora und Fauna im Mekong-Delta

Der fruchtbare Boden und die üppige grüne Natur im Mekong-Delta bieten einer so großen Pflanzen- und Tiervielfalt Lebensraum, dass man bis heute ständig neue Arten entdeckt. Dichte Mangrovensümpfe und tropischer Regenwald bedecken weite Teile der Region. Hier wachsen Früchte wie Mangos, Papayas und Bananen im Überfluss.

Bananenblume, oft in Salaten genutzt

Verschiedene Wild- und Gartenorchideen sieht man ebenfalls überall blühen. Das Flussdelta liegt an der Route vieler Zugvögel, vor allem von Störchen und Kranichen, etwa dem höchst seltenen Saruskranich. Wildschweine, Affen, Hirsche sowie zahlreiche Schlangen- und Reptilienarten sind ebenfalls im Mekong-Delta heimisch.

KOKOSPALMEN AN FLUSSUFERN

Die Kokospalmen gehören zu den häufigsten und fruchtbarsten Bäumen im Flussdelta und spielen in der regionalen Wirtschaft eine wichtige Rolle. Fruchtfleisch und Öl werden in der Küche Vietnams verwendet. Die langen, starken Blätter dienen als jahrelang haltbare Dächer.

Farbenfrohe Orchideen *wachsen überall im Delta. Hier blühen derart viele verschiedene Arten, dass Botaniker bis heute neue entdecken und katalogisieren.*

Kokosnüsse isst man noch grün (weiches Fleisch) oder reif (härteres, knackiges Fleisch).

Schlamm wird bis aus Tibet angeschwemmt und ist der Lebensraum vieler Tiere.

Smaragdspinte, *grün-gelbe Vögel mit einem schwarzen Schnabel, nisten in Tunneln im weichen, feuchten Uferboden und fressen Bienen. Bienenstachel entfernen sie, indem sie das Insekt auf harten Boden schlagen.*

Der Buntstorch *ist ein eleganter, schlanker Vogel und eine von vielen Storchenarten, die in den Vogelschutzgebieten des Mekong-Deltas heimisch sind.*

Viele Schlangenarten *leben im Mekong-Delta. Am bekanntesten sind die Königskobra und die Riesenpython. Auf Schlangenfarmen werden sie auch für Festessen bei Tempelfesten gezüchtet.*

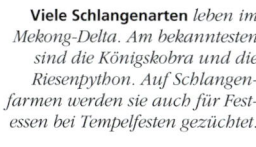

Der Javaneraffe, *eine Makakenart, frisst neben Früchten und Pflanzen auch Krebse und Insekten. Das bei der Geburt schwarze Fell entwickelt sich später zu einem Grau- oder Rotbraunton.*

Krokodile *sieht man in der freien Wildbahn. Sie werden aber wie Schlangen auch gezüchtet, sodass sie vor dem Aussterben geschützt sind.*

Con Dao-Inseln ⑩

Straßenkarte B6. 100 km vor der Südspitze Vietnams. ⌂ *5000.* ✈ *ab HCMC, Hubschrauber ab Vung Tao.* 🚢 *ab Vung Tao.* ℹ *Con Dao Transport, 430 Truong Cong Dinh, (064) 385 9089.*

Der Con Dao-Archipel umfasst 16 kleine Inseln und ist wegen seiner dichten Wälder, Wildtiere und Strände eines der überraschendsten Reiseziele Vietnams.

Der 1993 gegründete **Con Dao-Nationalpark** nimmt mit 40 000 Hektar einen Großteil des Archipels ein. Zwei Drittel davon sind Land, der Rest umfasst bezaubernde Korallenriffe. In den Gewässern rund um die Inseln tummeln sich über 1300 verschiedene Meereslebewesen, darunter auch Meeresschildkröten, Delfine und Dugongs *(siehe S. 190)*, eine Säugetierart, die zusammen mit den Manatis der Karibik die Ordnung der Seekühe bildet. Die Eiablageplätze der Grünen Meeresschildkröte darf man auf organisierten Touren besuchen. An Land existieren 135 verschiedene Tier- und 882 Pflanzenarten, u. a. Orchideen, die nur hier wachsen. Der Park ist dank der Zweifarben-Fruchttaube auch ein Paradies für Vogelkundler.

Die größte und einzige dauerhaft bewohnte Insel ist **Con Son**, wegen ihrer Form »Bäreninsel« genannt. Sie ist nur zehn Kilometer lang und kann auf den gut markierten Wanderwegen leicht an einem Tag durchquert werden. Trotz aller Idylle hat die Insel eine düstere Geschichte, denn Con Son wurde nach dem Bau des französischen **Phu Hai-Gefängnisses** 1862 zur Hölleninsel. Politische Dissidenten und Revolutionäre waren hier unter grausamsten Bedingungen inhaftiert, oft am Boden festgekettet, wie man noch in einem der Zellenblöcke sehen kann. 1954 übergab man Phu Hai an Südvietnam, das diese Tradition u. a. mit unmenschlichen »Tigerkäfigen«, winzigen Erdlöchern unter einem Stahlrost, fortsetzte und hier

Spielende Kinder am Strand bei Sonnenuntergang, Con Dao-Inseln

häufig Vietcong-Agenten verhörte. Die Geschichte dieser Misshandlungen dokumentiert das **Revolutionsmuseum**, in dem auch Führungen starten.

Erholung versprechen dagegen die vielen Traumstrände und Tauchgründe. Der beliebteste Strand ist **Dat Doc** auf Con Son, wo in den letzten Jahren auch Dugongs gesichtet wurden. Auf Con Dao liegt auch der paradiesisch einsame **Nho-Strand**.

Den seltenen Brauntölpel kann man auf **Hon Trung** erspähen (eine Stunde Bootsfahrt ab Con Son). Der Strand der Insel **Tre Nho** lädt zum Picknicken ein. Die beste Reisezeit für Con Dao liegt zwischen März und Juni, die Tauchsaison dauert von Juni bis September.

Meeresschildkröte, Con Dao

🏛 **Revolutionsmuseum**
In der Nähe des Hotels Saigon Con Dao, 18 Ton Duc Thang, Con Son. ◐ *Mo–Fr 7–11, 13.30–17 Uhr.* 📷

Rach Gia ⑪

Straßenkarte B6. 116 km von Can Tho. ⌂ *175 000.* ✈ *ab HCMC.* 🚌 🚢 ℹ *Kien Giang Tourist, 5 Le Loi, (077) 386 2081.*

In der wohlhabenden Hafenstadt Rach Gia sind einige Tempel sehenswert, etwa die reizvolle **Pho Minh-Pagode**, Sitz eines Nonnenbettelordens. Die Zwillingsbuddha-Statuen, eine im thailändi-

schen, die andere im vietnamesischen Stil, sitzen im Heiligtum nebeneinander.

Zur weitläufigen 200 Jahre alten **Phat Lon-Pagode** gehören ein einzigartiges, von mehreren kleinen Altären umgebenes Haupttheiligtum sowie ein Altar, dessen Buddha Khmer-Insignien trägt. Der Tempel hat für seine Mönche ein eigenes Krematorium sowie einen Friedhof.

Der farbenprächtige **Nguyen Trung Truc-Tempel** ist einem Nationalhelden gewidmet, der von den Franzosen am 27. Oktober 1868 auf dem Marktplatz von Rach Gia hingerichtet wurde.

Neben den Tempeln lohnt ein Besuch des **Rach Gia-Museums**, das eine interessante Sammlung aus Oc Eo-Kunstobjekten und Keramik zeigt.

Umgebung: Das uralte **Oc Eo** war im indisierten Funan-Reich *(siehe S. 39)*, das sich damals von Südvietnam bis nach Malaysia erstreckte, ein wichtiges Handelszentrum. Fundstücke einer Ausgrabungsstätte zehn Kilometer außerhalb von Rach Gia zeigen, dass die Händler im 1. bis 5. Jahrhundert n. Chr. mit vielen Völkern der Region Kontakt hatten. Sogar römische Münzen wurden hier gefunden. Die Stätte ist nur mit Genehmigung zu besuchen, leider gibt es dort jedoch nicht sehr viel zu sehen.

🏛 **Rach Gia-Museum**
27 Nguyen Van Troi.
☎ *(077) 386 3727.*
◐ *Sa–Mi 7–11, 13.30–17 Uhr.*

Häuser im Mekong-Delta

Im Mekong-Delta leben Tausende von Menschen nicht nur am Ufer, sondern direkt auf dem Wasser, in schwimmenden Häusern oder Bauten auf Pfählen, den beiden ausgefallensten Hausarten Vietnams. Die Pfahlbauten (englisch »stilt houses«, Stelzenhäuser) schmiegen sich oft an die stei-

Eines der größeren Stelzenhäuser

len Ufer und sind im Flussbett verankert. Schwimmende Häuser treiben auf Pontons oder leeren Ölfässern und bilden manchmal ganze Dörfer, die im Fluss treiben. Beide Haustypen sind vom Ufer meist über wackelige Stegbrücken (englisch »monkey bridges«, Affenbrücken) erreichbar.

PFAHLBAUTEN

Die traditionell aus Holz errichteten, heute aber zunehmend aus Wellblech gebauten Häuser auf Pfählen oder Stelzen sind wegen des wechselnden Wasserstands des Mekong so gebaut. Sie bestehen aus ein oder zwei größeren Räumen und einem Außendeck. Bei Niedrigwasser erreicht man die Häuser über eine Leiter- oder Stegbrücke vom Ufer, bei Hochwasser nur mit Booten.

Stegbrücken *sind nur schmale Holzstangen, funktionieren aber seit Urzeiten. Die Stege zu begehen erfordert allerdings Übung.*

Die Pfähle aus Bambus sind bis zu sechs Meter lang, äußerst stabil und flexibel, sodass sie auch starker Strömung standhalten.

Ein Familien-*sampan* liegt am Haus vertäut.

Schwimmende Dörfer *mit Wohnhäusern, Läden und sogar Industriebauten erstrecken sich über hektargroße Flächen auf dem Mekong. Da sie nicht fest verankert sind, kann man die Häuser leicht zu besseren Liegeplätzen treiben lassen.*

Schilfgedeckte Dächer *waren früher Standard, heute bevorzugt man wegen der besseren Haltbarkeit Wellblech.*

Fütterung der Fische

FISCHFALLEN

Eine besondere Einrichtung vieler Pfahlbauten sind Fischfallen: Unter einer abgedeckten Bodenöffnung hängt ein großes Bambus- oder Stahlnetz im Wasser. Mit dieser Methode fangen die Menschen schon seit Jahrhunderten Fische. Heute sind die Netze oft auch Brutstationen für befruchtete Fischeier. Die Fische werden in der Falle gehalten, bis sie ihre volle Größe erreicht haben und reif zum Verzehr sind.

Zum Alltag in schwimmenden Häusern *gehört Fischen ebenso wie Einkaufen, Kräuteranbau oder Hühnerzucht. Viele Menschen verbringen ihr ganzes Leben auf dem Wasser.*

Chau Doc 🄬

Straßenkarte B6. 245 km südwestl.
von HCMC; 119 km nordwestl. von
Can Tho. 🚶 *110 000.* 🚌 *von HCMC,
Can Tho und Ha Tien.* ⛴ *ab Ha Tien
und Phnom Penh, Kambodscha.*
🚤 🚗

Leben und Handel in der
geschäftigen Grenzstadt
Chau Doc werden durch das
Wasser bestimmt, viele Men-
schen leben am Flussufer in
schwimmenden Häusern oder
Pfahlbauten *(siehe S. 99).*
Auch am selbst für vietname-
sische Verhältnisse quirlige
Markt liegt am Flussufer.
   Die Machthaber der
Stadt wechselten im Lauf
der Jahrhunderte: Nach
den Funan, den
Cham und den
Khmer kamen die
Vietnamesen – kein
Wunder, dass Chau Doc
eine der ethnisch und
religiös vielfältigsten
Städte der Region ist.
So entstand hier in
den 1930er Jahren die
Hoa Hao-Sekte,
ein Buddhisten-
orden, der Gottes-
dienste und priesterliche
Schriftauslegung ablehnt.
Die kleine islamische Cham-
Gemeinde kommt in der
Mubarak-Moschee am ande-
ren Ufer des Hau Giang und
in der größeren **Chau Giang-
Moschee** zusammen: Beide
Moscheen haben keine Stra-
ßenadressen, aber die Boots-
leute kennen den Weg.
   Im Stadtzentrum steht auf
dem **Bo De Dao Trang-Platz**
eine Quan Am-Statue in
einem Pavillon. Hinter der
Gottheit sitzt eine Buddha-
Statue mit Blick auf eine

**Bronzestatue, Phat Thay
Tay An-Pagode, Chau Doc**

Pagode unter einem Baum.
Der nahe **Chau Phu-Tempel** ist
einem Nguyen-Fürsten und –
wie an den vielen Gedenk-
täfelchen zu erkennen – den
Vorfahren geweiht.

Umgebung: Der Berg **Sam**,
sechs Kilometer südwestlich
der Stadt, ist seit Jahrhunderten eine heilige Stätte. Seine
Hänge sind mit Schreinen,
Grotten, Pagoden und alten
Gräbern übersät. An den
nördlichen Ausläufern steht
der **Phat Thay Tay An-Tempel**
mit grell bemalten Elefanten-
und Dämonenstatuen. In
der Nähe erinnert der
Chua Xu-Tempel an
eine Nationalheldin,
die Dame Xu. Ihre Sta-
tue wird alljährlich im
Mai in einem Ritual
gewaschen und kost-
bar bekleidet. Die
Aussicht vom Gipfel
über die vietname-
sischen Reisfelder im
Osten und die Tief-
ebene Kambodschas
im Westen ist wun-
derschön.

Ha Tien 🄭

Straßenkarte B6. 306 km westl.
von HCMC; 92 km nordwestl. von
Rach Gia. 🚶 *95 000.* 🚌 *ab HCMC
und Chau Doc.* ⛴ *ab Chau Doc und
Phu Quoc.* 🚌 ℹ️ *Kien Giang Tourist,
14 Phuong Thanh, (077) 385 1929.*

Ha Tien liegt an den ein-
ladenden Badestränden
am Golf von Thailand inmitten einer felsigen Kalkstein-
landschaft und gilt als eine
der schönsten Städte im Delta.
Im Zentrum steht eine von
der US-Armee gebaute Pon-

**Quan Am-Statue am Eingang des
Thach Dong-Tempels, Ha Tien**

tonbrücke, die Ha Tien zwischen dem Dong Ho (Östli-
cher See) und dem Fluss To
Chau teilt. Das heute so ruhige Städtchen hat eine beweg-
te Vergangenheit und fiel erst
1708 nach einer Schlacht
gegen die Thai an Vietnam.
Der Kriegsheld, Mac Cuu,
wurde mit seiner Familie in
den **Mac-Gräbern** auf einem
Hügel namens Nui Lang,
westlich des heutigen Orts,
bestattet. Elegante Grabstätten
aus dem 18. Jahrhundert birgt
die **Phu Dung-Pagode** an der
Nordseite des Hügels.

Umgebung: Der **Thach Dong-
Tempel** fügt sich in eine Höh-
lenlandschaft aus Karstgestein
(siehe S. 182) rund vier Kilometer westlich der Stadt ein.
Überall im Tempel stehen
Altäre, das Allerheiligste versteckt sich in der größten
Höhle. Eine Statue der Göttin
Quan Am begrüßt die Gläubigen am Eingang. In der Nähe
ragt die **Stele des Hasses**
empor und erinnert daran,
dass hier 1978 von den Roten
Khmer 130 Menschen ermor-
det wurden.
   Rund 30 Kilometer südöstlich von Ha Tien lockt der
einsame Badeort **Hon Chong**
mit der Hang-Pagode, die am
Südende des Strands in einer
Grotte liegt. Die Stalaktiten erklingen beim Berühren wie
Orgelpfeifen.
   Weitere Höhlen und Schreine liegen auf der Insel **Nghe**,
die nur eine Stunde per Boot
entfernt und damit ideal für
einen Tagesausflug ist.

Schwimmende Häuser säumen das Flussufer in Chau Doc

Hotels und Restaurants im Mekong-Delta und Südvietnam *siehe Seiten 235f und 252f*

Phu Quoc ⑭

Straßenkarte A6. 45 km westl. von
Ha Tien. 🏠 *84 000.* ✈ *ab HCMC.*
🚢 *ab Rach Gia und Ha Tien.*

Die von Kambodscha be-
anspruchte, dreieckige
Insel spielte als Sitz der französischen Mission Pigneau de
Behaine eine wichtige Rolle
in der Geschichte Vietnams.
Hier wurde während des Son-
Aufstands *(siehe S. 41)* der
künftige Kaiser Gia Long versteckt. Phu Quoc ist 50 Kilometer lang, maximal 20 Kilometer breit und nur wenig
erschlossen. Eine nennens-
werte Infrastruktur für Besucher gibt es nur im Hauptort
Duong Dong, das zwar wie
ein Dorf wirkt, aber einen
Leuchtturm, einen Markt und
eine Fischfabrik (im Rahmen
einer Führung besuchbar) hat.

Fast 70 Prozent der Hauptinsel nimmt der **Phu Quoc-
Nationalpark** ein. Der 2001
gegründete Park besteht aus
tropischem Regenwald, den
man auf einigen wenigen
Pfaden durchwandern kann.
Die idyllischen Gewässer im
südlichen Parkzipfel laden
zum Baden ein.

Auf halbem Wege zwischen
Duong Dong und dem Park
liegt die Schwarzpfeffer-Plan-
tage **Khu Tuong**, wo u. a. auch
nuoc mam, die ausgezeichnete vietnamesische Fischsauce,
hergestellt wird.

Phu Quoc
betört mit paradie-
sischen Stränden,
die in Vietnam *bai*
heißen. Der von Ho-
tels gesäumte **Bai Truong**
an der Südwestküste ist
am bekanntesten. Im
Norden schmiegen sich
kleine Hostels in die Buchten
am rauen **Bai Ong Lang**. Vor
der Küste locken die Korallenriffe von **Hon Doi Moi** sowie
die der Inselgruppe **An Thoi**
an der Südspitze. Noch ein-
samer, aber ebenso schön
sind die weißen Sandstrände
Bai Sao und **Bai Dam** an der
Südostküste. Tauch- und
Angelausrüstung sowie Insel-
touren kann man in Duong
Dong buchen. Interessant ist
auch eine Perlenfarm mit an-
geschlossener Galerie an der
Südwestküste.

0 Kilometer   5

Chao
376 m

Tieu Khu

Bai Thom

Ganh Dau-Kap

Ganh Dau

Chua
552 m

Bai Dai

PHU QUOC-
NATIONALPARK

Hon Doi
Moi

Khu Tuong

Bai Ong Lang

Da Bac
435 m

Duong Dong

Bai Truong

Ham Ninh

Bai Vong

Perlen-
farm

Bai Dam

Bai Sao

Bai Khem

An Thoi

Den-Kap

Rach Gia

An Thoi-Inseln

GOLF VON
THAILAND

Zeichenerklärung
siehe hintere Umschlagklappe

LEGENDE

━━━ Hauptstraße

═══ Nebenstraße

┄┄┄ Fähre

Holzboote unter wogenden Palmen am schönen Strand Bai Truong

SÜDLICHES ZENTRALVIETNAM

*D*er Süden Zentralvietnams, das Gebiet des historischen König-reichs von Champa, wird an der Küste von Fischersiedlungen und stillen Stränden, landeinwärts von den Dörfern ethni-scher Minderheiten geprägt. Die Ferienorte Nha Trang und Phan Thiet sowie das bei Flitterwöchnern beliebte Bergdorf Dalat sind klassische Reiseziele, aber weite Teile der Region sind noch beinahe unberührt.

Champa stieg dank seines weitverzweigten Seehandels im 4. Jahrhundert n. Chr. zu einem mächtigen Königreich auf. In seiner Blütezeit erstreckte es sich vom Ngang-Pass im Norden bis zur heutigen Ho Chi Minh City im Süden sowie bis ins heutige Kambo-dscha hinein. Im 11. Jahrhundert zerfiel das Reich, die Vietname-sen verleibten sich ein Fürsten-tum nach dem anderen ein, bis gegen Ende des 18. Jahrhunderts nur noch das winzige Panduranga zwischen Phan Rang und Phan Thiet übrig blieb, das 1832 ebenfalls an Vietnam fiel. Das historische Champa ist bis heute in den Tempeln und Türmen des hügeligen südlichen Zentralvietnam lebendig. In Phan Rang-Thap Cham feiern Nachfahren der Cham Ende September/Anfang Oktober ihr Neujahrsfest »Kate«.

Die Strände der Region gehören zu den schönsten Vietnams. Von Phan Thiet erstreckt sich ein 18 Kilometer langer, weißer Sandstrand bis zum Fischerdorf Mui Ne, einem der am schnellsten wachsenden Fe-rienorte. Weiter nördlich liegt der wegen seiner guten Fischrestau-rants, der Wassersportmöglichkei-ten und der vorgelagerten In-selgruppe beliebte Küstenort Nha Trang. Weitere Strände sind nur einen Tagesausflug entfernt – bei einer Fahrt die Küste hinauf laden kleine Fi-scherdörfer zum Verweilen ein.

Landeinwärts bietet der wichtigste Ferienort, das von den Franzosen ge-gründete Bergdorf Dalat, angenehm kühles Klima. Rund um die Hoch-landstädte Buon Ma Thuot und Kon-tum wohnen die Ethnien der Bahnar, Ede und Jarai. In ihren Dörfern sieht man noch traditionelle Architektur, etwa die ausgefallenen Bahnar-Lang-häuser, die *nha rong*.

Der Vietnamkrieg hat in der Region furchtbar gewütet; in Son My steht ein bewegendes Mahnmal für eines der schlimmsten Kriegsverbrechen, das Massaker von My Lai *(siehe S. 119)*.

Terrassierte Gemüsefelder an den fruchtbaren Hängen bei Dalat

◁ Vorratslieferung für die rot-blau bemalten Fischerboote von Nha Trang *(siehe S. 108–110)*

Überblick: Südliches Zentralvietnam

Die meisten Besucher zieht es eher an die vielen leicht erreichbaren Strände als ins Landesinnere. Die Küste lässt sich am besten von den Ferienorten Mui Ne und Nha Trang aus erkunden, wobei viele Reisende auf dem Weg nach Zentralvietnam die Fischerdörfer im Norden links liegen lassen, obwohl hier Cham-Ruinen und schöne Strände zum Verweilen einladen. Dalat bietet im Zentralen Hochland am meisten Komfort. Buon Ma Thuot dient als Basis für einen Ausflug zum größten Tierschutzgebiet Vietnams, dem Yok Don-Nationalpark, und in die entlegenen Dörfer verschiedener ethnischer Minderheiten. Nördlich führen einsame Straßen ins freundliche Kontum, die Reisefreiheit ist allerdings aufgrund von Unruhen zwischen Volksgruppen mitunter eingeschränkt.

Der schönste Wasserfall der Region bei Dambri

Die ungewöhnlich gut erhaltenen Cham-Türme von Po Klong Garai, Phan Rang - Thap Cham

SEHENSWÜRDIGKEITEN AUF EINEN BLICK

Städte und Orte
Buon Ma Thuot ❽
Dalat ❻
Kontum ❿
Nha Trang ❺
Phan Rang-Thap Cham ❹
Phan Thiet ❷
Quang Ngai ⓭
Quy Nhon ⓫
Sa Huynh ⓬

Strand
Mui Ne Beach ❸

Landschaftlich schöne Gebiete
Lak-See ❼
Ta Cu-Berg ❶

Nationalpark
Yok Don-Nationalpark ❾

0 Kilometer   50

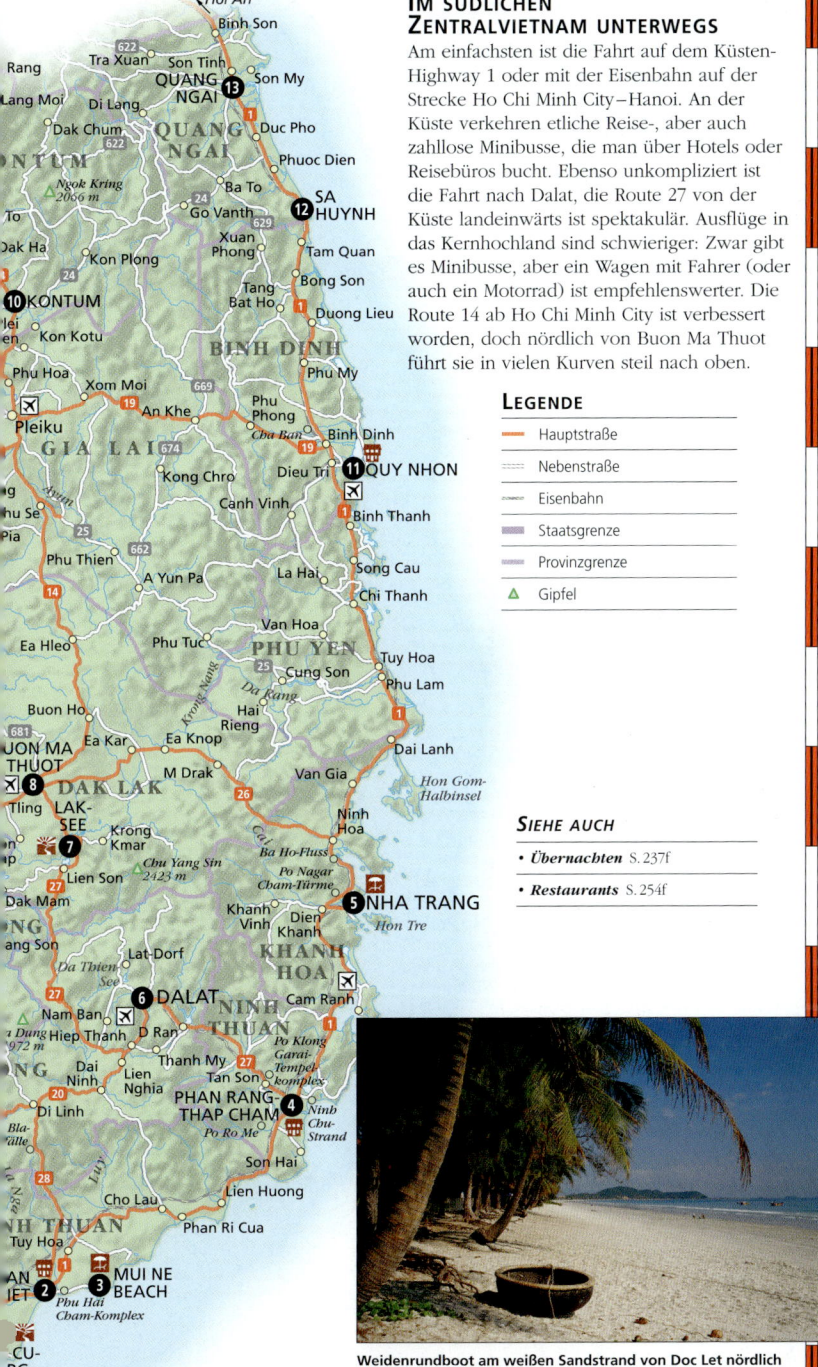

IM SÜDLICHEN ZENTRALVIETNAM UNTERWEGS

Am einfachsten ist die Fahrt auf dem Küsten-Highway 1 oder mit der Eisenbahn auf der Strecke Ho Chi Minh City–Hanoi. An der Küste verkehren etliche Reise-, aber auch zahllose Minibusse, die man über Hotels oder Reisebüros bucht. Ebenso unkompliziert ist die Fahrt nach Dalat, die Route 27 von der Küste landeinwärts ist spektakulär. Ausflüge in das Kernhochland sind schwieriger: Zwar gibt es Minibusse, aber ein Wagen mit Fahrer (oder auch ein Motorrad) ist empfehlenswerter. Die Route 14 ab Ho Chi Minh City ist verbessert worden, doch nördlich von Buon Ma Thuot führt sie in vielen Kurven steil nach oben.

LEGENDE

────	Hauptstraße
═══	Nebenstraße
⊂⊐⊂⊐	Eisenbahn
────	Staatsgrenze
────	Provinzgrenze
△	Gipfel

SIEHE AUCH

• *Übernachten* S. 237f

• *Restaurants* S. 254f

Weidenrundboot am weißen Sandstrand von Doc Let nördlich von Nha Trang, auf der Halbinsel Hon Khoi

Der heiter wirkende Liegende Buddha an den Hängen des Ta Cu

Ta Cu-Berg ❶

Straßenkarte C6. 30 km südl. von Phan Thiet. 🚍 **Pagoden und Park** 🛈 *(062) 386 7484.* 🗖🍴🖵🔲

Der Ta Cu erhebt sich inmitten einer trockenen Tiefebene. Auch wenn der Berg nur 650 Meter hoch ist, bietet er an klaren Tagen eine atemberaubende Aussicht bis zum Meer. Die **Linh Son Truong Tho-Pagode** und die **Linh Son Long Doan-Pagode** (beide Mitte 19. Jh.) sind für Buddhisten, die zum heiligen Berg pilgern, wichtige Ziele. Hauptattraktion für die – fast ausschließlich vietnamesischen – Besucher ist jedoch der weiße, 49 Meter lange Liegende Buddha, angeblich der größte Vietnams. Die Skulptur entstand 1962, deutlich später als die beiden Pagoden.

Besucher können mit einer Seilbahn (Talstation in der Nähe des Highway 1) den Berg hinauf bis zum Liegenden Buddha fahren. Der Fußmarsch dauert zwei Stunden.

Phan Thiet ❷

Straßenkarte C6. 200 km östl. von Ho Chi Minh City. 🏠 *175 000.* 🚉 🚌🚤🛈 *Fish Egg Tree Tours, (090) 443 4895.* 🎎 *Nghinh Ong-Fest (Aug–Sep).*

Die freundliche Küstenstadt hat einen Hafen auf beiden Seiten des Flusses Phan Thiet und eine größere Fischereiflotte. Wer am benachbar-

ten Mui Ne Beach wohnt, kann hier shoppen und schlendern.

Phan Thiet war einst das Zentrum von Panduranga, dem letzten, halb unabhängigen Cham-Fürstentum, das der Nguyen-Kaiser Minh Mang 1832 übernahm. Bis heute leben hier Cham-Nachfahren.

Verkäufer am Strand

Der Cham-Name des Ortes lautet Malithit.

Bei Vietnamesen ist der Ort vor allem wegen seiner *nuoc mam* (Fischsauce) bekannt. Kenner sind uneins, ob die beste Fischsauce des Landes aus Phan Thiet oder von der Insel Phu Quoc *(siehe S. 101)* kommt.

Umgebung: Nur sieben Kilometer von Phan Thiets Zentrum entfernt erhebt sich auf einem Hügel mit Blick auf die Stadt **Thap Poshanu**, das südlichste religiöse Gebäudeensemble des alten Königreichs Champa. Der Komplex besteht aus zwei *kalan* (heilige Türme) mit Nebenbauten, die teilweise bis auf das

8. Jahrhundert zurückgehen und damit die ältesten Cham-Relikte des Landes sind.

Mui Ne Beach ❸

Straßenkarte C6. Östl. von Phan Thiet. 🚌🚍🛈 *(062) 374 8155.* **www.muinebeach.net**

Der weiße, palmengesäumte Sandstrand von Mui Ne, auch Ham Tien genannt, erstreckt sich über 20 Kilometer – von Phan Thiet nach Osten bis zur Halbinsel Hon Lao und dem kleinen Fischerdorf Mui Ne. Auf der gesamten Länge verläuft die kleine Route 706 direkt hinter dem Strand, sodass man überall abbiegen kann.

In den späten 1990er Jahren war der Strand bei Backpackern als »alternatives« und preiswertes Urlaubsziel nicht allzu weit von Ho Chi Minh City entfernt populär. Bald führte diese Beliebtheit als einer der besten Strände südlich von Nha Trang zu einer zunehmenden Bebauung. Wo früher nur einfache Strand-

Riesige, sanft gewellte Sanddünen am Mui Ne Beach

bungalows standen, sind große Ferienanlagen entstanden – auch wenn einige der kleinen Hotels überlebt haben.

Am Strand kann man nicht nur schön baden, sondern zwischen November und März auch wellenreiten und windsurfen. Allerdings lädt das Meer hier nicht zum Tauchen ein, zumal es keine schönen Korallenriffe bietet.

Etwa auf halbem Wege an der Straße in das Dorf Mui Ne schlängelt sich der **Suoi Tien** (»Märchenfluss«) durch die Sanddünen ins Meer. Noch weiter östlich, an der Stelle, wo die Straße vom Strand abbiegt und landeinwärts führt, beginnt der Pfad zu den berühmten Sanddünen von Mui Ne. Hier vermieten Kinder tablettähnliche Schlitten zum »Sand Sledding«.

Im Dorf **Mui Ne** säumen Reifefässer mit sehr guter *nuoc mam* (Fischsauce) die Straßen und füllen Hinterhöfe sowie Gärten. Die Fischer landen ihren Fang am Morgen an und handeln lautstark mit den Fischhändlern aus Phan Thiet und anderen Orten, die ihre Pritschenwagen direkt am Strand parken. Selbstverständlich bekommt man im Dorf Mui Ne hervorragende Gerichte mit fangfrischem Fisch und Meeresfrüchten.

Hervorragend erhaltener Turm in der Tempelanlage von Po Klong Garai

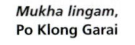
Mukha lingam, Po Klong Garai

Phan Rang-Thap Cham ❹

Straßenkarte C5. 105 km südl. von Nha Trang. 🚉 150.000. 🚊 🚌 ℹ️ *45 Bac Ai, (068) 388 8116.* 🎎 *Cham-Neujahr (Kate-Fest; Sep oder Okt).*

Die Doppelstadt liegt auf einem trockenen Küstenstreifen, der für Traubenanbau und die Produktion von Textilien bekannt ist. Zwischen den Küstenprovinzen und dem Hochland mit Dalat bildet Phan Rang-Thap Cham ein wichtiges Straßenkreuz. Thap Cham bedeutet »Cham-Türme«, und in der Tat stehen hier einige der besterhaltenen Cham-Tempel Vietnams.

Po Klong Garai umfasst drei aus Ziegelsteinen errichtete Tempeltürme in hervorragendem Zustand. Der auf einem Hügel im 13. Jahrhundert von König Jaya Simhavarman III. erbaute Tempel zeigt Cham-Inschriften im Eingangsbereich. Im Tempel beten noch heute Angehörige der Cham, aber auch viele Viet. Im Haupttheiligtum, dem *kalan*, kann man einen *mukha lingam* (Symbolstein, der mit der Hindu-Gottheit Shiva in Verbindung steht) mit dem Gesicht des Königs bewundern. Einer Statue des Bullen Nandi, Shivas Träger, werden regelmäßig Opfergaben dargebracht. Beim Kate-Fest treten hier Musikgruppen und Tänzer auf.

Po Ro Me stammt aus dem 17. Jahrhundert, als das Cham-Fürstentum Panduranga bereits zerfiel. Auch dieser Tempel erhebt sich auf einer Hügelspitze, ist aber schwieriger zu erreichen als Po Klong Garai. Am besten mietet man ein Motorrad. Der Turm ist dem König Po Ro Me geweiht;

innen findet sich sein Bildnis auf einem *mukha lingam*.

Den **Ninh Chu-Strand** sechs Kilometer östlich von Phan Rang säumen Schatten spendende Kasuarinen. Während des Regimes von Präsident Nguyen Van Thieu (1967–75) war der Strand ihm und seinem Gefolge vorbehalten.

🏯 **Po Klong Garai**
Route 27, 6 km westl. von Thap Cham. 📞 *(068) 388 8116.* ⬭ *tägl. Sonnenauf- bis -untergang.* ♿

🏯 **Po Ro Me**
14 km südl. von Thap Cham. ⬭

Historische Cham-Säuleninschriften am Eingang von Po Klong Garai

Nha Trang ❺

Shiva, Po Nagar Cham-Türme

Nha Trang ist ein wichtiger Fischerei-hafen und ein etablierter Ferienort mit einer großen Auswahl komfortabler Hotels und guter Fischrestaurants. Hinter dem Strand verläuft eine elegante Pro-menade, am Wasser drängeln sich Son-nenanbeter und fliegende Händler. Das Herz der Stadt schlägt am quirligen Zentralmarkt Cho Dam. Touristische Angebote, viele Hotels und Bars findet man weiter südlich. Außerhalb der Stadt liegen die heißen Quellen von Thap Ba und Ba Ho. Von Cau Da kann man per Boot zum Schnorcheln zu den Inseln in der Bucht aufbrechen.

Weidenrundboote liegen am Strand von Nha Trang

🏛 Long Son-Pagode

Nr. 18, 23 Thang 10. 📞 *(058) 381 6919.* ◷ *tägl. 7.30–20 Uhr.*
Die Long Son-Pagode ist der heiligste Tempel von Nha Trang. Der Bau stand ur-sprünglich auf dem Hügel Trai Thuy südlich der Stadt, fiel jedoch An-fang des 20. Jahrhun-derts einem Taifun zum Opfer. Die zu-letzt 1940 restau-rierte Pagode ist heute den vielen buddhistischen Mönchen ge-weiht, die unter dem Regime des südvietna-mesischen Präsidenten Ngo Dinh Diem (1955–63) um-kamen oder bei Protesten ge-tötet wurden. In der Tempel-anlagen leben auch heute noch Mönche.
Der Bau folgt einem chine-sisch-vietnamesischen Stil und ist mit aufwendig verzierten Drachen und Keramikziegeln geschmückt. Das Haupttheilig-tum wird von einer 14 Meter hohen weißen Buddha-Statue

aus den 1960er Jahren be-herrscht. Sie thront hinter dem Tempel direkt auf dem Hügelspitze und ist über 120 steile Stufen erreichbar. Von oben hat man einen Panoramablick über Nha Trang und die Land-schaft. Ein anderer weißer Buddha – dies-mal liegend – wartet an den Treppen rechts auf halbem Weg. Er wurde 2003 von einem thailändischen Künstler gefertigt.

Großer Buddha, Long Son-Pagode

✝ Nha Trang-Kathedrale

31 Thai Nguyen. 📞 *(058) 382 3335. Tägl. Gottesdienste.*
Die Kathedrale ist Sitz der katholischen Diözese von Nha Trang und entstand in den 1930er Jahren im neo-gotischen Stil französischer Landarchitektur. Über dem Bau ragt ein hoher, rechtecki-ger Glockenturm mit einem großen Kruzifix auf. Die Bunt-glasfenster blicken auf einen Kreuzgang mit Säulen an bei-

den Seiten des Baus. Die drei 1786 in Frankreich gegosse-nen Kirchenglocken erklingen auch heute noch. Der frühere Kirchenfriedhof musste leider einer Erweiterung des Bahn-hofs weichen.

🏖 Strand

Nha Trang hat mitten im Zen-trum einen schönen, sechs Kilometer langen Strand, der geschützt zwischen zwei Landspitzen im Norden und Süden liegt. Die Tran Phu-Straße folgt dem Strand auf seiner ganzen Länge und bie-tet die Möglichkeit, mit schönster Aussicht auf die Bucht zu flanieren. Hotels und Restaurants säumen die Landseite der Promenade, viele Cafés und kleine Imbiss-buden entstanden zwischen Straße und Strand.

🏛 Alexandre Yersin-Museum

10D Tran Phu. 📞 *(058) 382 2355.* ◷ *tägl. 8–11, 14–16.30 Uhr.* 📷
Der Schweizer Arzt Alexandre Yersin (1863–1943) reiste 1891 nach einem Studium bei dem Mikrobiologen Louis Pasteur nach Vietnam. Er lernte rasch Vietnamesisch und war 1893 am Aufbau des Bergorts Dalat beteiligt. Yersin führte den Gelben Chinarin-den-Baum (*Cinchona offici-nalis L.*) zur Produktion des Malaria-Medikaments Chinin in Vietnam ein. Yersins größte Leistung war die Entdeckung des Beulenpest-Erregers 1894.

Aus Steinen und Beton erbauter Glockenturm in Nha Trang

Hotels und Restaurants im südlichen Zentralvietnam *siehe Seiten 237f und 254f*

Der Nordturm (Thap Chinh) und der Zentralturm (Thap Nam), Po Nagar

Das Yersin gewidmete Museum liegt im alten Büro des Wissenschaftlers innerhalb des Pasteur-Instituts. Gezeigt werden seine Laborausrüstung, sein Schreibtisch und seine Bücher. Das Institut entwickelt auch heute noch Impfstoffe und betreibt medizinische Forschung.

Cai-Flussmündung

Nördlich der Innenstadt liegen die Fischerboote von Nha Trang im Fluss Cai. Die blauen Boote mit ihren flatternden roten und gelben Flaggen kann man von einer Brücke aus bewundern. Im geschäftigen Hafen paddeln die Fischer in runden, durch Pech abgedichteten Weidenrindenbooten umher.

Po Nagar Cham-Türme

Nordufer des Flusses Cai. (058) 383 1569. tägl. 6–18 Uhr.
Das bis auf das 8. Jahrhundert zurückreichende Po Nagar gilt als eine der wichtigsten Cham-Stätten Vietnams. Der Tempel wurde im 8. Jahrhundert von den Herrschern des Cham-Fürstentums Kauthara für die Cham-Göttin Po Yan Inu Nagar erbaut. Sie wird heute als Schutzgöttin von Nha Trang von den Viet ebenso wie von den chinesischen Buddhisten und den örtlichen Cham-Hindus verehrt.

Von den ursprünglich acht Türmen sind vier erhalten. Der 817 erbaute Nordturm, Thap Chinh, ist am beeindruckendsten und enthält ein Bildnis der Hindu-Göttin Uma, dargestellt als Po Nagar. Am Eingang tanzt ihr Gemahl, der Hindu-Gott, auf dem Rücken des heiligen Bullen Nandi. Die Säulen der *Mandapa*-Ruinen (Meditationshalle) stehen noch. Ein Museum zeigt Cham-Objekte.

ZENTRUM VON NHA TRANG

Alexandre Yersin-Museum ④
Cai-Flussmündung ⑤
Long Son-Pagode ①
Nha Trang-Kathedrale ②
Strand ③

0 Meter 800

Zeichenerklärung
siehe hintere Umschlagklappe

In Cau Da legen Boote zu den Inseln rund um Nha Trang ab

🔲 Hon Chong
4 km nördl. von Nha Trang.
📞 (058) 383 2189. 🚗
🕐 tägl. 6.30–18.30 Uhr. 🖼

Etwas nördlich von Nha Trang türmen sich einzelne riesige Felsen, Hon Chong genannt, bis hinunter ans Meer und grenzen eine Bucht ab. Einer dieser Felsbrocken mit fünf Einkerbungen gilt als Handabdruck eines Riesen. Die malerische Bucht eignet sich wegen der Fischerdörfer nicht zum Baden, dafür kann man hier preiswert Fisch essen und die Aussicht auf die Nha Trang-Bucht im Süden und den Nui Co Tien (wegen seiner frauenähnlichen Gestalt »Berg der Himmlischen Frau« genannt) im Westen genießen.

Heiße Quellen von Thap Ba
10 km nordwestl. von Nha Trang.
📞 (058) 383 0090. 🚗 🕐 tägl.
7–19.30 Uhr. 🖼

Einheimische wie Touristen wälzen sich in den heißen, schlammigen Quellen von Thap Ba. Der Schlamm enthält Natriumsulfidchlorid und hilft bei der Therapie von

Badende genießen den warmen Schlamm der Thap Ba Hot Springs

Arthritis und Rheuma. Außerdem soll er körperliche Entspannung fördern. Die Gäste reiben sich den Heilschlamm auf den ganzen Körper, lassen sich von der Sonne trocknen, bis die Schlammschicht aufbricht und mit heißem Wasser aus der Mineralquelle abgewaschen wird. Nach dem Schlammbad locken verschiedene Wassermassagen oder der Pool zur Abkühlung.

Der Ba Ho sprudelt über Felsen in ein natürliches Becken

🐟 Ba Ho-Fluss
25 km nördl. von Nha Trang. 🚗

Der Suoi (Fluss) Ba Ho bietet sich für idyllische Picknicks an. Der Fluss beginnt an der Flanke des 1342 Meter hohen Hon Long und fließt dann ostwärts bis ins Südchinesische Meer. Er erweitert sich in drei natürliche Wasserbecken, die durch kleine Wasserstürze miteinander verbunden sind: eine erfrischende Einladung zum Baden. Essen und Getränke sollte man unbedingt mitnehmen. An Wochenenden kann es am Ufer eng werden, denn dann kommen auch die Einheimischen hierher.

Cau Da
3 km südl. des Zentrums von Nha Trang. 🔲 **Oceanographic Institute**
📞 (058) 359 0036. 🕐 tägl. 6–18 Uhr. 🖼 **Bao Dai Villas** 📞 (058) 359 0147. 🖼 für Nichthausgäste.

Im Windschatten des Berges Nui Chut liegt Cau Da, eigentlich ein Vorort von Nha Trang und Anlegestelle für Fähren und Bootsausflüge zu den Inseln in der Bucht.

Das in einer kolonialen Stadtvilla am Pier untergebrachte **Oceanographic Institute** zeigt allerlei Meeresgetier, konserviert in Glasflaschen und -kästen. Lebende Tiere kann man in Wasserbecken und den drei Teichen draußen beobachten.

Nördlich der Hafenanlagen bieten die **Bao Dai Villas** eine herrliche Aussicht auf das Südchinesische Meer. Die Villen entstanden in den 1920er Jahren auf Geheiß des letzten Nguyen-Kaisers, Bao Dai, der hier fünf Häuser in einem künstlichen, franko-vietnamesischen Architekturstil mit Jugendstileinflüssen errichten ließ. Nach seiner Abdankung 1945 dienten die Villen als Ferienresidenzen führender Regierungsbeamter Südvietnams und ab 1975 hochrangiger Kommunisten. Heute kann hier jeder einchecken, auch wenn das Villenhotel leider heruntergekommen ist. Die Einrichtung erinnert an die 1920er Jahre.

Zwischen Cau Da und dem Fischerdorf Tri Nguyen auf **Hon Mieu**, der nächstgelegenen Insel, verkehren regelmäßig Fähren. Das örtliche Aquarium ist eher eine Fischfarm mit Café. In Bai Soi erstreckt sich ein Kiesstrand.

Strände rund um Nha Trang

Die zahlreichen, oft paradiesisch einsamen Strände nördlich von Nha Thrang und die kleine, idyllische Inselgruppe tragen zum Reiz des Ferienorts bei. Verschiedene Touranbieter organisieren Tagesausflüge, oft mit einem fischreichen Mittagessen und ausreichend gekühltem Bier. Die ruhigeren und weniger erschlossenen Ziele im Norden, etwa Dai Lanh und Hon Lao, eine Insel, die nur von Affen bewohnt ist, laden zum Baden, Schnorcheln und Sonnen ein. Auf einigen der kleineren Inseln findet man auch spaßorientierte Wassersportangebote wie Wasserski oder Parasailing. Wer mag, kann sogar Drinks an schwimmenden Bars bekommen.

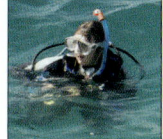

Taucher vor Hon Ong

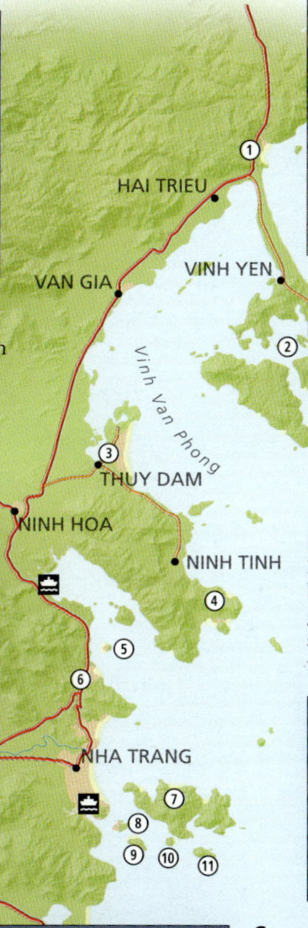
HAI TRIEU
VINH YEN
VAN GIA
Vinh Van Phong
THUY DAM
NINH HOA
NINH TINH
NHA TRANG
0 Kilometer 10

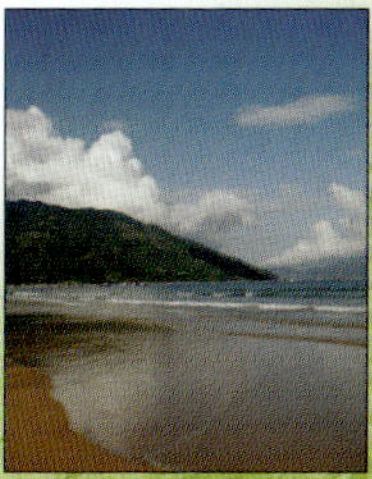

Dai Lanh ①
Der oft menschenleere, schattige Sandstrand von Dai Lanh versteckt sich am nördlichen Zipfel einer Halbinsel.

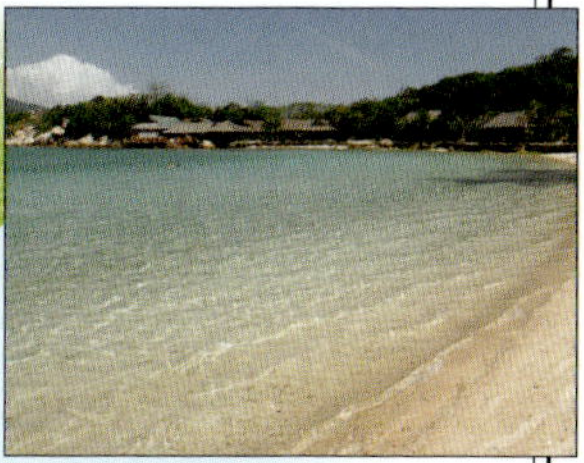

Hon Ong ②
Die einsame Insel Hon Ong (»Walinsel«) liegt geschützt in der Van Phong-Bucht und ist für Bootsbau und gute Restaurants bekannt.

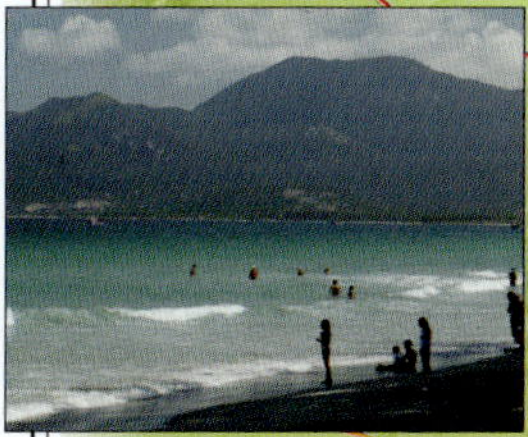

Doc Let ③
Trotz seines Traumstrands ist Doc Let vom Tourismus weitgehend unberührt. Der bei Rucksacktouristen beliebte Jungle Beach ist nur eine kurze Motorradfahrt entfernt.

Hon Mun ⑪
Die Riffe rund um Hon Mun bieten die besten Schnorchelgebiete der Inselgruppe, sind aber durch Bojen nur schlecht vor dem Fischfang geschützt.

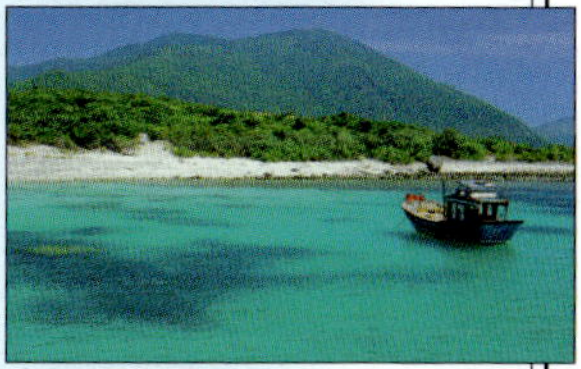

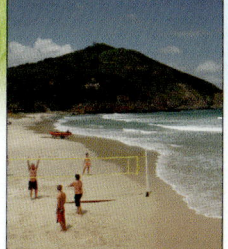

Hon Tre ⑦
Hon Tre, die »Bambusinsel«, ist die größte des Archipels. Auf ihr ragt ein 180 Meter hoher Hügel auf. Am weißen Sandstrand von Bai Tru an der Nordostküste liegt das luxuriöse Vinpearl Resort *(siehe S. 238)*.

Zeichenerklärung
siehe hintere Umschlagklappe

Sehenswürdigkeiten auf einen Blick

Dai Lanh-Strand ①
Doc Let ③
Hon Chong *(siehe S. 110)* ⑥
Hon Lao (»Affeninsel«) ⑤
Hon Mieu *(siehe S. 110)* ⑧
Hon Mot ⑩
Hon Mun (»Elfenbeininsel«) ⑪
Hon Ong (»Walinsel«) ②
Hon Tam ⑨
Hon Tre (»Bambusinsel«) ⑦
Jungle Beach ④

Sanfte Wellen am palmengesäumten Strand von Nha Trang ▷

Dalat ❻

**Typisch für Dalat:
Rosa Nelke**

Bei seinem Besuch in Dalat gegen Ende des 19. Jahrhunderts befand der Arzt Alexandre Yersin *(siehe S. 108)* den Ort als ideal für ein Bergsanatorium. Bis 1910 hatte sich Dalat zu einem beliebten, da kühlen Sommerziel der französischen Kolonialelite entwickelt. Heute zieht es alljährlich Zehntausende vietnamesischer Urlauber und Paare in den Flitterwochen an. Viele wollen vor allem das »Tal der Liebe« und den »See der Seufzer« sehen. Auch immer mehr Besucher aus dem Ausland kommen nach Dalat, denn neben dem eher kitschigen Flair genießen viele die frische Luft, die schöne Landschaft und das gute Essen aus hiesigen frischen Produkten. Eine kurze Fahrt entfernt liegen die Wasserfälle von Dambri und Bo Bla.

Tretboote in Schwanenform auf dem Xuan Huong-See

🌸 Xuan Huong-See

Der sichelförmige See im Stadtzentrum entstand 1919 durch einen Dammbau und stieg zum Eldorado für das Bürgertum Dalats auf. Der von den Franzosen »Le Grand Lac« genannte See wurde später zu Ehren von Ho Xuan Huong *(siehe S. 15)*, der vietnamesischen Dichterin des 17. Jahrhunderts, umbenannt; ihr Name bedeutet »Wesen des Frühlings«. Beliebt sind Ausfahrten mit Tretbooten oder Kajaks. Ein Spaziergang oder eine Radfahrt auf dem sieben Kilometer langen Uferweg führt zu den städtischen **Blumengärten** am Nordufer.

🕇 Dalat-Kathedrale

Tran Phu und Le Dai Hanh.
📞 *(063) 382 1421.* ⬜ *tägl.*
🕇 *mindestens zwei Messen am Tag.*
Die katholische, dem heiligen Nikolaus (St Nicholas) geweihte Kathedrale trägt zum frankophilen Flair von Dalat bei. Der Bau wurde 1931 für die Kolonistengemeinde und die einheimischen »Bekehrten«

begonnen, aber erst nach der japanischen Invasion in den 1940er Jahren vollendet – einem Zeitpunkt, der den Anfang vom Ende Französisch-Indochinas markierte.

Ein 47 Meter hoher Kirchturm überragt den Backsteinbau mit seinen in den 1930er Jahren in Frankreich hergestellten, farbenfrohen Buntglasfenstern.

Die verblichene Backsteinfassade der Kathedrale von Dalat

Das Äußere von Nga's Crazy House soll an knorrige Bäume erinnern

🏠 Hang Nga Guesthouse (Nga's Crazy House)

3 Huynh Thuc Khang. 📞 *(063) 382 2070.* ⬜ *tägl. 7–18 Uhr.* 📷
Nga's Crazy House, wie das Gästehaus mit Galerie und Café gerne genannt wird, symbolisiert all das, was Besucher an Dalat hassen oder lieben. Für das mit viel Fantasie konzipierte Haus wurde ein Holz- und Drahtgerippe mit Beton übergossen. Riesige Giftpilze und Spinnenweben, Tunnel und Leitern verwandeln es – je nach Sichtweise – in eine Scheußlichkeit oder in ein Miniatur-Disneyland. Gegen eine kleine Gebühr kann man durch diverse Räume schlendern, u. a. durch den Bauch einer Betongiraffe.

Die Schöpferin der Anlage, Dr. Dang Viet Nga, ist die Tochter des früheren Hardliners der Kommunistischen Pratei, Truong Chinh, der 1986 für kurze Zeit Generalsekretär der Partei war.

🛕 Lam Ty Ni-Pagode

2 Thien My. 📞 *(063) 382 1775.* ⬜ *tägl. 8.30–18.30 Uhr.*
Die Pagode entspricht ganz der exzentrischen Stimmung und dem eher schlechten Geschmack, der typisch ist für Dalat. Der Bau selbst ist architektonisch unscheinbar, wurde aber vom einzigen Tempelbewohner, dem äußerst charmanten buddhistischen Mönch Vien Thuc, erweitert und verändert. Er lebt hier seit 1964 – zusammen mit einer friedlichen Hundemeute, die jeden Neuankömmling bellend begrüßt. Wenn er nicht schreibt oder Zen-

Gedichte liest, gießt Vien Thuc Betonbüsten, meist von sich selbst. Der fleißige Mönch ist auch ein sehr produktiver Maler und schafft traumähnliche Landschaften und bizarre Bildnisse des buddhistischen Universums. Angeblich verdient er nicht schlecht mit dem Verkauf seiner Kunst.

🏛 Bao Dais Sommerpalast

1 Trieu Viet Vuong. 📞 *(063) 382 6858.* ⭘ *tägl. 7.30–11, 13.30–16 Uhr.*

Der letzte Nguyen-Kaiser, Bao Dai *(siehe S. 43)*, der als machtlose Marionette der Franzosen galt, lebte 1938–45 mit seiner Frau, der Kaiserin Nam Phuong, einigen Familienmitgliedern und Gefolge in Dalat. Seine Zeit verbrachte er hier mit Jagen und Liebeleien.

Der Sommerpalast entstand 1933–38 in einer eigenwilligen maritimen Interpretation des Jugendstils. Mit nur 25 Räumen wirkt er keineswegs palastähnlich, zumal Pomp und Eleganz gänzlich fehlen. Dennoch ist er bei Besuchern beliebt, die die persönlichen Gegenstände des Kaisers, etwa den Schreibtisch oder eine Landkarte Vietnams aus geätztem Glas, besichtigen.

🚉 Dalat-Bahnhof

1 Quang Trung, nahe der Nguyen Trai. 📞 *(063) 383 4409. Abfahrten tägl. 8, 9.30, 11, 14, 15.30 Uhr.* 📷

Der 1932 nach dem Vorbild des Bahnhofs von Deauville (Normandie) errichtete Bau prunkt noch im Art-déco-Stil. Die Strecke nach Phan Rang wurde im Vietnamkrieg *(siehe S. 44f)* geschlossen, aber ein alter russischer Passagiertriebwagen fährt die reizvollen 17 Kilometer bis zum kleinen Dorf Trai Mat.

🏛 Lam Dong-Museum

4 Hung Vuong. 📞 *(063) 382 2339.* ⭘ *Di–Sa 7.30–11.30, 13.30–16.30 Uhr.* 📷

Die abwechslungsreiche Sammlung zeichnet die Geschichte von Dalat und der Umgebung nach. Ausgestellt sind u. a. Keramikfunde der Oc Eo-Periode, Musikinstrumente, Trachten regionaler Volksgruppen und Fotografien.

Das Museum hat seinen Sitz in einer eleganten Villa im französischen Stil, die man für den Schwiegervater

INFOBOX

Straßenkarte C5. 308 km nördl. von Ho Chi Minh City.
🏠 140 000. ✈ 🚌 🚉
ℹ *Dalat Travel Service, 7, 3 Thang 2, (063) 382 2125.*

von Bao Dai, Nguyen Huu Hao, 1935 erbaut hatte. Später lebte in der Villa Bao Dais Gemahlin, die Kaiserin Nam Phuong.

🏛 Thien Vuong-Pagode

Khe Sanh-Straße, 4 km vom Zentrum Dalats entfernt.

Der von der örtlichen chinesischen Gemeinde 1958 erbaute Tempel entspricht mehr dem traditionellen Bild als die Lam Ty Ni-Pagode. Drei niedrige Holzgebäude erheben sich auf dem Hügel inmitten idyllischer Pinienhaine; hier leben auch Mönche. Im Haupttheiligtum stehen drei große Statuen aus Sandelholz, Thich Ca, der historische Buddha, bildet das Zentrum. Auf dem Weg hinauf zur Pagode bieten Händler Marmelade, Trockenobst und Artischockentee an.

Bronze-Buddha, Thien Vuong-Pagode

Zeichenerklärung
siehe hintere Umschlagklappe

0 Meter   750

🏠 Dalat-Zentralmarkt

Stadtzentrum. ⏱ tägl.

Einer der größten Lebensmittelmärkte Vietnams liegt im Schatten eines Berghangs und ist von Cafés umgeben. Auf den Treppen und Rampen, die zum Markt hinaufführen, bekommt man an Straßenständen Fleischspießchen, Maiskolben, Süßkartoffeln, mit Fleisch und Käse gefüllte Waffeln und heiße Sojamilch. Auch der zweite Stock des Gebäudes ist voller Essensstände.

Der riesige Hahn aus Beton, Namensgeber des Chicken Village

🏯 Lang Ga (Chicken Village)

18 km südl. von Dalat, direkt am Hwy 20. 🚗 🏠

Lang Ga bekam den Spitznamen »Hähnchendorf« und zieht wegen seiner bizarren Hahnenfigur im Dorfzentrum viele Besucher an. Das Dorf wird von den K'ho bewohnt, einer ethnischen Gruppe, die vom Kaffee- und Obstbau sowie der Textilherstellung lebt. Ihr Dorf liegt am Highway zwischen Dalat und der Küste – ideal für Ausflugsbusse, die hier regelmäßig halten. Besucher können den K'ho-Frauen beim Weben zuschauen und ihre Produkte kaufen. Die Frauen sprechen dank der regen Nachfrage inzwischen sehr gut Englisch.

🏯 Lat-Dorf

10 km nördl. von Dalat. 🚗

Das kleine Dorf besteht aus mehreren Ortsteilen, in denen überwiegend Angehörige der Lat-Volksgruppe, der K'ho und anderer Minderheiten wie Ma und Chill leben. Die früher armen Dorfbewohner leben heute dank des Tourismus recht einträglich: Die Attraktion im Lat-Dorf sind einheimische Web- und Stickereiarbeiten. Beim Bummel durch das Dorf wird einem heißer grüner Tee angeboten, man kann den Frauen an den Webstühlen zusehen oder mit den freundlichen Verkäufern um einen guten Preis handeln.

🏞 Dalat-Seilbahn und Thien Vien Truc Lam

3 km südl. von Dalat, nahe der Kreuzung 3 Thang 4/Hwy 20. 🚗 ⏱ Mo 7.30–11.30, Di–Fr 7.30–11.30, 13.30–17 Uhr. 🎫

Mit der Seilbahn schwebt man eine 2,4 Kilometer lange Strecke über Bergwälder, kultiviertes Land und malerische Dörfer bis nach Thien Vien Truc Lam, dem Bamboo Forest Meditation Center. In die-

Die Dalat-Seilbahn über dem Langbiang-Plateau

sem 1993 erbauten Zen-Kloster leben 180 Mönchen und Nonnen. Vom Tempel blickt man über den Paradies-See, an dessen Ufer zahlreiche Picknick-Tische und Bänke stehen.

🏞 Datanla-Wasserfall

5 km südl. von Dalat, Hwy 20. 📞 (063) 383 1804. 🚗 ⏱ tägl. 🎫

Der Wasserfall von Datanla liegt inmitten der Kiefernwälder südlich von Dalat, unweit der Stadt und nur 15 Minuten zu Fuß vom Highway 20 entfernt. Er ist ein bei Vietnamesen beliebtes Ausflugsziel, vor allem am Wochenende. Das Wasser stürzt in zwei verschiedenen Kaskaden in die Tiefe. In der Trockenzeit lohnt ein Abstecher hierher allerdings nicht.

🏞 Dambri- und Bo Bla-Wasserfälle

Dambri: 85 km südwestl. von Dalat am Hwy 20; Bo Bla: 80 km südwestl. von Dalat am Hwy 28. 🚗 ⏱ tägl. 7–17 Uhr. 🎫

Der spektakulärste und am leichtesten erreichbare Wasserfall Südvietnams stürzt bei Dambri 90 Meter in die Tiefe. Ein steiler Aufstieg führt zur Spitze. Weniger fitte Besucher können in wenigen Minuten per Seilbahn nach oben schweben. Oberhalb des Wasserfalls kann man auf einem kleinen See Boot fahren.

Die Fahrt nach Dambri lässt sich mit einem Abstecher zum ebenso reizvollen Wasserfall von Bo Bla, südlich von Di Linh, kombinieren.

Typisches Wohnhaus in den Ortschaften rund um das Lat-Dorf

Hotels und Restaurants im südlichen Zentralvietnam siehe Seiten 237f und 254f

Lak-See ⑦

Straßenkarte C5. 32 km südl. von Buon Ma Thuot am Hwy 27.
📞 *(050) 358 6184.* 🚌 🍴 🛒

Der idyllisch mitten im Dak Lak-Hochland gelegene Süßwassersee war ein beliebter Rückzugsort von Kaiser Bao Dai, der hier eine seiner Jagdhütten am Ufer errichten ließ. Zwar sind die Wälder auf den umliegenden Hügeln weitgehend der Axt zum Opfer gefallen, dennoch ist der Blick über den See noch immer hübsch. Nur wenige Besucher verirren sich an das einsame Ufer, obwohl es sich ideal als Stopp für die Mittagessen auf der Fahrt über die Bergstraße zwischen Buon Ma Thuot und Dalat anbietet. Die Einheimischen, die rund um den Lak-See leben, gehören zur Mnong-Volksgruppe des zentralen Hochlands.

Bauern bei der Feldarbeit am malerischen Lak-See

Buon Ma Thuot ⑧

Straßenkarte C5. 194 km nordöstl. von Nha Trang. 👥 190 000. ✈
ℹ Dak Lak Tourist, 3 Phan Chu Trinh, (050) 385 2108.

Die Hauptstadt der Provinz Dak Lak im zentralen Hochland entstand aus einem französischen Militärposten. Rund um das Zentrum sind die Straßen rechtwinklig angelegt. Buon Ma Thuot ist der ideale Ausgangspunkt für Erkundungsfahrten zu entlegenen Seen und Wasserfällen, in den Regenwald und zu den Dörfern der Bergstämme.

Laut der offiziellen Statistik setzt sich die regionale Bevölkerung zwar vor allem aus Viet (Kinh) zusammen, doch leben in den Dörfern überall auch einheimische Ede- und Mnong-Minderheiten. Jede Volksgruppe hat einen etwas anderen Namen für die Provinzhauptstadt: Die Ede nennen sie Buon Ma Thuot, in der Sprache der Mnong heißt sie Ban Me Thuot. Beide Namen bedeuten »Dorf des Vaters von Thuot«.

Die Stadt gilt als inoffizielle Kaffeehauptstadt Vietnams, deren hohe Produktionszahlen das Land zum zweitwichtigsten Kaffee-Exporteur nach Brasilien gemacht haben. Der Besuch einer Kaffeeplantage ist interessant.

Buon Ma Thuot war Schauplatz der letzten größeren Schlacht des Vietnamkriegs am 10. März 1975: Das **Siegesdenkmal** im Zentrum zeigt eine Kopie des ersten nordvietnamesischen Panzers, der während der Eroberung in die Stadt hineinfuhr, und erinnert an die Befreiung der Stadt. Das **Revolutionsmuseum** widmet sich der Rolle von Buon Ma Thuot beim letzten Schlag des Nordens gegen Saigon 1975. Das interessantere **Ethnografische Museum** bietet einen guten Einblick in Kultur, Geschichte und Kunsthandwerk der Ede und Mnong sowie anderer Bergvölker der Region.

🏛 **Revolutionsmuseum**
1 Le Duan. ◐ tägl. 8–11 Uhr. 📷
🏛 **Ethnografisches Museum**
4 Nguyen Du. 📞 *(050) 385 0426.*
◐ tägl. 7–11, 13.30–17 Uhr. 📷

Umgebung: In **Tur**, einem kleinen Dorf 14 Kilometer südwestlich von Buon Ma Thuot, leben ebenfalls Angehörige der Ede-Minderheit. Ihre Gesellschaft ist matrilinear aufgebaut, sodass Besitz immer bei den Frauen verbleibt. Nach der Heirat ziehen die Männer in die Häuser ihrer Ehefrauen. Diese Langhäuser sind auf Pfählen errichtet, unter den Wohnräumen ist Platz für Feuerholz, aber auch für die Haustiere, das Geflügel sowie die Ziegen und Schweine.

Tur ist aufgrund der Nähe zu Buon Ma Thuot und dem Highway 14 leicht erreichbar. Das Dorf liegt neben dem mächtigen Dak Krong oder Serepok-Fluss, der bis nach Kambodscha fließt. Die Fahrt nach Tur lässt sich mit einer Tour über die Trinh Nu-Stromschnellen verbinden. Stromaufwärts kann man an den Wasserfällen von Dray Nur, Dray Sap und Gia Long raue, unberührte Natur erleben.

Auch im Dorf **Buon Tuo**, 13 Kilometer nordwestlich von Buon Ma Thuot, sieht man eine Reihe beeindruckender Ede-Langhäuser.

Kaffeeplantage bei Buon Ma Thuot, dem Zentrum des Kaffeeanbaus

Gemeinschaftshaus (nha rong) mit Steildach in Kontum

Yok Don-Nationalpark ❾

Straßenkarte C5. 40 km nordwestl. von Buon Ma Thuot. 📞 *(050) 378 3049.* 🚌 *Minibus ab Buon Ma Thuot.* 🚗 🚱 📷 🍴 🛒 📶

Der größte Nationalpark Vietnams erstreckt sich auf fast 120 000 Hektar Land an der Grenze zu Kambodscha und wird durch den gewaltigen Dak Krong oder Serepok-Fluss geteilt. Im Park leben Tiger, Leoparden und Wildelefanten – doch von den 67 Säugetierarten im Park sind 38 vom Aussterben bedroht, und größere Tiere wird man nur mit viel Glück entdecken. Die einstmals großen Elefantenherden sind auf weniger als 100 Tiere geschrumpft, aber relativ leicht auszumachen. Halbtagesausflüge auf gezähmten Elefanten führen u. a. zu einem Dorf der Mnong und sind für die meisten Parkbesucher das Highlight.

Am Parkeingang bieten einige Läden Kunsthandwerk und versiegelte Töpfe mit lokalem Reisschnaps (*ruou can*) an, inklusive Strohhalmen aus Bambusfasern. Auch Unterkünfte sind am Parkeingang zu finden.

Gleich außerhalb der nördlichen Parkgrenze (und ohne eigenen Wagen nur schwer erreichbar) steht **Thap Yang Prong**, der entlegenste Cham-Turm Vietnams, der die westliche Grenze des alten Champa-Reiches im 13. und 14. Jahrhundert markierte.

Kontum ❿

Straßenkarte C4. 200 km nordöstl. von Quy Nhon. 🚶 *95 000.* 🚗 🚌 🛈 *Kontum Travel Service, 2 Phan Dinh Phung, (060) 386 1626.*

Nur wenige Besucher schauen in dieser entlegenen, ruhigen Stadt vorbei, die sich erst vor Kurzem dem Tourismus geöffnet hat. Trotz heftiger Bombenangriffe im Vietnamkrieg haben einige Kirchen und französische Läden in Kontum überdauert. Die Stadt selbst bietet wenige Sehenswürdigkeiten, doch die Umgebung lockt mit idyllischer Natur und etlichen Dörfern ethnischer Minderheiten. Letztere sind wegen ihrer *nha rong* oder Gemeinschaftshäuser einen Besuch wert. Ein solches Haus steht u. a. im Stadtzentrum neben der hübschen Holzkirche an der Nguyen Hue.

Sehenswert ist auch das **Seminarmuseum** in einem alten französischen Priesterseminar mit Ausstellungen zu Kunsthandwerk und Trachten verschiedener regionaler Volksgruppen.

Minderheiten wie die Jarai, Sedang, Rongao und Bahnar (*siehe S. 20*) leben in den umliegenden Dörfern, die man leicht von Kontum aus erreicht. Fünf Kilometer östlich der Stadt liegt das Bahnar-Dorf **Kon Kotu**. Das Gemeinschaftshaus besteht hier vollständig aus Bambus und Holz sowie einem riesigen Strohdach. In **Kon Hongo**, vier Kilometer westlich von Kontum, leben Rongao. Beide Ausflüge führen durch reizvolle Landschaften mit Zuckerrohr- und Maniokfeldern.

🏛 **Seminarmuseum**
56 Tran Hung Dao. ⏰ *Mo–Fr 7.30–10.30, 14–16 Uhr.* 📷

Quy Nhon ⓫

Straßenkarte C5. 220 km nördl. von Nha Trang. 🚶 *275 000.* ✈ 🚆 🚗 🚌 🛈 *Binh Dinh Tourist, 4 Phan Chu Chinh, (056) 389 2524.*

Die Stadt Quy Nhon ist ein größerer Fischereihafen mit guten Stränden. Die meisten Besucher übernachten hier nur auf ihrer Fahrt von Nha Trang nach Hoi An. Die **Long Khan-Pagode**, der wichtigste Tempel der Stadt, steht direkt im Zentrum an der Straße Tran Cao Van. Der Bau aus dem frühen 18. Jahrhundert ist dem historischen Buddha Thich Ca geweiht und als Mönchsunterkunft bis heute ein aktives religiöses Zentrum. Der Stadtstrand ist zwar bei den Einheimischen be-

Thap Doi Cham, der Cham-Doppelturm in einer Gartenanlage, Quy Nhon

Hotels und Restaurants im südlichen Zentralvietnam *siehe Seiten 237 f und 254 f*

Buddha-Statuen und Opfergaben, Long Khan-Pagode in Quy Nhon

liebt, wesentlich schöner sind jedoch die Strände rund fünf Kilometer südlich, etwa der **Quy Hao-Strand** beim Lepra-Krankenhaus gleichen Namens. 1,6 Kilometer westlich der Stadt erhebt sich **Thap Doi Cham**, ein Doppelturm der Cham aus der zweiten Hälfte des 12. Jahrhunderts.

Umgebung: Banh It («Silberturm»), ein bedeutendes und gut erhaltenes Baudenkmal der Cham, steht auf einem Hügel am Highway 1, rund 20 Kilometer nördlich von Quy Nhon. Weiter nördlich am Highway 1 findet man die Überreste von **Cha Ban**, der früheren Cham-Provinzstadt Vijaya. Die 1000 n. Chr. von den Dai Viet gegründete Stadt markierte die Außengrenze des Königreichs Champa. Heute sind nur noch die Mauern der Zitadelle und die Can Tien Cham-Türme zu sehen.

Dachdetail, Long Khan-Pagode, Quy Nhon

Sa Huynh ⑫

Straßenkarte C4. 60 km südl. von Quang Ngai. 🏃 50 000. 🚌 🚌 ℹ️ (055) 386 0454. 🦐 Fischfang-Fest (Anfang Mai).

Das freundliche kleine Fischerdorf ist umgeben von palmengesäumten Stränden und Salzwasserbecken. Bekannt wurde Sa Huynh aber vor allem als Zentrum der über 2000 Jahre alten Sa Huynh-Kultur, einer Zivilisation vor den Cham. 1909 ent-

deckte man hier 200 Grabkrüge, der erste von weiteren Funden in der Region. Leider kann man hier keine Objekte der Bronzezeit-Kultur besichtigen – sie stehen im Geschichtsmuseum in Hanoi *(siehe S. 162f)* und im Museum der Sa Huynh-Kultur in Hoi An *(siehe S. 125).*

Besucher sind vom entspannten Flair des Ortes, den einsamen Stränden und der für Surfer idealen Brandung begeistert. Überall sieht man Fischerboote auf dem Wasser schaukeln oder am Strand liegen. In Restaurants wird der frische Fang serviert.

Quang Ngai ⑬

Straßenkarte C4. 177 km nördl. von Quy Nhon. 🏃 112 000. 🚌 🚌 🚌 ℹ️ Quang Ngai Tourist, 310 Quang Trung, (055) 382 2836.

Die verschlafene kleine Provinzhauptstadt Quang Ngai lohnt einen Besuch nur wegen ihrer Nähe zu Son My. Auch auf langen Reisen auf dem Highway 1 ist der Ort ein idealer Zwischenstopp.

Umgebung: Son My war 1968 Schauplatz des schrecklichen Massakers von My Lai. Ein **Gedenkpark** im Ortsteil Tu Cung erinnert an das Geschehene, und ein düsterer Museumsbau aus Granitstein dokumentiert das Massaker in allen Details: Ausgestellt sind Fotos des Kriegsverbrechens, die in aller Welt Entsetzen auslösten und auch die amerikanische Öffentlichkeit gegen den Vietnamkrieg aufbrachte. In Quang Ngai kann man im Motorradtaxi für die 15 Kilometer nach Son My im Osten nehmen.

Nur drei Kilometer östlich von Son My liegt der **My Khe-Strand**: Nur wenige Besucher verirren sich per Motorradtaxi hierher, doch mit dem Bau von Ferienhotels an dem langen, weißen Sandstrand dürfte sich dies bald ändern.

MASSAKER VON MY LAI

Während des Vietnamkriegs galt die Region rund um Quang Ngai als Vietcong-freundliches Gebiet, sodass am 16. März 1968 starke US-Infanterieverbände ausrückten, um den Tod einiger GIs in der Gegend zu rächen. Das Ergebnis war eines der furchtbarsten dokumentierten Kriegsverbrechen in der US-Geschichte. In nur vier Stunden töteten die Soldaten systematisch etwa 500 vietnamesische Zivilisten, über die Hälfte von ihnen Frauen und Kinder. Der für das Massaker verantwortliche Leutnant William Calley wurde 1971 zu lebenslänglicher Haftstrafe verurteilt, stand aber lediglich unter Hausarrest und wurde nach dreieinhalb Jahren von Präsident Nixon begnadigt.

Das bewegende My Lai Massaker-Denkmal in Son My bei Quang Ngai

ZENTRALVIETNAM

Zentralvietnam, ein schmaler Streifen Land zwischen den bewaldeten Gipfeln der Truong Son-Gebirgskette im Westen und dem Südchinesischen Meer im Osten, ist voller Gegensätze. Hier findet man Traumstrände und seltene historische Schätze, darunter vier der UNESCO-Welterbestätten Vietnams: die Phong Nha-Höhle, My Son, die Zitadelle von Hue und die Altstadt von Hoi An.

Die Menschen leben hier vor allem am schmalen Küstenstreifen, vom Fischfang und vom Reisanbau. Im Landesinneren ragen die spektakulären Gipfel des Truong Son auf, einer Gebirgskette, die die natürliche Grenze zwischen Laos und Vietnam bildet. Der Hai Van-Pass ist einer der beeindruckendsten Aussichtspunkte des Landes. In den Bergen leben ethnische Minderheiten, und an den Hängen bei Dong Hoi liegt die geheimnisvolle Höhle von Phong Nha.

Zentralvietnam kann sich einiger der berühmtesten architektonischen Sehenswürdigkeiten rühmen: Dazu zählt Hoi An mit Häusern, die chinesische, japanische und französische Kaufleute seit dem 16. Jahrhundert bauten, aber auch Hue mit Festung und Königsgräbern – ein Relikt der Nguyen-Dynastie (1802–1945).

Große Geschichte verbirgt sich in den Ruinen der Tempel, die die Cham zwischen dem 4. und dem 12. Jahrhundert in My Son errichteten. Die meisten dieser Stätten sind allerdings noch immer von den Spuren des Vietnamkriegs gezeichnet. Von der neueren Geschichte erzählen die Dörfer Hoang Tru und Kim Lien, in denen Ho Chi Minh einen Teil seiner Kindheit verbrachte. Sie sind heute zu nationalen Pilgerstätten geworden. Die frühere Demilitarisierte Zone (DMZ) verläuft nördlich von Hue. Das Gebiet war Schauplatz einiger der blutigsten Schlachten des Vietnamkriegs und erinnert bis heute an die Schrecken jener Zeit: Schlachtfelder wie Khe Sanh und Vinh Moc sind für Vietnamesen wie für US-Amerikaner Mahnmale und ergreifende Stätten der Trauer.

Vier der neun Dynastischen Urnen, die an jeweils einen Kaiser erinnern, Zitadelle von Hue

◁ **Läden an einer Straße in Hoi An, einer historischen Hafenstadt des 16. Jahrhunderts** *(siehe S. 124–129)*

Überblick: Zentralvietnam

Die Kernregion Vietnams besitzt einige der spannendsten historischen Stätten des Landes und eine ebenso spektakuläre Natur. Die Fahrt von Hue nach Danang eröffnet Landschaften voll grüner Täler und Hügel sowie wunderschöne Aussichten am Hai Van-Pass. Die alte Kaiserstadt Hue ist die ideale Ausgangsbasis für Ausflüge in die Gebiete nördlich des Passes, und das nahe Städtchen Lang Co lockt mit einem der schönsten Strände in der Region. Nördlich von Hue erinnert die Demilitarisierte Zone an die blutige Geschichte der jüngeren Zeit, während die Höhle von Phong Nha inmitten einer Naturidylle Ruhe schenkt. Südlich des Hai Van-Passes liegen die historischen Orte Hoi An und My Son mit jahrhundertealten Architekturwundern.

Das ausgeschmückte Phung Hung-Haus *(siehe S. 124)* in Hoi An

SEHENSWÜRDIGKEITEN AUF EINEN BLICK

Städte und Orte
Ba Na ❹
Danang ❺
Dong Hoi ⓮
Hoi An S. 124–129 ❶
Hue S. 138–145 ❿
Kim Lien ⓰

Historische und militärische Stätten
Demilitarisierte Zone (DMZ) ⓬
Khe Sanh Combat Base ⓫
My Son S. 130–132 ❷

Strände
China Beach ❸
Lang Co-Strand ❽
Thuan An-Strand ❾

Landschaftlich schöne Gebiete
Höhle von Phong Nha ⓯
Suoi Voi ❼

Nationalpark
Bach Ma-Nationalpark ❻

Tunnelkomplex
Vinh Moc-Tunnel ⓭

LEGENDE

⸻	Hauptstraße
⸗	Nebenstraße
▭	Eisenbahn
▬	Staatsgrenze
▬	Provinzgrenze
△	Gipfel

SIEHE AUCH

0 Kilometer   50

Farbenprächtige Drachenboote am Ufer des Parfümflusses *(siehe S. 148)*, Hue

IN ZENTRALVIETNAM UNTERWEGS

Die Region erkundet man am besten mit einem Mietwagen oder mit Minibussen. Sie bringen Passagiere von einem zum nächsten Ort und eignen sich für Tagesausflüge ab Hue, etwa in die DMZ oder zum Hai Van-Pass auf dem Weg nach Hue. Auch Zugfahrten bieten sich an, insbesondere der Reunification Express zwischen Ho Chi Minh City und Hanoi. Die Städte Hoi An und Hue lassen sich gut zu Fuß oder mit dem Fahrrad erkunden. Noch schöner sind die atemberaubenden, von Hotels oder Touranbietern organisierten Bootsausflüge auf dem Parfümfluss (Anlegestelle an der Le Loi-Straße).

Exponat im Museum der Cham-Skulpturen *(siehe S. 134)*, Danang

[Karte von Zentralvietnam mit folgenden Beschriftungen:]

Golf von Tonkin

DONG HOI
Xuan Duc
Kien Giang
Ben Hai

⑬ VINH MOC-TUNNEL
Vinh Linh
⑫ ENTMILITARISIERTE ZONE
Gio Linh
QUANG TRI
Dong Ha
⑪ KHE SANH COMBAT BASE
Quang Tri
Lao Bao
THUAN AN-STRAND ⑨
⑩ HUE
THUA THIEN HUE
Vinh Thanh
Hien Van
A Luoi
Phu Loc
⑥ BACH MA-NATIONALPARK
SUOI VOI ⑦
⑧ LANG CO-STRAND
Hai Van-Pass
Son Tra-Halbinsel
DANANG
⑤ DANANG
④ BA NA
③ CHINA BEACH
Prao
Dai Loc
Dai Lanh
① HOI AN
Cham-Inseln
② MY SON
Ha Lam
Thanh My
QUANG NAM
Kham Duc
Tien Ky
Tam Ky
Phuoc Son
Nui Thanh
Tra My
Quy Nhon
Pleiku
Ngoc Linh 2598 m

Hoi An ❶

Keramik, Museum der Sa Huynh-Kultur

Das historische Hoi An am Nord-ufer des Flusses Thu Bon war vom 16. bis 18. Jahrhundert ein wichtiger Handelshafen. Durch seine Verbindungen nach China, Japan und sogar Europa erwarb er ein reiches kulturelles Erbe, wie es nur wenige andere Städte Vietnams besitzen. Die seit 1999 als UNESCO-Welterbe geschützte Stadt hat viele schma-le »Röhrenhäuser« *(siehe S. 27)*, chinesische Pagoden, reich verzierte Versammlungshallen, Familienschreine und die Japanische Brücke. Im Südosten von Hoi An erstreckt sich ein kleines französisches Kolonialviertel.

Schrein für den Tao-Gott Bac De, Japanische Brücke

🏛 Phung Hung-Haus
4 Nguyen Thi Minh Khai. ☎ (0510) 386 2235. ◯ tägl. 8–11.30, 13.30–17 Uhr. ⛔ ☷

Das 1780 entstandene Haus war das Heim von acht Gene-rationen einer Familie, die mit

Farbenfrohe Figuren chinesischer Gottheiten, Phung Hung-Haus

dem Handel parfümierter Höl-zer und Gewürze zu Wohl-stand gekommen war und auch Porzellan und Seide im vorderen Teil des Hauses ver-kaufte. An dem von 80 Hart-holzsäulen getragenen Bau fallen die chinesisch geprägten Emporen und Fensterläden auf. Die Dachfenster wirken japanisch, während Grundriss und Baustil typisch vietname-sisch sind.

🏛 Japanische Brücke
Kreuzung Tran Phu und Nguyen Thi Minh Khai. ◯ tägl. Sonnenauf- bis -untergang.

Die rostfarbene Brücke ist eines der auffallendsten Bau-denkmäler *(siehe S. 126)* der Stadt. Sie wurde 1593 von der

wohlhabenden japanischen Handelsgesellschaft errichtet, die ihren Sitz im Westen der Stadt hatte und eine Verbin-dung zum chinesischen Vier-tel im Osten benötigte. Durch ein Verbot des Tokugawa Shogun Iemitsu, das Japanern 1663 den Auslandshandel untersagte, endete jede Han-delsaktivität abrupt.

1719 baute man einen viet-namesischen Tempel in den nördlichen Teil der Brücke. Ihr heutiger Name, Lai Vien Kieu (»Brücke aus der Ferne«), ist zwar über der Tempeltür eingeritzt, dennoch nennt man den Bau, der sich seinen japa-nischen Charakter trotz aller Umbauten bewahrt hat, bis heute Japanische Brücke.

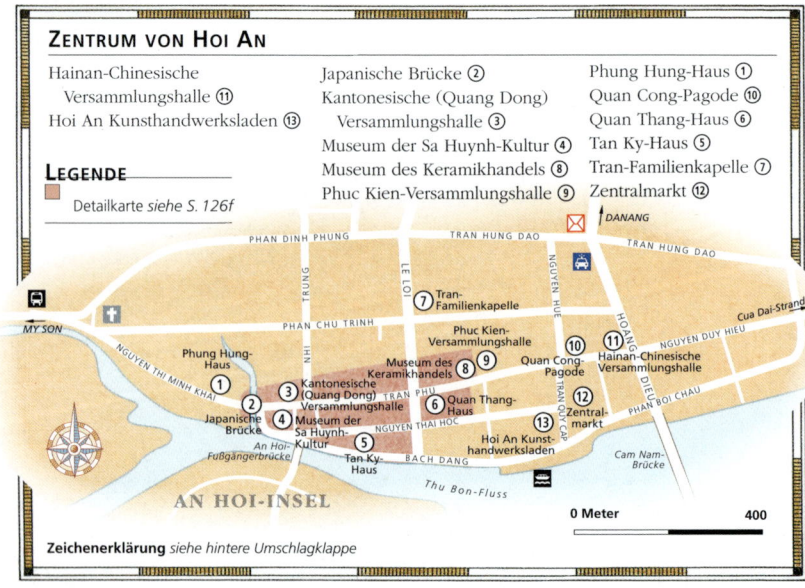

ZENTRUM VON HOI AN

Hainan-Chinesische Versammlungshalle ⑪
Hoi An Kunsthandwerksladen ⑬

Japanische Brücke ②
Kantonesische (Quang Dong) Versammlungshalle ③
Museum der Sa Huynh-Kultur ④
Museum des Keramikhandels ⑧
Phuc Kien-Versammlungshalle ⑨

Phung Hung-Haus ①
Quan Cong-Pagode ⑩
Quan Thang-Haus ⑥
Tan Ky-Haus ⑤
Tran-Familienkapelle ⑦
Zentralmarkt ⑫

LEGENDE
Detailkarte *siehe S. 126f*

PHAN DINH PHUNG — TRAN HUNG DAO — DANANG — TRAN HUNG DAO
LE LOI — TRUNG — NGUYEN HUE
Tran-Familienkapelle ⑦
PHAN CHU TRINH — Cua Dai-Strand
MY SON — NGUYEN THI MINH KHAI
Phung Hung-Haus ①
NHI — TRAN PHU
Kantonesische (Quang Dong) Versammlungshalle ③
② Japanische Brücke
Museum der Sa Huynh-Kultur ④
Phuc Kien-Versammlungshalle
Museum des Keramikhandels ⑧ ⑨
Quan Cong-Pagode ⑩ ⑪ Hainan-Chinesische Versammlungshalle
NGUYEN DUY HIEU
HOANG
⑥ Quan Thang-Haus
NGUYEN THAI HOC
⑬ Hoi An Kunst-handwerksladen
⑫ Zentral-markt
PHAN BOI CHAU
An Hoi-Fußgängerbrücke
Tan Ky-Haus ⑤
BACH DANG
Thu Bon-Fluss
Cam Nam-Brücke

AN HOI-INSEL

0 Meter — 400

Zeichenerklärung *siehe hintere Umschlagklappe*

Hotels und Restaurants in Zentralvietnam *siehe Seiten 238–240 und 255–257*

Den Altar an der Brücke ziert ein Bild von Bac De, der Reinkarnation der taoistischen Gottheit, des Jadekaisers. Der 18 Meter lange, mit Ziegeln gedeckte Bau führt über einen kleinen Nebenfluss des Thu Bon und bietet Fußgängern eine bequeme Verbindung zwischen den Kunstgalerien an der Tran Phu-Straße und denen im Westteil der Stadt.

Kantonesische (Quang Dong) Versammlungshalle

176 Tran Phu. ◯ tägl. 7.30–17 Uhr.

Quang Dong ist der vietnamesische Name der Provinz Guangdong in China, die im Westen auch Kanton genannt wird. Der 1885 von Seehandelsleuten errichtete Bau besticht durch Flachreliefs und bunte Aufhängungen. Der Hauptaltar ist dem zum Gott erhobenen General Quan Cong geweiht, zu erkennen an seinem roten Gesicht (die Farbe symbolisiert Treue). Auch die Meeresgöttin Thien Hau wird hier verehrt.

Holzarbeit, Kantonesische Versammlungshalle

🏛 Museum der Sa Huynh-Kultur

149 Tran Phu. 📞 (0510) 386 1535. ◯ tägl. 8–17 Uhr.

Der kleine Hafen von Sa Huynh (siehe S. 119), rund 160 Kilometer südlich von Hoi An, war Namensgeber und Zentrum einer Kultur, die von 1000 v.Chr. bis 200 n.Chr. überdauerte. Im Jahre 1909 fand man in Sa Huynh über 200 Grabkrüge, gefüllt mit Bronzewerkzeugen, Schmuck und den Überresten der Toten. Die faszinierenden, eigentümlichen Bronzeobjekte sind heute in dem kleinen Museum, das einen hübschen franko-vietnamesischen Bau einnimmt, zu besichtigen.

Tan Ky-Haus

101 Nguyen Thai Hoc. 📞 (0510) 386 1474. ◯ tägl. 8–12, 14–16 Uhr.

Das schönste traditionelle Kaufmannsgebäude der Stadt, das Tan Ky-Haus, gilt als herausragendes Beispiel eines chinesisch-vietnamesischen Ladenhaus aus dem 18. Jahrhundert. Das Haus ist um einen Innenhof erbaut und – wie so oft in Hoi An – eine Stilmischung: Innen fallen Krebsrücken-Motive an der Decke auf, das Dach ruht auf japanischen dreigliedrigen Stützbalken. Den Boden bedecken Ziegelsteine aus Bat Trang vom Roten Fluss. Feine Perlmuttintarsien mit chinesischer Lyrik zieren die Säulen, die das Dach tragen.

Quan Thang-Haus

77 Tran Phu. ◯ tägl. 7.30–17 Uhr.

Das einstöckige Ladenhaus ist ein schönes Beispiel für die Handwerkskunst in den traditionellen Häusern von Hoi An. Das Haus wurde im 18. Jahrhundert von einem Seehandelskaufmann aus dem chinesischen Fujian erbaut, dessen Familie hier sechs Generationen lang lebte. Der Bau hat eine dunkle Teakholzfassade und ein Dach mit gekrümmten chinesischen Ziegeln. Man betritt das Haus von der Ladenfront aus, dahinter liegt ein Innenhof. Die Hofwände sind mit Flachreliefs voller Blumen und Bäume verziert, die Fensterläden mit Schnitzereien. Eine kleine Terrasse hinter dem Hof diente zum Kochen.

INFOBOX

Straßenkarte C4. 793 km südl. von Hanoi. 👥 80 000. ✈ ab Danang. 🚌 🚕 ℹ Hoi An Tourist Office, 12 Phan Chu Trinh, (0510) 386 1276. 📷 Laternenfestival (monatlich). **Ticketsystem Altstadt:** Eintrittskarten für den Besuch der Altstadt-Sehenswürdigkeiten sind in der Touristeninformation erhältlich.

Tran-Familienkapelle

21D Le Loi. 📞 (0510) 386 1723. ◯ tägl. 7.30–17 Uhr.

Die kleine Andachtsstätte entstand vor über zwei Jahrhunderten für die Vorfahren der Tran-Familie, die hier verehrt wurden. Die Familie kam Anfang des 18. Jahrhunderts aus China nach Vietnam und ließ sich in Hoi An nieder. Die heutigen Nachfahren sind die 13. Generation seit der Auswanderung.

Im Lauf der Zeit heirateten einige Familienmitglieder auch Einheimische, die Kulturen vermischten sich, sodass die heutige Andachtsstätte ein entsprechend vielfältiges Aussehen hat (siehe S. 129). Den Hauptaltar schmücken persönliche Gegenstände der Vorfahren sowie Ahnendenktafeln. Ein Vorfahre, der es im kaiserlichen China sogar bis zum Mandarin gebracht hatte, wird mit einem großen Porträt in der Empfangshalle geehrt.

Geschnitzte Balken und Träger im Innenhof, Tan Ky-Haus

Im Detail: Altstadt von Hoi An

Als alte »internationale« Handelsstadt hat Hoi An
(»Friedlicher Versammlungsort«) eine Vergangenheit,
die sich in einem Mosaik verschiedenster Kulturen spiegelt. In der Altstadt, die 1999 von der UNESCO zum
Welterbe erklärt wurde, verbindet sich das Flair längst
vergangener Epochen mit einer gewissen Zeitlosigkeit.
Die historischen Bauten, hübschen »Röhrenhäuser« und
prächtig verzierten chinesischen Versammlungshallen
unterliegen strengen Denkmalschutzauflagen, die Straßen sind für den Autoverkehr gesperrt. Zwischen all
den Baudenkmälern kann man hier in entspannter
Atmosphäre bummeln, einkaufen und in Straßencafés
sitzen. Ein Pauschalticket gewährt Einlass in eine Reihe
von Sehenswürdigkeiten.

**Sino-japanische Innenarchitektur
in der Tran-Familienkapelle**

★ **Quang Dong-
Versammlungshalle**
*Im reich verzierten Zentrum
der kantonesischen Gemeinde
sieht man innen traditionelle
chinesische Malereien mit
Bildern göttlicher Störche und
der Göttin der Barmherzigkeit*
(siehe S. 125).

**Tran-
Familienkapelle**

TRAN PHU

★ **Japanische Brücke**
*Die überdachte Brücke symbolisiert
die reiche Handelsgeschichte von
Hoi An. Sie wurde 1593 von der
japanischen Handelsgilde als Verbindung zum chinesischen Viertel
im Ostteil der Stadt errichtet.*

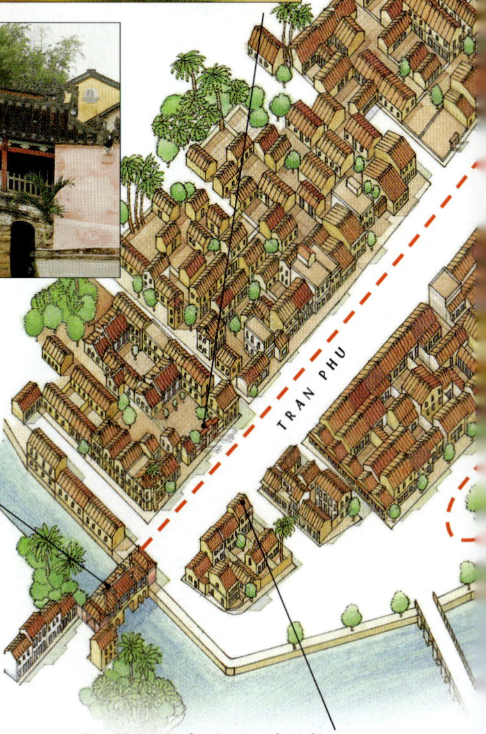

LEGENDE

‒ ‒ ‒ Routenempfehlung

NICHT VERSÄUMEN

★ Japanische
Brücke

★ Quang Dong-
Versammlungshalle

★ Tan Ky-Haus

Das Museum der Sa Huynh-Kultur
präsentiert Graburnen, Schmuck und
Keramik der 2000 Jahre alten Kultur in
einem französischen Kolonialbau.

Hotels und Restaurants in Zentralvietnam *siehe Seiten 238–240 und 255–257*

Die Chinesische Versammlungshalle stammt von 1740.

Phuc Kien-Versammlungshalle

Tran Phu 48

Die Bach Dang-Straße am Fluss Thu Bon, Hoi An

Das Museum des Keramikhandels zeigt Keramikprodukte aus dem 16. bis 18. Jahrhundert, darunter Stücke aus China, Japan und Südostasien.

Tran Phu 77 ist ein typisches »Röhrenhaus« und blieb sechs Generationen im Besitz einer chinesischen Familie aus Fujian.

Zentralmarkt

0 Meter 25

NGUYEN THAI HOC

BACH DANG

★ **Tan Ky-Haus** Das einzigartige zweistöckige Ladenhaus aus dem 18. Jahrhundert vereint in sich Architekturelemente aus Vietnam, China und Japan.

Straßencafés Die vielen Cafés und Restaurants der Stadt laden zum Entspannen bei leckeren vietnamesischen Gerichten und guten Cocktails ein.

🏛 Museum des Keramikhandels

80 Tran Phu. 📞 (0510) 386 2944.
⏰ tägl. 7.30–17 Uhr. 📷

Das Museum liegt in einem klassischen Ladenhaus mit Balkonen und Holzpaneelen. Die Exponate illustrieren den Keramikhandel der Stadt, der vom 16. bis 18. Jahrhundert florierte. Viele Objekte stammen aus Schiffswracks, u.a. rund um die Insel Cham vor der Mündung des Thu Bon.

Die farbenfrohe Fassade der Phuc Kien-Versammlungshalle

🏛 Phuc Kien-Versammlungshalle

46 Tran Phu. 📞 (0510) 386 1252.
⏰ tägl. 7.30–17 Uhr. 📷

Die auffallende Versammlungshalle wurde von Kaufleuten gegründet, die nach dem Fall der Ming-Dynastie 1644 aus der chinesischen Provinz Fujian geflohen waren. Der Tempel ist der Meeresgöttin Thien Hau geweiht, der Schutzpatronin der Seeleute. Sie sitzt am Hauptaltar des ersten Raums, begleitet von Dienern, die sie bei jedem Schiffsunglück alarmieren. Rechts vom Altar steht das Modell einer Segeldschunke, in der hinteren Kammer ein Altar, der die Gründerväter ehrt. Sie werden durch sechs sitzende Statuen repräsentiert.

🏛 Quan Cong-Pagode

24 Tran Phu. 📞 (0510) 386 2945.
⏰ tägl. 7–18 Uhr. 📷

Der auch Chua Ong genannte Tempel geht auf das Jahr 1653 zurück und ist dem chinesischen General Quan Cong (3. Jh.) geweiht, der zur taoistischen Gottheit erhoben

wurde. Quan Congs vergoldete Statue am Hauptaltar ist flankiert von zwei Wachen und einem weißen Pferd, auf dem der General meist ritt.

🏛 Hainan-Chinesische Versammlungshalle

10 Tran Phu. 📞 (0510) 394 0529.
⏰ tägl. 7.30–17 Uhr.

Die Versammlungshalle entstand 1875 für die Einwanderer der chinesischen Insel Hainan und gedenkt der 108 Seefahrer der Insel, die 1851 von einem abtrünnigen vietnamesischen General getötet wurden. Die Geschichte wird (in chinesischen Schriftzeichen) auf den Lackpaneelen der Eingangshalle erzählt.

🏛 Zentralmarkt

Zwischen Tran Phu und Bach Dang.
⏰ tägl. Sonnenauf- bis -untergang.

Den Markt sollte man vormittags besuchen, wenn hier am meisten los ist. Die zwei engen Marktstraßen verlaufen südlich von Tran Phu zum Ufer des Thu Bon. An Ständen werden frische Lebensmittel, Küchenutensilien und vieles andere angeboten, östlich des Hafens gibt es frischen Fisch und Fleisch. Eine Attraktion sind die Stoff- und Modeläden (siehe S. 264) mit edler, preiswerter Seide. Schneider fertigen Maßkleidung in nur einem Tag.

🏛 Hoi An Kunsthandwerksladen und Werkstatt

9 Nguyen Thai Hoc. 📞 (0510) 910 216. ⏰ tägl. 7–18 Uhr. 📷
www.hoianhandicraft.com

Hier fertigen Handwerker vor den Augen der Besucher die für Hoi An typischen Laternen. Sie bestehen aus Bam-

Laternenherstellung im Kunsthandwerksladen

busgestellen, die mit Seide überzogen werden. Man kann den Handwerkern bei der Arbeit zusehen, die fertigen Produkte natürlich auch im Laden kaufen oder – unter Anleitung – eine eigene Laterne fertigen.

Täglich um 10.15 und 15.15 Uhr werden auch Vorstellungen mit dem *dan bau* (siehe S. 24), einem vietnamesischen Saiteninstrument, geboten. Im Innenhof bekommt man kleine Erfrischungen.

🏖 Cua Dai-Strand

4 km östl. von Hoi An.

Den wunderbaren weißen Sandstrand mit Blick auf die Cham-Inselgruppe erreicht man am bequemsten per Fahrrad auf der Cua Dai Road. Direkt an der Straßenstraße stehen einige der attraktivsten Hotels des Landes, etwa Victoria Hoi An Beach Resort and Spa (siehe S. 240), Hoi An Riverside Resort (siehe S. 239) sowie das Ancient House (siehe S. 239).

Cua Dai, einer der schönsten Strände Vietnams

Architektur in Hoi An

Die vielfältige Stadtarchitektur von Hoi An entstand zwischen dem 16. und dem 19. Jahrhundert, als die Stadt ein wichtiger Handelshafen war, der ausländische Einflüsse aufnahm. Die Japaner gründeten westlich der bekannten Brücke im 16. Jahrhundert eine Gemeinde, die Chinesen siedelten im 18. Jahrhundert im Zentrum und im Osten. Heute erkennt man Charakteristika beider Kulturen an vielen Häusern von Hoi An. Später prägten die Franzosen ein Kolonialviertel im Südosten der Stadt. Im Laufe der Zeit vereinten sich viele Stile mit einheimischen Architekturelementen zu einer harmonischen Synthese. Da Hoi An vom Vietnamkrieg verschont blieb, hat sich der Altstadtcharme bis heute unverfälscht erhalten.

Yin-Yang, ein Symbol des Taoismus

Europäischer Balkon   **Chinesisches Dach**

Vietnamesische Augen, auch *mat cua* (»wachsames Auge«) genannt, sollen das Haus und seine Bewohner vor allem Übel beschützen.

Französische Fensterläden

KULTUR- UND ARCHITEKTURMISCHUNG

Hoi An bietet eine für Vietnam einzigartige, architektonische Stilmischung. In den vietnamesischen Röhrenhäusern zeigen sich vor allem französische, japanische und chinesische Spuren: Das Ziegeldach stammt aus China, die Dachstützen aus Japan, die Lampenpfosten und Fensterläden aus Frankreich. In Hoi An vereinen sich verschiedene kulturelle Einflüsse zu einem harmonischen, unnachahmlichen Gesamtbild.

Französische Kolonialarchitektur *zeigt sich in den meist gelben Kolonnadenhäusern, mit blauen oder grünen Holzelementen, Veranden und Balkonen sowie hölzernen Fensterläden.*

Vietnamesische »Röhrenhäuser« *haben zwei Innenhöfe, einen äußeren zur Trennung von Laden- und Wohnbereich und einen zweiten für die Frauen. Die Höfe sind mit Holzschnitzarbeiten, Stuck und Keramik verziert.*

Der chinesische Drache *ist ein mit der sino-vietnamesischen Geschichte assoziiertes Symbol, das für Kontinuität, Macht, Stabilität und Wohlstand steht. In den Häusern von Hoi An ist der Drache allgegenwärtig.*

Die Tran-Familienkapelle *ist über zwei Jahrhunderte alt und enthält verschiedene chinesische und vietnamesische Stile, fällt aber vor allem durch die japanische dreigliedrige Dachkonstruktion auf.*

My Son ❷

Flachrelief mit Elefanten am B5-Turm, 10. Jahrhundert

My Son war vom 4. bis zum 13. Jahrhundert ein religiöses Zentrum der Cham und wurde bei Ausgrabungen französischer Archäologen in den 1890er Jahren entdeckt. Freigelegt wurden Reste von 70 Tempeln, doch nur 20 sind gut erhalten. Die Baudenkmäler sind in elf Gruppen unterteilt, als wichtigste gelten die Gruppen B, C und D (siehe S. 132). Gruppe A wurde im Vietnamkrieg durch US-Bombenangriffe fast vollständig zerstört. Die spektakulärsten Bauten sind die berühmten Cham-Türme, die man in drei Segmente einteilt: Die Basis als Symbol der Erde, die Mitte als spirituelle Welt und die Spitze als Reich zwischen Erde und Himmel.

C1-Turm
Im kalan, *einem Shiva geweihten Heiligtum, wird der Gott als menschliche Figur dargestellt. Das Bildnis steht im Museum der Cham-Skulpturen (siehe S. 134).*

Niedrige Mauern aus Mauerwerk über Kalkstein trennen die Gruppen B und C.

Ruinen von B4
Die Ruinen im Stil der Bauten von Dong Duong, einer anderen Cham-Stadt, enthalten religiöse Bildnisse auf steinernen Pilastern sowie reich verzierte blinde Türen.

★ **Shiva Lingam in B1**
Der lingam, *ein mit Shiva assoziiertes Phallussymbol, steht in oder über einer* yoni, *dem Symbol der Weiblichkeit. Als Zeichen für Fortpflanzung und göttliche schöpferische Energie wurde Wasser über den* lingam *gegossen, das dann auf die* yoni *strömte.*

Fein verzierte Steinsäulen aus dem 8. Jahrhundert fallen unter den Ruinen von B5 auf.

★ **B5-Turm**
Die Tempelschatzkammer (10. Jh.) dürfte mit dem bootsförmigen Dach, den verzierten Wandpfeilern und den Reliefs von Gajalaksmi, der Göttin des Wohlstands, ein architektonisches Meisterwerk gewesen sein.

NICHT VERSÄUMEN

★ B5-Turm

★ Galerie von D2

★ Gottheiten an C1

★ Shiva Lingam in B1

★ **Gottheiten an C1**
*Die Himmelsfiguren
(8. Jh.) am Tempel C1
verraten javanesische
Einflüsse. Die tief sitzen-
den, weiten Gürtel der
Figuren gehen auf Indien
zurück, der Stil gelangte
wahrscheinlich über Indo-
nesien zu den Cham.*

INFOBOX

Straßenkarte C4. 40 km südwestl. von Hoi An. 🚌 🚌 ab Hoi
An und Danang. 📞 (0510) 373
1757. ⬤ tägl. 6.30–16.30 Uhr.
🎫 Nehmen Sie Kopfbedeckung,
Sonnenschutz und Wasser mit.
Da das Gelände vermint war,
dürfen Sie auf keinen Fall von
den Wegen abweichen.

0 Meter   30

Zentraler Weg
*Ein leicht erhöhter Weg liegt zwischen den
Hallen der Gruppe D, die als Meditationsräume und Empfangssäle sowie zur Vor-
bereitung der Opfer für die Hauptschreine
der Gruppen B und C dienten.*

Cham-Statuen
*Die eleganten Statuen
(siehe S. 135) wurden
meisterhaft aus Ziegel-
steinen und Sandstein
geformt.*

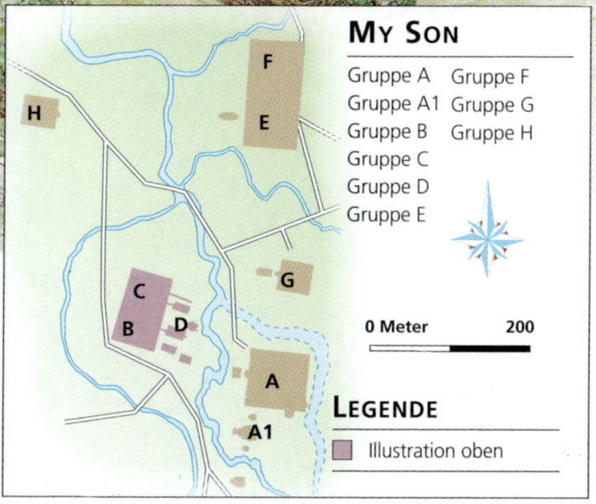

MY SON

Gruppe A   Gruppe F
Gruppe A1   Gruppe G
Gruppe B   Gruppe H
Gruppe C
Gruppe D
Gruppe E

0 Meter   200

LEGENDE

🟪 Illustration oben

★ **Galerie von D2**
*Die lange Halle bei D2 dient als
kleines Skulpturenmuseum, dessen
Exponate man aus bombenbeschä-
digten Schreinen gerettet hat. Ein
modernes Dach schützt die Kunstobjekte heute vor der Witterung.*

My Son: Tempelkomplex

Der Tempelkomplex My Son, ein UNESCO-Welterbe, liegt in einem bewaldeten Tal im Schatten des Hon Quap, des »Katzenzahnbergs«. Zwar haben jahrhundertelanger Zerfall und die Bomben des Vietnamkriegs viel zerstört, doch die Ruinen eröffnen einen faszinierenden Blick auf eine indisierte Kultur. Die märchenhaften Bauten sind recht nüchtern nach Buchstaben in Gruppen geordnet. Die wichtigsten Monumente der Gruppe B erreicht man zuerst, die Gruppe C ist weniger gut erhalten. Im Osten zeigen die Säle der Gruppe D Cham-Skulpturen, für die Ruinen der Gruppen E, F, G und H braucht man viel Fantasie.

Skulptur einer *apsara,* **D2-Galerie**

Nandi stehen in D1. In D2 sieht man einen steinernen Garuda, einen tanzenden Shiva und mehrere *apsaras.*

Die Ruinen der Gruppe C in My Son

Gruppe A und A1
Die bedeutendsten Bauten von My Son wurden 1969 durch US-Luftangriffe fast völlig zerstört. Was neben Stein- und Säulenresten noch steht, wird restauriert.

Aufzeichnungen zeigen, dass hier ein auffallender Turm (A1) mit dem *kalan* (Heiligtum) stand. Der Turm hatte im Gegensatz zu Cham-Tempeln (die nach Osten ausgerichtet sind) auch eine Tür nach Westen, dem Symbol des Todes – vielleicht eine Verbindung zu den Gräbern der Cham-Könige in den Gruppen B, C und D. Beachtenswert sind auch die gewundenen Muster bei A9.

Gruppen B, C und D
Der Komplex B erhebt sich im Zentrum der Anlage und ist wegen seiner indischen und javanesischen Kunst bemerkenswert. Das Haupttheiligtum aus dem 11. Jahrhundert war König Bhadravarman (der den ersten Tempel in My Son im 4. Jahrhundert baute)

und Shiva geweiht. Ein einzigartiger Bau dieser Gruppe ist B6, dessen Dach ein Bild des Hindu-Gottes Vishnu im Schutze einer 13-köpfigen *naga* zeigt. Die benachbarte Gruppe C ist durch eine Steinmauer von B getrennt. Der zentrale Turm (C1) weist Stilelemente älterer Bauten auf, u. a. Tunnelportal und Türsturz. Der Ende des 8. Jahrhunderts erbaute, rechteckige Turm C7 hat einen Steinaltar und stellt die architektonische Verbindung zwischen den Baustilen der Cham-Städte Hoa Lai und Dong Duong her.

Im Osten der Gruppe B und C dienen die *mandapa* (Meditationsräume) der Gruppe D als Galerie. Ein Shiva-*lingam* sowie Statuen von Shiva und

Gruppen E, F, G und H
Die Bauten im nördlichen Zipfel der Anlage sind zwar am stärksten beschädigt, enthüllen aber Fragmente wunderschöner Kunstarbeiten. Die zwischen 8. und 11. Jahrhundert erbaute Gruppe E hebt sich vom üblichen Stil der Cham-Tempel ab: Der Haupt-*kalan* hat kein Vestibül, nur ein Tempel ist nach Osten ausgerichtet. Die benachbarte Gruppe F ist bis auf einen fein verzierten *lingam* eines Altars zertrümmert.

Die ebenso stark zerstörte Gruppe G (11. Jh.) hat eine Turmbasis mit Basreliefs des Gottes der Zeit, Kala. Eine Steinverzierung eines Tanzenden Shiva aus einem Tunnelportal der zerstörten Gruppe H steht im Museum der Cham-Skulpturen *(siehe S. 134).*

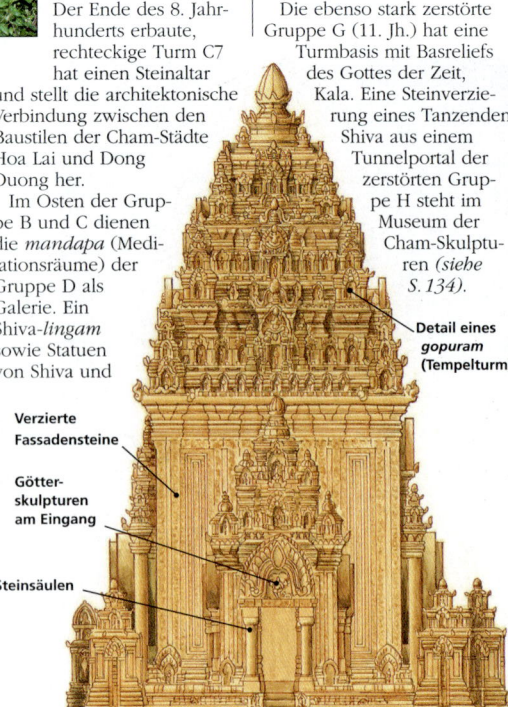

Detail eines *gopuram* **(Tempelturm)**

Verzierte Fassadensteine

Götterskulpturen am Eingang

Steinsäulen

Rekonstruktion des imposanten Tempels A1

Hotels und Restaurants in Zentralvietnam *siehe Seiten 238–240 und 255–257*

Die roten Ziegeldächer eines neuen Hotels vor den Bergspitzen des Truong Son-Gebirges, Ba Na

China Beach ❸

Straßenkarte C4. 2 km südöstl.
von Danang. 🏛 🍴 🖼 🏠

Den lang gestreckten Küstenabschnitt zwischen dem Gebirge Nui Ngu Hanh Son (»Berge der fünf Elemente« oder Marmorberge) und dem Südchinesischen Meer gliedern die Einheimischen in drei Strände: My Khe, My An und Non Nuoc. In den USA nennt man die weißen Sandstrände nach der beliebten US-Fernsehserie auch heute noch China Beach. Der Name zeigt Wirkung: Hotels und Reiseanbieter werben heute unter dem Namen um ausländische Besucher.

Ein beliebtes Ziel war der China Beach bereits im Vietnamkrieg, als die US-Armee (deren Basis in Danang als eine der wichtigsten und sichersten in Südvietnam galt) My Khe und My An als Erholungszentrum für GIs aus-

Fliegende Händler bieten ihre Waren am China Beach an

baute. Davon ist heute nichts mehr zu sehen, doch Souvenirstände und Fischrestaurants warten auf Besucher. In My Khe entstehen gehobene Ferienanlagen, die Strände entwickeln sich rasch zu Bade- und Surferzielen *(siehe S. 272)*. Da die Wellen am ungeschützten Strand heftig sein können, ist Schwimmen nur in den Sommermonaten sicher.

Ba Na ❹

Straßenkarte C4. 40 km westl. von Danang. 🏛 🖼 🍴 🖼

Der alte französische Bergort liegt unweit von Danang in 1450 Meter Höhe, oft nebelverhangen oder in

Wolken gehüllt. Seine Blütezeit erlebte der französische Ort im frühen 20. Jahrhundert, als hier über 200 Villen standen. Clubs und Restaurants fand man damals an jeder Ecke. Doch die Party dauerte nicht lange: Im Indochinakrieg wurde Ba Na aufgegeben und zerfiel.

Seit einigen Jahren feiert der Ort jedoch eine Wiedergeburt und wird als Urlaubsziel entwickelt. Sehenswert sind langsam zerfallende französische Villen, als neuere Attraktionen gelten einige Karaokebars, eine Seilbahn und die Pagode Chua Linh Ong. Wanderungen zu Wasserfällen sind gut möglich, die herrliche Aussicht auf Danang und das Südchinesische Meer tut ihr Übriges.

MY SON RETTEN

Einige der größten Sachschäden des Vietnamkriegs wurden in den archäologischen Stätten von My Son und Dong Duong angerichtet. Die Situation war vor allem während und nach der Tet-Offensive 1968 *(siehe S. 45)* dramatisch, als Massenbombardements der

Warnschild in My Son

USA schwere Zerstörungen verursachten. Vor dem Krieg hatten französische Archäologen in My Son 70 Bauten registriert. Nur 20 blieben einigermaßen intakt. Nach den Zerstörungen beschwerte sich Philippe Stern, ein führender Wissenschaftler für Cham-Geschichte, bei der US-Regierung und sogar bei US-Präsident Richard Nixon selbst. Im Januar 1971 wurde der US-Botschafter vom amerikanischen Außenministerium angewiesen, alle notwendigen Maßnahmen zum Schutz der historischen Stätten von My Son einzuleiten. Bis heute bemühen sich Archäologen, unterstützt durch Mittel der UNESCO, die Ruinen von My Son zu retten. Trotz der von französischen Wissenschaftlern hinterlassenen Zeichnungen ist diese Aufgabe kaum zu bewältigen. Weite Teile von My Son sind für immer zerstört.

Altar für Quan Am, Göttin der Barmherzigkeit, Pho Da-Pagode

Danang ❺

Straßenkarte C4. 108 km südl. von Hue; 964 km nördl. von HCMC. 🏛 750 000. ✈ 🚉 ab Hanoi, HCMC und Nha Trang. 🚆 Reunification Express ab Hanoi und HCMC. 🚌 ab Hanoi, Hue, HCMC und Nha Trang. 🛈 Danang Tourism, 118 Le Loi, (0511) 382 3160.
www.danang.gov.vn

Danang (Da Nang) liegt etwa in der Mitte der vietnamesischen Küste, am Westufer des Flusses Han. Es ist die viertgrößte Stadt Vietnams, eine der fünf selbstständigen Verwaltungseinheiten und einer der wichtigsten Häfen. Zwar bietet Danang selbst nur wenige Sehenswürdigkeiten, es ist aber eine gute Basis für Ausflüge zu umliegenden Attraktionen und ein Verkehrsdrehkreuz zwischen Nord und Süd. Drei der Welterbestätten Vietnams – Hoi An (siehe S. 124–129), My Son (siehe S. 130–132) und die Festung Hue (siehe S. 140–143) – sowie zahlreiche Strände liegen in der Umgebung.
Nach der französischen Eroberung 1859 stieg Danang rasch auf und löste Hoi An als Haupthafen Zentralvietnams ab. Im Vietnamkrieg (siehe S. 44f) erlebte Danang als bedeutende Militärbasis der US-Armee einen zweiten Aufschwung. Spuren dieser Phasen sind noch zu sehen.

Buntglasfenster, Danang-Kathedrale

Das **Museum der Cham-Skulpturen** (Bao Tang Dieu Khac Champa) ist eines der Highlights von Danang. Die 1915 von der École Française d'Extrême Orient gegründete Institution präsentiert die weltweit beste Sammlung von Skulpturen der Cham, darunter Altäre, Sandsteinobjekte, Büsten von Hindu-Göttern wie Vishnu, Shiva und Brahma sowie Schnitzereien mit Motiven aus dem Epos *Ramayana*. Die Skulpturen stammen aus dem 7. bis 13. Jahrhundert und wurden in nahen Cham-Stätten gefunden, u. a. in Tra Kieu, der ersten Champa-Hauptstadt, My Son und Dong Duong.
Die rosafarbene **Danang-Kathedrale** von 1923 hat zu beiden Seiten eine dreistufige Fassadengestaltung, die in einem Kirchturm mit Hahnenfigur gipfeln. Sehenswert sind auch der **Cao Dai-Tempel**, nach dem »Heiligen Stuhl« in Tay Ninh (siehe S. 74f) der zweitgrößte Cao Dai-Tempel, und die **Phap Lam-Pagode** zu Ehren des Thich Ca Buddha.
Die hübsche **Pho Da-Pagode**, eine buddhistische Mönchs- und Nonnenschule, ist ein cremefarbener Bau mit orangefarbenen Kacheln und grünen Verzierungen. Den zentralen Tempelbau mit dem Hauptaltar flankieren zwei Bauten mit dreigliedrigen Dächern und geschwungenen Dachtraufen.

Das **Ho Chi Minh-Museum** illustriert in vier Sälen das Leben und die revolutionären Leistungen des Nationalhelden und zeigt den Nachbau seines berühmten Hauses (siehe S. 168) in Hanoi.

Umgebung: Eine spektakuläre Aussicht auf wolkenverhangene Gipfel und die tiefblaue Bucht von Danang bietet der 496 Meter hohe **Hai Van-Pass** (»Wolkenpass«) im Truong Son-Gebirgszug, etwa 30 Kilometer nördlich von Danang. Über den Pass führt der National Highway 1, darunter verläuft seit 2005 ein Tunnel.
Etwas südöstlich der Stadt liegen die **Marmorberge** (Nui Ngu Hanh Son, »Berge der fünf Elemente«). Wie der Name schon sagt, besteht das Gebirge aus Marmorgestein, in dem zahlreiche Höhlen als Schreine für Buddha oder Konfuzius dienen. Nordöstlich von Danang erhebt sich der nach seinen Hauptbewohnern benannte **Affenberg** (Nui Son Tra). Westlich davon liegen **Gräber spanischer und französischer Soldaten**, die beim französischen Angriff auf Danang 1858 umkamen.

🏛 **Museum der Cham-Skulpturen**
Ecke Bach Dang und Trung Nu Vuong. 📞 (0511) 382 1951. ⏰ tägl. 8–17 Uhr. 🚫 📷

🏛 **Cao Dai-Tempel**
63 Hai Phong. 📞 (0511) 382 9463. ⏰ tägl. 6–18 Uhr.

🏛 **Pho Da-Pagode**
340 Phan Chu Trinh. 📞 (0511) 382 6094. ⏰ tägl. 5–21 Uhr.

Kalksteinfelsen der Marmorberge bei Danang

Kunst und Skulpturen der Cham

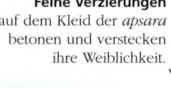

Die Göttin Uma,
Gefährtin Shivas

Das Reich der Cham überdauerte in Vietnam von seiner Entstehung im 2. Jahrhundert bis zum Zerfall 1832 über 1600 Jahre. Davon geblieben ist ein künstlerisches Erbe, das seine Glanzzeit im 8. bis 10. Jahrhundert erreichte. Ein Teil dieser Geschichte ist als Architektur in den Steintürmen Zentralvietnams sichtbar. Andere Relikte sind meist aus Sandstein und Marmor gehauene, seltener auch aus Bronze gegossene Objekte, die man an Stätten wie Tra Kieu, My Son und Dong Duong fand. Cham-Kunst ist vor allem religiös geprägt und orientiert sich an indischer Überlieferung: Hindu-Gottheiten werden sehr ausdrucksstark und in einzigartiger Sinnlichkeit mit ihren himmlischen Trägern, als tanzende Mädchen oder als Dämonen dargestellt.

Ein Makara *ist in der hinduistischen Mythologie ein Meereswesen der Götterwelt, oft halb Fisch halb Säugetier, manchmal auch als Reittier dargestellt.*

TANZENDES MÄDCHEN, TRA KIEU

Die tanzende Himmelsnymphe, *apsara*, von einem Altargiebel in Tra Kieu bei Danang (10. Jh.) ist für ihre sinnliche Grazie und die für Cham-Kunst typische, sorgfältige Darstellung von Haar, Kleidung und Schmuck berühmt.

Kopfschmuck der Tänzerin ist eine verzierte Haarspange.

Feine Verzierungen auf dem Kleid der *apsara* betonen und verstecken ihre Weiblichkeit.

Der Altaraufsatz *ist rundum mit steinernen Brüsten geschmückt. Die weibliche Brust ist ein häufiges Motiv der Cham-Kunst und wahrscheinlich ein Symbol für die Muttergöttin Uma.*

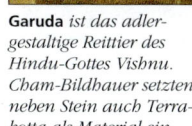

Garuda *ist das adlergestaltige Reittier des Hindu-Gottes Vishnu. Cham-Bildhauer setzten neben Stein auch Terrakotta als Material ein.*

Der Altarfries *aus dem späten 12. Jahrhundert zeigt einen Reiter mit Pferd an einem Kampfwagen. Die feinen Details sind trotz des verwitterten Sandsteins hervorragend zu erkennen.*

Dieses Fundstück von einem Altar in My Son *stammt aus dem 7. oder 8. Jahrhundert und zeigt einen musizierenden Flötisten in einer fein gearbeiteten Marmornische.*

Am Five Lakes Cascade Trail im Bach Ma-Nationalpark

Bach Ma-
Nationalpark ❻

Straßenkarte C4. 45 km südöstl.
von Hue. ☎ *(054) 387 1330.* 🚌 *ab
Hue und Danang nach Cau Hai.*
🚌 *ab Danang, Hue, Hoi An und Cau
Hai.* ○ *tägl.* 🎫 ❌ 🍴 🛏 🎁
www.bachma.vnn.vn

D er Bach Ma-
Nationalpark
erstreckt sich in
1450 Metern Höhe
an der Grenze zwi-
schen den Provinzen
Hue und Danang.
In den 1930er Jah-
ren gründeten die
Franzosen hier eine Bergstation, eine Provokation für die
Viet Minh, die Bach Ma im
Ersten Indochinakrieg *(siehe
S. 43)* oft angriffen. Bei Kriegs-
ende hatten die meisten Franzosen ihre schönen Villen
aufgegeben. In den 1960er
Jahren befestigte die US-
Armee Bach Ma und lieferte
sich in den hügeligen Wäldern erbitterte Gefechte mit
dem Vietcong. Nach dem Sieg
der Kommunisten 1975 geriet
das Bergdorf in Vergessenheit.
    Glücklicherweise lebte Bach
Ma wieder auf: 1991 bekam
das 22 000 Hektar umfassende
Waldgebiet den Status eines
Nationalparks. Trotz des massiven Einsatzes von Entlaubungschemikalien im Viet-
namkrieg hat sich die Natur
dank gezielter Aufforstungs-
und Schutzmaßnahmen er-
holt. Im Park stößt man auf
eine große Tier- und Pflanzenvielfalt, darunter 2140 verschiedene Pflanzenarten, von

Edwardsfasan,
Bach Ma-Nationalpark

denen viele als Heilpflanzen
gelten. Fast 130 Säugetierarten
leben im Park, darunter das
seltene Vu Quang-Rind *(saola)*,
der Riesenmuntjak wie auch
der kürzlich entdeckte Truong
Son-Muntjak *(siehe S. 201)*. Zu
den heimischen Primaten zählen Languren-, Faul-, Makaken-
affen sowie Weißwangen-
gibbons. Wahrscheinlich
streifen auch Leoparden
und Tiger durch die ent-
legenen Winkel des
Parks. Mit 358 re-
gistrierten Vogel-
arten, darunter
dem bedrohten
Edwardsfasan, ist
der Bach Ma-Natio-
nalpark auch ein Paradies für
Vogelkundler.
    Von den einstigen französi-
schen Bergort sieht man nur
noch einige überwucherte
Ruinen – eine unheimliche
Atmosphäre mitten im
Dschungel.

Makake, Bach Ma-Nationalpark

    Überhaupt bieten die vie-
len, gut gepflegten Wanderwege im Park *(siehe S. 273)*
viel Abwechslung und mehr
Infrastruktur als andere Parks.
Ein nach der Gipfelstraße nur
500 Meter langer Weg mit Stufen führt beispielsweise zu
einer Aussichtsplattform am
höchsten Punkt (1450 m) der
Gegend. Bei gutem Wetter hat
man von hier eine wunderbare Aussicht über die zerklüftete Truong Son-Gebirgskette.
    Den Nationalpark erreicht
man am besten mit privat or-
ganisiertem Transport. Wer
gerne wandert, kann schon in
Cau Hai am Highway 1 halt-
machen und auf der ausge-
bauten Straße bis zum Park-
zentrum gehen. Der 18 Kilometer lange Marsch ist aber
nur etwas für Geübte.

Suoi Voi ❼

Straßenkarte C3. 65 km südl. von
Hue; 15 km nördl. von Lang Co am
Hwy 1. ☎ *(054) 389 1804.* 🚌 *ab
Hue.* ○ *tägl. 6.30 – 21.30 Uhr.*
🎫 🛏

S uoi Voi, die »Elefanten-
quelle«, ist bei den Einwohnern von Hue und Danang
ein beliebtes Wochenendziel.
Seinen Namen verdankt der
Ort einem riesigen Felsen, der
einem Elefanten ähnelt. Hier
kann man herrlich und meist
ungestört baden.
    Um die Stelle auf dem Weg
von Hue nicht zu verfehlen,
sollte man auf ein großes
Hinweisschild für einen Pfad,
der rechts zu den
Quellen führt, achten.
Etwa 2,5 Kilometer
von hier aus passiert man
die alte Kirche von
Thua Lau. Dort befin-
den sich das Eingangs-
tor und ein Parkplatz.
Von hier erreicht man
die Hauptquellen nach
etwa 1,6 Kilometern
Fußmarsch.
    Nach dem staubigen
Weg kann man sich im
frischen Quellwasser
erholen. Die Quellen
liegen inmitten großer
Felsbrocken in einem
Wäldchen. Den male-
rischen Hintergrund bil-
den die bewaldeten

Entspanntes Mittagessen in einem Strandrestaurant, Lang Co-Strand

Gipfel des Truong Son-Gebirges. Suoi Voi ist ein guter Zwischenstopp auf dem Weg von oder nach Hue. Die einzige Infrastruktur, die man hier vorfindet, sind allerdings ein paar Imbiss-Stände.

Lang Co-Strand ❽

Straßenkarte C3. 75 km südl. von Hue; 35 km nördl. von Danang am Hwy 1. 🚌 *ab Hue und Danang.* 🚆 *ab Hue oder Danang.* 🍴 💻 🛏

Die Schönheit der Halbinsel Lang Co offenbart sich am besten mit einem Blick vom Hai Van-Pass oder während einer stimmungsvollen Zugfahrt von Hue nach Danang. Richtung Norden sieht man eine beeindruckende Komposition aus Blau, Weiß und Grün. Ein schmaler Streifen mit traumhaft weißem Sand verläuft südlich von Loc Vinh und trennt eine glitzernde Salzwasserlagune im Westen von dem meist aufgewühlten Südchinesischen Meer im Osten. Die Landschaft präsentiert sich als Traumkulisse mit palmenbestandenen Stränden an leuchtend blauen Gewässern mit unzähligen Farbschattierungen.

Der Strand lädt vor allem in den Sommermonaten vor Juli zum Baden ein, danach kann es regnerisch und eintönig werden. Hervorragende Fischgerichte kann man hier aber ganzjährig in den Strandrestaurants genießen. Wer länger bleiben möchte, hat die Wahl zwischen einer Hotelanlage oder einer Unterkunft im verschlafenen Dorf Lang Co, in dem man das einfache, gemächliche Alltagsleben entdecken kann.

Etwas südlich von Lang Co führt eine neue Brücke zum 2005 eröffneten Straßentunnel des Highway 1 unter dem Hai Van-Pass. Die Brücke schafft für die lokalen Fischer einen geschützten Hafen. Bei einem Spaziergang auf der Landseite dieser Nehrung passiert man bunte Fischerboote und runde Boote, die eher an große Weidenkörbe erinnern.

Thuan An-Strand ❾

Straßenkarte C3. 15 km nordöstl. von Hue am Hwy 49. 🚐 🍴 💻 🛏

Der Strand von Thuan An ist einer der schönsten in der Gegend rund um Hue. Er erstreckt sich am nördlichen Ende einer schmalen Insel, die sich von der Mündung des Parfümflusses *(siehe S. 148)* nach Süden bis zum Städtchen Phu Loc entlangzieht.

Der Strand ähnelt dem 90 Kilometer weiter südlich gelegenen Lang Co-Strand: Auch Thuan An bietet einen idyllischen Sandstrand, eingerahmt von Kokospalmen. Im Südwesten des Strandes glitzert das ruhige Wasser der Thanh Lam-Lagune, im Nordosten rollt die Brandung des Südchinesischen Meers den Strand hinauf.

Das Dorf Thuan An wird von einigen Fischern bewohnt, deren Boote am Sandufer liegen. Die Region lebt weniger vom Tourismus als von der Herstellung der *nuoc mam* (Fischsauce). Der scharfe, für manche Nasen faule Geruch liegt hier immer wieder in der Luft. Die zur Fermentierung der Flüssigkeit benutzten Fässer erkennt man an ihrer Größe – und natürlich am Geruch.

Thuan An bietet sich als bequem erreichbares, nettes Tagesziel für eine Radtour ab Hue an. Die Fahrt zum Strand ist abwechslungsreich, da sie durch stille Dörfer und malerische Landschaft mit vereinzelten Pagoden führt. Die Insel und den Strand erreicht man auf einer kleinen Brücke, die quer über die Thanh Lam-Lagune führt. Eine enge Straße zieht sich die ganze Insel am Ufer der Lagune entlang bis hinunter zur Thanh Duyen-Pagode, die am äußersten Südzipfel steht.

Lagune hinter dem Lang Co-Strand mit klarer Sicht auf den Hai Van-Pass

Hue ⑩

Statue in der Dieu De-Pagode

Die alte Kaiserstadt Hue war eines der Zentren buddhistischen Mönchstums und von 1802 bis 1945 Hauptstadt Vietnams. Trotz vieler Zerstörungen im Vietnamkrieg ist Hue immer noch eine wunderschöne Stadt und eines der bedeutendsten historischen und kulturellen Zentren Vietnams. Im Norden thront die Zitadelle *(siehe S. 140–143)* mit der Verbotenen Stadt und den Kaiserpalästen, im Süden liegen alte Tempel, Kaisergräber und das französische Viertel. Durch die Stadt fließt der Song Huong oder Huong Giang (»Parfümfluss«) *(siehe S. 148).* Sehr gute Hotels und Restaurants sowie das frankophile Flair tragen zum Reiz der Stadt bei.

Alltag auf dem geschäftigen Dong Ba-Markt

⌗ Kaiserstadt
Siehe S. 140–143.

🏛 Museum der Kaiserlichen Antiquitäten
150 Nguyen Hue. 📞 *(054) 352 4429.* ⏲ *tägl. 7–17 Uhr.* 📷 🚫
Das Museum liegt in der ehemaligen Privatresidenz des Kaisers Khai Dinh (1885–1925, reg. 1916–25) und seines Adoptivsohns Bao Dai (1913–1997, reg. 1926–45). Beide Herrscher waren sehr Frankreich-affin, besonders Khai Dinh führte ein Leben wie ein französischer Playboy. Wie Khai Dinhs Grabmal *(siehe S. 145)* ist seine Villa stark von europäischen Einflüssen geprägt, die sich mit der typischen Nguyen-Architektur auf eigenwillige Art vermischen.
Wegen Renovierungsarbeiten werden die Ausstellungsstücke (u. a. Mobiliar verschiedener Epochen und Stile, Silber- und Porzellanobjekte, Kleidungsstücke) erst ab 2010 vollständig angeordnet sein.

🏯 Dieu De-Pagode
29 Le Quy Don. 📞 *(054) 381 5161.* ⏲ *tägl. Sonnenauf- bis -untergang.*
Der Tempel entstand während der Herrschaft des dritten Nguyen-Kaisers Thieu Tri (reg. 1841–47), zerfiel im Lauf der Jahre und wurde 1889 durch Kaiser Than Tha erneuert. Die letzten architektonischen Elemente kamen bei der Restaurierung 1953 hinzu. Auffallend sind die Trommel- und Glockentürme sowie das Heiligtum für Thich Ca, den historischen Buddha.
Wie andere Tempel in Hue ist auch Dieu De mit dem politischen Widerstand gegen das Diem-Regime (1955–63) verknüpft: Im Mai 1963 verbrannte sich hier der Mönch Nun Nu Thanh Quang – aus Protest gegen die Unterdrückung der Buddhisten, die während der Regierung von Ngo Dinh Diem in Massen verhaftet und hingerichtet wurden. Nach den Selbstverbrennungen kam es zu brutalen Aktionen des Militärs.

🛒 Dong Ba-Markt
Nordöstl. der Tran Hung Dao. ⏲ *tägl.*
Der Markt liegt nördlich des Parfümflusses, an der südöstlichen Ecke der Zitadelle. Er ist bei Einheimischen äußerst beliebt und jeden Tag voller Leben, denn von frischen Lebensmitteln und Fisch über Kleidung, Spielzeug bis hin zu Schuhen und Kosmetika kann man hier wirklich alles kaufen. Am quirligsten geht es am frühen Morgen zu, auch wenn den ganzen Tag über eifrig gehandelt wird.

⛪ Notre Dame-Kathedrale
80 Nguyen Hue. 📞 *(054) 382 8690.* ⏲ *während der Messe.*
Die 1958–62 in einer französisch-vietnamesischen Stilmischung erbaute Kirche ist mit Platz für 1500 Gläubige recht groß, aber wenig anziehend. Täglich um 5 und um 17 Uhr, am Sonntag zusätzlich um 7 Uhr, wird die Heilige Messe gefeiert – nur während des Gottesdienstes ist die Kathedrale geöffnet.

🏯 Bao Quoc-Pagode
Bao Quoc. 📞 *(054) 383 6400.* ⏲ *tägl. Sonnenauf- bis -untergang.*
Giac Phong, ein buddhistischer Mönch aus China, gründete den Tempel 1670 auf dem Hügel Ham Long. Später erhielt die Pagode durch den Nguyen-Fürsten Phuc Khoat (reg. 1738–65) königlichen Status. Ende des 18. Jahrhunderts missbrauchte der Tay Son-Rebell *(siehe S. 41)* Quang Trung den Tempel als Waffenlager. Kaiser Minh Mang (reg. 1820–41) unter-

Der Kolonnadengang am Eingang zur Bao Quoc-Pagode

stützte den Tempel. Im Jahr 1940 wurde hier eine buddhistische Mönchsschule eingerichtet, die bis heute existiert. Trotz einer Renovierung Mitte des 20. Jahrhunderts hat sich die Bao Quoc-Pagode historischen Charme und eine angenehme Patina bewahrt.

Tu Dam-Pagode
1 Duong Lieu Quan. (054) 383 6118. ◯ tägl. Sonnenauf- bis -untergang.

Der im 17. Jahrhundert gegründete Tempel ist als buddhistisches Zentrum für Zentralvietnam von politischer Bedeutung. Die Tu Dam-Pagode dient der vietnamesischen Buddhisten-Vereinigung seit 1951 als Hauptsitz. Damit spielte sie für den buddhistischen Widerstand gegen das unbeliebte katholische Regime von Präsident Diem seit den 1950er Jahren eine wichtige Rolle. Wie in Saigon und in der Dieu De-Pagode kam es

Urne im Hof der Tu Dam-Pagode

auch hier 1963 zur öffentlichen Selbstverbrennung eines Mönchs im Innenhof.

In der Tu Dam-Pagode steht ein Thich Ca Buddha am Hauptaltar. Ein Baum auf dem Anwesen stammt angeblich aus einem Spross vom ursprünglichen *Bodhi*-Baum in Indien ab.

Thanh Toan-Brücke
Thanh Thuy Chan, 7 km östl. von Hue.

Die wenig bekannte, aber reizvolle überdachte Brücke ähnelt der weitaus berühmteren Japanischen Brücke in Hoi An *(siehe S. 124f)* und der überdachten Kanalbrücke von Phat Diem, auch wenn sie kleiner ist. Eine Fahrt dorthin lohnt allein schon wegen der malerischen Dörfer, die man dabei passiert.

ZENTRUM VON HUE

Bao Quoc-Pagode ⑥
Dan Nam Giao ⑧
Dieu De-Pagode ③
Dong Ba-Markt ④
Museum der Kaiserlichen
　Antiquitäten ②
Notre Dame-Kathedrale ⑤
Tu Dam-Pagode ⑦
Tu Hieu-Pagode ⑨
Zitadelle ①

Map labels:
ZITADELLE
DUONG NO
DONG HA
BACH DANG
CHI LANG
THUAN AN
Dieu De-Pagode ③
Dong Ba-Markt ④
Dong Ba
Nhung Phuc
NGUYEN CONG TRU
Kaiserstadt ①
Militär-museum
Trang Tien-Brücke
CHU VAN AN
NGUYEN THAI HOC
Stadion
Phu Xuan-Brücke
HANOI
TRUONG DINH
BEN NGHE
LE QUY DON
FO TRIEU
St Xavier-Kirche
Stadt-theater
Thanh Toan-Brücke
Song Huong (Parfümfluss)
LE LOI
HUNG VUONG
An Cuu
Da Vien-Brücke
Ho Chi Minh-Museum
NGUYEN HUE
NGO QUYEN
HAI BA TRUNG
LY THUONG KIET
DONG DA
Notre Dame-Kathedrale ⑤
Museum der Kaiserlichen Antiquitäten ②
An Cuu-Brücke
Ga Hue
Tigerarena, Thien Mu-Pagode
Bao Quoc-Pagode ⑥
Tu Dam-Pagode ⑦
Kenh Phu Cam
PHAN CHU TRINH
PHAN DINH PHUNG
PHAN CHU TRINH
DIEN BIEN PHU
PHAN BOI CHAU
DOAN HUU TRUNG
TRAN PHU
Tu Hieu-Pagode ⑨
Dan Nam Giao ⑧
Kaiser-gräber
DANANG
PHUNG HUNG
TRIEU QUANG PHUC
THACH HAN
NGUYEN TRAI
TRAN NGUYEN DAN
NGUYEN CU TRINH
LE DUAN
BUI THI XUAN
LE THANH TON
DINH TIEN HOANG
THANG 8
NHA LE
DANG THAI THAN
TRAN HUNG DAO
LE LOI

0 Meter　800

Zeichenerklärung
siehe hintere Umschlagklappe

Zitadelle von Hue: Kaiserstadt

**Detailreiche Mosaiken,
Kaiserliche Bibliothek**

Die Zitadelle, seit 1993 UNESCO-Welterbe, wurde ab 1802 unter Kaiser Gia Long (reg. 1802–20) erbaut. Eine elf Kilometer lange Mauer umgibt die Zitadelle, innerhalb liegt, wieder von Mauern umschlossen, die Kaiserstadt und darin wiederum die Verbotene Purpurstadt. Die Anlage wurde nach Prinzipien chinesischer Geomantie und nach militärstrategischen Überlegungen des französischen Architekten Sebastien de Vauban errichtet. Das Ergebnis ist ein Komplex, in dem wunderschöne Paläste und Tempel neben gewaltigen Bastionen und Gräben stehen. Nach den Zerstörungen im Vietnamkrieg wurde hier viel Restaurierungsarbeit geleistet.

**Altar mit Gold- und Lackkunst für
die Nguyen-Könige, The Mieu**

Hung Mieu
Die Pagode aus dem 19. Jahrhundert diente Kaiser Gia Long zur Verehrung seiner Eltern. Charakteristisch sind die glasierten Verzierungen auf dem Ziegeldach, bemerkenswert die großen, speierähnlichen Steindrachen, die über dem großen Innenhof wachen.

The Mieu ehrt zehn Nguyen-Kaiser und erstrahlt seit Kurzem wieder im alten Glanz.

★ Neun Dynastische Urnen
Die riesigen, 1835–37 aus Bronze gegossenen Graburnen stehen im Hof gegenüber dem The Mieu. Sie sind Symbole der Macht der neun Nguyen-Kaiser und reich mit Flachreliefs verziert.

Hien Lam-Pavillon
Der 1824 unter Kaiser Minh Mang erbaute Pavillon zeigt eine dreistöckige Fassade mit Emporen sowie Holzbalken und Paneele voller Blumenmotive.

NICHT VERSÄUMEN

★ Neun Dynastische Urnen

★ Ngo Mon-Tor

★ Thai Hoa-Palast

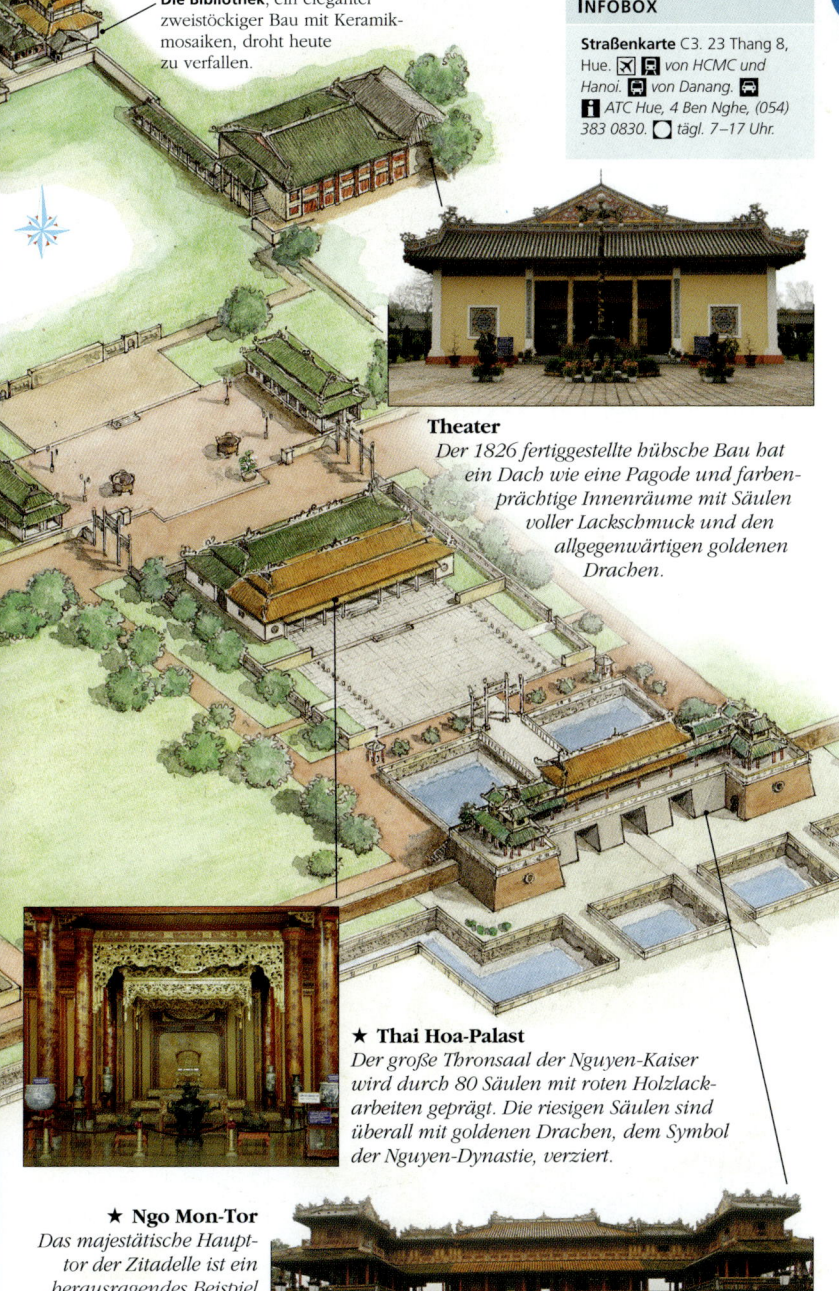

Die Bibliothek, ein eleganter zweistöckiger Bau mit Keramikmosaiken, droht heute zu verfallen.

INFOBOX

Straßenkarte C3. 23 Thang 8, Hue. ⊠ ▯ *von HCMC und Hanoi.* ▯ *von Danang.* ▯ ▯ ATC Hue, 4 Ben Nghe, (054) 383 0830. ▯ *tägl. 7–17 Uhr.*

Theater
Der 1826 fertiggestellte hübsche Bau hat ein Dach wie eine Pagode und farbenprächtige Innenräume mit Säulen voller Lackschmuck und den allgegenwärtigen goldenen Drachen.

★ **Thai Hoa-Palast**
Der große Thronsaal der Nguyen-Kaiser wird durch 80 Säulen mit roten Holzlackarbeiten geprägt. Die riesigen Säulen sind überall mit goldenen Drachen, dem Symbol der Nguyen-Dynastie, verziert.

★ **Ngo Mon-Tor**
Das majestätische Haupttor der Zitadelle ist ein herausragendes Beispiel der Nguyen-Architektur. Auf dem Fundament aus massiven Steinquadern ruht ein Wachturm, in dem der Kaiser bei Staatsanlässen thronte.

Zitadelle: Bauwerke der Kaiserstadt

Im Herzen der Zitadelle von Hue versteckt sich die Kaiserstadt, auch Dai Noi (»Große Einzäunung«) genannt. Seit einigen Jahren kann man dank umfassender Restaurierungsarbeiten den einstigen Glanz und die Pracht der Anlage mehr als nur erahnen. Die Kaiserstadt erreicht man durch das Ngo Mon-Tor, von dem eine Brücke zwischen Lotosteichen zum beeindruckenden Thai Hoa-Palast führt. 1945 übergab der letzte Kaiser auf der Balustrade des Mittagstors die Macht an Ho Chi Minh. Dahinter öffnet sich eine freie Fläche, auf der einst die Verbotene Purpurstadt stand.

Figurine eines Hofmusikers

⚑ Cot Co (Flaggenturm)

37 Meter erhebt sich der Flaggenturm über die Zitadelle. Er prägt die Stadtsilhouette seit 1809, als Kaiser Gia Long (reg. 1802–20) den Turm über einer 18 Meter tiefen Schanze aus Mauerwerk errichten ließ. Zur Tet-Offensive *(siehe S. 45)* erlangte Cot Co am 31. Januar 1968 internationale Bedeutung, als die Kommunisten die Zitadelle stürmten und das Banner der Nationalen Befreiungsfront am Flaggenmast hissten.

Neun Heilige Kanonen

Kaiser Gia Long ließ die schweren bronzenen Geschütze, die heute das Ngan- und das Quang Duc-Tor zu beiden Seiten des Cot Co flankieren, 1803 als symbolischen Schutz für die neue Hauptstadt gießen. Die Kanonen symbolisieren die vier Jahreszeiten und die fünf Elemente Erde, Wasser, Holz, Metall und Feuer.

⚑ Fünf-Phönix-Wachturm

Der reich verzierte Pavillon erhebt sich über den riesigen Steinquadern des Ngo Mon-Tors. Hier thronte der Kaiser

bei staatlichen Anlässen. Von oben betrachtet soll der Turm fünf Phönixvögeln ähneln. Das mittlere Dach aus gelben, glasierten Dachziegeln ist mit Drachen-, Banyanblatt- und Fledermaus-Ornamenten verziert, während die Dachtraufen mit Keramikorchideen, Chrysanthemen und Bambusmosaiken geschmückt sind. Über dem Pavillon führt eine Geheimtreppe zu einem Raum, in dem Hofdamen durch Gitterwerkfenster alles beobachten konnten.

🏛 Thai Hoa-Palast

⊠ im Thronsaal.

Der von Kaiser Gia Long 1805 erbaute Thai Hoa-Palast, der »Palast der Höchsten Harmonie«, beherbergt den Thronsaal der Nguyen-Kaiser. Der wunderschön restaurierte Bau ist der beeindruckendste Palast von Hue. Er diente als Krönungssaal, für Feiern und Audienzen. Bei diesen Anlässen saß der Kaiser auf dem reich verzierten Thron, geschmückt mit einer Krone aus neun Drachen, einem goldenen Mantel, einem Jadegürtel

und anderen edlen Schmuckstücken. Nur die höchsten Mandarine durften den Saal betreten, die anderen mussten draußen warten.

⚑ Mandarin-Säle

Zu beiden Seiten des gepflasterten Innenhofes, hinter dem Thai Hoa-Palast, liegen die Mandarin-Säle – einer für die Militärs, der andere für die Beamten. Je nach Rang trafen sich die Mandarine in den Pavillons und legten ihre kostbare Hofkleidung für die kaiserlichen Empfänge an. Einige der prächtigen Kleidungsstücke sind ausgestellt.

Historischer Bronzekessel im Hof der Mandarin-Säle

♘ Verbotene Purpurstadt

Kein Mensch außer dem Kaiser durfte die als Tu Cam Thanh oder »Verbotene Purpurstadt« bekannte, zehn Hektar große Stadt in der Stadt betreten. Jeder Mann, der die Grenze überschritt, wurde zum Tode verurteilt. Nur die Kaiserin sowie neun Ränge an Konkubinen, Dienerinnen und Hofeunuchen wurden hier geduldet.

Die 1802–33 errichtete Verbotene Purpurstadt bestand einst aus über 60 Gebäuden um mehrere Höfe, wurde aber durch heftige Bombenangriffe bei der Tet-Offensive stark beschädigt.

🎭 Theater

Das 1825 wieder aufgebaute Theater, Duyet Thi Duong, war einst eine führende Bühne für *nha nhac (siehe S. 25)*, Hofmusik. Die von der UNESCO als »Meisterwerk des mündlichen und immateriellen Erbes der Menschheit« registrierte *nha nhac* nutzte Bambuslauten, Zithern sowie Geigen und wurde von Trommeln begleitet.

Vier der Neun Heiligen Kanonen, eine für jede Jahreszeit und jedes Element

Hotels und Restaurants in Hue siehe Seiten 240 und 256 f

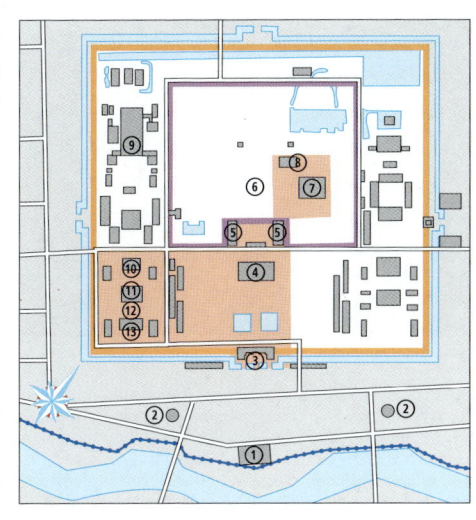

🏛 Bibliothek

Im Nordosten der Verbotenen Purpurstadt ließ Kaiser Minh Mang 1821 die Bibliothek als Rückzugsmöglichkeit zum Literaturstudium erbauen. Das Gebäude steht vor einem künstlichen Teich mit einem Steingarten westlich davon. Kleine Brücken über andere Gewässer, Teiche und zu Galerien schaffen eine ganz eigene Atmosphäre. Die Bibliothek bot lange den Rahmen für Aufführungen von Hue-Musik und Theater, heute ist sie leider baufällig.

Historische Möbel und Holzpaneele, Dien Tho-Palast

🏛 Dien Tho-Palast

Die »Residenz der Ewigen Langlebigkeit«, Cung Dien Tho, entstand 1803 unter der Herrschaft von Kaiser Gia Long als exklusiver Palast für die Kaisermutter. Das erst vor Kurzem für Besucher geöffnete elegante Gebäude wird von einer Mauer umschlossen und ist nur durch das Cua Tho Chi, das »Tor der Ewigen Glückseligkeit«, im Süden zu betreten. Innen sieht man kostbare, perlmuttgeschmückte Möbel und geschnitzte Lampions sowie eine mit Federfächern verzierte Decke. Im Osten des Palasteingangs steht der Truong Du-Pavillon mit einem kleinen künstlichen See und einem bezaubernden Steingarten.

🏛 Hung Mieu

Kaiser Minh Mang ließ Hung Mieu 1821 im Gedenken an seine Großeltern errichten. Der Tempel, für seinen edlen Stil und die feinen Dachschnitzereien bekannt, wurde 1947 zu Beginn des Ersten Indochinakrieges durch einen Brand beschädigt und ist heute schön restauriert.

🏛 The Mieu

Der »Tempel der Generationen«, The Mieu, steht im Südwesten der Kaiserstadt und ist der Nguyen-Dynastie geweiht. Innen ehren die Altäre die

Miniaturgraburne, The Mieu

Kaiser – von Gia Long bis zu Khai Dinh. Das Dach besteht aus gelben glasierten Kacheln, der Dachfirst ist als eine Reihe von Weinflaschen gestaltet. Die Altäre waren einst mit Goldbarren beladen, heute sieht man hier stattdessen kostbare Gold- und Lackornamente.

Neun Dynastische Urnen

Die Cuu Dinh (»Urnen«) der Nguyen-Dynastie entstanden auf Geheiß von Kaiser Minh Mang und wiegen je bis zu gut zwei Tonnen. Die reich mit traditionellen Symbolen verzierten Urnen spielen eine große Rolle in der kaiserlichen Ahnenverehrung.

🏛 Hien Lam-Pavillon

Der Bau wurde 1824 in der Mitte des The Mieu-Hofs errichtet. Kaiser Minh Mang ließ damit alle ehren, die der Nguyen-Dynastie zu Ansehen verholfen hatten. Als Zeichen der Ehrerbietung wurde bestimmt, dass kein anderes Gebäude in der Zitadelle den Pavillon überragen dürfe. Der Bau fällt durch seine pyramidenähnliche Form, die reich gearbeitete Holzfassade und die Ziegelsteinpflasterung auf.

⌂ Dan Nam Giao

3 km südl. des Stadtzentrums, südliches Ende der Dien Bien Phu.
◯ tägl. 8–17 Uhr. 🖾

Der von Kaiser Gia Long 1802 erbaute Dan Nam Giao (»Altar des Himmels«) steht außerhalb des alten französischen Viertels am Ostufer des Parfümflusses *(siehe S. 148)*. Über ein Jahrhundert lang war dies die wichtigste zeremonielle Stätte Vietnams: Hier wurde zwischen 1806 und 1945 etwa alle drei Jahre die Herrschaft der Nguyen-Kaiser durch eine Reihe ausgefeilter Opferrituale für den »Kaiser des Himmels« bestätigt. Das Ritual war den Zeremonien nachempfunden, die chinesische Kaiser im Peking des 15. Jahrhunderts am Tian Tan, dem Himmelstempel, ausübten.

Von der Ritualstätte sind heute nur drei erhöhte Terrassen geblieben. Die ersten beiden sind rechteckig und sollen die Menschheit und die Erde symbolisieren; die runde Terrasse steht für den Himmel. Zwar ist von den Bauten selbst kaum noch etwas zu sehen, aber der Ort bietet sehr viel Atmosphäre: Man kann sich hier die Kaiser als rechtmäßige »Söhne des Himmels« bildhaft vorstellen, wie sie opferten und sich bei den Göttern für ihre Untertanen einsetzten.

⌂ Tu Hieu-Pagode

Thon Thuong 2, Dorf Thuy Xuan, 5 km südwestl. von Hue. ☎ (054) 383 6389. ◯ tägl. 6–18 Uhr.

Zwischen reizvollen Pinienhainen nördlich des Grabmals von Tu Duc steht die Tu Hieu-Pagode inmitten wunderschöner, sichelförmig angelegter Lotosteiche. Der 1848 von den kaiserlichen Eunuchen erbaute Tempel ist eine der idyllischsten Pagoden von Hue. Da die Eunuchen keine Kinder hatten, finanzierten sie diesen Tempel, damit künftige Mönche ihnen auch im Leben nach dem Tode dienen konnten. Tatsächlich leben heute einige Mönche in Tu Hieu und halten regelmäßige Gottesdienste ab.

Der Hauptschrein ist Sakyamuni Buddha, auch Thich Ca Buddha genannt, geweiht. Nebenaltäre zeigen Bildnisse und Tafeln verschiedener Götter und Eunuchen vergangener Epochen.

Ruinen der Ho Quyen-Arena

Lotosteich vor der kleinen, heiter anmutenden Tu Hieu-Pagode

⌂ Thien Mu-Pagode

5 km südwestl. der Zitadelle von Hue. ◯ tägl. Sonnenauf- bis -untergang.

Thien Mu, die »Pagode der Himmlischen Dame«, erhebt sich auf einer Klippe am linken Ufer des Parfümflusses und hat für Hue rituellen Kultstatus. Die 1601 vom Nguyen-Fürst Hoang errichtete Pagode wird vom siebenstöckigen, achteckigen Thap Phuoc Duyen-Turm (»Quelle der Freude-Turm«) überragt. Nebenan beherbergt ein Pavillon eine riesige, über zwei Tonnen schwere Bronzeglocke von 1710, die man noch in zehn Kilometer Entfernung hören kann.

In einem zweiten Pavillon verbirgt sich eine Steinstele von 1715, die die Geschichte des Buddhismus in Hue preist. Innen thront ein lachender Bronze-Buddha, außerdem stehen hier Statuen der zehn Könige der Hölle und der 18 *arhat*, der heiligen Schüler Buddhas. In Altarnähe findet man ein auffallendes Bildnis des Thich Ca Buddha.

Die Mönchsunterkünfte und Gärten liegen an der Rückseite des Tempels. In einer offenen Garage an der Westseite entdeckt man das Auto des Mönchs Thich Quang Duc *(siehe S. 44)*, in dem er 1963 nach Saigon fuhr, um sich aus Protest gegen das Diem-Regime zu verbrennen. Die Fotos schockierten damals die Weltöffentlichkeit.

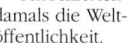

Thich Quang Ducs blauer Austin, Thien Mu-Pagode

⌂ Ho Quyen-Arena

Dorf Phuong Duc, 4 km südwestl. von Hue. ◯ tägl. Sonnenauf- bis -untergang.

In dem zur Unterhaltung der Nguyen-Kaiser und Mandarine erbauten Amphitheater, der »Tigerarena«, inszenierte man Kämpfe zwischen Elefanten, dem kaiserlichen Symboltier, und Tigern, einem Symbol für Chaos. Allerdings waren die Kämpfe so manipuliert, dass die Elefanten gewannen. Zu diesem Zweck wurden den Tigern die Krallen gezogen und das Maul vernäht. Die letzten dieser grausamen Kämpfe fanden 1904 statt, aber die Anlage mit ihren Tribünen und den fünf Türen zu den Tigerkäfigen gegenüber ist recht gut erhalten.

Hue: Grabmäler der Kaiser

Die in der malerischen Landschaft südlich von Hue verstreuten Mausoleen der Nguyen-Kaiser *(siehe S. 41)* bieten einige der faszinierendsten Sehenswürdigkeiten der Region. Zwar brachte die Dynastie zwischen 1802 und 1945 dreizehn Herrscher hervor, doch nur sieben erhielten ein *lang*, ein eigenes Grabmal, da die anderen im Exil starben oder verstoßen waren. Die Grabstätten, selbst das bescheidenste für Duc Duc, sind architektonische Meisterwerke und per Fahrrad, Motorrad, Taxi oder Boot erreichbar.

Statue am Grabmal von Tu Duc

Die Betonfassade des »modernen« Grabmals von Khai Dinh

🏛 Grabmal von Tu Duc

6 km südwestl. von Hue. 📞 *(054) 383 6428.* ⏰ *tägl. 7–17 Uhr.* 🏛
Das oft als eleganteste Grabmal Vietnams betrachtete Mausoleum von Tu Duc (reg. 1848–83) wurde vom König selbst entworfen. Es liegt inmitten eines Pinienwalds mit wunderschönen Lotosteichen und duftenden Frangipani-Bäumen. Tu Duc war dafür bekannt, dass er sein Grab dem Palast vorzog. Als er starb, wurde er angeblich heimlich mit einem großen Schatz bestattet. Alle an der Bestattung Beteiligten sollen später hingerichtet worden sein, um Tu Ducs letzte Ruhestätte vor Grabräubern zu schützen.

🏛 Grabmal von Dong Khanh

0,5 km südöstl. von Lang Tu Duc. 📞 *(054) 383 6428.* ⏰ *tägl. 7–18 Uhr.* 🏛
Das kleinste Nguyen-Grabmal ist das Mausoleum von Dong Khanh (reg. 1885–88). Im Inneren fallen französische Einflüsse auf, u. a. hängen Bildnisse von Napoléon Bonaparte an den mit rotem Lack überzogenen Säulen aus Eisenholz. 2009 wurde das Baudenkmal restauriert.

🏛 Grabmal von Thieu Tri

1,5 km südl. von Lang Tu Duc. ⏰ *tägl. 7–17 Uhr.* 🏛
Im kleinen Grabmal von Thieu Tri (reg. 1841–47) fehlen die üblichen Mauergärten, dennoch wurden hier etliche künstliche Teiche angelegt. Der Komplex besteht aus zwei Teilen: Im Osten steht ein filigraner Tempel, im Westen das eigentliche Grab.

🏛 Grabmal von Khai Dinh

10 km südl. von Hue. 📞 *(054) 386 5875.* ⏰ *tägl. 6–17.30 Uhr.* 🏛
Khai Dinh (reg. 1916–25), der vorletzte Nguyen-Kaiser, erhielt als letzter Herrscher ein Grabmal in Hue. Beim Bau verwendete man zum ersten Mal Beton.•Die Mischung aus europäischer und vietnamesischer Architektur ist einzigartig, aber nicht sehr überzeugend. Das Mausoleum wurde an einen Berghang gebaut und erhebt sich über drei Ebenen. Im Tempel an der Spitze steht eine 1922 in Marseille gegossene Bronzebüste des Kaisers.

🏛 Grabmal von Minh Mang

12 km südl. von Hue. 📞 *(054) 356 0277.* ⏰ *tägl. 7.30–17.30 Uhr.* 🏛
Das Mausoleum des 1841 verstorbenen Kaisers Minh Mang, am Westufer des Parfümflusses, ist eine der imposantesten Anlagen. Im Komplex findet man mehrere Bauwerke sowie malerische Seen und Gärten vor.

🏛 Grabmal von Gia Long

16 km südöstl. von Hue. 🏛
Das Grabmal des ersten Nguyen-Herrschers, Gia Long, erreicht man am besten per Boot – entweder von Hue oder vom winzigen Dorf Tuan gegenüber Lang Minh Mang. Das im Vietnamkrieg stark beschädigte Grabmal liegt sehr einsam und ist leider noch immer stark zerfallen.

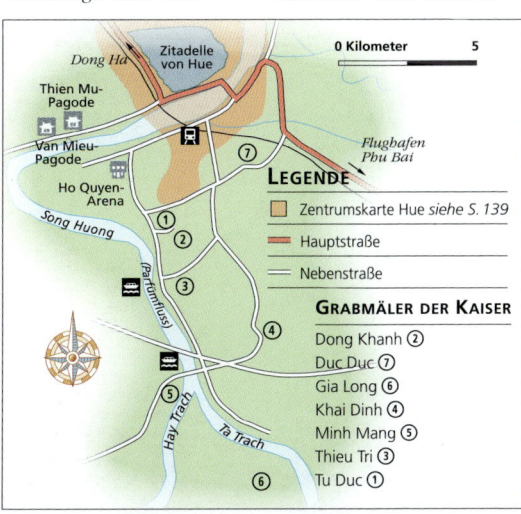

LEGENDE

▢ Zentrumskarte Hue *siehe S. 139*

━━ Hauptstraße

══ Nebenstraße

GRABMÄLER DER KAISER

Dong Khanh ②
Duc Duc ⑦
Gia Long ⑥
Khai Dinh ④
Minh Mang ⑤
Thieu Tri ③
Tu Duc ①

Grabmal des Nguyen-Kaisers Khai Dinh (reg. 1916–25) ▷

Bootstour: Parfümfluss

Einer der Höhepunkte eines Aufenthalts in Hue ist eine Bootsfahrt auf dem Song Huong, dem Parfümfluss. Das Gewässer ist nicht sehr lang, verzaubert jedoch mit seinen vielen Windungen und einer märchenhaften, sich im Wasser spiegelnden Landschaftsidylle voller Zitadellen und Pagodentürme. Zu den exotischen Flussimpressionen trägt der Bootsverkehr bei: Frauen in kleinen, einrudrigen Booten, größere Schiffe, schwer beladen mit Fisch und frischem Gemüse, Fischer beim Auslegen von Netzen oder Fischfallen.

Fischerboot auf dem stillen Parfümfluss

Die mehrstöckige Thien Mu-Pagode

Thien Mu-Pagode ②
Die älteste Pagode (1601) in Hue liegt in einer üppig grünen Landschaft. Der 21 Meter hohe Turm ist ein offizielles Wahrzeichen der Stadt Hue *(siehe S. 144)*.

Tempel der Literatur ③
Der winzige, unter Kaiser Gia Long 1808 erbaute Tempel sollte den Tempel der Literatur in Hanoi ersetzen.

Zitadelle von Hue ①

Thien Mu-Pagode ②

Tempel der Literatur ③

Song Huong

Ga Hue

Parfümfluss

Ho Quyen-Arena ④

Hon Chen-Tempel ⑤

Zitadelle von Hue ①
Der beeindruckende Bau, einst Palast der Nguyen-Kaiser, ist als UNESCO-Welterbestätte geschützt *(siehe S. 140–143)*.

Ho Quyen-Arena ④
Das Amphitheater diente den Nguyen-Kaisern zur Unterhaltung – ein für Südostasien seltenes historisches Bauwerk *(siehe S. 144)*.

Hon Chen-Tempel ⑤
Der über 1000 Jahre alte Tempel geht auf das Champa-Reich zurück. Innen sieht man Altäre, Geisterhäuser und Stelen. Erreichbar ist der Tempel nur per Boot.

Grabmal von Minh Mang ⑥

0 Kilometer   2

LEGENDE

— Hauptstraße

— Nebenstraße

Grabmal von Minh Mang ⑥
Das wohl am besten erhaltene Kaisergrab in Hue ist ein imposantes Mausoleum zwischen filigranen Statuen, Teichen und hübschen Landschaftsgärten *(siehe S. 145)*.

ROUTENINFOS

Tourboote: *Boote kann man am Pier der Le Loi-Straße buchen. Die angegebenen Preise sollte man verhandeln. Eine Alternative sind organisierte Ausflugsangebote.*
Dauer: *halber Tag.*
Rasten: *Essen in Thien Mu und Minh Mang. Auf Wunsch organisieren Bootsfahrer ein Essen.*

Khe Sanh Combat Base ⑪

Straßenkarte B3. 145 km nordwestl. von Hue am Hwy 9. 📞 *(053) 388 0840.* 🚐 *Minibus ab Hue.* 🚗 **Museum** 1,6 km nördl. des Ortes Khe Sanh. ⏰ *tägl. 7–17 Uhr.* 📷 💻

K he Sanh, die ehemalige Basis der US-Marines, liegt etwa drei Kilometer vom einst gleichnamigen Dorf entfernt, das heute Hoang Ho heißt. Die Basis wurde von der US-Armee 1962 zunächst als Dschungelflughafen angelegt und für US-Spezialeinheiten, die den Nachschub auf dem Ho Chi Minh-Pfad *(siehe S. 151)* unterbrechen sollten, erweitert.

Bekannt ist Khe Sanh jedoch als Schauplatz eines der blutigsten Gefechte des Vietnamkriegs, dem Anfang vom Ende der US-Armee in Vietnam. 1968 begann der legendäre US-General William Westmoreland hier einen massiven Truppenaufbau, um die nordvietnamesische Armee in eine heftige Konfrontation zu verwickeln. Der vietnamesische General Vo Nguyen Giap schien in die Falle zu tappen, nutzte die Belagerung von Januar bis April 1968 jedoch in einem meisterhaften Täuschungsmanöver, um von der Tet-Offensive *(siehe S. 45)* abzulenken. Durch heftige Bombenangriffe und das Dauerfeuer starben rund 207 GIs, schätzungsweise 9000 vietnamesische Soldaten und Tausende von Zivilisten.

Zwar war die Schlacht kein zweites Dien Bien Phu *(siehe S. 195)*, wie US-Präsident Johnson befürchtete, aber die US-Armee, wenn auch nicht besiegt, musste Khe Sanh aufgeben. Dabei wurde alles

Die historische Hien Luong-Brücke über dem Ben Hai, DMZ

militärische Gerät zerstört, vergraben oder mitgenommen, um keine Bilder einer Niederlage zu provozieren.

Khe Sanh ist heute ein Besucherziel, in dem man Führungen buchen kann. Die Fahrt auf dem Highway 9 führt vorbei an Statuen und Gedenktafeln. Das örtliche kleine **Museum** zeigt amerikanische Waffen und Fahrzeuge, die man aus dem Süden hierher geschafft hat.

Demilitarisierte Zone (DMZ) ⑫

Straßenkarte B3. 90 km nordöstl. von Khe Sanh am Hwy 9. 📞 *(053) 385 2927.* 🚐 *Minibus ab Hue.* 🚗 *ab Hue.* ⏰ *tägl. 7–17 Uhr.*

D ie Demilitarisierte Zone (DMZ) hat seit der vietnamesischen Wiedervereinigung 1975 jede militärische und politische Bedeutung verloren, ist aber ein beliebtes Ziel für Tagesausflüge aus Hue oder Dong Ha – vor allem bei Historikern und bei Besuchern aus den USA.

Die meisten Touren starten an der **Hien Luong-Brücke** am einstigen Grenzfluss Ben Hai und führen dann weiter zu den ausgebauten Vinh Moc-Tunneln *(siehe S. 150)*. Der Truong Son-Nationalfriedhof westlich vom Highway 1 ehrt die vielen Tausenden nordvietnamesischen und Vietcong-Soldaten, die in dieser Region gefallen sind.

Von hier kann man auf dem Highway 9 landeinwärts nach Dong Ha fahren, vorbei an einer Reihe ehemaliger US-Militärbasen. Camp Carroll, Khe Sanh und Hamburger Hill *(siehe S. 45)* haben durch Hollywood-Filme *(siehe S. 59)* Bekanntheit erreicht. Zwar gibt es hier kaum wirkliche Sehenswürdigkeiten, aber die Fahrt durch die Demilitarisierte Zone macht als Ausflug in die Geschichte betroffen.

GESCHICHTE DER DMZ

Auf der Genfer Indochina-Konferenz 1954 wurde die Einrichtung der DMZ am 17. Breitengrad als »provisorische Demarkationslinie« zwischen Nord- und Südvietnam beschlossen *(siehe S. 44 f)*. Die Zone erstreckte sich auf zwei Kilometer Breite zu beiden Seiten des Flusses Ben Hai und bis zur Grenze von Laos. Doch von Anfang an stieß die nordvietnamesische Armee mit

Geschütz in Khe Sanh, DMZ

ihren Tunneln, Geheimpfaden und Guerilla-Angriffen über die DMZ in den Süden vor. Die USA und Südvietnam reagierten mit Minenfeldern und teuren Elektrozäunen am Highway 9 – nach dem damaligen US-Verteidigungsminister Robert McNamara auch als »McNamara-Linie« bekannt. Im Vietnamkrieg war die DMZ Schauplatz heftiger Gefechte, vor allem bei der Belagerung von Khe Sanh 1968 und der Oster-Offensive 1972, als Nordvietnam das gesamte Gebiet eroberte und die US-Armee massiv zurückschlug.

Militärische Erinnerungsstücke aus dem Vietnamkrieg, DMZ

Das höhlenartige Tunnellabyrinth des Vinh Moc-Tunnelkomplexes

Vinh Moc-Tunnel ⑬

Straßenkarte C3. 13 km östl. von Ho Xa am Hwy 1; 20 km nordöstl. der DMZ. 📞 (053) 382 3184. 🚐 Minibus ab Hue und Dong Ha. 🚐 ⭕ tägl. 7.30–17 Uhr. 🏊 🎫

Eines der dauerhaftesten Tunnelsysteme Vietnams entstand in Vinh Moc, einem Küstendorf am Südchinesischen Meer. Von 1968 bis 1972 hausten hier Hunderte Menschen, denn die Tunnel waren im Gegensatz zu den bekannteren Tunneln im Frontgebiet bei Cu Chi *(siehe S. 72)* für langfristige Aufenthalte geplant.

Vinh Moc hatte eine strategisch wichtige Lage, um die Armeen beider Seiten kämpften. Nach der Teilung Vietnams 1954 waren viele Dörfer nördlich der DMZ *(siehe S. 149)* ständigen Angriffen ausgesetzt. Insbesondere Vinh Moc war ein Ziel südvietnamesischer Angriffe, da es direkt gegenüber der Insel Con Co liegt, auf der damals ein nordvietnamesisches Waffen- und Nachschublager für Transporte in den Süden war. Die US-Luftwaffe machte Vinh Moc fast dem Erdboden gleich. Einige Dorfbewohner flohen, andere harrten aus – selbst wenn sie dafür unter der Erde leben mussten.

Das komplexe Tunnelsystem, gegraben mit Schaufeln, Körben und bloßen Händen sowie mit Unterstützung des Vietcong, entstand in nur 18 Monaten. Es erstreckt sich über insgesamt drei Kilometer und hat 13 Eingänge. Familien-

räume, ein Krankenhaus und eine Versammlungshalle verteilen sich über drei Stockwerke. Hier lebten Dorfbewohner und nordvietnamesische Soldaten vier Jahre lang, sogar 17 Kinder wurden im Untergrund geboren. Durch die Tunnel schleuste man fast 12 000 Tonnen Militärgüter und -ausrüstung nach Con Co.

Heute kann man als Besucher die Meisterleistung der Dorfbewohner im Originalzustand von 1972 erleben. Anders als in Cu Chi kann man aufrecht gehen, nur große Menschen müssen sich bücken. Ein Museum liefert interessante Informationen über Vinh Moc. An den nahe gelegenen Stränden kann man sich anschließend erholen.

Zerstörte Kirche in Dong Hoi

Dong Hoi ⑭

Straßenkarte B3. 162 km nördl. von Hue am Hwy 1. 🚶 100 000. 🚆🚌 ab Vinh, Dong Ha und Hue. 🚌 ℹ️ Quang Binh Tourist, Huu Nghi, (052) 382 2669. **www**.quangbinh.gov.vn

Dong Hoi, die Provinzhauptstadt von Quang Binh an der schmalsten Stelle Vietnams, war kaum mehr als ein Fischerdorf, bevor es infolge der wirtschaftlichen Liberalisierung zu einem Verkehrsdrehkreuz wurde. Statt historischer Sehenswürdigkeiten kann man hier die erstaunlich schnelle Erholung von den Zerstörungen des Kriegs bestaunen. Die einstige Trümmerwüste hat sich in eine Stadtlandschaft mit breiten Boulevards und gepflegten Bauten verwandelt.

Dong Hoi markierte 1588–1775 die faktische Grenze zwischen den Fürstentümern der Trinh und der Nguyen *(siehe S. 41)* und war die Grenzfestung des südlichen Nguyen-Reichs. Zwei größere Bastionen sollten Feinde aus dem Norden abhalten, übrig geblieben sind nur verfallene Torbogen.

Die Stadt dient vor allem als Zwischenstation auf dem Weg zur Höhle Phong Nha. Drei Kilometer nördlich der Stadt erstreckt sich in Nhat Le ein sehr schöner Strand.

Höhle von Phong Nha ⑮

Straßenkarte B3. Dorf Son Trach, 55 km nordwestl. von Dong Hoi. 📞 (052) 367 5323. 🚌 ab Dong Hoi. 🚌 ab Son Trach. 🚌 ⭕ 6–17 Uhr. 🏊 🎫 🍴 📷 🛍️

Mindestens 20 Millionen Jahre alt ist die Höhle von Phong Nha. Als größte und spektakulärste Höhle Vietnams gehört sie seit 2003 zum UNESCO-Welterbe Phong Nha - Ke Bang-Nationalpark. Phong Nha bedeutet »Reißzähne des Windes«, eine Anspielung auf die Stalagmiten. Das Höhlensystem erstreckt sich viele Kilometer in die Berge und ist voller unterirdischer Grotten und Flüsse. Die acht Kilometer lange Haupthöhle ist von mehreren Nebenhöhlen umgeben. Höhlenforscher sind bisher 35 Kilometer tief in das System eingedrungen, aber Phong Nha birgt noch viele Geheimnisse.

Es überrascht kaum, dass die Höhle ein sehr populäres Ziel ist. Ganze *Sampan*-Flotten fahren vom Besucherzentrum drei Kilometer flussaufwärts. Etwa 1,6 Kilometer tief im Innern liegt eine heilige Stätte der Cham, die vor Jahrhunderten Inschriften an den Steinwänden hinterließen.

Außerhalb der Höhle führt eine Treppe 125 Meter hinauf zur **Tien Son-Höhle**, einer weiteren Höhle mit faszinierenden Gesteinsformen. Man sagt, das hier in tiefen Nischen gesammelte Wasser mache Männer stark und Frauen schön. Beide Höhlen sind an manchen Punkten in grellbuntes Licht getaucht, um die Effekte hervorzuheben.

Sampan in der Höhle von Phong Nha

Kim Lien ⑯

Straßenkarte B2. 14 km nordwestl. von Vinh. 🚌 *Minibus ab Vinh.* 🚌

Als Geburts- und Kindheitsort von Ho Chi Minh *(siehe S. 169)* genießt Kim Lien fast den Status einer Pilgerstätte. Der Nationalheld wurde 1890 im 1,6 Kilometer entfernten Dorf **Hoang Tru** geboren und wuchs dort bis zum Alter von fünf Jahren auf, bevor er mit seinem Vater

Webstuhl aus Bambus in Ho Chi Minhs Kindheitshaus, Kim Lien

nach Hue ging. 1901 kehrte er zurück und blieb weitere fünf Jahre in Kim Lien.

Eitlen Versuchungen erlag Ho Chi Minh nie. Er verbot den Bau eines Museums über sein Leben in Kim Lien, weil man das Geld besser nutzen könne. Doch seit seinem Tod 1969 entstanden überall Schreine und Museen.

In Hoang Tru steht das nachgebaute Haus von Ho Chi Minhs Kindheit. Ein kleines Museum zeigt Fotos und persönliche Gegenstände. Unweit davon steht ein zweiter Nachbau des Hauses, in dem Ho Chi Minh 1901–06 lebte. Getreu den Lehren des Nationalhelden ist der Eintritt überall frei.

HO CHI MINH-PFAD

Der legendäre Ho Chi Minh-Pfad (Duong Truong Son) diente als geheimes, komplexes Wegesystem, das im Vietnamkrieg (1957–75) die strategische Verbindung zwischen Nord- und Südvietnam sicherstellte. Der Pfad bestand aus primitiven, mitunter jahrhundertealten Wegen, auf denen die kommunistischen Truppen in Südvietnam mit Waffen, Lebensmitteln und neuen Truppeneinheiten versorgt wurden.

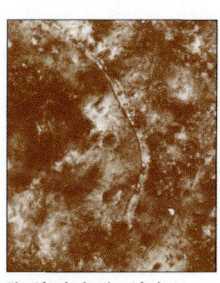

Ein Abschnitt des Pfads zwischen Bombentrichtern

Wahrscheinlich startete das labyrinthähnliche Wegesystem in der Nähe der Hafenstadt Vinh und bahnte sich von hier seinen Weg durch den Truong Suong-Gebirgszug nach Westen, verlief entlang der Grenze zu Laos, durch Laos und Kambodscha bis zu verschiedenen unbekannten Endpunkten in Südvietnam. Die Gesamtlänge aller Wege lag bei schätzungsweise 20 000 Kilometern.

1972 startete die südvietnamesische Armee eine groß angelegte Invasion von Laos, um den Ho Chi Minh-Pfad zu unterbrechen, zog sich aber nach schweren Verlusten zurück. Trotz schwerer Bombenangriffe und dem Einsatz von Entlaubungsmitteln konnte der Norden den Pfad weiterhin nutzen, der entscheidend zum Sieg Nordvietnams beitrug.

HANOI

Hanoi (Ha Noi) ist eine der ältesten und schönsten Hauptstädte Südostasiens mit zeitlosem Charme. Im Zentrum liegt ein 600 Jahre altes, äußerst lebendiges Altstadtviertel, umgeben von Kolonialvierteln, die vor über einem Jahrhundert entstanden. Diese kulturelle Mischung und die zunehmende Modernisierung von Hanoi formen eine spannende, anregende Metropole.

Kaiser Ly Thai To gründete im Jahr 1010 n. Chr. die Stadt Thang Long (»Aufsteigender Drache«) in der Nähe von Co Loa, der historischen Hauptstadt des ersten Viet-Reichs des 3. Jahrhunderts v. Chr. Der Kaiser ließ die Stadt rund um eine massive Festung bauen, östlich davon richtete man eine Siedlung für die Gilden und Zünfte ein, die den Hof belieferten. Im 16. Jahrhundert hatte sich diese Gegend zur Altstadt einer Metropole entwickelt, die erst im 19. Jahrhundert endgültig den Namen Ha Noi (»Stadt im Flussbogen«) bekam.

Mit den Franzosen begann im 19. Jahrhundert eine Erneuerungsphase. Sie rissen Teile der Zitadelle und alte Tempel ab, um Platz für das neue europäische Viertel zu schaffen – ein kultureller Vandalismus, den die wundervolle Kolonialarchitektur nur bedingt ausgleichen konnte. 1946 wurde Hanoi zur Hauptstadt der Demokratischen Republik Vietnam (Nordvietnam) erklärt. Im Ersten Indochinakrieg *(siehe S. 43)* blieb die Innenstadt verschont, im Vietnamkrieg wurde Hanoi allerdings von den USA stark bombardiert. Seit der Wiedervereinigung 1976 ist Hanoi die Hauptstadt ganz Vietnams. Anfang des 21. Jahrhunderts wirkt es zwar etwas verblichen, aber intakt. Wahrzeichen wie das Opernhaus und das Sofitel Metropole Hotel erstrahlen wieder im alten Glanz.

Heute feiert Hanoi als elegante und wohlhabende Stadt mit Museen, Kunstgalerien, schicken Läden und Restaurants eine wahre Wiedergeburt. In nur wenigen Minuten kann man von den engen Gassen der Altstadt zu den prächtigen Stadtvillen an den schattigen Boulevards im französischen Viertel schlendern. Hanoi verdankt seiner Geschichte eine exzellente Küche, in der französische und chinesische Einflüsse mit der Küche Vietnams verschmolzen. Das gilt auch für die Kunstszene, die als eine der anspruchsvollsten in Südostasien gilt.

Gut erhaltene französische Kolonialhäuser im historischen französischen Viertel von Hanoi

◁ Nächtlicher Blick auf eine Straße im lebendigen Altstadtviertel *(siehe S. 156 f)*

Überblick: Hanoi

Hanoi hat etwa 3,5 Millionen Einwohner, Besucher werden sich allerdings vor allem im Zentrum bewegen. Hier lädt der Hoan Kiem-See zu romantischen Spaziergängen, morgendlicher Gymnastik und abendlicher Unterhaltung ein. In der nördlich des Sees gelegenen Altstadt – sie wird auch »Viertel der 36 Gassen« genannt – drängen sich Läden und Stände dicht an dicht und verkaufen von Schuhen über Seide bis zu hin zu Bambus- und Lackarbeiten alles Mögliche. Südlich des Sees, in der eigentlichen Innenstadt, liegen die Boulevards und Kolonialbauten des französischen Viertels, westlich der Tempel der Literatur und das Ho Chi Minh-Mausoleum.

SEHENSWÜRDIGKEITEN AUF EINEN BLICK

Kirchen, Tempel und Pagoden
Bach Ma-Tempel ❷
Botschafter-Pagode ❼
Ein-Säulen-Pagode ⓱
Hai Ba Trung-Tempel ⓫
Kim Lien-Pagode ㉑
Lien Phai-Pagode ⓬
St. Joseph-Kathedrale ❺
Tay Phuong-Pagode ㉕
Tempel der Hung-Könige ㉖
Tempel der Literatur
  S. 166 f ⓭
Thay-Pagode ㉔

Historische Gebäude
Co Loa-Zitadelle ㉒
Ho Chi Minhs Wohnhaus ⓳

Markt
Dong Xuan-Markt ❶

Museen und Theater
Ethnologisches Museum ㉓
Ho Chi Minh-Mausoleum ⓲

Ho Chi Minh-Museum ⓰
Hoa Lo-Gefängnismuseum ❻
Museum der
  Schönen Künste ⓮
Museum für
  Militärgeschichte ⓯
Museum für Vietnamesische
  Geschichte ❿
Opernhaus ❾
Thang Long-
  Wasserpuppen-Theater ❸

Seen
Ho Tay ⓴
Hoan Kiem-See ❹

Hotel
Sofitel Metropole Hotel ❽

SIEHE AUCH

• *Übernachten* S. 240 – 243

• *Restaurants* S. 257 – 259

UMGEBUNG VON HANOI   0 Kilometer   15

Phong Chau
㉖
Viet Tri
VINH PHU
Quang Oai
Son Tay
Flughafen Noi Bai
Phu Lo
Song Hong (Roter Fluss)
HANOI
㉒
Da
32
HA TAY
㉕ ㉔
Busbahnhof Gia Lam
㉓
Van Phuc
Hanoi
Quoc Oai
Ha Dong
HOA BINH
Van Dien
6

LEGENDE

Detailkarte: *siehe S. 156 f*

✈ Flughafen

🚉 Bahnhof

🚍 Busbahnhof

⛴ Flussschiff-Anlegestelle

▬ Hauptstraße

═ Nebenstraße

─ Eisenbahn

- - - Provinzgrenze

In Hanoi unterwegs

Die kleine, faszinierende Altstadt und die Gegend rund um den Hoan Kiem-See kann man am besten zu Fuß erkunden. Mit einem Pkw selbst zu fahren ist nicht anzuraten, und nur sehr Mutige stürzen sich auf einem Fahrrad oder Motorrad in den Verkehr. Für Abstecher nimmt man am besten ein Taxi, da Hanois Bussystem immer noch in den Anfängen steckt. Taxis oder Minibusse für die Stadt oder für Ganz- bzw. Halbtagesausflüge kann man in Hotels oder Reisebüros buchen.

Zur Orientierung
Siehe Stadtplan, S. 174–177

0 Meter   800

Im Detail: Altstadt

**Lacktablett,
Hang Gai-Straße**

Die Altstadt ist das älteste und lebendigste Geschäftsviertel der Stadt. Schon im 13. Jahrhundert siedelten sich am Roten Fluss (Song Hong) Kunsthandwerker in Diensten des Hofes an. Später konzentrierte sich das Handwerk auf diese Gegend, jede Straße war auf ein Produkt spezialisiert. Im Lauf der Zeit entwickelten sich 36 verschiedene Handwerksgilden – daher wird die Altstadt auch »Viertel der 36 Gassen« genannt. Den Charme des Viertels machen heute Hunderte kleiner Läden, Restaurants und Röhrenhäuser *(siehe S. 27)* aus.

Blick auf die jahrhundertealten schmalen und langen Röhrenhäuser in der Altstadt

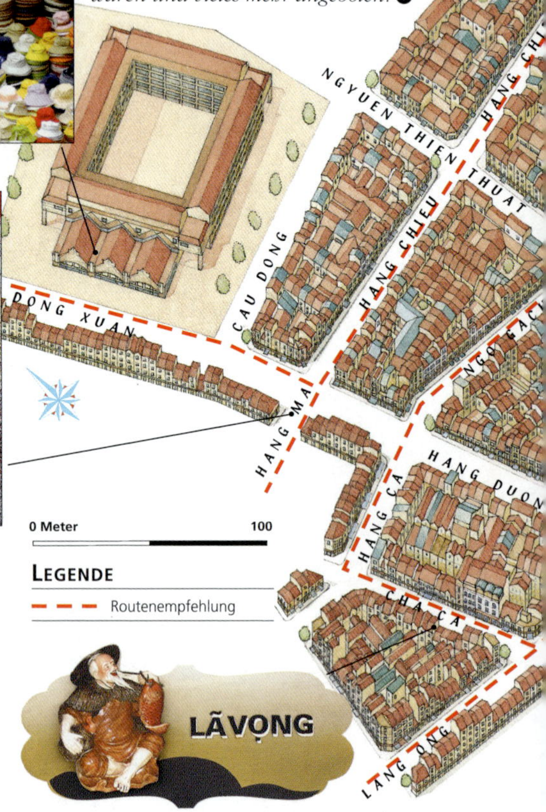

★ Dong Xuan-Markt

Der in einem dreistöckigen Bau untergebrachte Markt ist der älteste Hanois. Hier werden Kleidung, Lebensmittel, Haushaltswaren und vieles mehr angeboten. ❶

Hang Ma-Straße
In der »Straße der Weihpapiere« gibt es farbenprächtige Laternen, Papiergeld, »goldene« Barren, Lametta, Papierhäuser und andere Gegenstände aus Papier, die man bei der Ahnenverehrung als Opfergabe verbrennt.

0 Meter   100

LEGENDE

‑ ‑ ‑ Routenempfehlung

LÃVỌNG

NICHT VERSÄUMEN

★ Bach Ma-Tempel

★ Dong Xuan-Markt

Cha Ca La Vong
Das Restaurant ist eines der ältesten in Hanoi und serviert seit mehr als 100 Jahren nur ein Gericht: Seeteufel mit Galgant, Safran, gegorenem Reis und Fischsauce.

Hang Buom-Straße

*Die alte »Straße der Seilmacher«
bietet heute eine verlockende
Auswahl an regionalen Süßigkeiten und Zuckerwerk an, dazu
frisch gemahlene Kaffeesorten,
importierten Alkohol, etwa Whis-
key, Brandy und sogar Wein.*

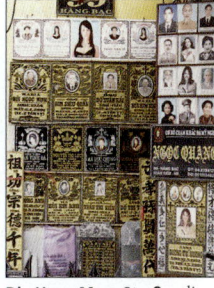

Quan Chuong, das »Tor des Regiments-
kommandeurs«, hat als einziges von
einstmals 36 Stadttoren im Altstadtviertel die Jahrhunderte überdauert.

Die Hang Mam-Straße, die
»Straße der eingelegten
Fische«, wird gesäumt von
Läden mit Marmorsteinen,
die oft das Bild eines
Verstorbenen tragen.

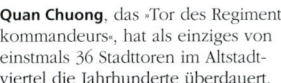

★ Bach Ma-Tempel
*Der älteste Religionsbau im Viertel ist
ein kleiner Tempel, der dem Schutzgeist
der Stadt, dargestellt als mystisches
weißes Pferd, geweiht ist.* ❷

Den
Ngoc Son

STRASSENNAMEN IN DER ALTSTADT

Die meisten Straßen sind nach der Gilde oder Zunft benannt, deren Angehörige hier einst arbeiteten und wahrscheinlich auch wohnten. Straßennamen beginnen hier
mit dem Wort *hang*, dem Wort für
»Handelsware«. Das zweite Wort bezeichnet die Art des Produkts, so gibt
es Namen wie Hang Gai (Seiden-
straße), Hang Tre (Bambusstraße),
Hang Bac (Silberstraße), Hang Huong
(Weihrauchstraße). Heute orientiert
sich das Angebot nicht mehr am historischen Namen, aber das Straßen-
namensystem der Zünfte ist einzigartig in ganz Südostasien.

**Musikinstrumente,
Hang Non-Straße**

Memorial House Museum
*Das wunderschön restaurierte
Röhrenhaus einer wohlhabenden chinesischen Familie vermittelt einen Eindruck vom
Leben der Kaufleute vergangener Jahrhunderte.*

Stadtplan Hanoi *siehe Seiten 174–177*

Blumengeschmückter Gedenkaltar für General Ma Vien, Bach Ma-Tempel

Im 19. Jahrhundert wurde der Tempel mithilfe der Gemeinde von Hoa-Chinesen, die in der Hang Buom-Straße lebten, restauriert. Er ist immer noch dem Weißen Pferd geweiht, aber die Hoa führten auch die Anbetung von Ma Vien ein, dem chinesischen General, der 43 n. Chr. die chinesische Macht in Vietnam wieder etablierte.

Thang Long-Wasserpuppen-Theater ❸

57B Dinh Tien Hoang, Distrikt Hoan Kiem. **Stadtplan** 2 E3. ☎ (04) 3825 5450. ◯ *Aufführungen tägl. um 16, 17.15, 18.30 und 20 Uhr, So auch 21.30 Uhr.* ▣ *extra für Foto- und Videoaufnahmen.* ▣ ▣ **www**.thanglongwaterpuppet.org

Das Wasserpuppen-Theater ist die beste Bühne Hanois, vielleicht sogar ganz Vietnams, für Vorstellungen des traditionellen *roi nuoc*. Die Aufführungen sind hervorragend, die Puppenspieler wissen die dramatische Musik des traditionellen Orchesters ebenso geschickt zu nutzen wie die verblüffenden Spezialeffekte, etwa Rauch, Knallkörper oder Wasser speiende Drachen. Am Ende hebt sich der Bambusvorhang hinter der Wasserbühne und gibt den Blick auf die hüfthoch im Wasser stehenden Puppenspieler frei. Auf den vorderen Plätzen kann man hervorragend fotografieren.

Dong Xuan-Markt ❶

Kreuzung Dong Xuan und Hang Chieu, Altstadt. **Stadtplan** 2 E2. ☎ (04) 3829 5006. ◯ *tägl. 6–18 Uhr.* ▣ ▣

Der älteste und größte überdachte Markt Hanois hat in der Stadt von jeher eine besondere Rolle gespielt. Ende des 19. Jahrhunderts ließen die Franzosen den alten Ostbrücken-Markt an diesem Standort abreißen und durch fünf große Hallen ersetzen. Dong Xuan ist der Name eines Dorfs, das sich in dieser Gegend befand. 1994 wurde das Marktgebäude durch ein Feuer fast vollständig zerstört. Zwei Jahre später war der Markt wieder aufgebaut, doch nur die restaurierte Fassade des Originalbaus von 1899 blieb stehen.

Heute drängen sich in dem dreistöckigen Bau alle möglichen Stände und Händler, die von Bekleidung und Haushaltswaren, frischem Gemüse, Fleisch und Fisch über Reis und lokale, preiswerte Produkten bis hin zu importierten Waren alles Erdenkliche anbieten.

In der Nähe steht die historische **Long Bien-Brücke**. Ihre strategische Bedeutung als einzige Stadtbrücke über den Roten Fluss (Song Hong) machte sie im Vietnamkrieg *(siehe S. 44f)* zum Ziel vieler heftiger US-Bombenangriffe, die sie aber überstand.

Bach Ma-Tempel ❷

76 Hang Buom, Altstadt. **Stadtplan** 2 E2. ◯ *tägl. Sonnenauf- bis -untergang.*

Der kleine, elegante Tempel ist das älteste Gebäude im Altstadtviertel *(siehe S. 156f)*. In seiner Ursprungsform geht Bach Ma auf die Gründung von Thang Long *(siehe S. 160)* zurück, das erst viel später Hanoi genannt wurde. Der Legende nach stürzten die Stadtmauern der Hauptstadt nach der Gründung durch Kaiser Ly Thai To im Jahr 1010 ständig ein, bis ein weißes Pferd erschien und den Weg zum richtigen Standort der neuen Mauern wies. Aus Dankbarkeit errichtete Ly Thai To den »Tempel des Weißen Pferdes«, Bach Ma wurde der Schutzgeist Hanois.

Nicht nur bei Ausländern beliebt: Thang Long-Wasserpuppen-Theater

Wasserpuppen-Theater

Im Delta des Roten Flusses wurde vor fast 1000 Jahren *roi nuoc* entwickelt, eine der authentischsten Kunstformen Vietnams. Früher spielte man so in den Flüssen, Seen und Reisfeldern der Dörfer Theater. Heute werden die Stücke in Wasserbecken inszeniert, hinter der Bühne verstecken sich die Puppenspieler, die hüfthoch im Wasser stehen und ihre Holzpuppen

Wasserpuppen zum Kaufen

zur Musik des traditionellen Orchesters bewegen. Spezialeffekte wie Feuer speiende Drachen, Rauch und Knallkörper machen die Inszenierungen aufregender. Die Geschichten werden aus der jahrhundertealten Perspektive bäuerlicher Kultur erzählt – mit klassischer Rollenverteilung von Guten und Bösen, von Kriegshelden und grausamen Herrschern.

Sänger und Musiker *unterstützen die Inszenierung der Puppenspieler. Die Musik schwillt in Schlüsselszenen der Geschichte dramatisch an und begleitet die Aufführung während der gesamten Spieldauer.*

Ty ba, ein beliebtes gezupftes Saiteninstrument, wird in vielen traditionellen Orchestern gespielt. Auf dem leichten Holzkorpus sind vier Saiten aufgespannt.

BELIEBTE THEMEN

Die Themen von *roi nuoc* bleiben traditionell der dörflichen Lebenswelt verhaftet. Fabelwesen wie der Drache, der Phönix oder das Einhorn spielen wichtige Rollen, aber auch Haustiere, etwa Wasserbüffel, kommen vor.

Reicher Mandarin, der typische Bösewicht, wird von Dienern in einer Sänfte getragen.

Ein Sonnenschirm symbolisiert gesellschaftlichen Status und Autorität.

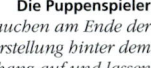

Die Puppen *sind aus wasserresistentem Holz, meist aus dem Holz des Feigenbaums* (sung)*, gefertigt und leuchtend bunt bemalt.*

Die Puppenspieler *tauchen am Ende der Vorstellung hinter dem Vorhang auf und lassen sich mit Klatschen und lautem Jubel feiern.*

Eine künstliche Palme vervollständigt das ländliche Motiv.

Dorfbewohner *versammeln sich rund um einen Drachen, ein Glück verheißendes Fabelwesen, das stets eine wichtige Rolle spielt.*

Stadtplan Hanoi *siehe Seiten 174–177*

The Huc, die »Sonnenstrahl-Brücke«, überspannt den Hoan Kiem-See

Hoan Kiem-See ❹

Distrikt Hoan Kiem. **Stadtplan** 2 E3.
◯ tägl. 24 Stunden. 🍴 ▯ ▯
Den Ngoc Son Hoan Kiem-See.
◯ tägl. 7–19 Uhr.

Den idyllischen See im Herzen von Hanoi haben viele Vietnamesen in ihr Herz geschlossen. Der Sage nach kam im 15. Jahrhundert, während der Besetzung durch die chinesischen Ming *(siehe S. 40)*, eine göttliche goldene Schildkröte aus dem See und überreichte General Le Loi ein magisches Schwert. Damit konnte Le Loi die Chinesen aus Thang Long, dem heutigen Hanoi, vertreiben und sich zum Kaiser Le Thai To krönen. Einige Zeit später, als der Kaiser hier segelte, erschien ihm die Schildkröte erneut und forderte das Schwert zurück. Seitdem ist der See als

Ho Hoan Kiem, »See des Zurückgegebenen Schwertes«, bekannt.

Mitte des 19. Jahrhunderts wurde zum Gedenken an diese Ereignisse eine kleine Pagode, **Thap Rua** (»Schildkrötenturm«), auf einem Eiland in der Mitte des Sees erbaut, bis heute ein Wahrzeichen der Stadt.

Auf einer Insel im nördlichen Zipfel des Sees steht **Den Ngoc Son** (»Jadeberg-Tempel«), einer der heiligsten Tempel von Hanoi. Man erreicht ihn über eine rot bemalte Holzbogenbrücke, die prächtig verzierte **The Huc** (»Sonnenstrahl-Brücke«).

Der Mandarin Nguyen Van Sieu gründete den Jadeberg-Tempel während der Nguyen-Herrschaft Anfang des

19. Jahrhunderts. Der Bau ist hervorragend erhalten: Nach oben gebogene Dachtraufen und fein geschnitzte Drachenfiguren tauchen ihn in ein Farbenmeer aus Gold, Rot, Gelb und Schwarz. Auffallend sind eine stilisierte Tintenplatte aus Stein über dem Eingang und eine spitz zulaufende Steinsäule als Symbol einer Schreibquaste: Die Zeichen auf der Stele bedeuten »Schreiben auf klarem Himmel«. In der Vorhalle stößt man auf eine präparierte Riesenschildkröte, die 1968 im See starb. Den Ngoc Son ist den Geistern der Erde, der Heilkunst und der Literatur, aber auch Tran Hung Dao geweiht, jenem General, der im 13. Jahrhundert die Mongolen besiegte *(siehe S. 40)*.

Östlich des Sees erinnert eine **Statue von Ly Thai To** an den Gründer von Thang Long. Fromme Vietnamesen sorgen dafür, dass vor der Bronzestatue stets Blumen und Weihrauch stehen.

Der See ist eines der beliebtesten und deshalb in der Regel sehr belebten Naherholungsgebiete Hanois. Viele Paare gehen hier spazieren, man übt Tai Chi oder spielt Schach. Bei den Tet-Feiern *(siehe S. 28f)* mit Musikbühnen und einem großen Feuerwerk ist der See einer der Hauptschauplätze.

Thap Rua, der »Schildkrötenturm«, spiegelt sich im Hoan Kiem-See

DIE GRÜNDUNG VON THANG LONG

Im Jahr 968 n. Chr. verlegte der erste Kaiser der Dinh-Dynastie, Tien Hoang De, seine Hauptstadt von Dai La, in der Nähe des heutigen Hanoi, 80 Kilometer weiter südlich nach Hoa Lu in der Provinz Ninh Binh. Der Herrscher wollte die Hauptstadt so

Goldene Drachenfiguren sollen Glück bringen

fern wie möglich von der chinesischen Grenze ansiedeln. Doch der Umzug währte nicht lange. Nur 42 Jahre später war Ly Thai To, Begründer der Ly-Dynastie, entschlossen, die Verlegung wegen der geografischen Isolation in Hoa Lu rückgängig zu machen. Tatsächlich konnte er die Stadt, nachdem er 1010 die Chinesen in einer blutigen Schlacht vernichtend geschlagen hatte, gemeinsam mit seinem Königreich in Dai La neu gründen. Als Ly Thaí To die Stadt betrat, erhob sich der Sage nach ein goldener Drache von der Spitze der Zitadelle und flog in den Himmel. Dies nahm der Kaiser als gutes Omen für das Schicksal der Stadt und nannte sie Thang Long, »Aufsteigender Drache«.

Neogotische Fassade und imposante Türme der St. Joseph-Kathedrale

St. Joseph-Kathedrale ❺

Nha Tho, Distrikt Hoan Kiem. **Stadtplan** 2 E3. 📞 *(04) 3828 5967.* ⏰ *tägl. 5–19 Uhr.* **Chua Ba Da** 3 Nha Tho, Distrikt Hoan Kiem. ⏰ *tägl. Sonnenauf- bis -untergang.*

Die 1886 geweihte Kathedrale Nha Tho Lon ist die bedeutendste Kirche Hanois und Mittelpunkt der katholischen Gemeinde. Der Bau entstand im neogotischen Stil und erinnert mit seinen imposanten Türmen an Kathedralen französischer Provinzstädte. Das Kirchenschiff präsentiert sich prächtig mit einem reich verzierten Altar, französischen Buntglasfenstern und einem jüngeren Flachrelief der drei Könige aus dem Morgenland an der rückwärtigen Kirchenwand.

Die Kathedrale ist zur Sonntagsmesse und an christlichen Feiertagen wie Ostern sowie Weihnachten meist bis zum Bersten gefüllt. Sonst bleiben die Hauptportale die meiste Zeit geschlossen; man gelangt jedoch durch eine Seitentür ins Innere.

An der Südfassade der Kathedrale steht **Chua Ba Da**, die »Pagode der Steinernen Dame«. Der Bau aus dem 15. Jahrhundert hieß einst Linh Quang (»Heiliges Licht«) und bekam seinen heutigen Namen, weil hier eine alte steinerne Frauenstatue gefunden wurde.

Chua Ba Da liegt am Ende eines kurzen Weges und wirkt in der Altstadt Hanois wie eine Ruheoase. Die Pagode enthält Statuen von Thich Ca, dem Sakyamuni Buddha, sowie zwei große, historische Bronzeglocken.

Hoa Lo-Gefängnismuseum ❻

1 Hoa Lo, Distrikt Hoan Kiem. **Stadtplan** 2 D4. 📞 *(04) 3934 2253.* ⏰ *tägl. 8–11.30, 13.30– 16.30 Uhr.* 📷 🏠

Das berüchtigte Hoa Lo-Gefängnis wurde unter der französischen Kolonialverwaltung 1896 in der Innenstadt Hanois errichtet. Eigentlich war es für 450 Häftlinge konzipiert, doch in den 1930er Jahren war es mit fast 2000 überwiegend politischen Häftlingen völlig überfüllt.

Flachrelief mit Folterszenen, Hoa Lo-Gefängnismuseum

Seinen Ruf erhielt der Bau allerdings erst im Vietnamkrieg, als man hier abgeschossene US-Piloten inhaftierte, die das Gefängnis ironisch »Hanoi Hilton« tauften. An den ursprünglichen Namen aus der französischen Besatzung, »Maison Centrale«, erinnert bis heute das alte Schild über dem Eingang.

Der größte Teil des Baus musste 1997 dem Hanoi Central Tower weichen. In einem Restgebäude ist nun das Hoa Lo-Gefängnismuseum untergebracht.

Gezeigt wird eine erschreckende Auswahl an Ketten, Peitschen und anderen Foltergeräten, daneben entdeckt man winzige Isolationszellen aus der französischen Kolonialzeit. Auch ein Teil des alten, engen Kanalisationssystems, durch das über 100 Häftlinge im August 1945 fliehen konnten, ist zu sehen. Ein kleinerer Bereich widmet sich der amerikanischen Ära und zeigt – politisch geschickt – den Unterschied zwischen ihrer Behandlung und der Brutalität Frankreichs, unter der die Vietnamesen litten. An der Rückseite des Museums steht eine Guillotine, ein überraschend kleines, aber effizientes Tötungsinstrument.

Botschafter-Pagode ❼

73 Quan Su, Distrikt Hoan Kiem. **Stadtplan** 2 D4. 📞 *(04) 3942 4633.* ⏰ *tägl. 7.30–11.30, 13.30– 17.30 Uhr.* 🏠

Chua Quan Su, die »Botschafter-Pagode«, wurde für buddhistische Würdenträger auf Durchreise errichtet und trägt den Namen eines früheren Gästehauses aus dem 15. Jahrhundert, das an dieser Stelle stand. Der Tempel ist ein offizielles Zentrum des Mahayana-Buddhismus in Hanoi und eine der beliebtesten Pagoden der Stadt, die vor allem an Feiertagen Gläubige in wahren Massen anzieht.

Der heutige Tempel entstand 1942 und zeigt historische, heutige und künftige Inkarnationen von Buddha als A Di Da bzw. Amitabha Buddha, Thich Ca bzw. Sakyamuni Buddha sowie Di Lac oder Maitreya Buddha. Hier sieht man überall Mönche und Nonnen beim Gebet und bei allerlei Tätigkeiten. Ein Laden verkauft Ritualgegenstände.

Altar mit einem vielarmigen Buddha, Botschafter-Pagode

Stadtplan Hanoi siehe Seiten 174–177

Sofitel Metropole Hotel ❽

15 Ngo Quyen, Distrikt Hoan Kiem.
Stadtplan 2 F4. ☏ *(04) 3826 6919.*
☐ *tägl. 24 Stunden.* ♿ 🍴 ▯ 🛗
**www.sofitel.com Gouverneurs-
palast** 10 Ngo Quyen, Distrikt Hoan
Kiem. ◗ *für Besucher.*

Das älteste und luxuriöses-
te Hotel von Hanoi ent-
stand 1901 im französischen
Kolonialstil. Das mit schmiede-
eisernen Ornamenten und
Jugendstilschmuck verzierte
Metropole war lange Zeit die
Grande Dame der Hotellerie
Indochinas – damals wie
heute stiegen prominente
Gäste hier ab, darunter Schau-
spieler, Schriftsteller, Staats-
gäste und viele bekannte
Persönlichkeiten. Zu den
Gästen gehörten W. Somerset
Maugham (1874–1965),
Charlie Chaplin (1889–1977),
Graham Greene *(siehe S. 58),*
Noël Coward (1899–1973),
Michael Caine (geb. 1933) und
Wladimir Putin (geb. 1952),
um nur einige Namen zu nen-
nen. In den Zeiten des Staats-
sozialismus 1954 bis 1986
ging es mit dem Hotel bergab,
doch mittlerweile erstrahlt es
dank einer Restaurierung wieder im alten Glanz.
   Nördlich des Hotels entstand 1919 der französische
Gouverneurspalast mit Kolonnadenfassade und einem
mehrstufigen Portikus. Heute
beherbergt der Bau vor allem
Gäste der Regierung.

**Aufenthaltsbereich im Hof des
Sofitel Metropole Hotel**

Opernhaus ❾

1 Trang Tien, Distrikt Hoan Kiem.
Stadtplan 2 F4. ☏ *(04) 3933 0132.*
☐ *bei Vorstellungen.* 🚫 ♿ ▯

Das nach der Pariser Oper
von Charles Garnier ge-
staltete Opernhaus, Nha Hat
Lon (»Haus der großen Lieder«),
wurde 1911 eröffnet. Es war
der Glanzpunkt französischer
Kolonialarchitektur nicht nur
in Hanoi, sondern in ganz
Französisch-Indochina.
   Bis zum Ausbruch des Zweiten Weltkriegs war die Oper
das kulturelle Zentrum der
Stadt. Doch mit dem Ende der
französischen Herrschaft zerfiel auch die Oper. In den

Jahren vor der Liberalisierung
traten hier Ende der 1980er
Jahre chinesische und russi-
sche Künstler mit Inszenierungen wie dem Ballett *Red De-
tachment of Women* (»Rote
Frauen-Armee«) auf, auch mu-
sikalische Darbietungen eines
Ensembles aus Kiew standen
hier auf dem Spielplan.
Mitte der 1980er Jahre
war es selbst damit vor-
bei, die Oper wurde
dem Verfall überlassen.
   1994 beschlossen die
Behörden, die Oper zu
restaurieren und wie-
derzueröffnen. Das
drei Jahre dauernde,
14 Millionen US-Dol-
lar teure Projekt schenkte
Hanoi ein strahlendes Opernhaus mit vergoldeten Spiegeln
und eleganten Treppen. In
dem mit moderner Audiotech-
nik ausgestatteten Saal für
600 Zuschauer stehen heute
vietnamesische Operetten,
Ballette, Konzerte des Hanoi
Symphony Orchestra und
Auftritte von Gastorchestern
auf dem Programm.

Museum für Vietnamesische Geschichte ❿

1 Pham Ngu Lao, Distrikt Hoan Kiem.
Stadtplan 2 F4. ☏ *(04) 3825 2853.*
☐ *Di–So 8–11.30, 13.30–16 Uhr.*
🚫🎥 *nach Vereinb.* 🚫 ▯ 🛗

Der 1925 als École Française d'Extrême-Orient
entstandene Bau des französischen Architekten Ernest
Hébrard begründete die neue
architektonische Stilmischung
»Indochinoise«, indem sie
französische Elemente mit
Viet- und Khmer-Einflüssen
kombinierte. Die ockergelbe
Fassade kontrastiert zu den
grünen Fensterläden und wird
von einem achteckigen Pago-
dendach gekrönt. Trotz der
verspielten Kolonnaden, Träger und Balustraden wirkt das
Ensemble sehr har-
monisch.
   Bao Tang Lich
Su, das Museum
für Vietnamesi-
sche Geschich-
te, ist eines
der besten
in Vietnam.
Es zeigt auf zwei
Stockwerken eine
ausgezeichne-
te Sammlung
von Objek-
ten aus der prähistorischen
Dong Son-Kultur am Roten
Fluss sowie der Sa Huynh- und
Oc Eo-Kulturen Südvietnams.
   Sehenswert sind die Bronzetrommeln mit Gravuren sowie
die Skulpturensammlung der
Khmer- und Champa-Reiche.
Ausgestellt werden auch mit
Metallspitzen versehene Holzpflöcke aus der Schlacht am
Bach Dang *(siehe S. 40).*

**Keramik (18. Jh.), Museum für
Vietnamesische Geschichte**

Kolonnadenfassade des Opernhauses

Garten und die »indochinesische« Architektur des Historischen Museums

Lien Phai-Pagode ⓬

Ngo Chua Lien Phai, Distrikt Hai Ba Trung. ☎ (04) 3863 2562. ⭘ tägl. 7–11, 13.30–17.30 Uhr.

Die Lien Phai-Pagode (»Pagode der Lotos-Sekte«) ist eine der wenigen erhaltenen Bauten der Trinh-Fürsten (siehe S. 41) in Hanoi. Der Inschrift in der zentralen Stele nach unterhielt Fürst Trinh Thap in dieser Gegend einen Palast. Eines Tages gruben seine Arbeiter im Palastgarten einen riesigen, wie eine Lotoswurzel geformten Stein aus. Für Trinh Thap war dies ein Zeichen Buddhas, dass er sein privilegiertes Leben für ein Dasein als Mönch aufgeben sollte. Der Fürst ließ an der Fundstelle 1726 einen Tempel errichten und verbrachte den Rest seines Lebens als Mönch. Nach dem Tod Trinh Thaps wurde seine Asche in der Pagode verscharrt. Seine Kalligrafien hängen bis heute am Hauptaltar.

Der beeindruckendste Tempelbau ist der zehnstöckige Dieu Quang, der »Turm des Wunderlichts«. Die von Trinh Thap gegründete, heute in Japan und China populäre Lotos-Sekte betet zu A Di Da, dem Amitabha Buddha, und glaubt, durch Singen seines Namens und völligen Verzicht eines Tages im westlichen Paradies von Sukhavati, dem »Reinen Land«, wiedergeboren zu werden.

Im Park hinter dem Museum stehen Statuen von Cham-Göttinnen, Khmer-Löwen und vietnamesischen Drachen.

Hai Ba Trung-Tempel ⓫

Dong Nhan, Distrikt Hai Ba Trung. ⭘ nur zu Festen. 🎎 Hai Ba Trung-Fest (Anfang März).

Der Hai Ba Trung-Tempel gilt als einer der heiligsten in ganz Vietnam. Er folgt dem weitverbreiteten Kult vergöttlichter Helden und ehrt die Trung-Schwestern, denen im ersten Jahrhundert n. Chr. für kurze Zeit die Vertreibung der Chinesen gelang. Der 1142 von Kaiser Ly Anh Ton gegründete Tempel enthält angeblich die sterblichen Überreste der Schwestern.

Der Tempel erhebt sich am Westufer des künstlich angelegten Huong Vien-Sees. Man betritt den Bau durch ein breites Tor, das von hohen weißen Säulen voller Glück verheißender chinesischer Symbole, Schriftzeichen für Langlebigkeit und stilisierten Lotosblüten eingerahmt wird.

Leider ist die Anlage nur zum alljährlichen Tempelfest (siehe S. 30) geöffnet. Beim Hai Ba Trung-Fest werden die Statuen mit Wasser aus dem Roten Fluss gewaschen und in neue, rote Gewänder gekleidet.

Wächter, Hai Ba Trung-Tempel

DIE TRUNG-SCHWESTERN

Als im ersten Jahrhundert n. Chr. der Widerstand gegen die chinesische Besetzung Vietnams zunahm, stellten die Schwestern Trung Trac und Trung Nhi mithilfe vietnamesischer Fürsten im Jahr 40 n. Chr. eine Armee zusammen. Sie vertrieben die Chinesen und gründeten in Me Linh am Roten Fluss ein Königreich. Doch schon 43 n. Chr. schlugen die Chinesen den Aufstand nieder. Um der Gefangennahme zu entgehen, töteten sich die Schwestern durch einen Sprung in den Fluss Hat. Jahrhunderte später wurden zwei weibliche Steinfiguren auf eine Sandbank im Roten Fluss gespült – dem Glauben nach die versteinerten irdischen Überreste der beiden Nationalheldinnen, für die man im Dorf Dong Nhan (heute der Distrikt Hai Ba Trung) einen Tempel baute.

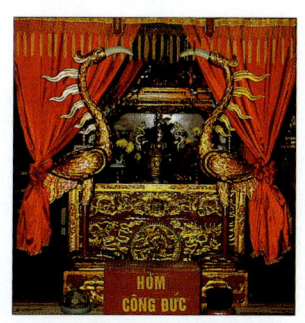

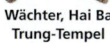

Kostbarer Altar der Trung-Schwestern

Stadtplan Hanoi siehe Seiten 174–177

Tempel der Literatur ⑬

Siehe S. 166 f.

Vielarmige Buddha-Statue im Museum für Schöne Künste

Museum der Schönen Künste ⑭

66 Nguyen Thai Hoc, Distrikt Ba Dinh. **Stadtplan** 1 C3. ☎ *(04) 3733 2136.* ◯ *Di–So 8.30–17.30 Uhr.* ⬚ ⬚ ⬚ ⬚

Das Kunstmuseum Bao Tang My Thuat hat seinen Sitz in einem eleganten, dreistöckigen Kolonialbau und zeigt vietnamesische Architektur, Kunstobjekte, Gemälde, Skulpturen und viele weitere Kunstwerke. Die chronologisch geordnete Ausstellung beginnt im Erdgeschoss mit einer Sammlung zur Stein- und Bronzezeit. Verschiedene Holz-, Stein- und Lackskulpturen veranschaulichen die Vielseitigkeit vietnamesischer Kunst. Eines der Highlights ist ein Bodhisattva, ein »Erleuchtetes Wesen«, mit angeblich 1000 Armen und Augen.

Die Ausstellung im ersten Stock präsentiert einige der besten Lackgemälde Vietnams. Im zweiten Stock sind Aquarelle und Ölgemälde einheimischer Künstler ausgestellt, dazu kommen Schnitzereien aus dem Zentralen Hochland, Holzstock-Bilder der Dong Ho-Kultur und Trachten.

Kopien alter antiker Kunstobjekte kann man im Museumsshop kaufen.

Museum für Militärgeschichte ⑮

28A Dien Bien Phu, Distrikt Ba Dinh. **Stadtplan** 1 C3. ☎ *(04) 3823 4264.* ◯ *Di–Do, Sa, So 8–11.30, 13–16 Uhr.* ⬚ ⬚

Das Museum für Militärgeschichte liegt in der südlichen Ecke der Zitadelle in einer alten französischen Kaserne. 30 Abteilungen dokumentieren die Entwicklung und Geschichte der vietnamesischen Armee, u. a. mit Objekten zu den ersten Schlachten des Landes gegen die Chinesen und Mongolen. Der Schwerpunkt liegt jedoch auf den jüngeren Kriegen gegen Frankreich, die Roten Khmer Kambodschas, China und die USA, dokumentiert mit Filmen, Schwarz-Weiß-Fotos und anderem Archivmaterial. Sehenswert ist das Diorama zur Schlacht von Dien Bien Phu *(siehe S. 195)*.

Im Hof vor dem Museum sieht man halb zerstörte Kriegsgeräte aus Frankreich, den USA und der UdSSR, dazu Waffen, Kampfflugzeuge und eine sehr gut erhaltene sowjetische MIG-21.

Neben dem Museum erhebt sich der sechseckige Flaggenturm **Cot Co**, einer der wenigen Überreste der alten Festung. Den Turm ließ Kaiser Gia Long 1803 wiederaufbauen. Wie der Schildkrötenturm am Hoan Kiem-See *(siehe S. 160)* ist das Bauwerk nicht nur ein Wahrzeichen der Truppen Hanois, sondern der gesamten Armee Vietnams. Cot Co ist im Gegensatz zu weiten Teilen des militärischen Speergebiets der Zitadelle für Besucher geöffnet. Von oben bietet sich eine herrliche Aussicht über die ganze Stadt.

Die strahlend weiße Fassade des Ho Chi Minh-Museums

Ho Chi Minh-Museum ⑯

19 Ngoc Ha, Distrikt Ba Dinh. **Stadtplan** 1 B2. ☎ *(04) 3823 0899.* ◯ *Di–Do, Sa, So 7.30–11.30, 13.30–16.30 Uhr.* ⬚ ⬚ ⬚ ⬚

Das ein Jahrhundert nach der Geburt von Ho Chi Minh *(siehe S. 169)* 1990 eröffnete Museum zeichnet den Lebensweg und die Erfolge des Revolutionsführers in einer mitunter merkwürdigen Abfolge von Dioramen nach. Dazu gehören eine bunte Mischung persönlicher Gegenstände, aber auch Schwarz-Weiß-Fotos aus seiner Jugend und den langen Europa- und Chinareisen. Bilder und Dokumente veranschaulichen den Kampf für die Unabhängigkeit Vietnams, die Gründung der kommunistischen Partei und den Kampf gegen die Franzosen und die USA. Das Museum ist trotz seiner Subjektivität und all dem Kitsch sehr informativ.

Panzer der Nationalen Befreiungsfront im Museum für Militärgeschichte

Stufen führen hinauf zur Ein-Säulen-Pagode

NEU ZUGÄNGLICHE ZITADELLE

Bevor Kaiser Gia Long die Hauptstadt 1802 nach Hue verlegte, umfasste die Zitadelle von Hanoi auch die Verbotene Stadt. Bei Bauarbeiten stieß man 2003 auf die verschütteten Fundamente, seither finden Ausgrabungen statt. Viele Schätze aus der kulturellen Blütezeit der 1010 gegründeten Stadt Thang Long *(siehe S. 153)* vom 11. bis 15. Jahrhundert sind bereits geborgen. Seit 2008 sind einige rekonstruierte Teile der Zitadelle wieder zugänglich. Der Eintritt erfolgt über das Nordtor in der **Phan Dinh Phung-Straße**. Spätestens zur Tausendjahrfeier Hanois 2010 sollen alle Funde im adäquaten Rahmen präsentiert werden. Dann will auch die UNESCO die Aufnahme der Zitadelle als Welterbe prüfen.

Vietnams Fahne über der Zitadelle

Ein-Säulen-Pagode ⑰

8 Chua Mot, Distrikt Ba Dinh.
Stadtplan 1 B2. ☎ *(04) 3843 6299.*
○ *tägl.*

Chua Mot Cot, die Ein-Säulen-Pagode des Kaisers Ly Thai Tong aus dem Jahr 1049 n.Chr., ist neben Cot Co eines der bedeutendsten Wahrzeichen Hanois. Die Holzpagode steht im kleinen Dien Huu-Tempel (11. Jh.) und ruht, wie der Name sagt, auf einer einzigen Steinsäule mitten in einem Lotosteich. Der Legende nach hatte der Kaiser, der ohne Sohn war, einen Traum, in dem ihm Quan Am, die Göttin der Barmherzigkeit, erschien. Sie saß auf einer Lotosblüte und schenkte ihm einen männlichen Neugeborenen. Kurz danach vermählte sich der Kaiser mit einer neuen, jungen Frau, die ihm den Sohn gebar. Als Zeichen seiner Dankbarkeit ordnete Ly Thai Tong den Bau der Pagode als Symbol für die Lotosblüte an. Im Lauf der Jahrhunderte wurde die Pagode mehrfach zerstört und rekonstruiert – besonders unfassbar war der hier 1954 von Franzosen gelegte Brand.

Ho Chi Minh-Mausoleum ⑱

Ba Dinh-Platz, Distrikt Ba Dinh.
Stadtplan 1 B2. ○ *Di–Do, Sa, So 7.30–10.30 Uhr .* ● *zwei Monate im Jahr, meist im Okt und Nov, zur Erneuerung der Einbalsamierung geschlossen.* ✗ 📷

Vietnams Gründervater hat seine letzte Ruhe in einem monumentalen Mausoleum an der Westseite des Ba Dinh-Platzes gefunden. Die grauen Steine für den Bau stammen aus den Marmorbergen bei Danang *(siehe S. 134)*.

Ho Chi Minh war ein bescheidener Mensch, der den Verlockungen und Privilegien der Macht gegenüber unempfindlich war. Der Revolutionär und Staatsführer hatte gewünscht, dass seine Asche als Symbol für die Einheit der Nation, um die er so hart gekämpft hatte, in Nord-, Zentral- und Südvietnam verstreut werden sollte. Getreu dieser Überzeugung untersagte er auch den Bau eines Museums in seinem Heimatdorf bei Kim Lien *(siehe S. 151)*. Doch nach Ho Chi Minhs Tod 1969 hielt sich das Politbüro nicht an seine Verfügungen und strich sogar den Wunsch nach Verbrennung aus Ho Chi Minhs Testament. Stattdessen wurde sein Leichnam mithilfe sowjetischer Experten einbalsamiert und 1975 in einem Mausoleum aufgebahrt.

Das Mausoleum wirkt auf viele so bombastisch wie hässlich. Erstaunlicherweise soll der Bau nach Auffassung der Architekten einer Lotosblüte ähneln – für den Betrachter nur schwer nachvollziehbar.

Innen herrscht eine ernste, sehr respektheischende Stimmung. Der nach dem Vorbild des chinesischen Nationalisten Sun Yat Sen in einfache Kleidung gehüllte Ho Chi Minh liegt in einem abgedunkelten, gekühlten Saal, seine gekreuzten Hände ruhen auf einem dunklen Stofftuch.

Für viele Vietnamesen, vor allem für solche aus dem Norden, ist das Mausoleum eine Pilgerstätte. Man sollte sich daher respektvoll verhalten. Lautes Benehmen oder zu legere Kleidung sind absolut nicht angemessen.

Das monumentale Ho Chi Minh-Mausoleum

Stadtplan Hanoi *siehe Seiten 174–177*

Tempel der Literatur ⓑ

Van Mieu, das älteste und architektonisch schönste Baudenkmal Hanois, wurde 1070, während der Ly-Dynastie (1009–1225), gegründet. Der Tempel war als Gelehrtenzentrum, in dem sieben Jahrhunderte lang Mandarine ausgebildet wurden, dem chinesischen Philosophen Konfuzius (551–479 v. Chr.) geweiht. Vorbild für die Anlage war der Konfuzius-Tempel in der chinesischen Stadt Qufu, dem Geburts- und Sterbeort des Religionsgründers. Fünf Höfe, zwei davon mit gepflegten Grünflächen, sind durch Mauern und verzierte Tore abgetrennt, ein Zentralweg teilt die Anlage in zwei symmetrische Hälften.

Torwache, Bai Duong

Das elegante Van Mieu-Tor ist der Eingang zum Tempel der Literatur

Menschliche Schachfiguren
Beim Tet-Fest verwandelt sich der vierte Hof in ein Schachbrett mit menschlichen Figuren, die sich in farbenfrohen Kostümen nach Anweisung der Spieler bewegen.

Quelle der Himmlischen Erleuchtung
Das rechteckige Wasserbecken, Thien Quang Tinh, nimmt den dritten Hof ein. Zu beiden Seiten des Beckens stehen in überdachten Galerien 82 steinerne Stelen, die kostbarsten Objekte des Tempels.

★ Khue Van Cac
Das auch »Sternbild der Literatur« genannte verzierte Tor von 1805 soll das brillante literarische Vermächtnis Van Mieus symbolisieren. Im oberen Stock zeigen vier Sonnenkränze die Himmelsrichtungen an.

NICHT VERSÄUMEN

★ Khue Van Cac

★ Konfuzius-Altar

★ Konfuzius-Tempel

★ Schildkrötenstelen

Buddhistische Mönche auf dem Weg durch die Gärten des Vorhofs

INFOBOX

Quoc Tu Giam. **Stadtplan** 1 B4.
(04) 3823 5601.
Apr–Sep: 7.30–18 Uhr;
Okt–März: 8–17 Uhr.

Musikraum

Neben dem Konfuzius-Altar tritt regelmäßig ein kleines, traditionelles Orchester mit Sängerinnen auf. Gespielt wird auf klassischen vietnamesischen Instrumenten (siehe S. 24f).

Große Trommel

Das Gegenstück zum Glockenturm westlich von Quoc Tu Giam ist ein riesiger Gong im Osten. Beide Türme sind im traditionellen chinesischen Stil erbaut.

Ein schöner Glockenturm wurde kürzlich im fünften Hof restauriert.

Quoc Tu Giam, die alte Nationalakademie, stellt historische Lehrschriften sowie Bildnisse der drei Herrscher der Ly-Dynastie aus.

★ Konfuzius-Tempel

Der mit Gold und roten Lackarbeiten verzierte Tempel steht hinter Bai Duong. Der Philosoph und vier seiner Schüler sind, in rot-goldenen Roben gekleidet, als Statuen zu sehen.

★ Schildkrötenstelen

Die Steinstelen ruhen auf Schildkrötensockeln. Die Stelen zeigen Inschriften mit den Namen und Lebensdaten der Gelehrten, die zwischen 1442 und 1779 die Prüfungen in Van Mieu meisterten. Nur 82 der einst 112 Stelen haben überdauert, im Vietnamkrieg wurden sie vergraben.

★ Konfuzius-Altar

Im Großen Haus der Zeremonien, Bai Duong, prunkt der Konfuzius-Altar zwischen zwei Kranichen, die auf Schildkrötenfiguren stehen, ein Glück verheißendes Symbol. Hier brachten der Kaiser und seine Mandarine ihre Opfergaben dar.

Stadtplan Hanoi *siehe Seiten 174–177*

Tretboote in Schwanenform am Ufer des Ho Tay

Ho Chi Minhs Wohnhaus ⑲

1 Bach Thao, Präsidentenpalast, Distrikt Ba Dinh. **Stadtplan** 1 B2. ⊙ *Di–Do, Sa, So 7.30–11.30, 14–16 Uhr.* 📷 🚻 **Botanischer Garten** Hoang Hoa Tham. ⊙ *tägl. 7.30–22 Uhr.* ♿ 🚻

Als Ho Chi Minh 1954 Präsident der Republik Vietnam wurde, fand er den Präsidentenpalast zu pompös und ließ im Palastpark ein einfaches Holzhaus für sich selbst errichten. Der schlichte, zweistöckige Holzbau orientiert sich an den Pfahlbauten (Stelzenhäusern), die Nha Bac Ho (»Onkel Hos Haus«) genannt werden. Zwischen den Pfosten und inmitten von Pflanzen stehen die Tische und Stühle, an denen Ho Chi Minh mit dem Politbüro tagte.

Frauenstatue, Botanischer Garten

Holzstufen führen auf der Rückseite des Hauses in zwei einfache Zimmer, ein Büro und einen Schlafraum, die genauso aussehen wie zu Lebzeiten des Staatsführers. Im Büro stehen eine alte Schreibmaschine und ein mit Büchern in vielen Sprachen vollgestopftes Bücherregal. Der Schlafraum fällt noch spartanischer aus: Neben dem Bett sind ein elektrischer Wecker, ein altmodisches Telefon und ein Radio die einzigen Zugeständnisse an die Moderne.

Rund um das Haus erstrecken sich gepflegte Gärten mit Trauerweiden, Mango- und Frangipani-Bäumen sowie Jasmin. Ho Chi Minh lebte hier von 1958 bis 1969, wässerte seinen Garten und fütterte die Karpfen im Teich.

Beim Haus findet man im **Botanischen Garten** zwei Seen mit dichter Vegetation und eine Skulpturenausstellung.

Ho Tay ⑳

Stadtplan 1 A1. ♿ 🍴 📷 🚻 **Tran Quoc-Pagode** Kim Ngu-Insel, Thanh Nien-Damm. ⊙ *tägl. Sonnenauf- bis -untergang.* **Quan Thanh-Tempel** Kreuzung Thanh Nien-Damm und Quan Thanh. ⊙ *tägl. Sonnenauf- bis -untergang.*

Westlich von Hanoi liegen zwei vom Roten Fluss durch einen Damm getrennte, hübsche Seen. Der größere von beiden heißt Ho Tay (»Westsee«) und ist Sitz des Segelclubs von Hanoi. Ein Damm trennt den See vom Truc Bach (»Weißer Seidensee«) im Osten.

Einst standen am Ufer des Ho Tay Paläste und Tempel der Trinh-Fürsten. Nur einige Tempel sind aus dieser Zeit erhalten, darunter der älteste der Stadt, die **Tran Quoc-Pagode**. Einer Sage nach wurde sie während der Regierung des Trinh-Fürsten Ly Nam De (reg. 544–548) am Ufer des Roten Flusses erbaut, aber im 17. Jahrhundert an den heutigen Standort versetzt.

Sehenswert ist auch der **Quan Thanh-Tempel**, der angeblich unter Kaiser Ly Thai To, dem Begründer der Ly-Dynastie *(siehe S. 40)*, entstand. Der Tempel wurde 1893 wieder aufgebaut und ist Tran Vo, dem »Wächter des Nordens«, geweiht. Ein Bildnis dieser taoistischen Gottheit schmückt den Altar.

Die Gegend rund um Ho Tay wird zunehmend durch Luxushotels geprägt. Am Damm weiter nördlich kann man essen gehen. Manche Lokale hier spezialisieren sich auf *thit cho* (Hundefleisch).

Kim Lien-Pagode ㉑

Ho Tay, Distrikt Tu Liem. 📞 *(04) 3852 9962.* ⊙ *tägl. Sonnenauf- bis -untergang.*

Die reizvolle Pagode liegt zwar etwas abseits am Nordufer des Ho Tay, lohnt aber den Abstecher. Einer Volkssage nach schickte die Prinzessin Tu Hoa, Tochter von Kaiser Ly Than Tong, im 12. Jahrhundert ihre Kammerfrauen zur Seidenraupenaufzucht hierher. 1771 erbaute man auf den Fundamenten ihres Palasts den Tempel und nannte ihn in Gedenken an die Prinzessin Kim Lien (»Goldener Lotos«).

Man betritt den Tempel durch einen dreibogigen Eingang, dahinter erstrecken sich drei Pavillons, in drei Reihen angeordnet. Alle Bauten haben geschwungene Traufen und mehrteilige Dächer. Auch die Dreigliedrigkeit ist eine Reverenz an China.

Die Backsteinfassade der Tran Quoc-Pagode

Ho Chi Minh

Der 1890 im Dorf Hoang Tru bei Kim Lien geborene Ho Chi Minh gilt als treibende Kraft des vietnamesischen Unabhängigkeitskampfes. Nach einem Studium in Hue verließ der damals Nguyen Tat Thanh genannte junge Mann 1911 seine Heimat, reiste durch die Welt und kam in Europa mit dem Sozialismus in Berührung. Er gründete kommunistische Parteien in Paris, Moskau und China und kehrte 1941 nach Vietnam zurück, wo er den Namen Ho Chi Minh (»Überbringer der Erleuchtung«) annahm und die Viet Minh, die Unabhängigkeitsliga Vietnams, gründete. 1955 wurde er Präsident der Demokratischen Republik Vietnam und führte Krieg gegen Frankreich und die USA. Ho Chi Minh starb 1969. Sein größtes Vermächtnis war die Wiedervereinigung Vietnams fast sieben Jahre danach.

**Hammer und Sichel,
Ho Chi Minh-Museum**

Die renommierte Quoc Hoc-Schule *in Hue besuchte Ho Chi Minh neben dem späteren General Vo Nguyen Giap und Pham Van Dong, dem künftigen Premierminister Vietnams.*

Nguyen Ai Quoc *oder »Nguyen, der Patriot« ist das Pseudonym, das Ho Chi Minh in den 1920er Jahren annahm. Er war Gründungsmitglied der französischen KP in Paris, Mitglied der KP in Moskau und Gründer der Kommunistischen Partei Indochinas (heute Kommunistische Partei Vietnams, KPV) in Hongkong.*

Ein Foto von 1945 zeigt Ho Chi Minh *bei Vorbereitungen eines Feldzugs gegen die Franzosen. Der Erste Indochinakrieg brach 1946 aus. Unter der Führung von Ho Chi Minh lieferten die Viet Minh der Kolonialmacht acht Jahre lang einen blutigen Kampf.*

In geheimen Tunneln und Höhlen versteckt *perfektionierte Ho Chi Minh seine Militärstrategien. Er entwickelte die Guerillataktik und den Widerstand im Untergrund gegen die französische Armee bis zu deren Niederlage 1954.*

Ho Chi Minh war ein bescheidener, *gütiger Mann, der bei Kindern und Erwachsenen beliebt war. Er sprach mehrere Sprachen fließend, u. a. Chinesisch, Russisch, Französisch und Englisch.*

Verehrt und als Vater des modernen Vietnam geliebt *wird Ho Chi Minh bis heute. Statuen, Büsten und Porträts feiern ihn für seinen Kampf für die vietnamesische Einheit. Ho Chi Minhs Kindheitsdorf Kim Lien (siehe S. 151) ist so etwas wie eine Pilgerstätte. .*

The Huc (»Sonnenstrahl-Brücke«) am Hoan Kiem-See in Hanoi *(siehe S. 160)* ▷

Rekonstruiertes Haus aus dem Zentralen Hochland, Ethnologisches Museum

Co Loa-Zitadelle ㉒

16 km nördl. von Hanoi, Distrikt Dong Anh. 🚌 🕐 tägl. 8–17 Uhr. 🔻🚻♿ Co Loa-Fest (Feb).

Die alte Festung war die erste bekannte Hauptstadt eines unabhängigen vietnamesischen Reichs und stammt aus einer Zeit, da sich die Ursprünge des Landes aus dem Nebel der Mythen in konkrete Historie verwandeln – wenn auch die Geschichten um Gründung und Fall der Zitadelle nur auf mündlicher, nicht überprüfbarer Überlieferung beruhen.

Die Zitadelle wurde wahrscheinlich von König An Duong Vuong (siehe S. 37) im 3. Jahrhundert v. Chr. erbaut und kurze Zeit später von den Chinesen erobert. Einer Sage zufolge brachte der Sohn des chinesischen Generals die Tochter von An Duong Vuong, My Chau, dazu, den magischen Pfeilbogen ihres Vaters zu entwenden und ihm auszuhändigen. Dank dieser Waffe triumphierten die Chinesen. Ob nun Sage oder

Wahrheit – die Ruine der massiven Festung und die vielen Pfeilspitzen, die rund um die Festung gefunden wurden, deuten auf erbitterte Schlachten hin. Heute stehen nur einige Restgebäude, u. a. im Zentrum der Anlage die gut erhaltenen Tempel für An Duong und My Chau, die aber einige Jahrhunderte nach der Zerstörung der Zitadelle 208 v. Chr. entstanden.

Stilisierte Steinlöwen wachen vor dem Tempel für König An Duong. Der legendäre Herrscher wird alljährlich mit einem Tempelfest geehrt.

Dabei trägt man seine Statue in einer Sänfte vom Tempel zum örtlichen Gemeinschaftshaus, dinh. Es wird Schach mit menschlichen Figuren gespielt, Hahnenkämpfe, Gesänge und Tanz prägen das Fest. Am letzten Tag trägt man die Statue wieder zum Tempel.

Die Stadt Hanoi arbeitet derzeit an der Restaurierung bzw. Rekonstruktion der großen Festungsanlage.

Ethnologisches Museum ㉓

60 Nguyen Van Huyen, Distrikt Cau Giay. 📞 (04) 3756 2193. 🚗 🕐 Di–So 8.30–17.30 Uhr. 🔻🚻 📷 🎥 www.vme.org.vn

Bao Tang Dan Toc Hoc heißt das Museum westlich des Stadtzentrums, das zugleich Wissenschaftszentrum zur Erforschung der 54 ethnischen Gruppen Vietnams (siehe S. 20f) ist. Hier findet man gut erläuterte Sammlungen vor. Präsentiert werden Objekte von Mehrheiten wie den Kinh ebenso wie von Minderheiten im nördlichen und zentralen Hochland.

Im Hauptgebäude ausgestellt sind u. a. kunstvoll gefertigte, farbenfrohe Trachten der Bergvölker, Webmuster, Musikinstrumente, Geräte zum Fischen und anderes Werkzeug. Auf dem weitläufigen Außengelände stehen teils originale, teils nachgebaute Beispiele ethnischer Häuser aus dem Hochland, u. a. Gemeinschaftshäuser, Steildachbauten und reich verzierte Gräber. Ein Highlight ist der Nachbau eines Hauses der Schwarzen Thai.

Wandbild mit Menschen der Dong Son-Kultur, Co Loa-Zitadelle

Große Tonfigur eines Kriegers am Altar der Thay-Pagode ❷

Thay-Pagode ㉔

32 km westl. von Hanoi, Provinz Ha Tay. 🚗 🛈 *tägl. Sonnenauf- bis -untergang.* 📷 🎭 *Thay-Pagodenfest (5.–7. Apr).*

Chua Thay, die »Meisterpagode«, ist Thich Ca, dem Sakyamuni Buddha, geweiht und nach Tu Dao Hanh, einem Meister des Wasserpuppen-Theaters im 12. Jahrhundert, benannt. Berühmt ist die Pagode wegen der mehr als 100 religiösen Statuen, darunter den zwei größten dieser Art in Vietnam. Die aus Ton und Pappmaché hergestellten Riesen wiegen mitunter eine ganze Tonne.

Links vom Hauptaltar steht eine Statue des Meisters, rechts Kaiser Ly Nhan Tong (reg. 1072–1127), unter dem der Tempel erbaut wurde. Er gilt als Inkarnation von Tu Dao Hanh. In der Pagode finden zum alljährlichen Tempelfest Anfang April auch Vorstellungen mit Wasserpuppen (*siehe S. 159*) statt.

Tay Phuong-Pagode ㉕

38 km westl. von Hanoi, Provinz Ha Tay. 🚗 🛈 *tägl. Sonnenauf- bis -untergang.* 📷

Der kleine Tempel steht etwas versteckt auf einem Hügel, der einem Büffel gleichen soll. Er liegt nur wenige Minuten westlich der Thay-

Pagode, daher heißt sein Name übersetzt »Westliche Pagode«. Der Bau aus dem 8. Jahrhundert ist vor allem wegen seiner über 70 fein geschnitzten Statuen aus dem Holz des Jackfrucht-Baums bekannt. Sie stellen Inkarnationen von Buddha, Schüler des Konfuzius und verschiedene *arhats* (buddhistische Heilige) in Meditationsposen dar. Ebenso sehenswert sind filigrane Blumen und Fabelwesen wie der Vogel Phönix oder Drachen aus Holz. Besonders auffallend ist eine große Glockengussform von 1796 und das zweigliedrige Dach mit eleganten Dachtraufen. Es ist wunderschön verziert mit Symbolen für Sonne, Mond und Sterne.

Holzstatue, Tay Phuong-Pagode

Tempel der Hung-Könige ㉖

100 km nordwestl. von Hanoi, Distrikt Phong Chau, Provinz Phu Tho. 🚗 **Museum** 📞 *(021) 386 0026.* 🛈 *tägl. 8–11.30, 13–16 Uhr.* 📷 *im Museum.* 🖥 📷 🎭 *Tempelfest (Apr).*

Die Tempel der Hung-Könige am Berg Nghia Linh gelten als die Stätte der ältesten erhaltenen Ursprünge vietnamesischer Kultur. Die Anlage soll zwischen dem

7. und dem 3. Jahrhundert v. Chr. von den Herrschern des Van Lang-Reichs errichtet worden sein. Bis heute wird der Ort von den Vietnamesen tief verehrt. Die Tempel sind dank mehrfacher Restaurierungen im Lauf der Jahrhunderte erstaunlich gut erhalten und ausnehmend gepflegt.

Eine kurze Steintreppe führt durch die Bäume zum ersten Tempel, **Den Ha**, dem mittleren Tempel, **Den Hung**, und schließlich zum wichtigsten Tempel an der Hügelspitze, **Den Thuong**.

Überall auf dem Gelände stehen Pagoden und kleine Schreine, dazwischen liegen malerische Lotosteiche. Am bedeutendsten ist **Lang Hung**, ein winziger Schrein mit Kerzen- und Weihrauchhaltern wenige Meter am Hang unterhalb des Den Thuong. Dies ist angeblich das Hauptgrab der Hung-Könige, wobei der Bau offensichtlich rekonstruiert wurde.

Von der Bergspitze genießt man eine wunderschöne Aussicht über das ländliche Phu Tho. Am Fuß des Bergs zeigt ein kleines **Museum** ein Sammelsurium an Objekten, darunter Froschtrommeln, Keramikobjekte, Pfeilspitzen und andere historische Relikte.

Einer der hübschen Tempel der Hung-Könige in grüner Umgebung

STADTPLAN

Hanoi ist in vier Hauptdistrikte unterteilt. Die pulsierende Innenstadt liegt im Distrikt Hoan Kiem, der nach dem gleichnamigen See benannt wurde. Nördlich davon erstreckt sich das faszinierende Altstadtviertel *(siehe S. 156 f)*. Das elegante ehemalige französische Viertel liegt im Süden. Die drei anderen Bezirke heißen Hai Ba Trung, Ba Dinh und Dong Da. Den Straßennamen

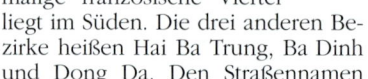

Cham-Musiker

vorangestellt ist in der Regel das Wort *pho*, der in Nordvietnam gebräuchliche Begriff für eine Straße in der Stadt. *Duong* heißt Straße allgemein, *dai lo* bezeichnet einen breiten Boulevard. Einige für Straßennamen typische Wörter werden auf den Karten abgekürzt, beispielsweise Nguyen mit Ng oder Hang mit H. Neben Sehenswürdigkeiten sind auch andere wichtige Gebäude im Stadtplan eingetragen.

0 Kilometer   1

1

2

Truc Bach-See

HOANG HOA THAM

HUNG VUONG

PHAN DINH PHUNG

HOANG DIEU

NGUYEN TRI HUONG

TRAN NHAT DUAT

TRAN QUANG KHAI

CAU GO

HANG GAI

HANG BONG

Hoan Kiem-See

NGUYEN THAI HOC

TON DUC THANG

LE DUAN

TRANG THI

TRANG TIEN

TRIEU

TRAN HUNG DAO

NGUYEN DU

Thien Quang-See

TRAN NHAN TONG

LO DUC

BACH MAI

Bay Mau-See

BA TRIEU

DAI CO VIET

PRO TRAN KHAT CHAN

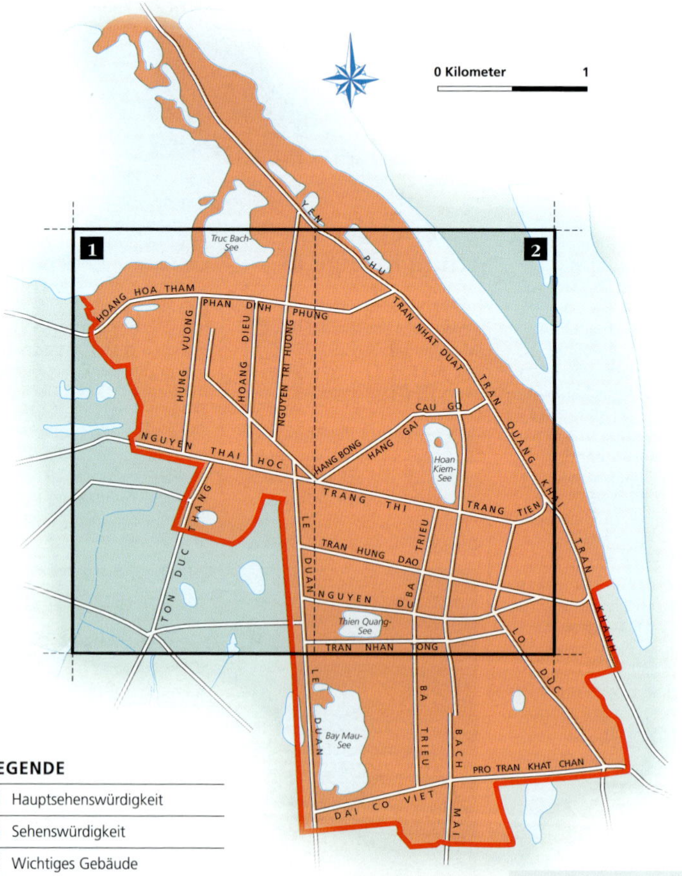

LEGENDE

- Hauptsehenswürdigkeit
- Sehenswürdigkeit
- Wichtiges Gebäude
- Bahnhof
- Busbahnhof
- Flussschiff-Anlegestelle
- Information
- Krankenhaus
- Post
- Pagode/Tempel
- Christliche Kirche

MASSSTAB DER KARTEN 1–2

0 Meter   250

Kartenregister

NORDVIETNAM

Viele der ältesten Tempel und Festungen des Landes findet man in Nordvietnam, einer historisch reichen Kulturlandschaft, die mit einer grandiosen Natur gesegnet ist – von den Berggipfeln und zerklüfteten Schluchten im Westen bis zu den Karstinseln in der Bucht von Halong im Osten. Ebenso faszinierend wie die Landschaft sind die ethnischen Volksgruppen im gebirgigen Nordwesten.

Nordvietnam hat eine erstaunlich ursprüngliche Natur und eine sehr vielfältige Kulturgeschichte. In den Wäldern und tiefen Schluchten der Bergregionen im Norden und Nordwesten leben zahlreiche verschiedene ethnische Gruppen, etwa die Hmong, Thai, Dao und Nung. Rings um die malerischen Dörfern Son La, Lai Chau, Bac Ha und Sapa sieht man überall traditionelle Pfahlbauten inmitten von sattgrünen Reisfeldern. Im äußersten Westen erstreckt sich das Tal Dien Bien Phu, in dem die Viet Minh 1954 den historischen Sieg über die Franzosen errangen.

Der Nordosten besticht dagegen durch Hunderte reizvoller Inseln aus Karstgestein, die sich inmitten der Buchten von Halong und Bai Tu Long im Golf von Tonkin erheben. Ähnliche Felsklippen ragen aus den tropischen Wäldern der Insel Cat Ba mit ihren Traumstränden und Korallenriffen empor. Hektik und Handel prägen dagegen die nahe gelegene Hafenstadt Haiphong in der nördlichsten Provinz mit dem Delta des Roten Flusses (Song Hong). Südlich davon leben ethnische Viet oder Kinh inmitten weitläufiger Reisfelder in den grünen, fruchtbaren Tiefebenen.

Die Nationalparks des Nordens, u. a. Ba Be und Cuc Phuong, sind wegen ihrer endemischen (nur hier vorkommenden) Tiere und Pflanzen sowie wegen der zahlreichen Seen, Wasserfälle und in prähistorischer Zeit besiedelten Höhlen eine Attraktion. Religiöse Feste spielen in Nordvietnam eine besondere Rolle. So zieht beispielsweise das Parfümpagoden-Fest jedes Jahr drei Monate lang zahlreiche buddhistische Gläubige auf Pilgerfahrt an.

Ein winziges Dorf inmitten der fruchtbaren Terrassenfelder bei Sapa

◁ Farbenprächtig gekleidete Hmong-Frauen beim Einkauf auf dem Wochenmarkt von Bac Ha *(siehe S. 197)*

Überblick: Nordvietnam

Als älteste besiedelte Region Vietnams bietet der Norden eine reiche, historische Kulturlandschaft. Überall in den fruchtbaren Tiefebenen des Roten Flusses sieht man alte Tempel, Versammlungshäuser und Pagoden, u. a. die Parfümpagode. Im Norden begrenzen die schönen Hoang Lien-Berge Ackerflächen und Siedlungen. Das beliebteste Reiseziel ist das Bergdorf Sapa, ein idealer Ausgangspunkt für Ausflüge in das nahe gelegene Bac Ha und die entlegenen Dörfer verschiedener ethnischer Gruppen. Im Osten liegt die Bucht von Halong, die wohl bekannteste Naturschönheit Vietnams. Im Süden erstrecken sich die dichten Wälder des Cuc Phuong-Nationalparks.

Die Thac Bac-Wasserfälle bei Sapa
(siehe S. 196 f)

SEHENSWÜRDIGKEITEN AUF EINEN BLICK

Städte und Dörfer
Bac Ha ⑯
Cao Bang ⑱
Dien Bien Phu ⑭
Haiphong ⑤
Halong City ②
Hoa Binh ⑩
Moc Chau ⑫
Ninh Binh ⑦
Sapa ⑮
Son La ⑬
Tam Dao ⑲

Landschaftlich schöne Gebiete
Bucht von Bai Tu Long ④
Bucht von Halong
  S. 182–184 ❶
Mai Chau-Tal ⑪

Nationalparks
Ba Be-Nationalpark ⑰
Cuc Phuong-Nationalpark ⑨

Insel
Cat Ba ⑥

Religiöse Stätten
Parfümpagode S. 192f ❽
Yen Tu-Pilgerstätten ❸

Eine Gruppe von Blumen-Hmong-Mädchen in Tracht, Bac Ha-Markt *(siehe S. 197)*

(Kartenbeschriftungen)
Nam Cum
Lao Cai
⑯ BAC HA
SAPA ⑮
70
Pho Rang
LAI CHAU ⑫
Fansipan 3143 m
LAO CAI
Nam Ma
278
Lai Chau
Muong Lay
Hoang Lien Son
DIEN BIEN
YE BA
Muong Muon
Tuan Giao
Da
Lien Son
Tran Ba
12
4
SON LA
☒ ⑭ DIEN BIEN PHU
Thuan Chau
6
Phu Yen
130
Ma
⑬ SON LA
Phou Sam Sao
Ma
Hat Lot
115
Yen Chau
1
M CH.
Phu
Muong Xen
N
Tuong Duong
7
Con C

0 Kilometer   50

Kalksteinfelsen in der Bucht von Halong *(siehe S. 182–184)*

LEGENDE

────	Hauptstraße
┄┄┄┄	Nebenstraße
⌁⌁⌁⌁	Eisenbahn
▬▬▬	Staatsgrenze
─────	Provinzgrenze
▲	Gipfel

IN NORDVIETNAM UNTERWEGS

Neue Straßen nach Haiphong, Halong City und zur chinesischen Grenze erleichtern das Reisen in Nordvietnam, vor allem im Nordosten. In den Nordwesten mit dem Auto zu fahren ist dagegen mühsam, hier empfiehlt es sich, den Nachtzug nach Lao Cai oder einen Flug nach Dien Bien Phu zu nehmen. Die wunderschöne Landschaft erkundet man am besten mit einem Wagen und Fahrer. Busfahrten kann man über Hotels und Reisebüros in Hanoi, Ninh Binh und Sapa reservieren. Die Bucht von Halong sollte man auf jeden Fall vom Boot aus entdecken, eine Tour kann man am Pier von Bai Chay in Halong City oder in Hanoi buchen. Tragflächenboote verbinden Haiphong mit der Insel Cat Ba.

Weitere Zeichenerklärungen *siehe hintere Umschlagklappe*

Bucht von Halong ❶

**Blaumerle,
Bucht von Halong**

Die Bucht von Halong (Vinh Ha Long) ist als UNESCO-Welterbe geschützt und nimmt mit ihren rund 2000 Kalksteinfelsen über 1500 Quadratkilometer im Golf von Tonkin ein. Einer Sage nach entstand diese grandiose Szenerie durch die Schwanzschläge eines riesigen Drachen (*ha long* bedeutet »Herabsteigender Drache«), den die Götter sandten, um die Feinde aus dem Norden abzuwehren. Geologen erklären die Topografie durch jahrtausendelange Erosion. Das Ergebnis ist eine labyrinthähnliche Meereslandschaft mit bizarr geformten Felsen, Höhlen und Sandbuchten (*siehe S. 184*).

ZUR ORIENTIERUNG

◻ Große Karte

--- Grenze der Welterbestätte

Drachenboote
Die bunt bemalten Boote erinnern an den sagenhaften Drachen, der die Halong-Bucht geformt haben soll. Drachen sind in Vietnam auch ein Kaiser- und Glückssymbol.

Tuan Chau

In **Hang Thien Cung**, der »Grotte des Himmelspalasts«, funkeln die Stalaktiten und Stalagmiten, vor allem, weil sie wie in Hang Dau Go mit farbigen Lichtern illuminiert werden

Dao Tuan Chau, früher der Wohnsitz von Ho Chi Minh, ist heute ein großer Ferienort.

Dau Go

★ Hang Dau Go
Die im 19. Jahrhundert von den Franzosen »Grotte des Merveilles« getaufte Höhle fällt durch bizarr geformte Stalaktiten und Stalagmiten auf, die mit grünen und blauen Bodenscheinwerfern in Szene gesetzt sind.

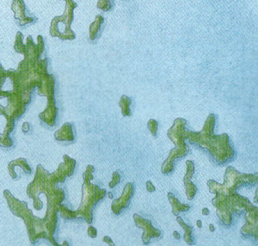

CAT BA

ENTSTEHUNG VON KARSTLANDSCHAFTEN

Im und am Golf von Tonkin, in der Bucht von Halong und an Land bei Tam Coc, ragen verwitterte Kalksteinformationen in den Himmel. Diese porösen Felsen entstanden aus urzeitlichen Sedimenten am Meeresboden, die durch geologische Aktivität und Erosion nach oben wuchsen. Über der Meeresoberfläche ist das Gestein säurehaltigen, warmen Niederschlägen ausgesetzt, die den alkalisch reagierenden Kalkstein in durchlöcherte Türme verwandeln. Die oft bizarren Formen bilden ein außergewöhnlich spektakuläres Bild.

Kalkstein erodiert durch Säurereaktionen

NICHT VERSÄUMEN

★ Hang Bo Nau

★ Hang Dau Go

★ Hang Sung Sot

Schwimmende Dörfer
Zu den Hausboot-Dörfern beim Hafen von Hong Gai gehören auch schwimmende Tankstellen, Kräutergärten, Hundezwinger und Schweineställe.

INFOBOX

Straßenkarte C1. 164 km östl. von Hanoi; 60 km nordöstl. von Haiphong. 🚌 *ab Hanoi.*
🚢 *ab Haiphong.* 🚤 *ab Bai Chay Jetty.* 🚗 *ab Hanoi und Haiphong.* 🎫 *für einige Inseln und Höhlen.* 🎟 *buchbar in Hanoi, Haiphong und Halong City.* 🏨 *Halong City.*

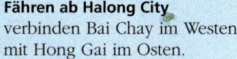

Segeldschunken
Alte Dschunken segeln bis heute in der Bucht. Die fächerförmigen, handgenähten Segel aus rauer Baumwolle werden mit Pflanzenfarbstoffen imprägniert und erhalten so ihren dunklen Ockerton.

Fähren ab Halong City verbinden Bai Chay im Westen mit Hong Gai im Osten.

Dao Titop hat einen winzigen, einsamen Strand. Die Inselspitze kann man wandernd erkunden.

Dong Tam Cung, erst Mitte der 1990er Jahre entdeckt, ist eine der beeindruckendsten Höhlen der Bucht.

★ Hang Bo Nau
Zum Fotografieren beliebt ist Hang Bo Nau, die »Pelikanhöhle«, da die Felsüberhänge um die Boote in der Bucht einen pittoresken Rahmen abgeben.

Hang Trong, die »Trommelhöhle«, ist voller Stalaktiten und Stalagmiten, die bei durchstreichendem Wind in der Höhle einen Klang wie weit entfernte Trommeln erzeugen.

0 Kilometer   10

★ Hang Sung Sot
Hang Sung Sot, die »Höhle der Ehrfurcht«, ist wegen eines phallusähnlichen Felsens bekannt. Die Felsen in der Hauptkammer sollen an eine Gruppe Wachposten erinnern.

Überblick: Bucht von Halong

Ein Segelausflug zu den fantastisch geformten Inseln und Höhlen der Bucht von Halong ist ein eindrucksvolles Erlebnis. Auf vielen Inseln gibt es heilige Schreine, für die Erkundung der glitzernden Bucht sollte man sich mindestens einen Tag Zeit nehmen. Die bekannteren Ziele liegen im westlichen Teil der Bucht und sind oft überlaufen, eine Tour zu den entlegeneren Inseln auf einem gemieteten kleinen Charterboot mit ortskundigem Führer ist wesentlich entspannter.

Hang Dau Go

Die »Höhle des versteckten Holzes« auf der Insel Dau Go liegt auf dem Weg nach Cat Ba *(siehe S. 189)* und ist eine der berühmtesten Höhlen in der Halong Bay. Ihr Name geht auf das 13. Jahrhundert zurück, als General Tran Hung Dao *(siehe S. 40)* hier die Holzpflöcke versteckte, die – im Meeresboden eingerammt – die Flotte der Mongolen aufschlitzten.

Die Höhle ist voller bizarr geformter Stalaktiten und Stalagmiten.

Hang Thien Cung

Ebenfalls auf der Insel Dau Go liegt die »Höhle des Himmelspalasts«, die man über eine steile Treppe erreicht. Sie wurde erst Mitte der 1990er Jahre entdeckt. Flutlichter in Rosa, Grün und Blau lassen die an der Höhlendecke hängenden Stalaktiten funkeln.

Hang Sung Sot

Die »Höhle der Ehrfurcht« liegt auf der Insel Bo Hon, von den Franzosen »Île de la Sur-

Rosa angestrahlter, phallusförmiger Felsen in der Höhle Hang Sung Sot

prise« genannt. In der ersten von drei Höhlen fällt ein phallusähnlicher, in grelles rosafarbenes Licht getauchter Felsen auf, den viele Einheimische als Fruchtbarkeitssymbol verehren.

Faszinierender sind die Felsformationen in der tiefsten Höhle, der »Unberührten Burg«. Hier erscheinen die Stalagmiten und Stalaktiten durch die Wasserspiegelungen draußen fast lebendig. Die nahe gelegene »Pelikanhöhle« **Hang Bo Nau** begeistert durch die Aussicht auf die Bucht.

Dong Tam Cung

Die »Höhle der drei Paläste« ist ein gewaltiger Spalt im Karstgestein und besteht aus drei mit Stalaktiten und Stalagmiten gefüllten Kammern. Vor allem die wie Karotten geformten Stalaktiten werden durch klug platzierte Scheinwerfer in Szene gesetzt. Auf viele Besucher wirkt diese Höhle noch beeindruckender als Hang Dau Go.

Hang Trong

Etwas südöstlich von Hang Bo Nau liegt die kleine »Trommelhöhle«. Starker Wind verursacht zwischen den Stalaktiten und Stalagmiten leise, unheimliche Töne, die an Trommeln in der Ferne erinnern.

Dao Tuan Chau

Die große Insel südlich von Bai Chay wurde als Urlaubsresort und Freizeitpark entwickelt. Hier sieht man einige restaurierte französische Kolonialvillen und eher eintönige Wal-, Delfin- und Seelöwen-Shows. Durchaus lohnenswert sind dagegen die Fischrestaurants und die kleinen Buchten mit ihren Sandstränden.

Dao Titop

Die Hauptattraktion auf dieser Insel ist ein abgelegener, aber dennoch beliebter Badestrand. Hier werden auch Wassersportmöglichkeiten wie Parasailing angeboten. Außerdem kann man auf Dao Titop gut zur Inselspitze wandern und die wohl beeindruckendste Aussicht über die Bucht von Halong genießen.

Die farbenfrohen »Hausboote« eines schwimmenden Dorfes in der Bucht von Halong

Hotels und Restaurants in Nordvietnam *siehe Seiten 243 f und 259 f*

Fähren verkehren zwischen den Orten Bai Chay und Hon Gai, Halong City

Halong City ❷

Straßenkarte C1. 164 km östl. von Hanoi am Hwy 18; 60 km nordöstl. von Haiphong am Hwy 10.
🚶 155 000. 🚌 ab Haiphong und Hanoi. 🚢 ab Haiphong. 🚢 **ℹ** Qung Ninh Tourism Department, (04) 3362 6127. 📷 Long Tien-Pagodenfest (Ende Apr).

H along City entstand 1994 durch Zusammenlegung der Gemeinden **Bai Chay** und **Hon Gai** zu beiden Seiten der schmalen Cua Luc-Meerenge.

Am Westufer der Meerenge entwickelt sich Bai Chay zu einer aufstrebenden Stadt mit vielen Reiseanbietern, Hotels und Restaurants. Die Vietnamesen lieben diese Stadthälfte wegen des Nachtlebens, das sich vor allem in Karaokebars und oft zwielichtigen Massagesalons abspielt. Auf die meisten ausländischen Besucher wirkt Bai Chay wenig anziehend, aber man kann hier gut essen gehen und übernachten. Zwar haben die örtlichen Behörden versucht, durch zwei künstliche Strandabschnitte den Reiz der Gegend zu erhöhen, aber das Wasser ist trüb und der Sand verdreckt.

Auf der Ostseite von Cua Luc liegt das industriell geprägte Hon Gai, die ältere und historische Stadthälfte von Halong City. Zwar kann man auch hier essen gehen und ein Hotel finden, aber im Grunde ist Hon Gai untouristisch. Ihren Wohlstand – und den Schmutz – verdankt der Ort der Industrie, vor allem den Kohleminen im Tagebau östlich der Stadt.

Jenseits des Kohlestaubs am Hafen erhebt sich der **Nui Bai Tho** (»Gedichteberg«), eine der wenigen Sehenswürdigkeiten in Halong City. Der Kalksteinfelsen verdankt seinen Namen den verwitterten Lobeshymnen auf die Bucht von Halong an den Felswänden. Das älteste Gedicht soll Kaiser Le Thanh Tong 1468 verfasst haben. Im nördlichen Windschatten steht die Long Tien-Pagode, der interessanteste und farbenprächtigste Tempel von Halong City.

Yen Tu-Pilgerstätten ❸

Straßenkarte B1. 130 km nordöstl. von Hanoi; 14 km nördl. von Uong Bi. 🚌 ab Hanoi, Halong City und Haiphong nach Uong Bi. 🍴 🚢 📷 Yen Tu-Pagodenfest (Mitte Feb–Ende Apr).

D er heilige Berg Yen Tu ist mit 1060 Metern der höchste Gipfel der gleichnamigen Gebirgskette. Er ist nach Yen Ky Sinh benannt, einem Mönch, der vor rund 2000 Jahren auf dem Gipfel das Nirwana erreichte. Yen Tu wurde im 13. Jahrhundert durch Kaiser Tran Nhan Tong (reg. 1278–93) berühmt, der sich hierher zurückzog, um als Mönch zu leben. Rund 800 Tempel und Pagoden haben der Kaiser und seine Nachfolger hier errichtet.

Seit Jahrhunderten nehmen Tausende Pilger den beschwerlichen Aufstieg zum Gipfel des Yen Tu auf sich. Besucher allerdings bringt heute eine Seilbahn zur Hoa Yen-Pagode, die etwa auf halbem Wege zum Gipfel liegt. Von hier muss man zum wichtigsten Tempel auf dem Gipfel, der »Bronzepagode« **Chua Dong** (15. Jh.), gehen. Sie ist das spirituelle Zentrum der Truc Lam oder Bambuswald-Schule des Mahayana-Buddhismus. Die Anlage wurde vor Kurzem neu gestaltet, u. a. mit einer 20 Quadratmeter großen Lotosblüte aus 70 Tonnen Bronze.

Umgebung: An den westlichen Hängen der Yen Tu-Gebirgskette, rund fünf Kilometer nördlich von Sao Dao am Highway 18, stehen zwei der interessantesten Pilgerstätten Vietnams: **Chua Con Son**, eine überaus reizvolle Pagode im Norden, ist Nguyen Van Trai geweiht, dem dichtenden Krieger, der Kaiser Le Loi (siehe S. 40) im 15. Jahrhundert bei der Vertreibung Chinas aus Vietnam unterstützte. In dem lebhaften Tempel erklingen die Gebete und Gesänge von Mönchen und Nonnen fast ohne Pause von früh bis spät.

Im nahe gelegenen kleinen Tempel **Den Kiep Bac** wird alljährlich im 8. Mondmonat ein großes Fest gefeiert zu Ehren von Tran Hung Dao, einem zum Gott erhobenen General der Tran-Dynastie (siehe S. 40) im späten 13. Jahrhundert.

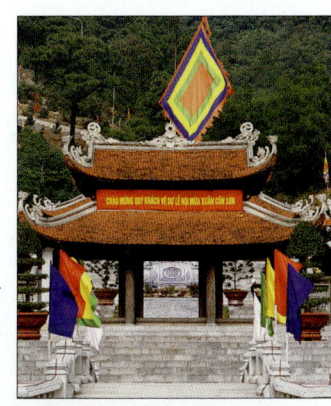

Treppe zum heiligen Chua Con Son, Yen Tu

Überwachsene Kalksteinfelsen in der Bucht von Halong *(siehe S. 182–184)* ▷

Ein kleines schwimmendes Dorf bei Cai Rong, Bucht von Bai Tu Long

Bucht von
Bai Tu Long ❹

Straßenkarte C1. 60 km östl. von Halong City. 🚌 *ab Halong City.* 🚤 *ab Halong City und Cai Rong.*

Hier gibt es flache Küstengewässer, einige größere und viele winzige Eilande, Hunderte von Kalksteinfelsen und einladende Strände. Im Grunde ist die Bucht von Bai Tu Long ebenso schön wie die Bucht von Halong, nur deutlich weniger überlaufen.

Die größte Insel mit der besten Infrastruktur ist **Van Don**. Man erreicht sie auf dem Land- und Seeweg vom Industriehafenort Cua Ong. Die Südostküste der Insel ist dank der tropischen Traumstrände und dichten Mangroven ein beliebtes Ziel.

Die meisten Unterkünfte rund um Bai Tu Long findet man im größten Inselort, dem quirligen ehemaligen Fischerdorf Cai Rong. Der Ort eignet

Vor der Insel Van Don in der Bucht von Bai Tu Long

sich ideal als Startpunkt für Ausflüge zu den Nachbarinseln.

Leider hat die Bucht nur wenige Angebote für Besucher – dies liegt nicht zuletzt an der einsamen Lage jenseits des Kohlegebiets zwischen dem Distrikt Hon Gai in Halong City und der Kleinstadt Cam Pha. Die meisten Ausflügler buchen daher am Pier von Bai Chay in Halong City ein Boot und kehren nach einer Tagestour nach Halong City zurück.

Eine Alternativroute zur Bucht von Bai Tu Long ist die Fahrt von Hon Gai durch Cam Pha und Cua Ong, vorbei an den riesigen Flächen, wo im Tagebau Kohle abgebaut wird.

Umgebung: Die äußerste der drei Inseln südlich von Van Don ist **Quan Lan**, vor allem wegen des weißen Sandstrands von Bai Bien lohnenswert – und einer der wenigen Orte mit Unterkünften außerhalb von Cai Rong.

Weit draußen im Südchinesischen Meer liegt **Co To**, die von Cai Rong am weitesten entfernte Insel. Die Fähre braucht pro Strecke fünf Stunden hierher. Ein Strand und die primitiven Unterkünfte im Dorf Co To machen das Eiland zur perfekten, einsamen Inselidylle.

Etwa 20 Kilometer von Cai Rong entfernt erstreckt sich auf der und im Wasser rund um die Insel Ba Mun der 2001 eingerichtete **Bai Tu Long-Nationalpark** – inzwischen ein beliebtes Naturreiseziel.

Haiphong ❺

Straßenkarte B1. 100 km östl. von Hanoi am Hwy 5. 👥 *1 700 000.* ✈ *ab HCMC und Danang.* 🚉 *ab Hanoi.* 🚌 *ab Hanoi und Halong City.* 🚤 *ab der Insel Cat Ba.* ℹ *Vietnam Tourism, 55 Dien Bien Phu, (031) 374 7216.* **www**.haiphong.gov.vn

Die nach Ho Chi Minh City und Hanoi drittgrößte Stadt Vietnams liegt im Delta des Roten Flusses (Song Hong) und ist der wichtigste Hafen im Norden. Die strategische Lage setzte Haiphong immer wieder Angriffen aus. Im Ersten Indochinakrieg *(siehe S. 43)* und im Vietnamkrieg erlitt die Stadt Bombenangriffe. Heute ist Haiphong mit Zementherstellung, Ölraffinerien und als Umschlagplatz für Kohle eine wichtige Industriemetropole.

Trotz der freundlichen Atmosphäre und einem guten Hotel- sowie Restaurantangebot kommen relativ wenige Besucher hierher. Die wichtigsten Sehenswürdigkeiten sind seltene französische Kolonialbauten, darunter die im 19. Jahrhundert erbaute **Kathedrale** am Fluss Tam Bac, das **Opernhaus** an der Quang Trung-Straße sowie das **Haiphong-Museum**, dessen gotische Fassade mehr hermacht als die Ausstellungen selbst. Etwas außerhalb des Zentrums stehen die **Du Hang-Pagode** (Chua Hang) sowie **Dinh Hang Kenh** (Nguyen Cong Tru), ein altes Versammlungshaus.

Zwischen Haiphong und der Insel Cat Ba verkehrt täglich ein Schnellboot (60 Min.).

🏛 **Haiphong-Museum**
11 Dien Tien Hoang.
🕐 *Di, Do 8–11.30 Uhr, Mi, So 7.30–21.30 Uhr.* ♿

Eingang zur Du Hang-Pagode (17. Jh.), Haiphong

Hotels und Restaurants in Nordvietnam *siehe Seiten 243 f und 259 f*

Cat Ba ❻

Straßenkarte C1. 45 km östl.
von Haiphong; 22 km südl.
von Halong City. 🚌
22 000. 🚢 Tragflächen-
boot ab Haiphong,
Charterboote ab Halong
City und Bai Chay.
www.catba.com.vn

Cat Ba ist als größ-
te Insel des idyli-
schen Archipels mit mehr
als 350 Eilanden eines der
schönsten Ziele in Nordvietnam. Die Insel zeichnet sich
durch ihre üppige Natur aus,
eine Landschaft voller Wasserfälle, Seen, Hügel, Wälder und
Mangrovensümpfe. Vor der
Insel erstrecken sich Korallenriffe. Es gibt beschauliche
Strände und einige sehr hübsche Dörfer, der Hauptort
Cat Ba Town (12 000 Einwohner) wirkt jedoch überfüllt
und eher schmuddelig.

Die meisten Boote legen
hier an, Cat Ba Town hat deshalb eine gute touristische Infrastruktur und bietet komfortable Unterkünfte und gute
Restaurants. Mit schäbigen
Karaokebars, wenig vertrauen-
erweckenden Massagesalons
und lauten Discos präsentiert
sich der Ort zwar an manchen
Ecken eher abschreckend,
eignet sich aber als Basis zum
Besuch der Hauptattraktion
der Insel, des **Cat Ba-National-
parks**.

Seit 1986 umfasst der Nationalpark fast die halbe Inselflä-
che zum Schutz der vielfältigen Tier- und Pflanzenwelt.
Die Landschaft mit ihren gezackten Kalksteinfelsen, Seen,
Höhlen, Grotten und dichten
Mangroven lädt zu Entde-
ckungstouren ein. Beeindruckend ist die mit 800 Arten
höchst vielfältige Flora. Die
Wälder bieten verschiedensten Tierarten Lebensraum,
darunter Wildschweinen, Hir-
schen, Makaken und zahlreichen Vogel- und Reptilienarten. Bekannt ist der Park
vor allem wegen seiner vom
Aussterben bedrohten Population von Cat Ba-Languren
(Goldkopflanguren) – die
letzten 53 Tiere der Welt leben
hier. 1994 nahm die UNESCO
die Insel Cat Ba in die Liste
der Biosphärenreservate auf.

0 Kilometer 10

Zeichenerklärung
siehe hintere Umschlagklappe

Man kann den Park wan-
dernd erkunden, es werden
auch Trekking- und Camping-
touren angeboten *(siehe
S. 273)*. Allerdings muss man
mit einer begrenzten Infrastruktur rechnen und eigene
Ausrüstung und Proviant mitbringen. Der kürzeste und beliebteste Wanderpfad führt
zum 200 Meter hohen Ngu
Lam, auf dessen Gipfel ein
Wachturm herrliche Aussichten über den Park bietet. Eine
mit vier bis sechs Stunden
längere Wanderung führt
unter dem dichten Blätterdach
des Waldes am weitläufigen
Ech-See (»Froschsee«) zum
winzigen Dorf Viet Hai. Von
hier aus kommt man per
Charterboot problemlos nach
Cat Ba Town zurück.

Bootstouren führen ab Cat
Ba Town auch durch die
Bucht von Halong *(siehe
S. 182–184)*, die etwas weiter
nördlich liegt, oder zur klei-

**Musella-Blüte, auch Lotosbanane
genannt, im Cat Ba-Nationalpark**

neren, aber hübschen Bucht
von Lan Ha im Nordosten:
Die einsamen Strände dort hat
man gegen eine geringe Gebühr fast für sich allein.

🦋 **Cat Ba-Nationalpark**
20 km nordwestl. von Cat Ba Town.
🕐 *tägl. Sonnenauf- bis -untergang.*
🎫 *gegen kleine Gebühr.*

Hotels und Gästehäuser mit Meerblick am Ufer von Cat Ba Town

Korallenriffe und Meerestiere

Vor der 3260 Kilometer langen Küste Vietnams und den zahlreichen Inseln erstrecken sich in den warmen tropischen Gewässern prächtige Korallenriffe. Man findet sie im kühleren Wasser der Bucht von Halong im Norden, in den wärmeren Regionen vor Nha Trang und Phu Quoc bis hin zu den abgelegenen Con Dao-Inseln im Süden. Die Riffe bieten den verschiedensten

Der giftige Skorpionfisch lebt am Riff

Meereslebewesen Schutz. Der World Wild Fund for Nature (WWF) hat in vietnamesischen Gewässern rund 280 Korallenarten registriert, das sind knapp 20 Prozent aller Korallenarten weltweit. Der Klimawandel, Verschmutzung und das Fischen mit Dynamit bedrohen die Riffe – viele Organisationen kämpfen für den Erhalt dieser einzigartigen Naturwunder.

Harte Korallen   Weiche Korallen

Schwärme bunter Tropenfische

Die seltene Grüne Meeresschildkröte *wird bis zu einen Meter lang und bis zu 200 Kilogramm schwer. Sie ist das größte Tier mit Panzer.*

DAS ÖKOSYSTEM DER KORALLENRIFFE

Korallenriffe entstehen über viele Jahrhunderte aus den Skeletten von Steinkorallen. Vor allem in Tropengewässern bieten sie vielen Arten Lebensraum, u.a. Fischen, Krebstieren, Weichtieren und Stachelhäutern. Korallenriffe sind die größten von Lebewesen geschaffenen Strukturen.

Muränen *leben in Riffen bis zu einer Tiefe von 200 Metern. Die im Durchschnitt 1,5 Meter langen, gierigen Jäger lauern in den Spalten von Korallenriffen.*

Der Sepia, *ein Verwandter des Tintenfisches, hat acht Arme und zwei Tentakel mit Saugnäpfen zur Jagd.*

Stachelrochen *weisen einen messerscharfen, giftigen Schwanz auf. Die Fische scheinen mit ihrer Brustflosse beim Schwimmen durch das Wasser zu schweben.*

Dugongs *oder Seekühe sind friedliche, bis zu drei Meter lange Meeressäuger, die in flachen Riffgewässern leben und sich von Seegras ernähren.*

MEERESSÄUGETIERE IN VIETNAM

Die vietnamesischen Gewässer sind Heimat für zahlreiche Meeressäuger wie Delfine und sogar Wale. Der bedrohte Irrawaddy-Delfin lebt in Küsten- und Flussgewässern bis zu 1500 Kilometer stromaufwärts im Mekong. Im offenen Meer sieht man häufig die temperamentvollen Großen Tümmler, während Buckel- und Südlicher Glattwal zu den seltenen Walarten zählen, die man vor den Küsten sichten kann.

Große Tümmler spielen im Wasser

Buckelwale

Südlicher Glattwal

Bauern bewässern ihre Felder mit Eimern, Kenh Ga

Ninh Binh ❼

Straßenkarte B2. 95 km südl. von Hanoi am Hwy 1. 🏠 55 000.
🚉 *Reunification Express zwischen Hanoi und HCMC.* 🚌 *Hanoi.* ℹ️ *Ninh Binh Tourist, Tran Hung Dao Rd, Distrikt Hoa Lu, (030) 387 1263.*

Ninh Binh ist der ideale Ausgangspunkt für Ausflüge in das südliche Delta des Roten Flusses und entwickelt sich rasch zu einem gut besuchten Reiseziel mit etlichen Sehenswürdigkeiten in der Umgebung.

Das historische **Hoa Lu**, zwölf Kilometer nordwestlich von Ninh Binh, wurde 968 n. Chr. unter Kaiser Tien Hoang De, dem Gründer der Dinh-Dynastie (reg. 968–980), als Hauptstadt errichtet. Der auf diese Zeit zurückgehende Palast und eine Zitadelle wirken noch als Ruinen beeindruckend. Ein im 17. Jahrhundert restaurierter und intakter Tempel ist dem Kaiser geweiht, dessen Statue innen von seinen drei Söhnen flankiert wird. Der Steinsockel des königlichen Throns steht vor dem Tempel, der Herrscher ist ganz in der Nähe an einem Abhang bestattet.

Ein zweiter Herrschertempel der Region ist Le Dai Hanh (reg. 980–1009), dem Gründer der frühen Le-Dynastie gewidmet, die der Dinh-Dynastie folgte und die chinesischen durch vietnamesische Münzen ersetzte.

Tam Coc, die »Drei Höhlen«, etwa zehn Kilometer südwestlich von Ninh Binh, wird in Vietnam gerne als »Halong Bay an Land« angepriesen: Auch hier stößt man auf Karstgestein, doch die Felsen von Tam Coc erheben sich nicht aus dem Wasser, sondern aus einem Meer grüner Reisfelder. Bei einem Ausflug nach Tam Coc tastet man sich mit metallenen Stechkähnen drei Stunden lang durch eine Wasserlandschaft und drei lange Höhlen. Diese sind an manchen Stellen so niedrig, dass man sich immer wieder ducken muss, während die Bootsfrauen den Kahn mit ihren Händen an den Höhlendecken abstoßen und so vorantreiben.

Nur drei Kilometer nördlich von Tam Coc befindet sich **Bich Dong** (»Jadehöhle«), eine einzigartige Pagode, die in das Karstgestein einer Felswand gebaut wurde.

Nicht weit von hier liegt das sehenswerte, überwiegend aus leicht schaukelnden Hausbooten bestehende Fischerdorf **Kenh Ga**. Die Boote gruppieren sich um eine kleine Insel und sind umgeben von Karstgestein. Gegenwärtig ist Kenh Ga nur mit einer dreistündigen Bootsfahrt von Tran Me, sieben Kilometer südlich von Ninh Binh, erreichbar – eine beschauliche Fahrt vorbei an ländlicher Idylle bis zur Van Trinh-Grotte. Rund 1,6 Kilometer östlich von Tran Me erstrecken sich die Schilfgrasmarschen des **Van Long-Schutzgebietes**, in dessen Kalksteinfelsen der seltene Delacour-Langur lebt.

In Phat Diem, etwa 30 Kilometer südöstlich von Ninh Binh, steht die **Phat Diem-Kathedrale**, eine der bekanntesten Kirchen Vietnams. Der französische Jesuitenpriester Alexandre de Rhodes, der das erste romanisierte Alphabet Vietnams entwickelte, predigte hier 1627. Die Kathedrale entstand jedoch auf Betreiben des vietnamesischen Geistlichen Tran Luc. Der 1898 fertiggestellte Bau ist eine Mischung gotischer Kirchen- und sino-vietnamesischer Tempelbaukunst. Auffallend sind der Glockenturm mit chinesischen Dachtraufen und ein tempelähnliches Tor mit Kruzifixen und Engeln. Das Dach des dunklen Kirchenschiffs ruht auf 52 Baumstämmen aus Eisenholz.

🦌 **Van Long-Schutzgebiet**
Gia Vien Dist, Provinz Ninh Binh.
📞 *(030) 364 0246.* ⏰ *tägl.* 📷 *nach Anmeldung.*

⛪ **Phat Diem-Kathedrale**
📞 *(030) 386 2058.* ⏰ *tägl. 7.30–11.30, 14.30–17 Uhr.* ♿

Die vielen niedrigen Höhlenpassagen von Tam Coc erkundet man per Boot

Hotels und Restaurants in Nordvietnam *siehe Seiten 243 f und 259 f*

Parfümpagode

Statue, Thien Tru-Pagode

Chua Huong, die »Parfümpagode«, erhebt sich im dichten Wald an Kalksteinhängen. Von hier hat man an vielen Stellen einen schönen Blick auf den Fluss Suoi Yen, über den man Chua Huong auch erreicht. Der Tempel am Nui Huong Tich (»Berg des Dufthauchs«) umfasst einen ganzen Komplex mit 30 buddhistischen Schreinen. Die in einer tiefen Höhle versteckte, der Göttin der Barmherzigkeit Quan Am geweihte Huong Tich-Pagode ist am beeindruckendsten. Beim alljährlichen Parfümpagoden-Fest *(siehe S. 30)* strömen viele Tausende Pilger den Berg hinauf und beten um Vergebung, Gesundheit und Nachwuchs.

Die Thien Tru-Pagode inmitten der grünen Gipfel des Nui Huong Tich

Die Tien Son-Pagode ist mit ihren vier rubinroten Statuen der Göttin Quan Am geweiht und einer der heiligsten Tempel.

★ Huong Tich-Pagode
Die von Weihrauchschwaden erfüllte Tropfsteinhöhle ist mit vergoldeten Buddha- und Quan Am-Statuen geschmückt. Am Eingang steht »Schönste Höhle unter dem Südhimmel«, von hier führen 120 Stufen in die Tiefe.

Cua Vong

Stufen zum Huong Tich
Der Aufstieg zum Huong Tich dauert eine Stunde. Beim Parfümpagoden-Fest drängen sich hier Tausende Pilger und grüßen einander mit dem frommen nam mo A Di Da phat, *»Lob dem Amitabha Buddha«.*

Thanh Son

Huong

Die Giai Oan-Pagode, die »Gerechtigkeit stiftende Pagode«, ist bei Pilgern auf der Suche nach Reinigung und Gerechtigkeit beliebt.

★ Thien Tru-Pagode
Die »Pagode der Himmlischen Küche« aus dem 18. Jahrhundert erhebt sich auf drei Ebenen am Berghang. Ein eleganter Glockenturm mit dreigliedrigem Dach steht vor dem Tempel, dessen Inneres von einer Quam An-Statue beherrscht wird.

★ Suoi Yen

Eine ganze Bootsflotte, ausschließlich von Frauen gesteuert, bringt Besucher auf dem majestätischen Fluss Suoi Yen zur Parfümpagode. Die eineinhalbstündige Fahrt ist ein stilles Gleiten durch fruchtbare Reisfelder, nur unterbrochen vom Ruderschlag.

INFOBOX

Straßenkarte B1. 65 km südwestl. von Hanoi am Hwy 21, Ortschaft My Duc. 🚌 *ab Hanoi und Ninh Binh.* 🚌 🚗 ⭕ *tägl.* 📷 🎫 📧 🛍 🚻 *Eine Seilbahn bringt Besucher von der Thien Tru-Pagode zur Huong Tich-Pagode. Der Fahrpreis ist nicht im Eintrittspreis enthalten.*

Die Den Trinh-Pagode ist die erste Station am Berg. Hier müssen sich alle Pilger melden, Gläubige beten für den Segen ihrer Reise zum Huong Tich.

Suoi Yen

🏠

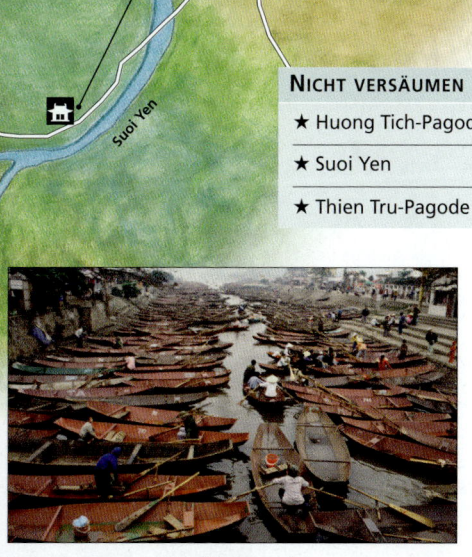

Bootstouren zur Parfümpagode
In der Ortschaft My Duc warten Einheimische mit ihren Metallruderbooten auf Besucher, um sie zur beeindruckenden Parfümpagode zu bringen.

Der seltene Hirsch *Cervus nippon* **im Cuc Phuong-Nationalpark**

Cuc Phuong-Nationalpark ❾

Straßenkarte B2. Distrikt Nho Quan, 45 km westl. von Ninh Binh; 140 km südwestl. von Hanoi. 📞 *(030) 384 8006.* 🚌 *Minibus ab Ninh Binh.* 🚗 ⭕ *tägl. 8–17.30 Uhr.* 📷 🎫 *nach Anmeldung bei Parkbehörde.* 🍴 📧 🛍 🚻
www.cucphuongtourism.com

Cuc Phuong wurde 1962 als erster Nationalpark Vietnams eingerichtet und umschließt 223 Quadratkilometer tropischer Wälder mit einer beeindruckenden Pflanzen- und Tiervielfalt. Dazu zählen jeweils fast 100 Säugetier- und Reptilienarten und über 300 Vogelarten. Seinen Ruf verdankt der Park auch der Pflanzenvielfalt. Hier wachsen u.a. Heilpflanzen und 1000-jährige Bäume.

Eine der vielen Attraktionen im Park ist das 1993 gegründete **Endangered Primate Rescue Center**, die erste und bisher einzige Rettungsstation für bedrohte Affen in Asien. Hier werden bedrohte Primaten gesund gepflegt, nachgezüchtet und auf die Wildnis vorbereitet. Arten wie Languren, Gibbons und Loris kann man hier hautnah erleben.

Cuc Phuong hat hervorragende Trekkingpfade *(siehe S. 273)* und viele Sehenswürdigkeiten wie Wasserfälle und urzeitliche Höhlen. In einem nahen Dorf der Muong findet man einfache Unterkünfte.

🦍 Endangered Primate Rescue Center
📞 *(030) 384 8002* ⭕ *tägl.*
www.primatecenter.org

Hoa Binh ❿

Straßenkarte B3. 74 km südwestl.
von Hanoi. 🏯 75000. 🚌 Hanoi.
🛈 Hoa Binh Tourist, 54 Phuong
Lam, (018) 385 4372.
www.hoabinhtourism.com

Weiße Thai-Mädchen in traditionellen Trachten beim Volkstanz, Mai Chau

Die freundliche, kleine Stadt Hoa Binh heißt »Frieden«. Ironischerweise wurde sie wegen ihrer strategischen Lage am Song Da (»Schwarzer Fluss«) Schauplatz vieler Gefechte im Ersten Indochinakrieg *(siehe S. 43)*. Spuren davon zeigt das **Hoa Binh-Museum**, u. a. ein französisches Landungsboot und einen zerstörten Panzer.

Hoa Binh wird von Muong bewohnt. Einige gute Restaurants machen den Ort zu einem idealen Stopp bei einem Ausflug von Hanoi zu Zielen wie Moc Chau oder dem Mai Chau-Tal.

Einige Kilometer nordwestlich der Stadt liegt der Stausee **Song Da Reservoir**. Das größte Wasserkraftwerk Vietnams spielt seit 1994 für die wirtschaftliche Entwicklung des Landes eine wichtige Rolle.

🏛 **Hoa Binh-Museum**
6 An Duong Vuong. 📞 (018)
385 2177. 🕐 tägl. 7–11, 13.30–
16.30 Uhr. 🎫

Französischer Panzer aus dem Ersten Indochinakrieg, Hoa Binh-Museum

Mai Chau-Tal ⓫

Straßenkarte B2. 140 km südwestl. von Hanoi; 70 km südöstl. von Moc Chau am Hwy 6.
🏯 45000. 🚌 ab Hanoi und Son La.

Grüne Reisfelder und beschauliche Dörfer mit Pfahlbauten prägen das fruchtbare Tal unterhalb der Truong Son-Gebirgskette. Die meisten Bewohner sind Weiße Thai. Die für ihre Gastfreundschaft

bekannten Familien bieten in ihren Pfahlbauten (»Stelzenhäuser«) Homestays *(siehe S. 229)* an. Die Hygienestandards sind hier recht gut – eine Chance, das Leben der Bergvölker unverfälscht zu entdecken. Einige der größeren Homestays veranstalten traditionelle Thai-Tänze und Gesänge. Abends kann man den regionalen Alkohol *ruou can* kosten, den man mit Strohhalmen aus einem gemeinsamen Krug trinkt.

Zu den Höhepunkten dieser Gegend gehören Trekkingtouren auf den Trails durch die Felder und Dörfer im Tal.

Moc Chau ⓬

Straßenkarte B1. 200 km südwestl. von Hanoi; 121 km südöstl. von Son La am Hwy 6. 🏯 110000.
🚌 ab Hanoi und Son La.

Das ländlich geprägte Moc Chau liegt auf einem Plateau gleichen Namens und ist für seine Teeplantagen und eine florierende Milchwirtschaft bekannt. Die frische Kuhmilch, cremiger Joghurt und süßen Milchprodukte gehen von hier täglich nach Hanoi in den Verkauf.

Moc Chau eignet sich für längere Aufenthalte weniger als das Mai Chau-Tal, sodass die meisten Besucher auf der Fahrt von Hanoi nach Son La hier nur kurz Rast machen. Volksgruppen wie die Hmong *(siehe S. 198 f)* und Thai leben in den umliegenden Dörfern, die in jedem Fall einen Besuch lohnen.

Son La ⓭

Straßenkarte A1. 320 km nordwestl. von Hanoi am Hwy 6; 150 km östl. von Dien Bien Phu am Hwy 6.
🏯 60000. ✈ Hanoi. 🚌 ab Hanoi und Dien Bien Phu.

Der kleine, lebendige Ort Son La zu beiden Seiten des schmalen Nam La-Flusses war einst als »Vietnamesisches Sibirien« gefürchtet. Diesen Ruf verdankt die Stadt dem berüchtigten Gefängnis aus der französischen Kolonialzeit, **Nha Tu Cu Cua Phap**. Der Komplex steht noch auf einem bewaldeten Hügel. Das kühle Klima und die isolierte Lage von Son La waren ideal für die Haft vietnamesischer Nationalisten und Revolutionäre. Widerspenstige Insassen wurden in Fußfesseln in fensterlose Zellen verbannt, viele mit der Guillotine hingerichtet. Doch wie so oft erwies sich das Gefängnis als revolutionäre Keimzelle: Unter den

Frauen der Schwarzen Thai an improvisierten Ständen, Son La

Hotels und Restaurants in Nordvietnam *siehe Seiten 243 f und 259 f*

politischen Gefangenen waren die späteren KP-Generalsekretäre Vietnams, Truong Chinh und Le Duan. Der Komplex umfasst heute auch ein Museum mit Zeugnissen der französischen Brutalität und Folter, u. a. winzige Erdlöcher und Beineisen. Nicht ganz passend sind die ausgestellten Kunstobjekte und Trachten der Bergvölker.

Eine Sehenswürdigkeit im Ort ist der Markt am Ostufer des Nam La. Frisches Obst und Gemüse, aber auch Kunsthandwerk und handgewebte Stoffe der Weißen und Schwarzen Thai werden hier feilgeboten. Hühner, Enten und Hängebauchschweine werden ebenso verkauft wie Ziegenfleisch, *thit de*, eine Spezialität der Region. Wer mutig ist, probiert *tiet canh*, geronnenes Ziegenblut mit Schalotten und gehackten Erdnüssen.

Rund fünf Kilometer südlich der Stadt laden die warmen Quellen von Suoi Nuoc Nong zum Baden ein (geringe Gebühr). Die Landschaft rund um Son La ist einmalig schön. Die Fahrt nach Dien Bien Phu führt durch malerische Felder und an faszinierenden Dörfern verschiedener ethnischer Volksgruppen vorbei.

Hölzerne Pfahlbauten inmitten der fruchtbaren Reisfelder bei Son La

🏛 **Nha Tu Cu Cua Phap**
Dai Khao Ca. ☎ *(022) 385 2022.* ◯ tägl. 7.30–11, 13.30–16.30 Uhr. 🅿

Dien Bien Phu ⑭

Straßenkarte A1. 470 km nordwestl. von Hanoi; 150 km westl. von Son La. 🚶 *70.000.* ✈ *Hanoi.* 🚌 *ab Hanoi, Son La und Lai Chau.* www.dienbienphu.org

D ien Bien Phu liegt in einem fruchtbaren Tal an der Grenze zu Laos. Die Stadt verdankt ihre historische Berühmtheit der Entscheidungsschlacht von Dien Bien Phu *(siehe S. 43).* 1954 eroberten hier die Viet-Minh-Truppen in fast zwei Monate dauernden Kämpfen die französische Festung. Der französische Oberbefehlshaber, General de Castries, und seine Einheiten kamen in Kriegsgefangenschaft.

Heute entwickelt sich die Stadt in rasantem Tempo. Bis vor Kurzem gehörte Dien Bien Phu zur Provinz Lai Chau, die teilweise durch die Flutungen für den Son La-Staudamm dem Wasser weichen wird. Daher schuf man die neue Provinz Dien Bien, deren Hauptstadt dank öffentlicher Bauten und Wohnhäuser für die Umgesiedelten wirtschaftlich boomt.

Auf dem historischen Schlachtfeld am Ostufer des Flusses Nam La stehen einige verrostete französische Pan-

Marmorgrabstein eines Helden auf dem Dien Bien Phu-Friedhof

zer. In der Nähe gedenkt ein Ehrenmal der französischen Gefallenen. Das **Dien Bien Phu-Museum** dokumentiert mit Waffen, Fotos, Karten und Dioramen die Schlacht, persönliche Gegenstände der Soldaten erinnern an die menschliche Seite des Kampfes. Die gefallenen Viet Minh sind gegenüber auf dem **Dien Bien Phu-Friedhof** bestattet.

Nördlich von hier erhebt sich der berühmte **Hügel A1**, den die Franzosen nach einer der Geliebten von General de Castries »Elaine« tauften. Zu besichtigen ist hier der Bunker des Generals.

Auf der Hügelspitze ist ein Tunneleingang der Viet Minh in das Lager der Franzosen (das sie mit einer Mine sprengten) erhalten. Ein Denkmal ehrt die gefallenen Kriegshelden Vietnams. Weiter nördlich steht das 120 Tonnen schwere bronzene Siegerdenkmal zum 50. Jahrestag der Schlacht – das größte Monument in ganz Vietnam.

🏛 **Dien Bien Phu-Museum**
1 Muong Thanh. ☎ *(023) 383 1341.* ◯ tägl. 7.30–11, 13.30–16.30 Uhr. 🅿

Blick auf den Tram Ton-Pass an der Nordflanke des Fansipan, Sapa

Sapa ⓯

Straßenkarte A1. 380 km nordwestl. von Hanoi. 🏔 30000.
🚉 ab Hanoi nach Lao Cai. 🚌 Lao
Cai. 🛈 Sapa Tourism, Cau May,
(020) 387 1975. 🛍 Sa, So.

Sapa schmiegt sich mit seinen Reisterrassen inmitten
üppiger, dichter Vegetation an
die östlichen Hänge der
Hoang Lien-Berge. Die Schönheit und das milde Klima der
Region sprachen sich 1918
durch Jesuitenpriester bis
nach Hanoi herum. Schon
vier Jahre später wurde der
Bergort Sapa gegründet; die
Franzosen verwandelten die
Region mit Villen, Hotels und
Tennisplätzen in ein Ferien-
ziel. Hier genossen die *colons*
sommerliche Flirts ebenso wie
frisch geerntete Erdbeeren
und Wein. Damit war es mit

der japanischen Invasion 1941
plötzlich vorbei. Im Ersten
Indochinakrieg und im Vietnamkrieg *(siehe S. 43–45)*
wurden viele Villen und Hotels aufgegeben oder zer-
bombt. Noch zerstörerischer
war der chinesisch-vietnamesische Krieg 1979, unter dem
die ganze Stadt litt.

Mit Beginn der Wirtschaftsreformen in Vietnam in den
1990er Jahren und der allmählichen Öffnung des Landes für
den Tourismus erlebte auch
Sapa einen Aufschwung.
Dank lokaler Unternehmer
und den jetzt wieder anrei-
senden Besuchern gewann
die Stadt schrittweise ihre alte
Bedeutung aus der Kolonialzeit zurück.

Sapa erstreckt sich über
mehrere Ebenen an den Ab-
hängen, die Straßen sind kur-
vig, teilweise gibt es nur steile
Treppen. Hier leben
verschiedene Berg-
völker, Kinh und – an-
gezogen von der fri-
schen Bergluft und der
wunderbaren Aus-
sicht – eine wachsen-
de Zahl Ausländer.

Trekking- und Wan-
dertouren sind popu-
lär, Wanderungen zu
Nachbardörfern kann
man bei einem der
Veranstalter im Ort
buchen. Die meisten
Besucher kommen
wegen des Markts am

Wochenende, wenn viele
Bergstämme zum Handeln
nach Sapa reisen. Eine große
Gruppe unter den Bergvöl-
kern bilden die meist Indigo-
farbe tragenden Schwarzen
Hmong, gefolgt von den
Roten Dao. Junge Frauen, bekleidet mit den fein bestickten
Röcken und Jacken, heraus-
geputzt mit schwerem Silberschmuck und Haartracht, tummeln sich auf dem quirligen
Markt. Die kleine, schlichte
Kirche von Sapa (1930) bildet
das Stadtzentrum, wo sich zu
Festtagen der ganze Ort ein-
findet.

Südöstlich der Stadt erhebt
sich der **Ham Rong** (»Drachen-
kiefer-Berg«). Der sanfte Auf-

Hotelgebäude in Sapa

**Frau mit Kind der Schwarzen Dao,
gekleidet in traditioneller Tracht**

Hotels und Restaurants in Nordvietnam *siehe Seiten 243 f und 259 f*

stieg führt durch Felsen und Grotten zum Gipfel. Von oben bietet sich eine weite Aussicht über die bewaldeten Täler mit ihren bunten Häusern. Am Gipfel gibt es manchmal Aufführungen traditioneller Tänze der Bergvölker.

Umgebung: Das »Tor nach Sapa«, **Lao Cai**, liegt rund 40 Kilometer nordöstlich von Sapa. In der unattraktiven Grenzstadt bleibt niemand lange, allerdings bietet Lao Cai auf dem Weg nach China oder Sapa und Bac Ha solide Hotels und Restaurants.

Etwa acht Kilometer von Sapa entfernt erhebt sich der mit 3143 Metern höchste Gipfel Vietnams, der **Fansipan**. Der Berg ist bis zu einer Höhe von 200 Metern mit dichter subtropischer Vegetation bedeckt, darüber folgt Laubwald. Trotz des schwierigen Terrains und des mitunter schlechten Wetters zieht es viele Bergsteiger auf den Gipfel *(siehe S. 273)*. Für den fünftägigen Auf- und Abstieg braucht man warme Kleidung, gutes Schuhwerk, Zelte und einen Führer. Der

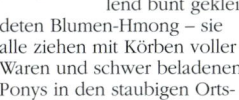

Farbenfroh bestickte Accessoires der Roten Dao

Aufstieg führt durch unberührte grüne Wälder in beeindruckender Gebirgslandschaft. Die Stille wird nur vom Vogelgezwitscher, den Affenrufen und dem Blätterrauschen durchbrochen.

Cat Cat, ein reizvolles Dorf der Schwarzen Hmong *(siehe S. 198)*, liegt drei Kilometer südlich von Sapa. Meist wandern Besucher den steilen Pfad hinab. Der Weg zurück in die Stadt bewältigt sich leichter mit einem Motorradtaxi. Die Hmong leben in Häusern aus Lehm, Flechtwerk, Bambus und Stroh, umgeben von Fässern voller Indigo zum Färben ihrer Kleidung.

Nur vier Kilometer von Cat Cat entfernt stößt man auf das Hmong-Dorf **Sin Chai**. **Ta Phin**, eine Siedlung der Roten Dao *(siehe S. 21)*, ist nur zehn Kilometer von Sapa entfernt. Der

Weg dorthin führt durch ein Tal mit Reisterrassen, die im Sonnenlicht glitzern. Kurz vor Ta Phin entdeckt man ein halb zerstörtes französisches Priesterseminar von 1942.

15 Kilometer nordwestlich von Sapa, an der Straße zum Tram Ton-Pass, lohnt ein Besuch des **Thac Bac** (»Silber-Wasserfall«), dessen Wasser 100 Meter in die Tiefe stürzt. Frauen der Kinh, Schwarzen Dao und Roten Hmong verkaufen hier leckere Früchte.

Bac Ha ⑯

Straßenkarte A1. 330 km nordwestl. von Hanoi; 69 km östl. von Lao Cai. 🏘 *7000.* ☐ *ab Lao Cai und Sapa.* 🚌 *(020) 388 0264.* ☐ *So.* **www**.bachatourism.com

Die kleine Stadt in den Hügeln am Chay-Fluss liegt 900 Meter über dem Meeresspiegel. An Wochentagen wirkt Bac Ha fast verlassen, doch sonntagmorgens strömen Angehörige der Bergstämme aus den umliegenden Dörfern in den Ort. Dao, Tay, Thai, Nung und die auffallend bunt gekleideten Blumen-Hmong – sie alle ziehen mit Körben voller Waren und schwer beladenen Ponys in den staubigen Ortskern mit seinem Markt.

Hier wird mit Gewürzen, Früchten, Gemüse und Fleisch von Wildtieren gehandelt, aber die Frauen bieten auch aufwendig bestickte Stoffe an. Die meisten Bergbewohner

Bunt gekleidete Frauen der Blumen-Hmong auf dem Markt von Bac Ha

decken sich auf dem Markt im Gegenzug mit alltäglichen Gebrauchs- und Luxusgegenständen ein. So bekommt man hier Toilettenartikel, Weihrauchstäbchen und religiöse Utensilien aller Art, aber auch Nadel und Faden sowie Stoffe für Stickereien gehören zu den gefragten Artikeln.

Umgebung: Viele Besucher fahren von Bac Ha weiter nach Norden und kombinieren den Besuch des sonntäglichen Markts mit einem Ausflug in das winzige Dorf **Can Cau**. Es liegt rund 20 Kilometer von Bac Ha entfernt und hat am Samstag einen bei Einheimischen und Besuchern beliebten, äußerst lebendigen und farbenfrohen Markt.

Der Distrikt Bac Ha ist für seinen starken Maisschnaps bekannt, der vor allem im Dorf **Ban Pho**, einer Siedlung der Blumen-Hmong nur vier Kilometer westlich von Bac Ha, gebrannt wird.

Angehörige regionaler Bergvölker auf dem Wochenmarkt von Bac Ha

Die Hmong Nordvietnams

Die Hmong oder Meo sind eine der größten ethnischen Gruppen Vietnams. Das Nomadenvolk zog im frühen 19. Jahrhundert aus China nach Vietnam und siedelte im nördlichen Hochland. Die Hmong (der Name bedeutet in ihrer Sprache »frei«) sind für ihre Unabhängigkeit bekannt. Sie halten unbeirrt an ihren Sitten und an der Schamanenreligion fest und wollen sich nicht assimilieren. Heute haben die Hmong die Brandrodung meist aufgegeben. Sie leben, oft verarmt, als sesshafte Bauern und betreiben Viehzucht. Die Volksgruppe ist nach der Kleiderfarbe der Frauen in fünf Hauptstämme gegliedert: Blumen-Hmong, Schwarze, Grüne, Rote und Weiße Hmong.

Da es keine Hmong-Schrift gibt, lernen Kinder Vietnamesisch

Hmong-Dörfer, giao *genannt, sind sehr kleine Gemeinden mit strohgedeckten Holzhütten. Im Gegensatz zu anderen Bergvölkern errichten die Hmong keine Pfahlbauten, sondern bauen nach uralten Traditionen, nach denen Häuser nur auf einem von den Vorfahren gesegneten Stück Land errichtet werden dürfen.*

Das rituelle *Opfern von Büffeln sieht man vor allem bei Festen. Als Animisten glauben die Hmong, das geopferte Fleisch stimme die Schutzgeister gnädig. Bei den Zeremonien werden Instrumente wie Trommeln, Wasserbüffelhörner und* queej, *eine Mundharmonika, gespielt.*

Leuchtende Stoffstreifen, oft mit auffallenden Blumen-, Vogel- und geometrischen Mustern bestickt, verzieren die Blusen der Hmong-Frauen.

Die Schwarzen Hmong
leben vor allem um Sapa und fallen durch ihre schwarz gefärbte Kleidung auf. Die Männer tragen weite Hosen, kurze Tuniken und Kappen, die Frauen Hosen oder Röcke und Gamaschen. Ihr Haar ist in offenen Hüten aufgetürmt.

Der Trockenreisanbau *basiert auf traditioneller Brandrodung und wird im Hochland betrieben. Die Hmong bauen außerdem Mais, Getreide und Roggen an. Hanf und Baumwolle liefern Kleidung, mitunter wird Mohn zur illegalen Opiumherstellung gepflanzt.*

Indigo *nutzen Schwarze und Grüne Hmong zum Färben von Hosen, Röcken und Schärpen, die aus Hanf handgewebt sind. Die bunte Kleidung wird oft mit Batikmustern verziert.*

Hmong-Textilstände *findet man auf den Wochenmärkten des nördlichen Hochlandes überall. Die Hmong haben mit ihrem Kunsthandwerk bei Besuchern großen Erfolg, ihre Stickereien mit Applikationen sind beliebte Souvenirs.*

Babytragetaschen binden sich die Hmong-Mütter auf den Rücken. Dadurch bleiben die Hände zum Arbeiten frei.

Blumen-Hmong besuchen den Markt von Bac Ha, *um hier einmal in der Woche frische Produkte, Honig, Bambus und Gewürze zu verkaufen und selbst Nützliches wie Streichhölzer, Tuch, Nadeln und Küchenutensilien zu erstehen.*

Bestickte Taschen und Schürzen verraten den Ehestand und die gesellschaftliche Stellung.

FARBENPRÄCHTIGE BLUMEN-HMONG

Die Blumen-Hmong, die größte Untergruppe der vietnamesischen Hmong, werden wegen ihrer auffallenden, prächtigen Trachten bewundert. Zur farbenfroh gemusterten Kleidung der Frauen gehören bunte Kopfschals, Faltenröcke sowie aufwendiger Silber- oder Zinnschmuck. Die Frauen betreiben sehr erfolgreich Handel und verkaufen ihre fein gearbeitete Stickerei, Batiken und Kleidung mit Applikationen auf den Märkten der Region.

Die Frauen der Roten Hmong *fallen durch ihre aufgetürmte Haartracht auf. Alle verlorenen Haare werden sorgfältig gesammelt und zusammen mit dem Kopfhaar gewickelt. Auch Haare verstorbener Verwandter flicht man auf diese Weise mit ein.*

Schwerer Silberschmuck *wird von Hmong-Frauen als Statussymbol getragen. Die feinen Ohrringe, Halsketten und Armreife zeigen oft Schlangenmotive – ein Talisman gegen böse Kräfte. Auch Männer und Kinder tragen Schmuck, da er Körper und Seele zusammenhalten soll.*

Morgendämmerung am glitzernden See des Ba Be-Nationalparks

Ba Be-Nationalpark ⑰

Straßenkarte B1. 240 km nördl. von Hanoi; 60 km nördl. von Bac Kan. 📞 *(0281) 389 4026.* 🚌 *ab Hanoi.* 🏍 *nach Anmeldung bei Parkbehörde.* 🍴 *www.babenationalpark.org*

Der Park erstreckt sich im entlegenen Hochland rund um drei miteinander verbundene Seen (Ba Be heißt »Drei Meere«). Zusammen bilden sie den größten Süßwassersee Vietnams. Auf etwa 100 Quadratkilometern sieht man hier schroffe Kalksteinfelsen, tropischen Regenwald, Bambushaine, Wasserfälle und Grotten. In den Wäldern leben zahlreiche Tierarten, darunter der Tonkinlangur und die bedrohte Tonkin-Schnupfnase, zwei Affenarten.

Zu den schönsten Ausflugszielen im Park zählt der spektakuläre, kaskadenartige **Dau Dang-Wasserfall** am nordwestlichen Seezipfel. Ebenso sehenswert ist **Hang Puong**, eine Höhlenformation, die sich quer durch die Berge frisst. Die schmale Höhle kann man rund zwölf Kilometer stromaufwärts am Fluss Nang im Rahmen eines Tagesausflugs per Boot erkunden.

Südlich des Sees kommt man auf **Pac Ngoi**, ein hübsches Dorf, in dem Angehörige des Tay-Stammes wohnen. In den umliegenden Hügeln siedeln weitere ethnische Volksgruppen.

Cao Bang ⑱

Straßenkarte B1. 270 km nördl. von Hanoi am Hwy 3. 🏍 *45 000.* 🚌 *ab Hanoi und Lang Son.*

Im dicht bewaldeten Grenzgebiet zu China, rund um die Kleinstadt Cao Bang, leben ethnische Volksgruppen wie die Tay, Dao und Nung. Die Stadt kann man zugunsten der eindrucksvollen Naturkulisse links liegen lassen, viele Besucher kommen der Trekkingmöglichkeiten wegen hierher. Für die Vietnamesen hat die Region dagegen historische Bedeutung: Die Herrscher der Mac-Dynastie (16. Jh.) regierten das Reich von hier aus. Jahrhunderte später diente Cao Bang Ho Chi Minh bei seiner Rückkehr nach Vietnam drei Jahrzehnte lang als Basis.

Nung-Mädchen in Cao Bang

Umgebung: Etwa 60 Kilometer nordwestlich von Cao Bang liegt **Hang Pac Bo**, die »Wasserrad-Höhle«, in der sich Ho Chi Minh 1941 nach seiner Rückkehr aus dem selbst gewählten Exil versteckte. Ein kleines Museum gedenkt der historischen Bedeutung der Höhle als Geburtsort des Viet Minh (Liga für die Unabhängigkeit Vietnams).

Etwa 90 Kilometer nordöstlich von Cao Bang rauscht der größte Wasserfall Vietnams, **Thac Ban Gioc**. Da er die Grenze zu China berührt, benötigt man für den Besuch eine Sondererlaubnis der Polizei von Cao Bang.

Tam Dao ⑲

Straßenkarte B1. 85 km nordwestl. von Hanoi. 🚌 *ab Hanoi.*

Das als Bergstation von den Franzosen 1907 gegründete Tam Dao ist ein landschaftlich reizvolles, kühles Reiseziel und leicht von Hanoi aus erreichbar. Der Name bedeutet »Drei Inseln« – in Wirklichkeit sind damit die drei rund 1400 Meter hohen Berggipfel gemeint, die an klaren Tagen wie Inseln aus dem Wolkenmeer herausragen. Die steile, mit schönen Ausblicken gesegnete Straße von Vinh Yen nach Tam Dao windet sich durch die Täler vorbei an Kiefernwäldern.

Die Berge rund um Tam Dao sind mit ihren Terrassenfeldern voller Kürbisse und Stocktomaten an Bambussprossen sehr reizvoll, die heruntergekommene Stadt selbst enttäuscht mit ihren verfallenen französischen Kolonialbauten und den sowjetisch anmutenden Hotelkästen – trotz erster Anzeichen eines Aufschwungs.

Hauptattraktion der Gegend ist der **Tam Dao-Nationalpark**, der wegen seiner Vogelvielfalt und 70 Säugetierarten vor allem Naturliebhaber aus Hanoi anzieht. Wanderer bekommen in den Unterkünften im Ort Informationen über Trekking- und Wanderwege.

🏍 **Tam Dao-Nationalpark**
Gemeinde Ho Son, Distrikt Tam Duong. 📞 *(0211) 389 6710.* 🕐 *tägl. 7–11.30, 13.30–16.30 Uhr.*

Die »Three Islands«, Namensgeber von Tam Dao, überragen die Hügel

Flora und Fauna Nordvietnams

Unter dem dichten Blätterdach der immergrünen Wälder Nordvietnams gedeiht eine vielfältige Natur- und Tierwelt. Tausende Pflanzenarten sowie unzählige Vogel-, Säugetier- und Reptilienarten leben hier. Von den vielen Spezies sind einige nur in Vietnam zu finden, zahlreiche sind vom Aussterben bedroht. Dazu gehören das Kouprey-Rind und der braune

Junger Farn sprießt in einem Wald

Stumpfnasenaffe. Auch der Asiatische Elefant und der Pandalangur sind gefährdet. Glücklicherweise werden Wilderei und kommerzielle Ausbeutung mittlerweile bekämpft. Einige Schutzgebiete dienen auch als Nachzuchtstation. Durch Naturschutz- und Aufforstungsprogramme findet Nordvietnam sein ökologisches Gleichgewicht hoffentlich wieder.

PFLANZENWELT

Die Berge und Täler Nordvietnams sind mit dichten Wäldern bedeckt, die eine reichhaltige tropische und subtropische Pflanzenwelt schützen – riesige Regenwaldbäume, Zwergbambus und winzige Farne, Kletterpflanzen, Orchideen und farbenprächtige Rhododendren.

Waldreiches Karstgestein prägt die Landschaft vor allem rund um Tam Coc, Cao Bang und die Bucht von Halong.

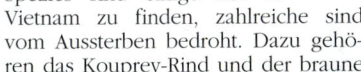

Der Annam-Silberfasan *lebt an den Hängen des Truong Son und Hoang Lien Son. Seine roten Beine, der rote Kopf und die schwarze Brust kontrastieren mit dem silbrigen Federkleid.*

Orchideen *blühen überall in Vietnam. Von den rund 40 einheimischen Arten wachsen 18 am Fansipan (siehe S. 197).*

Salanganen *sind schwalbengroße, schnelle Insektenfresser. Sie verlassen ihre Nester in den Kalksteinhöhlen im Morgengrauen und kehren abends zurück.*

TIERWELT

Im Truong Son-Gebirgszug leben mehr Säugetiere, die erst im späten 20. Jahrhundert entdeckt wurden, als irgendwo sonst auf der Welt. Dazu gehören das Vu Quang-Rind, der Riesenmuntjak und der Truong Son-Muntjak. In den Wäldern gibt es auch viele Primaten, vor allem in Cuc Phuong *(siehe S. 193).*

Der Rotschenkel-Kleideraffe *hat rötlich-braune Hinterbeine und rötliche Augenpartien. Der lange Schwanz macht das Tier zum behänden Kletterer.*

Das Vu Quang-Rind *(Saola) ist ein extrem scheues Waldtier, das 1992 im Vu Quang-Schutzgebiet entdeckt wurde. Es wiegt 90 Kilogramm, hat ein braunes Fell mit einem schwarzen Rückenstreifen und lange, schlanke Hörner.*

Der Indochina-Tiger *streifte früher durch die Wälder Nordvietnams. Die Tigerjagd zu traditionellen medizinischen Zwecken hat die Anzahl dieser prachtvollen Tiere in Vietnam auf einhundert reduziert.*

ABSTECHER
NACH ANGKOR

ANGKOR STELLT SICH VOR

*A*ngkor, heute eine Region nahe der Stadt Siem Reap in Kambodscha, war vom 9. bis 15. Jahrhundert die Hauptstadt des Khmer-Reichs. Weltbekannt sind die Zeugnisse der Baukunst der Khmer, vor allem Angkor Wat, der größte Tempelkomplex der Welt. Die Tempel im dichten Dschungel der heißen, trockenen Tiefebene entführen in eine märchenhafte und geheimnisvolle Welt.

Tiefebenen kennzeichnen die Landschaft Kambodschas, das sich auf 180 000 Quadratkilometer Fläche zwischen Laos im Norden, Thailand im Nordwesten sowie Vietnam im Osten erstreckt. Hauptstadt des Landes ist heute Phnom Penh, früher jedoch war es Angkor. Fast sechs Jahrhunderte lang, zwischen 802 und 1432 n. Chr., war Angkor das politisch-religiöse Zentrum des Khmer-Reichs, das einst vom Südchinesischen Meer bis an die Bucht von Bengalen reichte. Die Ruinen der alten Hauptstadt bedecken heute 200 Quadratkilometer im Nordwesten Kambodschas. Während die Holzbauten und -paläste vor Jahrhunderten zerfielen, haben die stolzen Tempel aus Stein, errichtet von einer Dynastie selbst ernannter Gottkönige, überdauert. Angkor liegt

Tänzerin, Königliches Ballett Kambodscha

zwischen zwei *baray* (künstliche Seen) und umfasst 70 Tempel, Gräber und andere historische Bauten, darunter Angkor Wat, den weltweit größten Tempelkomplex.

RELIGION

Das alte Kambodscha war vor allem südostasiatischen Einflüssen ausgesetzt, man betete zu Hindu-Göttern wie Vishnu und Shiva. Ab dem 10. Jahrhundert n. Chr. breitete sich im Khmer-Reich allmählich der Buddhismus aus und erhielt während der Regentschaft des Angkor-Herrschers Jayavarman VII. (reg. 1181–1215) wachsende Bedeutung. Beide Religionen wurden parallel praktiziert, sodass die Architektur von Angkor hinduistische und buddhistische Stilelemente in sich vereinte. Schließlich erwies sich der Theravada-Buddhismus (»Weg der Älteren«) als die stärkere Religion und ersetzte den Hinduismus als Reichsreligion.

GESCHICHTE

Das Khmer-Reich entstand Anfang des 9. Jahrhunderts, als Jayavarman II. (reg. 802–850) sich zum *devaraja*, dem göttlichen König des Landes, ausrief. Als Shiva-Gläubiger baute er einen riesigen, pyramidenähnlichen Tempelberg als Symbol für den Berg Meru, den heiligen Sitz der Hindu-

Fluss bei Siem Reap *(siehe S. 208)*, **dem Tor zu den Tempeln von Angkor**

◁ **Die im 12. Jahrhundert erbaute Tempelanlage Angkor Wat** *(siehe S. 212–215)*

Buddhistische Mönche vor der Kulisse des imposanten Tempelkomplexes Angkor Wat *(siehe S. 212 f)*

Gottheiten. Mit dieser Anlage war Angkor gegründet *(siehe S. 214f)*. Der Nachfolger Jayavarmans II., Indravarman I. (reg. 877–889), dehnte das Reich aus, Yasovarman I. (reg. 889–910) verlegte die Hauptstadt von Roluos nach Angkor und ließ dort einen wundervollen Tempel auf dem Berg Phnom Bakheng errichten sowie den Ost-Baray, ein Wasserreservoir von 7,5 Kilometer Länge, anlegen. Die Prachtbauten von Angkor, Angkor Wat und Angkor Thom, entstanden unter Suryavarman II. (reg. 1113–50) bzw. Jayavarman VII. Nach dessen Tod verfiel Angkor und lag vergessen im Dschungel, als thailändische Invasoren das Land verwüsteten.

Erst im 19. Jahrhundert stießen europäische Forscher wieder auf Angkor. Bis zur Mitte des 20. Jahrhunderts wurde die Dschungelstadt restauriert, geriet dann jedoch in die Kriegswirren. Während des Vietnamkriegs *(siehe S. 44f)* nutzten vietnamesische Kommunisten Kambodscha als Aufmarschgebiet, US-Bombenangriffe töteten Tausende Zivilisten. 1975 kam die radikal-maoistische Partei von Diktator Pol Pot, die Roten Khmer, an die Macht. Als das Regime vier Jahre später durch vietnamesische Truppen gestürzt wurde, waren ihm zwei Millionen Kambodschaner zum Opfer gefallen – einer der furchtbarsten Völkermorde der Geschichte.

ANGKOR HEUTE

Seit dem Zusammenbruch der Diktatur der Roten Khmer Anfang der 1990er Jahre hat sich Angkor schrittweise für Besucher geöffnet: Erstaunlicherweise sind die Tempel in diesem vom Krieg heimgesuchten Land recht intakt geblieben. Heute wird die Anlage – nach Minenräumung und Rodungen – restauriert. Als eine der weltweit wichtigsten archäologischen Stätten zieht Angkor jährlich Millionen Besucher an – eine willkommene Einnahmequelle im ansonsten armen, agrarisch geprägten Kambodscha.

HISTORISCHE DATEN

802 n. Chr. Gründung des Khmer-Reichs.

900 n. Chr. Hauptstadt wird von Roluos nach Angkor verlegt.

1113–1150 Suryavarman II. lässt Angkor Wat errichten.

1181–1201 Jayavarman VII. baut den Bayon und Angkor Thom.

1352–1431 Vier verschiedene Angriffe aus Siam gegen Angkor.

1863 Kambodscha wird französisches Protektorat.

1953 Kambodscha unter König Sihanouk unabhängig von Frankreich.

1970 USA beginnen Flächenbombardements von Nord- und Ostkambodscha.

1975 Rote Khmer ergreifen die Macht.

1979 Vietnamesische Truppen stürzen die Roten Khmer.

1998 Tod von Diktator Pol Pot.

2005 UNO richten Tribunal zur Verurteilung von Roten-Khmer-Führern ein.

Überblick: Angkor

Die Bauten von Angkor, zwischen dichten Dschungelwäldern und Reisfeldern verborgen, gehören zu den spektakulärsten Architekturwundern Südostasiens. Im Herzen der Region Angkor, nördlich der Stadt Siem Reap, liegen Angkor Wat mit seinen imposanten Türmen und die prächtige Stadt Angkor Thom mit ihrer Prozessionsstraße und den lächelnden Gesichtern am Haupttempel Bayon. Vor allem kurz nach Sonnenaufgang oder kurz vor Sonnenuntergang sind die Monumente ein unvergesslicher Anblick. Nördlich davon stehen die kleineren Tempel Preah Khan und Preah Neak Pean. Östlich von Angkor Thom liegt das geheimnisvolle Ta Prohm, von Baumwurzeln überwuchert. Weiter im Nordosten erheben sich die rosafarbenen Sandsteinbauten von Banteay Srei, im Südosten die Ruinen von Roluos, die ältesten in Angkor.

Filigrane Steinfiguren tanzender *apsaras* **am Bayon, Angkor Thom**

SEHENSWÜRDIGKEITEN AUF EINEN BLICK

Historische Baudenkmäler
Angkor Thom S. 216–219 ❹
Angkor Wat S. 212f ❷
Banteay Srei ❾
Phnom Bakheng ❸
Prasat Kravan ❽

Preah Khan ❺
Preah Neak Pean ❻
Roluos-Gruppe ❿
Ta Prohm ❼

Stadt
Siem Reap ❶

SIEHE AUCH

0 Kilometer   3

PREAH KH

Krol Romeas

West-Baray

❹ Bayo

ANGKOR THOM

Beng Thom

Prasat
Ta Noreay

Prasat
Chamk

Khvien

Bakheng ❸

PHNOM BAKHENG

Prasat
Prei

ANG
W

Eingangs-
schalter

Puork

SIEM R

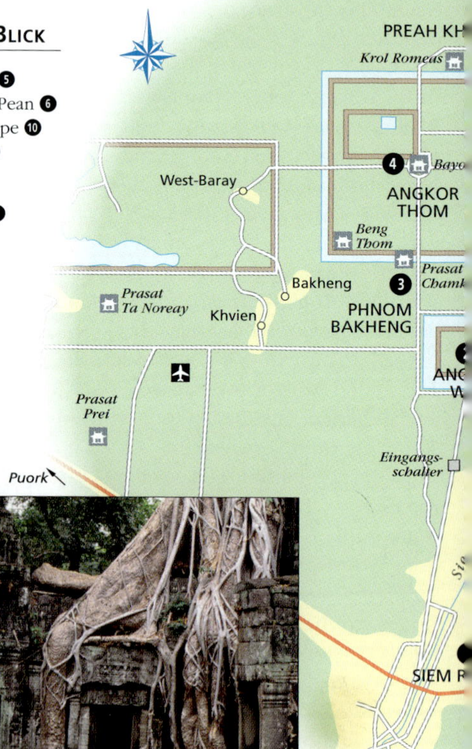

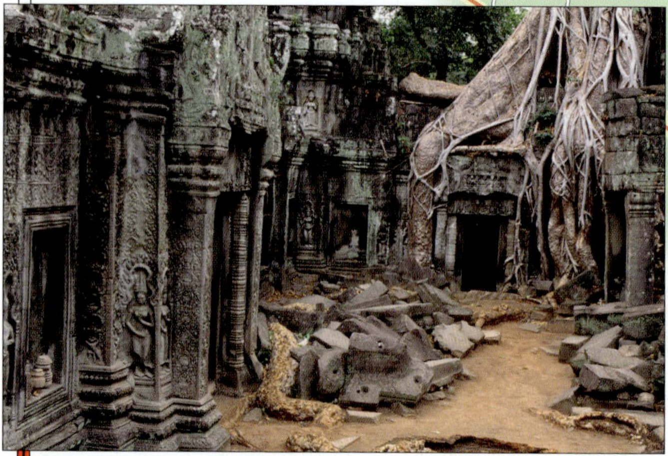

Dicke Baumwurzeln überwuchern die Steinmauern und -decken von Ta Prohm

IN ANGKOR UNTERWEGS

Für einen Besuch in Angkor braucht man Zeit und ein
motorisiertes Verkehrsmittel. Zwar kann man die Haupt-
sehenswürdigkeiten auch per Motorrad anfahren, aber
in der heiß-dunstigen Luft ist ein klimatisierter Pkw mit
Fahrer angenehmer. Zu Kolonialzeiten legten die Franzosen zwei bis heute genutzte Rundwege ab Angkor
Wat fest. Die »kleine Rundfahrt« (18 km) führt an einem
Tag zu den wichtigsten Tempeln bis nach Ta Prohm
und dann über Banteay Kdei zurück nach Angkor Wat.
Die »große Rundfahrt« (mindestens zwei volle Tage,
27 km) beinhaltet darüber hinaus auch die äußeren
Tempel bis über Preah Neak Pean nach Ta Som und
südlich zurück nach Pre Rup.

ZUR ORIENTIERUNG

LEGENDE

▢	Stadtgebiet
✈	Internationaler Flughafen
⌂	Tempel
	Archäologische Stätten
	Hauptstraße
	Nebenstraße

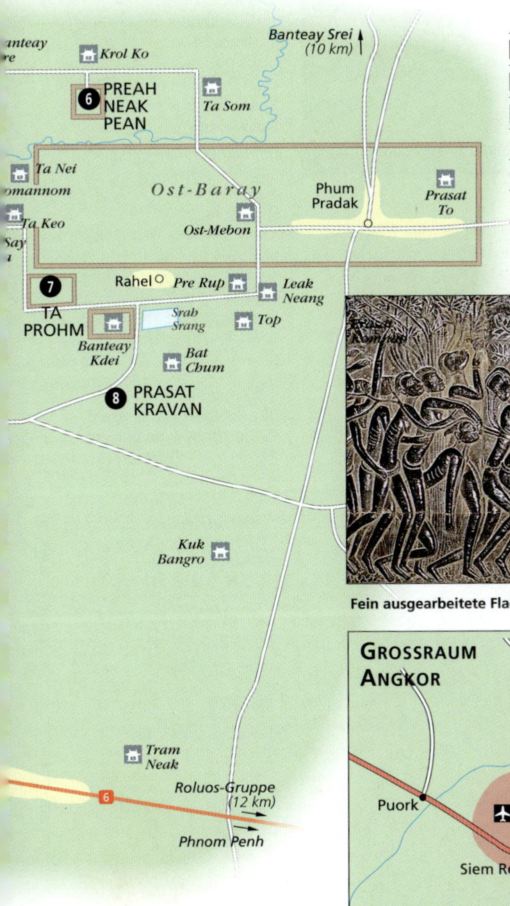

Krol Ko

Banteay Srei
(10 km)

**6 PREAH
NEAK
PEAN**

Ta Som

Ta Nei
omannom

Ost-Baray

**Phum
Pradak**

**Prasat
To**

Ta Keo

Ost-Mebon

Rahel **Pre Rup**

**Leak
Neang**

**7
TA
PROHM**

**Srab
Srang**

Top

**Banteay
Kdei**

**Bat
Chum**

**8 PRASAT
KRAVAN**

**Kuk
Bangro**

**Tram
Neak**

6

Roluos-Gruppe
(12 km)

Phnom Penh

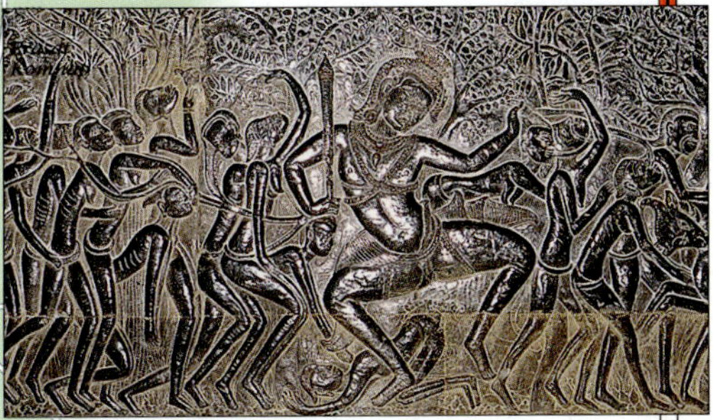

Fein ausgearbeitete Flachreliefs in Angkor Wat

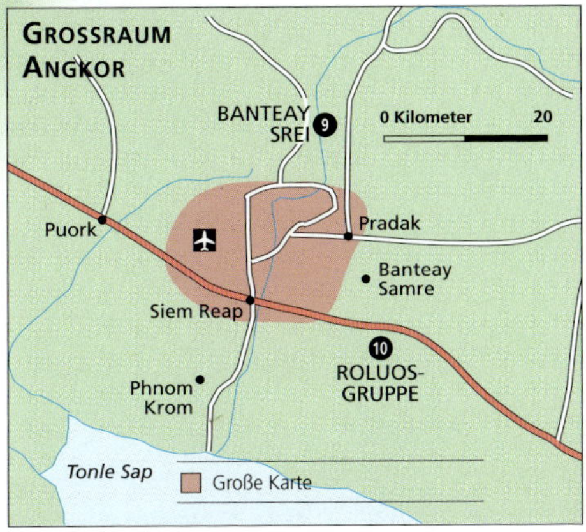

**GROSSRAUM
ANGKOR**

**BANTEAY
SREI** **9**

0 Kilometer **20**

Puork

Pradak

**Banteay
Samre**

Siem Reap

**10
ROLUOS-
GRUPPE**

**Phnom
Krom**

Tonle Sap **Große Karte**

Siem Reap ❶

Siem Reap heißt wörtlich »Besiegtes Siam« – eine Erinnerung an den Khmer-Sieg über das Thai-Königreich von Ayutthaya im 17. Jahrhundert. Als Hauptstadt der gleichnamigen Provinz im nordwestlichen Kambodscha dient Siem Reap (150 000 Einwohner) heute als Tor für Ausflüge zu den Tempeln Angkor und Roluos, nicht zuletzt wegen des neuen Flughafens, vieler neu eröffneter Hotels und Restaurants – eine Entwicklung, die sich weiter fortsetzen dürfte.

Gepflegter Rasen vor dem Grand Hotel d'Angkor *(siehe S. 245)*, **Siem Reap**

Überblick

Siem Reap bewahrt sich trotz einiger Millionen Besucher im Jahr sein ländliches Flair. Die charmante Kleinstadt mit der guten touristischen Infrastruktur eignet sich bestens zum Ausruhen nach einer Tour durch Angkor.

Das kolonial-französische **Grand Hotel d'Angkor** erhebt sich majestätisch an den Königlichen Gärten im nördlichen Teil der Stadt und wurde kürzlich restauriert. In der Nähe steht der kleine, von König Sihamoni selten besuchte **Königspalast**.

Südlich der Vishnu-Statue führt die Pokambor Avenue am rechten Ufer des Flusses Siem Reap ins Zentrum, zum **Psar Chaa**, dem alten Markt, der sich prächtig eignet, um Souvenirs zu erstehen. Nicht weit von hier bietet das schön restaurierte französische Viertel etliche Restaurants mit viel Flair. Wer bummeln möchte, kann am Ufer des Siem Reap an blau bemalten Pfahlbauten und quietschenden Bambuswasserrädern vorbeischlendern.

Etwa zehn Kilometer weiter südlich liegt der Fähranleger am **Tonle Sap**, dem größten See Südostasiens und heute ein Biosphärenreservat. Die **Krousar Thmey Tonle Sap-Ausstellung** am nördlichen Stadtrand von Siem Reap zeigt Ausstellungen zum See, den schwimmenden Dörfern und dem Wildtierleben.

Die Tempel von Angkor und das Ticketbüro liegen sechs Kilometer nördlich der Stadt. Auf halbem Wege passiert man **Wat Thmei**, einen *stupa* mit den Schädeln der Khmer-Opfer aus der Region.

🏛 **Krousar Thmey Tonle Sap-Ausstellung**
An der Straße nach Angkor Wat.
📞 *(063) 964 694.* ⏰ *tägl. 8–12, 14–18 Uhr.*

INFOBOX

250 km nordwestl. von Phnom Penh. 🚌 ✈ 🚢 *ab Battambang und Phnom Penh.* ℹ *Khmer Angkor Tour Guide Association (063) 964 347.*

Flughafen
(5 km)

Grand Hotel d'Angkor ①

Königliche Gärten

Angkor Wat, Wat Thmei, Krousar Thmey Tonle Sap-Ausstellung

Konzerthalle

NATIONALSTRASSE 6 (AIRPORT ROAD)

Königspalast ②

McDermott Gallery & Beyond Gallery

Obststände

SIVATHA STREET

Angkor-Markt

P. KAMBOR AVENUE

ACHASTAR STREET

WAT BO STREET

ACHAMEAN STREET

PUB STREET

HOSPITAL STREET

Psar Chaa ③

Siem Reap River

Phnom Krom, Fährhafen, Tonle Sap

ZENTRUM VON SIEM REAP

Grand Hotel d'Angkor ①
Königspalast ②
Psar Chaa ③

LEGENDE

Französisches Viertel

0 Meter   500

Zeichenerklärung
siehe hintere Umschlagklappe

Sonnenuntergang über Angkor, Phnom Bakheng

Angkor Wat ❷

Siehe S. 212f.

Phnom Bakheng ❸

Etwas südl. von Angkor Thom.
◯ *tägl. Sonnenauf- bis -untergang.*
🎟 *allgemeines Ticket für Angkor.*

Der Tempelkomplex von Phnom Bakheng erhebt sich auf einem niedrigen, 67 Meter hohen Hügel über die umliegende Ebene. Er wurde unter König Yasovarman I. (reg. 889–910) für den Hindu-Gott Shiva erbaut und weist einen der ersten Tempelberge *(siehe S. 214)* der Region auf – ein Tempelstil, der die Architektur der Khmer-Sakralbauten prägen sollte.

Leider haben nur einige der einst 109 Türme rund um Bakheng überdauert, aber die herausragend gearbeiteten Löwenstatuen zu beiden Seiten der fünf terrassierten Tempel haben überlebt. Das Hauptheiligtum ist mit Statuen und Säulen mit *apsaras* (himmlische Tänzerinnen) sowie *makaras* (mystische Meereswesen) versehen.

Für Fußgänger führt ein Rundweg am Osthang des Hügels zum Gipfel. Am Südhang werden Besucher auf Elefanten nach oben gebracht. Auf dem Gipfel hat man eine herrliche Aussicht über Angkor und den West-Baray. Besonders abends tauchen die letzten Sonnenstrahlen den Tonle Sap und die Türme von Angkor Wat in ein faszinierendes Licht.

Angkor Thom ❹

Siehe S. 216–219.

Preah Khan ❺

1,6 km nordöstl. von Angkor Thom.
◯ *tägl. Sonnenauf- bis -untergang.*
🎟 *allgemeines Ticket für Angkor.*

Der nach dem heiligen Schwert von König Jayavarman II. benannte Tempel wurde von Jayavarman VII. (reg. 1181–1215) als Kloster und Religionsschule gegründet. Wahrscheinlich diente Preah Khan auch kurzzeitig als Hauptstadt für Jayavarman VII., als Angkor Thom nach der Zerstörung durch die Champa 1177 wieder aufgebaut wurde. Eine hier 1939 gefundene Stele mit Inschrift deutet darauf hin, dass der Tempel, Angkors größter Bau dieser Art, im Herzen einer alten Stadt namens Nagarajayacri lag (*jayacri* heißt auf Siamesisch »heiliges Schwert«). Der Hauptschrein war ursprünglich Buddha geweiht, aber die Hindu-Herrscher nach König Jayavarman VII. zerstörten viele buddhistische Elemente im Tempel und ersetzten viele Buddha-Bildnisse an den Wänden durch Hindu-Gottheiten.

Heute erstreckt sich der Tempel innerhalb einer drei Kilometer langen Mauer aus Lateritgestein auf 57 Hektar Fläche mit einem großen See, einem *baray*. Den kreuzförmigen Haupttempel erreicht man durch vier nach den Himmelsrichtungen erbaute Tore. Ein Highlight ist die wegen ihrer filigranen Flachreliefs mit *apsaras* berühmte Halle der Tänzer. Am »Schrein der Weißen Fürstin«, einer Frau von Jayavarman VII., beten noch heute Gläubige und bringen Blumen- sowie Weihrauchopfer dar. Am beeindruckendsten an der gesamten Anlage ist jedoch der »Tempel der vier Gesichter«, so genannt wegen der steinernen Gesichter am Hauptturm.

Betender Eremit, Preah Khan

Wie auch in Ta Prohm *(siehe S. 220)* stehen in Preah Khan riesige Bäume, deren Wurzeln die Laterit- und Sandsteinbauten überwuchern. Doch anders als Ta Prohm hat man Preah Khan mit großem Aufwand restauriert. In den letzten zehn Jahren wurden viele der knorrigen alten Bäume gefällt und die Mauern sorgfältig restauriert bzw. wiederaufgebaut.

Detailreiches Relief mit *apsaras* in der Halle der Tänzer, Preah Khan

Buddhistische Mönche vor dem »Turm der Gesichter« am Bayon, Angkor Thom *(siehe S. 216–219)* ▷

Angkor Wat ❷

Angkor Wat ist der weltweit größte Sakralbau und heißt wörtlich »Stadt, die ein Tempel ist«. Die im 12. Jahrhundert unter König Suryavarman II. (reg. 1113–50) erbaute Anlage war ursprünglich dem Hindu-Gott Vishnu, dem Bewahrer der Schöpfung, geweiht. Der Grundriss folgt einem *mandala*, dem heiligen Plan des hinduistischen Universums: Der fünftürmige Tempel im Zentrum erinnert an eine Lotosknospe und symbolisiert den Berg Meru, den mystischen Sitz der Götterwelt und Zentrum des Universums. Die Außenmauern stehen für das Ende der Welt, der Tempelgraben für den kosmischen Ozean. Besonders interessant sind die feinen Steinverzierungen an den Mauern, darunter ein 600 Meter langes Flachrelief und 2000 Darstellungen von *apsaras*, himmlischen Tänzerinnen. Ungewöhnlich ist die Tempelausrichtung nach Westen zur untergehenden Sonne, dem Symbol des Todes.

Steinreliefs an den Mauern des Haupteiligtums

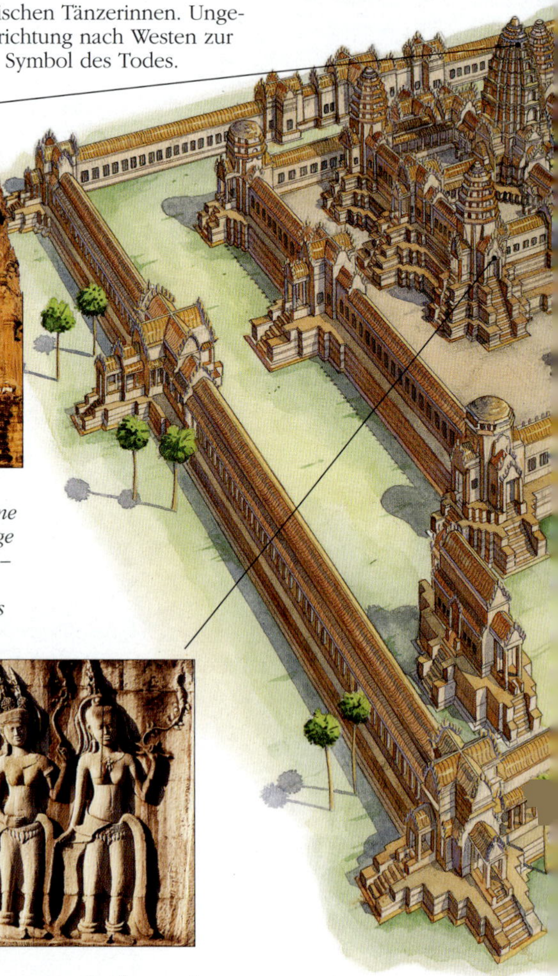

★ Haupteiligtum
Zum Haupteiligtum führt eine steile Treppe. Die vier Eingänge weisen Buddha-Bildnisse auf – ein Indiz für die allmähliche Verdrängung des Hinduismus in Kambodscha.

★ Apsaras
Steinreliefs mit Hunderten von apsaras (halb menschliche, halb göttliche Frauen) zieren die Tempelmauern. Die Tänzerinnen tragen Juwelen und Kopfschmuck, sind aber bis auf einen Lendenschurz nackt.

Blick auf die Türme
Die fünf Türme erheben sich auf drei Ebenen bis zum imposanten Hauptheiligtum. Die ganze Anlage ist von massiven Mauern und einem Graben geschützt – Symbole für das Ende der Welt und das Meer des Universums. Der Blick von der anderen Seite des Grabens, in dessen Wasser sich die Türme spiegeln, ist beeindruckend.

Infobox

6 km nördl. von Siem Reap. *nach Siem Reap.* *Khmer Angkor Tour Guide Association, Siem Reap, (063) 964 347.* *tägl. 5–18 Uhr.* *allgemeines Ticket für Angkor.* **www.** khmerangkortourguide.com

★ **Flachrelief-Galerie**
Der südliche Abschnitt der Westgalerie zeigt Szenen aus dem indischen Hindu-Epos Mahabharata. *Die Flachreliefs fallen durch die detaillierte Darstellung Hunderter schwer bewaffneter Krieger während der Schlacht von Kurukshetra auf.*

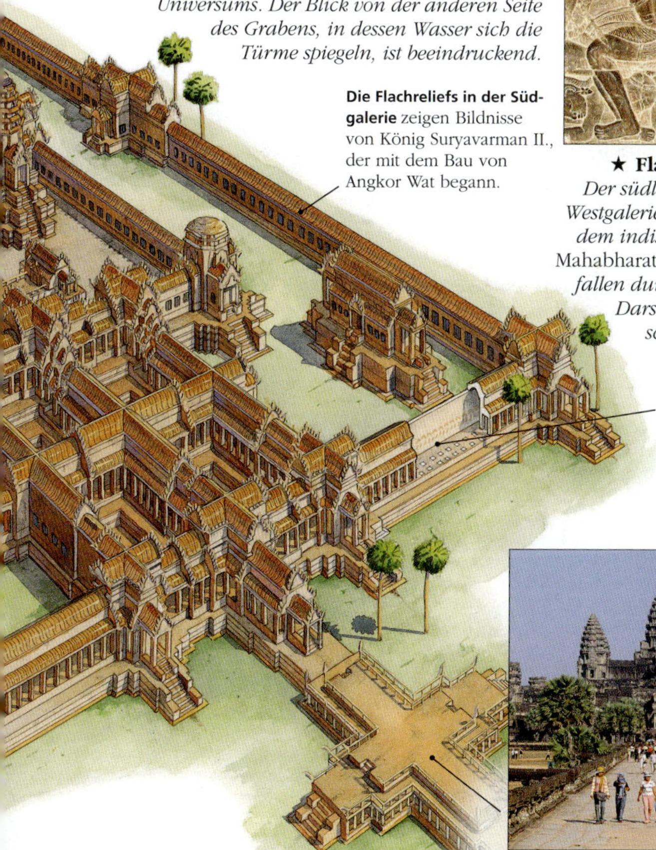

Die Flachreliefs in der Südgalerie zeigen Bildnisse von König Suryavarman II., der mit dem Bau von Angkor Wat begann.

Prozessionsstraße
Der zentrale Tempelweg zum Haupteingang im Westen der Anlage eröffnet eine fantastische Aussicht auf Angkor Wat. Der Weg ist zu beiden Seiten von Steinbalustraden in Form gemeißelter nagas *(Schlangen) gesäumt.*

Nicht versäumen

- ★ Apsaras
- ★ Flachrelief-Galerie
- ★ Hauptheiligtum

Tempelarchitektur

Die Architektur der Angkor-Epoche begann im 9. Jahrhundert n. Chr. mit der Khmer-Hauptstadt von Jayavarman II. bei Roluos *(siehe S. 221)*. Bis zum 13. Jahrhundert bildeten sich fünf architektonische Stile heraus: Der älteste, Preah Ko, war dem Erbe von Sambor Prei Kuk im Osten Angkors sowie dem Stil des Kompong Preah aus dem 8. Jahrhundert verpflichtet. Überreste davon findet man in Prasat Ak Yum am West-Baray. Nach ihrem Höhepunkt mit dem Bau von Angkor Wat verlor die Khmer-Architektur an Glanz.

Rosafarbene Bibliothek aus Sandstein im Banteay Srei

PREAH KO (875–890 N. CHR.)

Typisch für den Preah Ko-Stil ist eine einfache Anlage mit mindestens einem Steinturm auf einem Fundament aus Lateritgestein. Damals entstanden erstmals runde Einfriedungen, die man durch ein turmähnliches Tor, den *gopura*, betrat. Neu war auch ein Bibliotheksanbau, in dem vermutlich ein heiliges Feuer brannte.

Die gut erhaltene Wächterstatue *aus Sandstein steht in einer äußeren Ziegelsteinmauer eines heiligen Turms im Lolei-Tempel der Roluos-Gruppe (9. Jh.).*

Der östliche Tempelweg von Bakong *führt direkt vom zentralen* gopura *zu einem hohen Hauptturm auf einer rechteckigen Pyramide mit einem symbolischen Tempelberg.*

BAKHENG BIS PRE RUP (890–965 N. CHR.)

Die Architektur der Tempelberge nach dem Vorbild des Bergs Meru zeigt sich im klassischen Aufbau in Phnom Bakheng *(siehe S. 209)*, Phnom Krom und Phnom Bok: vier Türme in jeder Ecke und ein fünfter im Zentrum. Der Pre Rup-Stil entwickelte sich unter Rajendravarman II. (reg. 944–68) und erweiterte den Bakheng-Stil, indem die Türme höher und steiler wurden.

Phnom Bakheng *ist ein herausragendes Beispiel für den Bakheng-Stil. Die Anlage diente im 9. Jahrhundert in der ersten Khmer-Hauptstadt in Angkor als Staatstempel. Sie erhebt sich majestätisch über einer Pyramide rechteckiger Terrassen bis zu den fünf heiligen Haupttürmen.*

Pre Rup *fällt durch seine Größe und den steilen Tempelberg mit mehreren Ebenen bis zum Haupttheiligtum auf. Die fein verzierten Türstürze aus Sandstein sind detailreicher als bei älteren Stilen. Archäologen nehmen an, dass der Bau als königliches Krematorium diente, denn* pre rup *heißt »Wende den Körper«.*

BANTEAY SREI BIS BAPHUON (965–1080 N. CHR.)

Der Baustil wird durch das fein verzierte Banteay Srei *(siehe S. 221)* repräsentiert. Typisch sind die detailreichen Steinbildnisse von *apsaras* (himmlische Tänzerinnen) und *devadas* (Tänzer). In der Mitte des 11. Jahrhunderts, als die Khmer-Architektur ihren Höhepunkt erreichte, entwickelte sich der Stil zur Baphuon-Architektur mit riesigen Proportionen und Gewölbegalerien. Die Skulpturen dieser Epoche sind realistischer und erzählender.

Das fünfstufige Baphuon, *der Staatstempel von Udayadityavarman II. (reg. 1050–66), wurde im 13. Jahrhundert von dem chinesischen Chronisten Zhou Daguan als »wahrlich erstaunliches Ereignis mit zehn Kammern im Fundament« beschrieben.*

Banteay Srei, *zwischen 967 und 1000 erbaut, zeichnet sich durch feine Handwerkskunst aus, etwa die filigranen Reliefs und die Türstürze mit Skulptierungen.*

ANGKOR WAT (1080–1175 N. CHR.)

Kunsthistorisch gilt Angkor Wat *(siehe S. 212f)* als Höhepunkt der Architektur- und Bildhauerkunst der Khmer. Der imposanteste Tempelberg enthält die feinsten Flachreliefs, die ganze Geschichten erzählen. Die Kunst der Skulptierungen an Türstürzen erreichte in dieser Ära ihre Blütezeit.

Flachreliefs Suryavarmans II. *im Westabschnitt der Südgalerie zeigen den König auf seinem Thron, umgeben von Höflingen mit Fächern und Sonnenschirmen. Unter ihm werden Prinzessinnen und Hofdamen in Sänften getragen. Ein anderes Relief stellt den König auf einem Kriegselefanten dar.*

Diese Luftansicht von Angkor Wat *verdeutlicht die Größe und den symbolträchtigen Grundriss der Anlage. Alles in Angkor hat eine Bedeutung; am offensichtlichsten ist das bei den Türmen im Zentrum, die die fünf Gipfel des heiligen Bergs Meru symbolisieren.*

BAYON (1175–1240 N. CHR.)

Der Bayon-Stil, der letzte bedeutende Architekturstil Angkors, ist eine Synthese früherer Stile. Zwar wirkt er noch beeindruckend, läutete aber einen künstlerischen Niedergang ein. Lateritgestein wird von Sandstein verdrängt, die Hindu-Themen durch buddhistische Motive ersetzt.

Die Flachreliefs mit Schlachtszenen *am Bayon-Tempel von Angkor Thom (siehe S. 216–219) gewähren einen spannenden Einblick in die Kriege zwischen dem Khmer-Reich und dem Königreich von Champa. Der Krieg endete mit dem Sieg des Khmer-Königs Jayavarman VII. im Jahr 1181.*

Das Südtor von Angkor Thom *wird von einer großen viergesichtigen Skulptur des Gottkönigs (devaraja) Jayavarman VII. überragt. Er wird als Bodhisattva Avalokitesvara dargestellt und blickt in die ewige Weite der vier Himmelsrichtungen.*

Angkor Thom ❹

»Schlangenhalter« säumen den
Weg zum Südtor von Angkor Thom

Das in seiner Größe und Architektur beeindruckende
Angkor Thom – in der Sprache der Khmer bedeutet dies »Große Stadt« – wurde Ende des 12. Jahrhunderts von König Jayavarman VII. gegründet. Die einst
größte Stadt des Khmer-Reichs wird durch eine acht
Meter hohe, rund zwölf Kilometer lange Mauer und
einen breiten Graben geschützt. Fünf Tore, alle mit vier
riesigen Steingesichtern geschmückt, führten nach
Angkor Thom, vier davon in den Himmelsrichtungen
und eine weitere an der Ostseite. In der Stadt liegen
zahlreiche Ruinen, darunter der
berühmte Bayon-Tempelkomplex.

★ Rätselhafte Gesichter
*Die Haupttürme der Anlage
zieren vier riesige, rätselhaft
lächelnde Gesichter mit Blick
in die vier Himmelsrichtungen.
Wahrscheinlich symbolisierten
sie den allsehenden und all-
wissenden Bodhisattva Avalokitesvara, den König Jayavarman VII. personifizierte.*

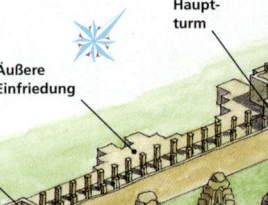

**Haupt-
turm**

**Äußere
Einfriedung**

Westliche Galerie
*Eine Gläubige betet mit Weihrauch-
stäbchen an einer Statue des Hindu-
Gottes Vishnu. Sie stammt wahrscheinlich aus
der Gründungszeit des Tempels und steht im
Südabschnitt der Westgalerie, einer der vielen,
lang gestreckten Galerien rund um den Bayon.*

Südeingang

0 Meter   25

★ Flachreliefs der Südgalerie
*Die in den Stein gemeißelten Flachreliefs zeigen Alltags-
szenen aus dem Angkor des 12. Jahrhunderts. Dazu
gehören Motive wie Hahnenkämpfe, die Essenszube-
reitung, Feste und Markttreiben.*

NICHT VERSÄUMEN

* ★ Flachreliefs
  der Südgalerie

* ★ Rätselhafte Gesichter

* ★ Südansicht
  des Bayon-Tempels

INFOBOX

1 km nördl. von Angkor Wat;
7 km nördl. von Siem Reap. 🚗
ℹ️ *Khmer Angkor Tour Guide
Association, (063) 964 347.*
🕐 *tägl. 5–18 Uhr.* 🎟️ *allgemeines Ticket für Angkor.* **www.**
khmerangkortourguide.com

★ **Südansicht des Bayon-Tempels**
*Aus der Ferne wirkt der Bayon wie ein verwirrendes Gebir-
ge, doch die 54 imposanten Türme und 216 Steinskulptu-
ren bilden bei näherer Betrachtung ein Ehrfurcht gebieten-
des, großartiges architektonisches Gesamtkunstwerk.*

Flachrelief eines
Khmer-Zirkus

Devada
*Ein devada (Tänzer),
klar unterschieden von
den halb göttlichen
apsaras (siehe S. 212),
konnte Mann
oder Frau sein.*

Innere
Einfriedung

Osteingang

BAYON
Im Zentrum von Angkor Thom versinnbildlicht der Bayon die
»untergegangene Kultur« Angkors. Der symbolträchtige Tempelberg erhebt sich über drei Ebenen mit 54 Türmen, die mit über
200 riesigen, rätselhaften Steingesichtern verziert sind. Man betritt den Bayon durch acht kreuzförmig angeordnete Türme, die
früher durch überdachte Galerien verbunden waren. Sie umfassen einige der prächtigsten Flachreliefs von Angkor mit Alltags-
szenen und Bildern aus Schlachten, vor allem gegen die Cham.

Aufmarsch der Khmer
*Das Flachrelief der Ostgalerie
zeigt unglaublich fein gearbeitete Motive aus dem Krieg zwischen den Khmer und den
Cham. In dieser Szene führt
der König der Khmer, hoch auf
einem Elefanten thronend,
seine Armee in die Schlacht.*

Angkor Thom: Gesamtkomplex

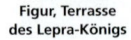

Figur, Terrasse des Lepra-Königs

Die Festungsstadt Angkor Thom erstreckt sich auf fast zehn Quadratkilometern und bot in ihrer Blütezeit einer Million Menschen Platz. Unter den fünf Stadttoren ist das Südtor das meistbenutzte. Von hier führt ein Weg direkt zum Bayon-Tempel. Dahinter liegen die Ruinen vieler bedeutender Baudenkmäler, etwa der Baphuon und der Phimeanakas. Auch wenn die meisten Bauten halb zerfallen sind, rufen sie doch immer noch ein Bild von der Macht und dem Glanz des Khmer-Reichs hervor.

Ein riesiges lächelndes Gesicht blickt am Südtor in die Ferne

Südtor

Das wuchtige Südtor ist der am besten erhaltene der fünf Torbogen von Angkor Thom. Zum Tor führt ein beeindruckender Prozessionsweg, gesäumt von 154 Steinstatuen – Göttern auf der linken, Dämonen auf der rechten Seite, jeweils eine Schlange tragend.

Das Südtor ist ein 23 Meter hoher Bau, dessen drei Türme vier riesige Steingesichter in den vier Himmelsrichtungen zieren. Zu beiden Seiten des Tors steht der dreiköpfige Elefant Erawan, Träger des Hindu-Gottes Indra.

Bayon

Der Bayon repräsentiert die künstlerische Blüte jener Epoche und ist ein einzigartiger Tempel: Die Pyramide zeigt mehrere riesige, still lächelnde Gesichter an den Türmen sowie viele faszinierende Flachreliefs in den Galerien (siehe S. 216 f).

Baphuon

Der Baphuon entstand im 11. Jahrhundert unter König Udayadityavarman II. Der pyramidenähnliche Bau symbolisiert den mystischen Göttersitz am Berg Meru. Ein Zentralturm mit vier Eingängen erhob sich einst auf der Spitze, ist aber zerfallen.

Den Tempel erreicht man über einen 200 Meter langen, erhöhten Weg und vier Tore. Jedes ist mit eleganten Flachreliefs voller Szenen aus Hindu-Epen wie dem *Mahabharata* und dem *Ramayana* (*Reamker* in Khmer) geschmückt. Innen nimmt ein riesiger liegender Buddha die westliche Länge des Baus ein. Die Statue wurde wahrscheinlich erst im 15. Jahrhundert in den Hindu-Tempel integriert. Der schwer beschädigte Bau wurde restauriert, sodass einige Sektionen wieder besichtigt werden können.

Phimeanakas

König Rajendravarman II. erbaute den königlichen Palasttempel im 10. Jahrhundert, Jayavarman VII. erweiterte

ihn. Der hinduistische Tempel, auch »Himmelspalast« genannt, wird assoziiert mit dem sagenhaften Goldenen Turm, dem Sitz der neunköpfigen Schlange, der an dieser Stelle gestanden haben soll. Die Schlange erschien dem König als Frau, der Herrscher schlief mit ihr, bevor er seine anderen Frauen und Konkubinen aufsuchte. Hätte er die Schlange verschmäht, wäre er gestorben, so aber sicherte er die Nachfolge.

Der pyramidenähnliche Palast steht auf einer rechteckigen Basis, die 15 Hektar große Fläche wird von einer fünf Meter hohen Mauer aus Lateritgestein umgeben. Der Palast hat fünf von Löwen bewachte Zugänge. Treppen führen an allen vier Seiten nach oben. An den vier Ecken wachen Elefanten. Von der obersten Ebene bietet sich eine herrliche Aussicht auf den südlich gelegenen Baphuon-Komplex.

Preah Palilay und Tep Pranam

Zwei kleinere Bauten, Preah Palilay und Tep Pranam, liegen etwas weiter entfernt nordwestlich der Terrasse des Lepra-Königs.

Preah Palilay stammt aus dem 13. Jahrhundert und ist ein buddhistisches Heiligtum, versteckt hinter einer rechteckigen, jeweils 50 Meter langen Mauereinfriedung. Der teilweise eingestürzte Tempel ist nur durch ein Tor erreichbar und verjüngt sich an der Spitze zu einem Steinturm. Ein 33 Meter langer Weg führt zu einer Terrasse östlich des Schreins und fällt durch *naga* (Schlangenbalustraden) auf.

Die pyramidenähnliche Fassade des Phimeanakas, Angkor Thom

Hotels und Restaurants in Siem Reap siehe Seiten 244 f und 260 f

Gemeißelte Reliefs und Elefantenfiguren schmücken die Elefantenterrasse

Östlich davon steht Tep Pranam (16. Jh.), der früher wahrscheinlich dem Mahayana-Buddhismus diente. Heute wird hier Theravada-Buddhismus vor einer großen Sandsteinstatue Buddhas in sitzender Haltung (*mudra* oder »die Erde als Zeuge rufend«) zelebriert.

Schrittweise Restaurierung der Terrasse des Lepra-Königs

Terrasse des Lepra-Königs

Einen kurzen Fußweg südöstlich von Tep Pranam steht diese kleine Terrasse aus dem 12. Jahrhundert. Auf ihrer Spitze thront eine kopflose Statue, die als Lepra-König bekannt ist. Sie stellt wahrscheinlich König Jayavarman VII. dar, der angeblich an der Krankheit litt, wirkt aber eigentlich wie eine Inkarnation des hinduistischen Unterweltgottes Yama. Die heutige Figur ist eine Kopie, das Original steht im Nationalmuseum von Pnom Penh.

Die Terrasse wird durch zwei wunderschön restaurierte Mauern mit Flachreliefs begrenzt. Die innere Mauer ist mit Figuren der Unterwelt, göttlichen Frauen, *nagas* mit fünf, sieben oder neun Köp-

fen, *devadas*, *apsaras*, Kriegern mit gezogenem Schwert und bizarren Meereswesen aufwendig verziert.

Die genaue Bedeutung der Terrasse, die wie eine Erweiterung der Elefantenterrasse wirkt, ist nicht ganz klar. Vielleicht diente sie königlichen Empfängen oder aber Einäscherungen.

Elefantenterrasse

Der über 300 Meter lange Bau von König Jayavarman VII. erstreckt sich vom Baphuon bis zur benachbarten Terrasse des Lepra-Königs und besteht aus drei Haupt- und zwei kleineren Ebenen. Die Terrasse diente dem König bei militärischen und anderen Paraden. Den Bau schmücken lebensgroße Elefantenstatuen aus Sandstein, die wie in einer Prozession mit Elefantentreibern aufgereiht sind. Dane-

ben sieht man Bildnisse von Tigern, Löwen, Schlangen, heiligen Gänsen und Garuda, dem Adlerreittier Vishnus.

Nord- und Süd-Khleang

Die zwei sehr ähnlichen Bauten stehen östlich der an der Elefantenterrasse vorbeilaufenden Hauptstraße. Der Nord-Khleang entstand gegen Ende des 10. Jahrhunderts unter König Jayaviravarman, der Süd-Khleang im frühen 11. Jahrhundert unter König Suryavarman I. (reg. 1002–50). Architektonisch fallen beide Gebäude durch die Türbogen aus Sandstein sowie elegante, steinerne Fensterbalustraden auf. Die offizielle Funktion der Bauten ist unbekannt. Khleang bedeutet »Lagerhaus« und ist vermutlich eine irreführende, moderne Benennung.

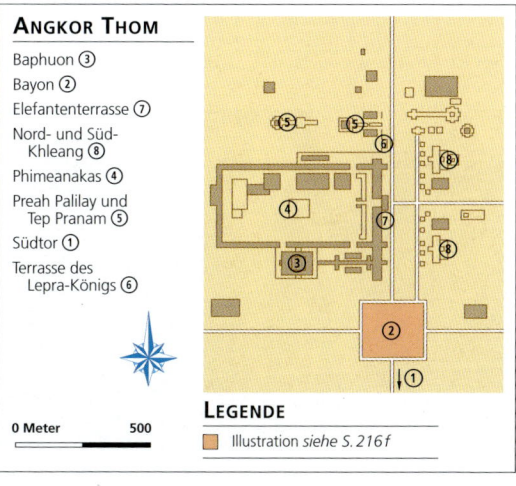

ANGKOR THOM

Baphuon ③
Bayon ②
Elefantenterrasse ⑦
Nord- und Süd-Khleang ⑧
Phimeanakas ④
Preah Palilay und Tep Pranam ⑤
Südtor ①
Terrasse des Lepra-Königs ⑥

0 Meter   500

LEGENDE

■ Illustration *siehe S. 216 f*

Preah Neak Pean ❻

3 km nordöstl. von Angkor Thom.
🕐 tägl. Sonnenauf- bis -untergang.
🎫 allgemeines Ticket für Angkor.
🔲 🔳

Preah Neak Pean, einer der ungewöhnlichsten Tempel Angkors, bedeutet »Zusammengerollte Schlange«. Wie viele Bauten in Angkor wurde der Bau im späten 12. Jahrhundert unter König Jayavarman VII. errichtet. Der buddhistische Tempel liegt in der Mitte eines ausgetrockneten Sees, dem Nördlichen Baray.

Der Bau erstreckt sich rund um einen künstlichen Teich, flankiert von vier kleineren, rechteckigen Teichen, die nur zur Regenzeit mit Wasser gefüllt sind. In der Mitte liegt eine Insel mit dem Hauptschrein für Bodhisattva Avalokitesvara. Ineinander verschlungene Schlangen zieren das Fundament – daher der Tempelname. Östlich der Insel steht eine Statue von Balaha, einer Inkarnation von Avalokitesvara, der sich einer buddhistischen Legende nach in ein Pferd verwandelte, um Schiffbrüchige vor einem Seeungeheuer zu retten.

Der Teich versinnbildlicht den mystischen See Anavatapta, den Ursprung der vier großen Flüsse der Welt, symbolisiert durch vier Fontänen, durch die Wasser in die vier Außenteiche strömt. Die östliche Fontäne ist ein Kopf, die südliche ein Löwe, die westliche ein Pferd, die nördliche ein Elefant. Als die Anlage noch ein Kloster war, suchten die Gläubigen hier Rat und

Wasserspeier in Form eines Kopfes, Preah Neak Pean

badeten dann im heiligen Wasser unterhalb jener Fontäne, die die Mönche für sie ausgewählt hatten.

Ta Prohm ❼

1 km östl. von Angkor Thom.
🕐 tägl. Sonnenauf- bis -untergang.
🎫 allgemeines Ticket für Angkor.
🍴 🔳

Ta Prohm ist der geheimnisvollste Tempel von Angkor. Der Name bedeutet »Vorfahr von Brahma«. Ursprünglich war der Tempel ein buddhistisches Kloster, erbaut unter Jayavarman VII. Eine steinerne Stele beschreibt die Macht des Klosters, das in seiner Blütezeit 3000 Dörfer und 80 000 Diener umfasste. 18 Hohepriester und über 600 Tempeltänzer gehörten ebenfalls dazu. Der Reichtum des Tempels und seines Gründers Jayavarman VII. wird u. a. mit über 35 Diamanten und 40 000 Perlen angegeben.

Die Franzosen begannen hier während der Kolonialzeit mit der Erhaltung von Ruinen. Bis heute will man Ta Prohm so authentisch wie möglich belassen und restauriert daher sehr zurückhaltend, lässt also das Dschungeldickicht wuchern. Riesige Banyan- und Kapokbäume wachsen heute über den Ruinen und lassen sie so wirken, wie sie auch die ersten Entdecker sahen.

Der Tempel thront auf einer Hügelspitze und besteht aus einem steinernen Komplex in einer rechteckigen Mauereinfriedung aus Lateritgestein. Die schmalen Wege nach oben, vorbei an gewaltigen Kapokbäumen, führen durch natürliche grüne Gänge – eine schattige Erholung von der tropischen Sonne. Der Haupteingang ist trotz des Zerfalls noch immer wunderschön und zeigt zahlreiche Buddha-Bildnisse, die man aus den Ruinen gerettet hat.

Hinter dem Tor kommt man in den beeindruckenden Saal der Tänzer. Der sehenswerte Sandsteinbau ruht auf quadratischen Säulen, ist mit blinden Türen und Reihen von Flachreliefs mit *apsaras* (himmlische Tänzerinnen) verziert. Westlich davon steht das Haupttheiligtum, eine einfache Steinkonstruktion mitten im Dschungel.

Prasat Kravan ❽

Östl. von Angkor Wat. 🕐 tägl. Sonnenauf- bis -untergang. 🎫 allgemeines Ticket für Angkor.

Der aus fünf Ziegeltürmen bestehende, kleinere Tempel der Anlage entstand Anfang des 10. Jahrhunderts auf Geheiß von Harshavarman I. (reg. 915–23) für den Hindu-Gott Vishnu.

Der Tempelname bedeutet »Kardamom-Heiligtum« und ist vor allem wegen des Mauerwerks und der Flachreliefs sehenswert. Diese zeigen Vishnu, seinen Begleiter Lakshmi, sein Adlerreittier Garuda, die Schlange Naga und andere göttliche Diener.

Die Tore und Türstürze der fünf Türme bestehen aus Sandstein. Der südlichste

Ein Kapokbaum (Wollbaum) überwuchert den Ta Prohm-Tempel

Hotels und Restaurants in Siem Reap *siehe Seiten 244 f und 260 f*

Turm zeigt ein schönes Bildnis Vishnus, auf dem Garuda reitend. In der Mitte des Zentralturms diente ein herausragender Stein wahrscheinlich rituellen Waschungen.

Banteay Srei 9

30 km nordöstl. von Siem Reap.
tägl. Sonnenauf- bis -untergang.
allgemeines Ticket für Angkor.

Der einsam gelegene Tempelkomplex von Banteay Srei (»Zitadelle der Frauen«) begeistert durch seine detaillierten Reliefs. Die aus rosafarbenem Sandstein erbaute Anlage errichteten hinduistische Priester in der zweiten Hälfte des 10. Jahrhunderts – sie ist also im Gegensatz zu vielen Bauten in Angkor kein Tempel eines Herrschers.

Das rechteckige Hauptheiligtum ist von drei Seiten durch eine Mauer und Überreste eines Grabens geschützt. Innen reich verzierte Schreine Shiva, dem Hindu-Gott der Zerstörung, geweiht. Über den Eingängen sieht man fein gemeißelte Szenen aus dem großen Hindu-Epos *Ramayana*. Bildnisse von Shiva, seinem Helfer Parvati, dem Affenkönig Hanuman, dem göttlichen Ziegenhirten Krishna und dem Dämonenkönig Ravana

Göttin am Hauptschrein im inneren Heiligtum, Banteay Srei

Hauptschrein im Lolei-Tempel, Roluos-Gruppe

sind alle wunderschön ausgeführt. Ebenso herausragend sind die Statuen der Gottheiten in den Nischen der Türme des Heiligtums. Die männlichen Götter tragen Lanzen und einfache Lendenschurze. Die Göttinnen sind mit langen, zu Knoten geflochtenen Haaren, indisch anmutenden Kleidern und Schmuck dargestellt.

Statue im Tempel Banteay Srei

Roluos-Gruppe 10

12 km südöstl. von Siem Reap.
tägl. Sonnenauf- bis -untergang.
allgemeines Ticket für Angkor.

Die alten Tempel sind nach der Stadt Roluos benannt. Sie gelten als älteste in Angkor und markieren den Standort von Hariharalaya, der ersten Khmer-Hauptstadt, die von Indravarman I. (reg. 877–889) gegründet wurde.

Drei Hauptkomplexe stehen noch: Nördlich des Highway 6, auf dem Weg von Siem Reap nach Phnom Penh, liegt **Lolei**. Der unter Yasovarman I. (reg. 889–910) errichtete Tempel steht auf einem künstlichen Erdhügel. Auf doppeltem Fundament und eingerahmt von einer Mauer aus Lateritgestein erhebt er sich in der Mitte eines kleinen Sees. Die vier zentralen Zie-

geltürme weisen erstaunlich gut erhaltene blinde Türen und Inschriften auf.

Südlich von Lolei stößt man auf **Preah Ko**, den »Heiligen Bullen«. Der unter Indravarman I. errichtete Hindu-Tempel ist Shiva geweiht und wurde zu Ehren von Jayavarman II., dem Gründer des Khmer-Reiches, sowie der Eltern des Herrschers erbaut. Das Hauptheiligtum besteht aus sechs gemauerten Türmen auf einem erhöhten Lateritstein-Fundament. In der Nähe stehen drei ungewöhnlich gut erhaltene Statuen des heiligen Bullen Nandi.

Alle Motive auf den Türstürzen, Geheimtüren und Säulen haben die Jahrhunderte sehr gut überdauert und zeigen *kala*, breit grinsende Fabelwesen mit riesigen Augen, *makara*, Seewesen mit rüsselähnlichen Schnauzen, und Garuda, das Adlerreittier des Gottes Vishnu. Der Tempel liegt idyllisch in einer ländlichen Gegend und wird zurzeit restauriert.

Jenseits von Preah Ko kann man den massiven Bau von **Bakong** kaum übersehen: Der Tempel ist Shiva geweiht und wurde im 9. Jahrhundert unter Indravarman I. errichtet. Der Bau ist das mit Abstand größte Baudenkmal der Roluos-Gruppe. Man nähert sich ihm über einen von einer siebenköpfigen *naga* geschützten und von Pilgerhäusern gesäumten Straße.

Im Herzen der Anlage ragt ein künstlicher Erdhügel auf, ein Symbol des heiligen Berges Meru, dem Zentrum der hinduistischen Welt und Sitz der Götter. Der Hügel erhebt sich in fünf Ebenen, die ersten drei sind durch Steinelefanten verziert. Auf dem Gipfel thront der rechteckige Hauptschrein mit einem vierstufigen, lotosförmigen Turm in der Mitte. Das Ganze wird von acht massiven, gemauerten Türmen mit den für Roluos typischen Sandsteinreliefs eingerahmt.

Reiseinformationen

Mofa zum Mieten, Siem Reap

Die meisten Besucher von Angkor reisen bequem per Flugzeug nach Kambodscha. Busse aus Vietnam und Thailand bieten eine preiswerte Alternative. Der Highway zwischen Pnom Penh und Siem Reap ist zwar verbessert worden, aber viele Straßen sind so schlecht, dass man mit Verspätungen und unbequemen Fahrten rechnen muss. Beeindruckender ist die Anreise per Fähre oder Boot. Eine reguläre Verbindung mit Tragflächenbooten existiert zwischen Siem Reap und Phnom Penh sowie Siem Reap und Chau Doc *(siehe S. 100)* in Vietnam. In und um Angkor kann man sich mit vielen verschiedenen Verkehrsmitteln bewegen.

Beim Boarding auf dem Siem Reap International Airport

REISEZEIT

Die beste Reisezeit für Angkor sind die kühlen Monate zwischen November und Februar – wobei viele Besucher das Klima auch dann recht warm finden. Eine Alternative ist die Regenzeit (Juni–November), wenn Angkor grün und sehr feucht ist. Zu dieser Zeit sind viele *barays* (Seen) und bestimmte Tempel wie Preah Neak Pean *(siehe S. 220)* überschwemmt. Die heiße Zeit (März–Mai) sollte man wegen der unerträglich hohen Temperaturen in Angkor unbedingt meiden.

ANREISE

Kambodscha hat mit dem **Phnom Penh International Airport** und dem **Siem Reap International Airport** zwei internationale Flughäfen. Da viele ausländische und nationale Airlines beide Destinationen anfliegen, kann man bequem nach Angkor reisen. Zu den wichtigen internationalen Fluggesellschaften zählen **Vietnam Airlines, Lao Airlines, Malaysia Airlines, SilkAir, Thai Airways, Bangkok Airways, Jetstar Asia** und **China Southern Airlines**. Abgesehen von den beiden letztgenannten, bieten alle Airlines auch Direktflüge von beliebten Urlaubszielen wie Hanoi, Ho Chi Minh City, Kuala Lumpur, Bangkok und Singapur nach Siem Reap an.

Innerhalb Kambodschas fliegen nationale Airlines wie **Siem Reap Airways** und **Air Asia** täglich von Phnom Penh nach Siem Reap. Allerdings ändern sich Flugpläne mitunter unerwartet, lokale Airlines können den Betrieb auch komplett einstellen.

Aktuelle Informationen über Routen, Flugtarife und -zeiten erhält man in Reisebüros.

Dank der kürzlich erfolgten Grenzöffnung für Ausländer, die aus Thailand und Vietnam einreisen, sind Bus- und Sammeltaxi-Fahrten jetzt unkompliziert und preiswert. Aus Vietnam kann man über acht Grenzübergänge einreisen. Am meisten genutzt sind die Strecken von Moc Bai nach Bavet und von Chau Doc nach Phnom Penh. Ein regelmäßiger Busverkehr verbindet auch Ho Chi Minh City und Phnom Penh; die siebenstündige Fahrt kostet rund neun US-Dollar. Ab Phnom Penh kann man ein Sammeltaxi oder den Minibus nach Siem Reap nehmen (etwa fünf Stunden).

Angkor lässt sich auch per Boot oder Fähre, u. a. über den Grenzfluss Mekong zwischen Vietnam und Kambodscha, ansteuern. Der regelmäßige Bootsverkehr zwischen Chau Doc und Phnom Penh dauert drei bis sechs Stunden (17–22 US-Dollar). Tägliche Fahrten mit Tragflächenbooten von Phnom Penh nach Siem Reap dauern bis zu sechs Stunden (22–25 US-Dollar). Bootstouren ab Ho Chi Minh City nach Siem Reap sind teurer. Verlässliche Agenturen hierfür sind u. a. **Pandaw Cruises** und **Victoria Hotels**.

EINREISE

Die Einreise nach Kambodscha gestaltet sich einfach: Ein einmonatiges Visum wird bei der Einreise an den Flughäfen von Phnom Penh und Siem Reap, aber auch an den Land- und Flussgrenzübergängen ausgestellt. Ein Touristenvisum kostet 20 US-Dollar. Man braucht dafür ein Passbild und einen mindestens noch sechs Monate gülti-

Einer der vielen Busse, die Besucher nach Siem Reap bringen

gen Reisepass. Ein Visum kann man sich für 25 US-Dollar (zahlbar per Kreditkarte) auch via Internet ausstellen lassen: **www**.mfaic.gov.kh. Das Visum wird zugemailt und muss ausgedruckt mit Passbild und Pass vorgelegt werden.

TOUREN AB VIETNAM

Verschiedene renommierte Reisebüros in Hanoi und Ho Chi Minh City veranstalten ab Vietnam Ausflüge nach Angkor. Zwar sind dies Pauschaltouren, aber man kann auch eigene Routen zusammenstellen lassen. Im Preis inbegriffen sind Reisekosten und ein Führer. Visum, Ausreisesteuer und Angkor-Ticket werden extra berechnet.

IN ANGKOR UNTERWEGS

In Siem Reap und Angkor kann man die verschiedensten Verkehrsmittel mieten – von Fahrrädern, Mofas und *motos* (Motorradtaxis) über Minibusse und Tuk-Tuks bis

Motorradtaxis findet man überall in Siem Reap

hin zu Elefanten. Eine Fahrradtour (Leihräder kann man in Fahrradläden und Hotels mieten) nach Angkor ist besonders schön. Am bequemsten ist ein Mietwagen, den Hotels in der Stadt gern organisieren. Ein klimatisierter Pkw mit Fahrer kostet zwischen 20 und 35 US-Dollar am Tag, je nach gefahrener Strecke und Saison.

ZOLL

Kambodscha hat strikte Zollbestimmungen. Die Einfuhr von Drogen und Por-

nografie ist verboten. Auch die Mitnahme von Sprengstoffen ist untersagt. Wer über 3000 US-Dollar dabeihat, muss diese anmelden. Sehr genau kontrolliert wird das Schmuggeln von Antiquitäten aus der Angkor-Epoche.

AUSREISESTEUER

Bei Auslandsflügen ist eine Steuer von 25 US-Dollar pro Person fällig, teurer als das Einreisevisum. Bei Inlandsflügen werden sechs US-Dollar Gebühr erhoben. Es muss in Dollar gezahlt werden.

AUF EINEN BLICK

BOTSCHAFTEN

Deutschland
76–78 Street 214
(Rue Yougoslavie),
Phnom Penh.
00855 (0)23-216 193.
www.phnom-penh.diplo.de

Österreich
14 Soi Nandha, Sathorn
Tai Road, Bangkok 10120,
Thailand.
0066 (0)2-303 6057.
www.aussenministerium.
at/bangkok

Schweiz
Street 242, House 53D,
Phnom Penh.
00855 (0)23-219 045.
@ swissconsulate@
online.com.kh

Vietnam
436 Monivong Blvd,
Phnom Penh.
00855 (0)23-726 284.

FLUGHÄFEN

**Phnom Penh
International Airport**
(023) 890 890.

www.cambodia-airports.
com/phnompenh/en

**Siem Reap
International Airport**
www.cambodia-airports.
com/siemreap/en

FLUGLINIEN

Air Asia
66 Mao Tse Tung Blvd,
Phnom Penh.
(023) 356 0114.
www.airasia.com

Bangkok Airways
Siem Reap.
(063) 965 422/3.
www.bangkokair.com

**China Southern
Airlines**
www.cs-air.com/en

Jetstar Asia
Siem Reap.
(063) 964 388.
www.jetstarasia.com

Lao Airlines
114 Hwy 6, Siem Reap.
(063) 963 283
www.laoairlines.com

Malaysia Airlines
Siem Reap International
Airport.
(063) 964 135.
www.malaysiaairlines.
com

Siem Reap Airways
Siem Reap.
(063) 380 191.
www.siemreapairways.
com

SilkAir
313 Sisowath Quay,
Phnom Penh.
(023) 426 808.
www.silkair.com

Thai Airways
294 Mao Tse Tung Blvd,
Phnom Penh.
(023) 214 359.
www.thaiair.com

Vietnam Airlines
342 Hwy 6,
Siem Reap.
(063) 964 488.
www.vietnamairlines.
com

BOOTSTOUREN

Pandaw Cruises
(012) 939 644
(Phnom Penh).
(090) 371 1235
(Ho Chi Minh City).
www.pandaw.com

Victoria Hotels
32 Le Loi St, Chau Doc,
Vietnam. (076)
386 5010. **www**.
victoriahotels-asia.com

TOURANBIETER

Destination Asia
143 Nguyen Van Troi,
Ho Chi Minh City.
(08) 3844 8071. **www**.
destination-asia.com

Phoenix Voyages
82–83 Street 7B, Khu
A–An Phu/An Khanh,
Distr. 2, Ho Chi Minh City.
(08) 6281 0222.
www.phoenixvoyages.com

Hanuman Tourism
12 Street 310, Phnom Penh.
(023) 218 396. **www**.
hanumantourism.com

Praktische Hinweise

Apotheken-Logo, Siem Reap

Nach jahrelangen Unruhen erlebt Kambodscha eine wirtschaftliche Erholung und einen Wiederaufstieg. Eine wichtige Rolle dabei spielt der gegenwärtig stark zunehmende Tourismus: Grundlage dafür ist vor allem die einzigartige Kulturgeschichte von Angkor, die jährlich Millionen von Besuchern anzieht. Das einst verschlafene Siem Reap ist heute der lebendige Ausgangspunkt mit Hotels und Restaurants für jeden Geldbeutel. Das simple Ticketsystem für Angkor, die leicht zu arrangierenden Verkehrsmittel und moderne Kommunikationsmöglichkeiten machen das Sightseeing in Angkor unkompliziert und bequem.

Eingang des Victoria Angkor Resort and Spa, Siem Reap *(siehe S. 245)*

EINTRITTSPREISE UND ÖFFNUNGSZEITEN

Das Ticket für eine Tour durch Angkor muss man an den Schaltern am Haupteingang von Angkor (geöffnet tägl. 5–18 Uhr) kaufen. Auf den ersten Blick erscheinen die Preise eher teuer, tatsächlich bietet das Ticket recht viel, und ein Teil der Einkünfte kommt dem Erhalt der historischen Bauten zugute.

Man kann unter drei Ticketarten wählen. Alle drei gelten für alle Baudenkmäler außer Phnom Kulen, Koh Ker und Beng Melea, für die extra bezahlt werden muss. Der Ein-Tages-Pass kostet 20 US-Dollar und eignet sich für einen kompakten Tagesausflug. Für 40 US-Dollar kann man die wichtigen Tempel drei Tage lang erkunden. Der Wochenpass kostet 60 US-Dollar.

Neben dem Eintrittspreis muss man ein Passfoto für den Ticketpass vorlegen – dafür kann man ein eigenes Foto mitbringen oder eine Aufnahme am Ticketschalter machen lassen (dafür sollte man Zeit einkalkulieren). Der Pass muss an jedem Baudenkmal vorgezeigt werden.

INFORMATION

Das privat geführte **Tourism Information Office** in Siem Reap ist in einem weißen Bau an der Pokambor Avenue untergebracht, aber bis auf Reservierungen wenig hilfreich. Nützlicher (und im selben Gebäude zu finden) ist die **Khmer Angkor Tour Guide**

Association, die Mietwagen sowie gut informierte englischsprachige Fahrer vermittelt.

Das vierteljährlich erscheinende Magazin *Siem Reap Angkor Visitors Guide* liefert aktuelle Besucherinformationen, inklusive Einkaufs- und Verkehrshinweise, dazu detaillierte Restaurant- und Hotelführer. Das Magazin liegt kostenlos in vielen Hotels der Stadt aus.

ÜBERNACHTEN

Früher bot Siem Reap nur wenige, unattraktive Unterkünfte, heute scheinen ständig neue Hotels und Gästehäuser zu eröffnen, und es gibt ein vielfältiges Angebot für jeden Geldbeutel: Von Fünf-Sterne-Häusern wie dem Grand Hotel d'Angkor *(siehe S. 245)* bis hin zu familienbetriebenen, einfachen Hotels und gut ausgestatteten, preiswerten Gästehäusern.

Besucher, die nicht vorher gebucht haben, können sich am Flughafen über Unterkünfte informieren. Die aufdringlichen Zimmervermittler am Flughafen sollte man ignorieren, denn Betrügereien sind

nicht selten. Die meisten Unterkünfte, selbst das bescheidenste Gästehaus, werden einen Fahrer mit Wagen zum Abholen schicken. Ebenso einfach und oft deutlich preiswerter ist eine Online-Buchung. Berücksichtigen Sie, dass die Preise zwischen Hochsaison (November–März) und Nebensaison (Mai–Oktober) extrem schwanken.

RESTAURANTS

Vielfalt und Qualität der Restaurants in Siem Reap dürften für jeden Geschmack etwas bieten – von der Thai-Küche und den Spezialitäten Kambodschas bin hin zu vietnamesischer, chinesischer, indischer, französischer und sogar italienischer Küche.

Die Auswahl ist überraschend breit gefächert *(siehe S. 260f)*. Vor allem bei Psar Chaa gibt es preiswerte, gute Lokale und viele Straßenstände mit regionalen Spezialitäten. Baguettes, Pasteten und guten Kaffee bekommt man fast an jeder Ecke. Zu den meisten Gästehäusern gehört ein kleines Café, große Hotels

Gäste genießen ihr Essen im Red Piano *(siehe S. 261)*, **Siem Reap**

Hotels und Restaurants in Siem Reap *siehe Seiten 244f und 260f*

haben in der Regel ein gehobenes Restaurant dabei. Einige Hotels packen ihren Gästen auch einen Picknickkorb.

GESUNDHEIT UND SICHERHEIT

Kambodscha ist ein armes Land mit einem nicht sehr hoch entwickelten Gesundheitswesen. Im Ernstfall sollte man sich in das nahe Bangkok ausfliegen lassen. Doch mit etwas Vorsicht wird man Kambodscha ohne Krankheit genießen können: Wasser nur aus Flaschen trinken, gut gekochte Speisen essen, Eis meiden und sich vor jedem Essen die Hände waschen. Um Dehydrierung oder Hitzschlag vorzubeugen, sollten Sie bei Ausflügen stets Mineralwasser dabeihaben, eine Kopfbedeckung tragen und die heißeste Tageszeit meiden.

Fast ganz Kambodscha ist Malariagebiet, nur die Gegend um Angkor gilt als malariafrei. Dagegen sind Hepatitis und Tollwut Risiken. Fragen Sie vor Reiseantritt Ihren Hausarzt nach entsprechenden Impfungen. Schützen Sie sich vor Geschlechtskrankheiten und Aids. In Siem Reap sind Minen bis heute eine Gefahr: Verlassen Sie nie die ausgewiesenen Pfade, und folgen Sie den Führern.

Wie überall sollten Sie einsame, dunkle Gegenden meiden, keinen auffallenden Schmuck sowie als Frau keine aufreizende Kleidung tragen. Deponieren Sie Wertgegenstände im Hotelsafe. Die Touristenpolizei unterhält Wachen überall in Angkor.

BANKEN UND WÄHRUNG

Die Währung Kambodschas ist der *riel*, für einen Euro bekommt man über 5000 *riel*. Geldscheine gibt es von 50r bis 100 000r, wobei selbst dieser größte Schein weniger als 20 Euro wert ist. Allerdings benötigt man die einheimische Währung nur selten, denn meist zahlt man als Besucher in US-Dollar. Auch in thailändischen *bhat* kann man bezahlen. Dennoch kann es nicht schaden, einige *riel* für

Trinkgelder oder den Kauf von Getränken und anderen Kleinigkeiten zu tauschen und bereitzuhaben.

In Siem Reap gibt es mehrere Banken, die Geld wechseln und Reiseschecks (am besten in US-Dollar) einlösen. Banken haben meist montags bis freitags 9 bis 16 Uhr geöffnet, Wechselstuben länger. Bargeld spielt zwar eine wichtige Rolle, aber die üblichen Kreditkarten werden von vielen Stellen akzeptiert. Geldautomaten der **ANZ Royal Bank** sind eine weitere Möglichkeit, an Bargeld zu kommen.

Eine der vielen Banken in Siem Reap

KOMMUNIKATION

Das Kommunikationssystem in Angkor ist gut entwickelt: Internationale Telefonate sind mit Telefonkarten an öffentlichen Fernsprechern oder per Internet-Telefonie in vielen Internet-Cafés einfach. Man kann auch direkt vom Hotel aus telefonieren, dies kostet aber mehr. Die Vorwahl für Siem Reap lautet **063**, die für Kambodscha **00855**.

Preiswerte Internet-Cafés und WLAN findet man überall, der Internet-Zugang ist staatlich nicht eingeschränkt. Post- und Kurierdienste kann man im Postamt oder bei Anbietern wie **DHL** und **EMS** erledigen lassen.

BEHINDERTE REISENDE

Gegenwärtig findet man in Angkor keine besonderen Einrichtungen für behinderte Reisende. Allerdings bemühen sich viele der neuen Luxushotels jetzt um eine bessere Ausstattung für alle Gäste, die besondere Hilfe benötigen.

ZU GAST IN VIETNAM

ÜBERNACHTEN

Unterkünfte in Vietnam umfassen die ganze Bandbreite von historischen Boutique-Hotels und eleganten Luxustempeln bis hin zu einfachen, preiswerten Guesthouses. Spitzenhotels konzentrieren sich in Großstädten und an schönen Stränden, preiswerte Hotels findet man fast überall. Größere Häuser bieten Einrichtungen wie Pool, Fitnessraum, Restaurants und sogar Diskotheken. Auch in den meist an der Zentralküste liegenden Resorts kann man sich

seine Zeit angenehm mit Aktivitäten vertreiben. Preiswerte Hotels und Guesthouses verzichten zwar auf jeden Luxus, aber bis auf die billigsten Unterkünfte gibt es auch hier Klimaanlage, westliche Toiletten und Warmwasser. Jugendherbergen und Camping sind dagegen eher ungewöhnlich. Neu sind Homestays, in denen man bei einer Dorffamilie wohnt – eine Chance, das ländliche Vietnam zu erleben und die authentische Küche des Landes zu kosten.

Kellner im Continental Hotel

HOTELKATEGORIEN

In Vietnam gibt es zwar jetzt offizielle Hotelkategorien, doch meist lässt der Preis am besten auf den Standard schließen. Hotels mit Zimmerpreisen über 150 US-Dollar pro Nacht entsprechen einem europäischen Fünf-Sterne-Haus. Gleichwohl bietet ein und dasselbe Hotel unterschiedliche Standards an – von pompösen Suiten bis zu einfachen Zimmern.

Wichtig ist die Unterscheidung zwischen Hotel *(khach san)* und Guesthouse/Gästehaus *(nha khach)*: Letzteres kann wie ein preiswertes Hotel funktionieren, verfügt aber meist über keinen Zimmerservice und weniger Angebote.

LUXUSHOTELS

Fast an allen Orten, die ausländische Besucher anziehen, findet man heute auch

Die elegante Fassade des Continental Hotel *(siehe S. 58)*, **Ho Chi Minh City**

Luxushotels. Vor allem in Ho Chi Minh City, Hanoi, Nha Trang und Mui Ne findet man internationale Hotelketten wie Sheraton, Hilton, Marriott, Novotel, Sofitel und Ana Mandara/Six Senses. Die Kette Victoria Hotels and Resorts bieten sehr luxuriöse Unterkünfte auf dem Land, meist in wunderschönen Gebäuden in landschaftlich reizvoller Idylle.

All diese Hotels erfüllen in Ausstattung und Service internationalen Standard. Das elegant gekleidete Personal liest den Gästen jeden Wunsch von den Lippen ab. Die Zimmer sind in der Regel geräumig und stets klimatisiert. Moderne Services wie Wireless-LAN, Minibar und Kabelfernsehen gehören zum Standard. Die Hotels verfügen außer-

dem über Fitnessräume. Geschäftsreisende wissen die vielen Business-Angebote, Konferenzräume, Einrichtungen für Internet- und Telefonkonferenzen zu schätzen.

So gut wie jedes Vier- oder Fünf-Sterne-Haus serviert exzellente Küche, meist von internationalen Küchenchefs kreiert. Einige Häuser importieren Delikatessen aus der halben Welt. Die Top-Restaurants bieten ausländische Gourmetküche aus Frankreich, China, Japan und Italien. Auch das Frühstück fällt hier meist mit europäischen, amerikanischen und vietnamesischen Gerichten sehr üppig und vielfältig aus.

Am Abend inszenieren viele Spitzenhotels glamouröse, westlich orientierte Shows, in vielen Luxushotels kann man abends in Diskotheken auch tanzen gehen oder in den Bars und Lounges regelmäßig Live-Musik hören.

Das ausgefallene Dach des Rex Hotel *(siehe S. 60)*, **Ho Chi Minh City**

◁ **Straßenstand in Hoi An** *(siehe S. 124–129)*

RESORT-HOTELS

Vietnam hat eine lange Tradition eleganter Hotels, die auf die reiselustigen Franzosen der Kolonialzeit zurückgeht. Einige dieser historischen Häuser gibt es noch, etwa das schön restaurierte Sofitel Dalat Palace *(siehe S. 237)*.

Doch der Trend geht eher in Richtung neuer, moderner Hotelanlagen, die zumeist an der langen Küste liegen. Die bekanntesten Luxustempel sind das Evason Ana Mandara *(siehe S. 238)* in Nha Trang und das Six Senses Hideaway *(siehe S. 238)* in Ninh Hoa.

Einige neue Hotels wirken wie jeder andere Hotelturm auch, liegen aber oft weit außerhalb der Städte und gelten daher als Resorts. Urlaubsorte mit großen Anlagen sind vor allem Nha Trang und Phan Thiet. Die vielen Strandhotels haben Pools, gute Restaurants und natürlich weiße Sandstrände. Die meisten Anlagen bieten auch zahlreiche Sportmöglichkeiten wie Tauchen oder Surfen an.

Viele Resorts organisieren Ausflüge: Touren zu den Bergstämmen kann man beispielsweise in Sapa von örtlichen Führern und Hotel-Reisebüros organisieren lassen. In Hue veranstaltet das Saigon Morin historisch orientierte Ausflüge auf dem Parfümfluss. Das Sun Spa Resort *(siehe S. 239)* in Dong Hoi folgt den neuesten Trends und bietet zahlreiche Well-

Billardtisch neben dem Aufenthaltsbereich, Miss Loi's Guesthouse *(siehe S. 232)*

ness- und Gesundheitsprogramme an, beispielsweise Diäten, Yoga, Aromatherapie und Kräuteranwendungen.

GÄSTEHÄUSER UND PREISWERTE HOTELS

Vietnamesische »Guesthouses« sind meist bequem und sauber. Sie haben Duschen und Toiletten nach westlichem Standard, heißes Wasser, Kabel-TV, oft auch Internet und manchmal eine Minibar. Meist werden Gästehäuser von einer Familie betrieben, die im selben Gebäude wohnt. Nicht selten bekommt man hier für wenig Geld auch Frühstück oder einen Imbiss. Mitunter bieten die Vermieter einen Wäscheservice an, organisieren Touren, vermieten Fahrräder oder Motorräder oder besorgen alle Arten von Tickets. Viele Gästehäuser haben mehr Charme als größere Hotels.

In Städten, die schon längere Zeit Tourismus kennen,

etwa Ho Chi Minh City oder Nha Trang, drängen sich die preiswerten Hotels in einem Viertel (in Ho Chi Minh City etwa in Pham Ngu Lao). In solchen Fällen reguliert die Konkurenz den Preis, und man muss nicht verhandeln. In Häusern dagegen, die einzeln oder gar abseits liegen, kann sich ein wenig Verhandlungsgeschick oft bezahlt machen.

Ein Gästehaus oder ein einfaches Hotel kann man in Orten wie Dalat schon ab acht US-Dollar bekommen, in Ho Chi Minh City ab 15 US-Dollar. In einer Kleinstadt sollte man für ein klimatisiertes Zimmer mit Kabelfernsehen und oft sogar Balkon zwischen zehn und zwölf US-Dollar veranschlagen. Sehr einfache Hotels (manchmal mit Zimmern ohne Fenster) beginnen bei sechs US-Dollar, sind aber nicht immer sauber und meist wenig einladend.

HOMESTAYS

Homestays sind in Vietnam zwar noch nicht weitverbreitet, werden aber rasch beliebter. Die meisten Homestays findet man in Teilen des Mekong-Deltas, etwa in Vinh Long *(siehe S. 90)* und im nördlichen Hochland. Privatunterkünfte kosten meist ab zehn US-Dollar pro Nacht. Homestays kann man über Reisebüros in Ho Chi Minh City oder Hanoi buchen.

Innoviet spezialisiert sich auf Thementouren, die auf individuelle Wünsche zugeschnitten sind, inklusive Homestays. Auch die örtlichen Tourismusbüros vermitteln oft Homestays.

Pool im französischen Kolonialbau des Saigon Morin *(siehe S. 240)*, Hue

Majestic Hotel *(siehe S. 233)* an der Dong Khoi-Straße, Ho Chi Minh City

PREISE

Vietnam bietet bequeme und bezahlbare Hotels für jeden Geldbeutel. Selbst Zimmer der Luxusklasse kosten bei Weitem nicht so viel wie im Westen. In Großstädten ist ein einfaches Zimmer mit Klimaanlage und Fernseher schon für 15 US-Dollar zu haben, noch weniger kostet es in Kleinstädten *(siehe S. 229)*. Mittlere Hotels verlangen durchschnittlich 40 bis 50 US-Dollar, für 150 US-Dollar bekommt man in Spitzenhäusern echten Luxus.

Wissen sollte man, dass die meisten Hotels unterschiedliche Preise für vietnamesische und ausländische Gäste veranschlagen. Selbst die Nationalität des Gastes kann beim Preis eine Rolle spielen. Dies gilt besonders in Häusern, die staatlich betrieben werden.

RESERVIERUNG

Wer zur Hochsaison *(siehe S. 278)* durch Vietnam reist, sollte besser reservieren, vor allem für größere Hotels und Resorts. Hanoi und Ho Chi Minh City sind ganzjährig geschäftige Business-Ziele, Hotels für Geschäftsreisende können deshalb zu jeder Jahreszeit unvermittelt gut gebucht sein.

Bequem ist eine Reservierung über ein Reisebüro, aber es geht auch direkt: Alle besseren Hotels haben Websites mit sicherer Online-Buchung, auch erstaunlich viele preiswerte Häuser bieten diesen Service an. Hotels ohne eigene Website verfügen meist über eine E-Mail-Adresse. Eine Alternative zum Buchen sind gute Hotelanbieter vor Ort, etwa **Hotels in Vietnam**, **Vietnam Stay** und **Vietnam Lodging**. Auf ihren Websites kann man unter vielen Hotels, Ferienanlagen, Apartments und Gästehäusern wählen. Diese Agenturen sind nicht nur zuverlässig, sondern handeln für ihre Kunden auch oft die besseren Preise aus.

EINCHECKEN

Beim Einchecken muss der Reisepass vorgelegt werden, den das Hotel für die Dauer des Aufenthaltes behalten darf. Früher waren die Häuser dazu verpflichtet und mussten die Gästeliste bei den Behörden melden, heute kopieren vor allem größere Hotels den Pass nur noch. Kleinere Landunterkünfte verlangen den Reisepass gerne als Sicherheitspfand bis zur Abreise der Besucher.

Es ist offiziell verboten, dass ein Ausländer zusammen mit einem vietnamesischen Gast des anderen Geschlechts ein Zimmer bewohnt.

FERIENAPARTMENTS

Wer längere Zeit an ein und demselben Ort wohnt, kann in einem Apartment oder einer Wohnung (inkl. Service) Geld sparen, aber dennoch bequem wohnen. Noch tummeln sich auf diesem rasch wachsenden Markt leider nur wenige Anbieter. Zu den besten Vietnams gehören die **Sedona Suites** in Hanoi und Ho Chi Minh City mit stilvollen, individuell und komplett möblierten Suiten.

Preiswerter, aber auch viel aufwendiger ist es, über den Immobilienmarkt ein Apartment anzumieten. Das erfordert recht viel Papierkram und eine Anmeldung bei der lokalen Polizei. Relativ einfach und billig ist die Zimmeranmietung in einem Privat-

Der üppige Garten am Pool des Ancient House *(siehe S. 239)*, Hoi An

haushalt. Dabei kann man nicht umhin, am Alltagsleben einfacher Vietnamesen beteiligt zu werden – für viele eine interessante Erfahrung. Am leichtesten findet man Zimmerangebote an den Schwarzen Brettern in Cafés und Restaurants, die von Backpackern frequentiert werden. Auch Taxifahrer können oft hilfreiche Tipps für diese Art Unterkunft geben.

Bao Dai Villas *(siehe S. 110)*, Nha Trang

STEUERN

Gehobene Hotels schlagen zehn Prozent Steuern sowie fünf Prozent Servicegebühr auf den Preis auf und weisen dies auch auf der Rechnung aus. Bei preiswerten Unterkünften sind Steuer und Service im Preis enthalten und erscheinen nicht auf der Rechnung.

VERHANDELN

In jedem Hotel – sofern nicht ausgebucht – ist der Preis verhandelbar. Bei einwöchigem Aufenthalt oder einfacher ausgestatteten Zimmern kann der Zimmerpreis in größeren Hotels bis zu 30 Prozent sinken. Auch Billighotels lassen unter Umständen einige Dollar nach, haben aber weniger Spielraum.

TRINKGELD

Trinkgelder waren im kommunistischen Vietnam lange nicht üblich, sind aber inzwischen Normalität. In größeren Hotels, die eine Servicegebühr aufschlagen, ist der Gast zwar nicht verpflichtet, doch jeder aufmerksame und hilfsbereite Mitarbeiter freut sich über einen US-Dollar. In kleineren Hotels kann man sich mit wenig Trinkgeld einen deutlich netteren Service »erkaufen«.

MIT KINDERN REISEN

Zwar gibt es außer in Luxusanlagen keine speziellen Einrichtungen für Kinder *(siehe S. 280)*, aber die Klei-

nen sind in allen Hotels willkommen. Die meisten Häuser berechnen für Kinder bis zu zwölf Jahren, die im Bett der Eltern schlafen, nichts. Gegen eine kleine Gebühr erhält man in guten Hotels ein Zusatzbett. Auch die einfachsten Unterkünfte freuen sich über Kinder und sorgen für einen bequemen Aufenthalt. Fast jedes Hotel, ob groß oder klein, ist bereit, für relativ wenig Geld einen erfahrenen Babysitter für die Kinder von Gästen zu arrangieren.

BEHINDERTE REISENDE

Leider bieten die wenigsten Hotels in Vietnam Einrichtungen für behinderte Reisende *(siehe S. 280)* an. Nur die großen, neuesten Luxushotels haben Rollstuhlrampen und behindertengerechte Aufzüge, in preiswerteren Häusern fehlt all das gänzlich. Auch ältere Hotels mit winzigen französischen Aufzügen eignen sich nicht für Rollstuhlfahrer. Allerdings organisieren

die meisten Häuser ohne Probleme einen bezahlbaren (wenn auch in der Regel nicht ausgebildeten) Betreuer oder eine Begleitperson.

In den eleganten Sedona Suites, Ho Chi Minh City

Stadtplan Ho Chi Minh City *siehe Seiten 78–83* **Stadtplan Hanoi** *siehe Seiten 174–177*

Hotelauswahl

Die Hotels wurden in allen Preiskategorien wegen ihres Komforts und der Ausstattung, ihrer Lage und des Flairs ausgewählt. Die angegebenen Preise können in der Nebensaison oder bei Buchung über ein Reisebüro niedriger ausfallen. Die Hotels sind nach Regionen und nach Städten bzw. Stadtteilen geordnet.

PREISKATEGORIEN

Die Preise beziehen sich auf ein Doppelzimmer pro Nacht in der Hochsaison, inklusive Steuern und Gebühren sowie Frühstück.

$ unter 20 US-$
$$ 20–50 US-$
$$$ 50–100 US-$
$$$$ 100–150 US-$
$$$$$ über 150 US-$

HO CHI MINH CITY

CHOLON Arc en Ciel
$$$

52 Tan Da (08) 3855 2550 FAX *(08) 3855 2424* **Zimmer** *86*　　　*Stadtplan 4 E4*

Das im Graham-Greene-Roman *Der stille Amerikaner* porträtierte Arc en Ciel ist eines der historischen Hotels in Cholon. Hinter der imposanten Art-déco-Fassade versteckt sich ein chinesisch geprägtes Hotel mit kleinen, aber gut ausgestatteten, farbenfrohen Zimmern. Dachbar und Karaoke-Disco im zweiten Stock. **www.arcenciel-hotel.com**

CHOLON Equatorial
$$$$

242 Tran Binh Trong (08) 3839 7777 FAX *(08) 3839 0011* **Zimmer** *333*　　　*Stadtplan 4 F3*

Das luxuriöse Equatorial liegt an der Grenze zwischen den Distrikten 1 und 5 – ideal für Chinatown und Pham Ngu Lao. Das Hotel hat große, elegante Zimmer und Nichtraucheretagen, dazu ein ausgezeichnetes Spa sowie beliebte chinesische und japanische Restaurants. **www.equatorial.com/hcm**

CHOLON Windsor Plaza
$$$$$

18 An Duong Vuong (08) 3833 6688 FAX *(08) 3833 6888* **Zimmer** *405*　　　*Stadtplan 4 F4*

Der ultramoderne Stil des Windsor Plaza hebt sich im chaotischen Alltag von Cholon deutlich ab. Neben Gourmetrestaurants, Shopping-Center und Spa bietet das Fünf-Sterne-Haus auch den größten Tanztempel Vietnams, die America Discotheque. Sehr gute Zimmer, einige für Behinderte. **www.windsorplazahotel.com**

DISTRIKT 1 Linh Linh Hotel
$

175/14 Pham Ngu Lao (08) 3837 3004 FAX *(08) 3836 1851* **Zimmer** *12*　　　*Stadtplan 2 D5*

Nur wenige Schritte von der Hauptstraße entfernt, gibt sich das Linh Linh ruhiger als andere Hotels des Viertels. Das Suitenhotel bietet gemütliche Sitzecken, große Badezimmer und hübsch begrünte Balkone. Das Hotel ist außerdem kinderfreundlich und ideal für Familien mit kleiner Reisekasse geeignet. **www.mekongviet.net**

DISTRIKT 1 Miss Loi's Guesthouse
$

178/20 Co Giang (08) 3837 9589 **Zimmer** *15*　　　*Stadtplan 2 E5*

Das Gästehaus liegt in einer stillen Straße, nur fünf Minuten vom lebendigen Distrikt 1 entfernt. Miss Loi's ist eine der populärsten und nettesten Budget-Unterkünfte der Stadt. Der villenähnliche Bau ist nett eingerichtet, in der Lobby befindet sich sogar ein Koi-Karpfenteich. Gemütliche, freundliche Zimmer, sehr warmherziger Service.

DISTRIKT 1 Phoenix 74 Hotel
$

74 Bui Vien (08) 3837 0538 FAX *(08) 3836 6959* **Zimmer** *20*　　　*Stadtplan 2 D5*

Dieses Hotel wird von einer gastfreundlichen und sehr hilfsbereiten Familie geführt, die sich um jeden Wunsch kümmert. Die kleinen Zimmer sind bescheiden eingerichtet, aber die vorderen Räume bieten eine schöne Aussicht auf das Straßentreiben. Einfaches vietnamesisches Frühstück. **www.vietnamtourism.com/phoenix74hotel**

DISTRIKT 1 An An Hotel
$$

40 Bui Vien (08) 3837 8087 FAX *(08) 3837 8088* **Zimmer** *20*　　　*Stadtplan 2 D5*

Das Hotel im Herzen der Stadt hat geräumige Zimmer mit moderner Ausstattung, inklusive Kabelfernsehen und Telefon für internationale Ferngespräche. Im Preis nicht enthalten sind Frühstück und natürlich Zimmerservice. Die Gästezimmer werden täglich gereinigt. **www.ananhotel.com**

DISTRIKT 1 Dong Do Hotel
$$

35 Mac Thi Buoi (08) 3827 3637 FAX *(08) 3824 5763* **Zimmer** *26*　　　*Stadtplan 2 F4*

Die Lage ist ein großer Pluspunkt dieses Hotels, das in Gehentfernung zum Dong Khoi-Viertel liegt. Die modernen Zimmer sind schlicht, aber komfortabel. Alle haben Holz- oder Fliesenböden, Klimaanlage, Satelliten-TV, WLAN und einen Safe. **www.dongdohotel.com**

DISTRIKT 1 Lac Vien
$$

28/12–14 Bui Vien (08) 3920 4899 FAX *(08) 3204900* **Zimmer** *8*　　　*Stadtplan 2 D5*

Das Lac Vien liegt zehn Kilometer vom internationalen Flughafen entfernt und garantiert mit seinen nett eingerichteten Zimmern, der guten Ausstattung, dem 24-Stunden-Zimmerservice sowie dem Shuttledienst zum Flughafen einen angenehmen Aufenthalt. Das Restaurant serviert Küche aus Vietnam sowie asiatische und westliche Gerichte.

Zeichenerklärung *siehe hintere Umschlagklappe*

DISTRIKT 1 Le Le Hotel

$$

171 Pham Ngu Lao (08) 3836 8686 FAX (08) 3836 8787 *Zimmer 30* **Stadtplan 2 D5**

Das bekannte Hotel an der geschäftigen Pham Ngu Lao-Straße bietet ein hervorragendes Preis-Leistungs-Verhältnis. Zwar ist die Einrichtung eher schlicht, aber die Zimmer sind sauber, bequem und solide ausgestattet. Ein Plus sind Babysitter-Service, Internet und das gute Restaurant. In der Lobby vermietet ein Reisebüro u. a. Mietwagen.

DISTRIKT 1 Madame Cuc

$$

64 Bui Vien (08) 3836 5073 FAX (08) 3836 0658 *Zimmer 16* **Stadtplan 2 D5**

Madame Cuc hat sich im Laufe der Jahre eine treue Kundschaft erworben; die Nummer 64 ist eines ihrer fünf sehr guten Gästehäuser. Das saubere Dekor wird durch den tollen Service und die familiäre Atmosphäre noch verstärkt. Im Preis inbegriffen sind hausgemachte Speisen, kostenfreier Tee und Snacks den ganzen Tag über.

DISTRIKT 1 Mogambo Hotel

$$

20 bis Thi Sach (08) 3825 1311 FAX (08) 3822 6031 *Zimmer 10* **Stadtplan 2 F3**

Das Mogambo ist in ganz Vietnam für sein amerikanisches Diner und die Bar im Erdgeschoss bekannt, bietet darüber hinaus aber auch günstige Zimmer. Hier sind sie gut ausgestattet und bieten etwas bessere Badezimmer als in vielen anderen Hotels dieser Kategorie. Man gibt sich leger, auch das Personal ist sehr hilfsbereit.

DISTRIKT 1 Huong Sen

$$$

66–70 Dong Khoi (08) 3829 1415 FAX (08) 3829 0916 *Zimmer 76* **Stadtplan 2 F4**

Das Huong Sen liegt in der Nähe zahlreicher Läden und Restaurants – die zentrale Lage ist das große Plus. Das Hotel wirkt wie ein französischer Kolonialbau mit asiatischen Elementen, innen geht es eher plüschig zu. Das Restaurant serviert Frühstück, daneben locken eine Dachbar und ein Pool. **www.vietnamtourism.com/huongsen**

DISTRIKT 1 Liberty 3

$$$

187 Pham Ngu Lao (08) 3836 9522 FAX (08) 3886 4557 *Zimmer 61* **Stadtplan 2 D5**

Liberty 3 gehört zur Hotelkette Que Huong. Hier schlägt das Herz des »Backpacker-Viertels«. Das Haus ist modern, die Preise sind angesichts der großen, gut ausgestatteten Zimmer sehr moderat. Das Restaurant mit Bar lädt zu einem entspannten Drink oder Snack ein. **www.libertyhotels.com.vn**

DISTRIKT 1 Continental Hotel

$$$$

132–134 Dong Khoi (08) 3829 9201 FAX (08) 3829 0936 *Zimmer 86* **Stadtplan 2 F3**

Das Continental ist eine der großen »Grandes Dames«, eine Sehenswürdigkeit an sich und ein Juwel französischer Kolonialarchitektur mit Bogenfenstern und Terrassen *(siehe S. 58)*. Heute ist es vor allem wegen des Garten-restaurants im Atrium bekannt. Die Zimmer sind groß. **www.continentalvietnam.com**

DISTRIKT 1 Caravelle Hotel

$$$$$

19 Lam Son Sq (08) 3823 4999 FAX (08) 3824 3999 *Zimmer 335* **Stadtplan 2 F3**

Der hoch aufragende Hotelturm des historischen Caravelle *(siehe S. 58)* überragt den Lam Son-Platz. Innen gibt sich das Haus mit dem polierten Marmor und den dicken Teppichen glamourös. Die großen Zimmer sind stilvoll mit allen Annehmlichkeiten ausgestattet. Sehr gutes Essen und zuvorkommender Service. **www.caravelleHotel.com**

DISTRIKT 1 Grand Hotel

$$$$$

8 Dong Khoi (08) 3823 0163 FAX (08) 3827 3047 *Zimmer 107* **Stadtplan 2 F4**

Das historische Hotel beeindruckt mit Pomp und Glanz der 1930er Jahre. Man erkennt es leicht an der auffallenden Kuppel. Das marmorverkleidete Innere ist angenehm kühl und weitläufig. Die großen Zimmer verströmen ein alt-modisches Flair; der Pool liegt in einem üppigen Garten im schattigen Hof. **www.grandhotel.vn**

DISTRIKT 1 Majestic

$$$$$

1 Dong Khoi (08) 3829 5517 FAX (08) 3829 5510 *Zimmer 176* **Stadtplan 2 F4**

Mit Blick auf den Saigon River ist das Majestic ein schönes Beispiel französischer Kolonialarchitektur mit Art-déco-Innendesign im Stil der 1920er Jahre. Das Hotel hat zwei Dachbars, eine im vierten Stock des alten Flügels (viel Charme) und eine auf dem neuen Flügel (hervorragende Aussicht). **www.majesticsaigon.com.vn**

DISTRIKT 1 New World

$$$$$

76 Le Lai (08) 3822 8888 FAX (08) 3823 0170 *Zimmer 538* **Stadtplan 2 E4**

Das größte Hotel der Stadt wird seinem Ruf mit weitläufigen Räumen und sehr hohen Decken, ebenso großen und bequemen Zimmern sowie einem freundlich-effizienten Service mehr als gerecht. Man bekommt ein üppiges Früh-stück, findet einige schicke Boutiquen und das beste Chinarestaurant der Stadt. **www.newworldvietnam.com**

DISTRIKT 1 Park Hyatt

$$$$$

2 Lam Son Sq (08) 3824 1234 FAX (08) 3823 7569 *Zimmer 252* **Stadtplan 2 E3**

Der massive und dennoch elegante Bau des Park Hyatt nimmt eine ganze Seite am Lam Son-Platz ein. Der Neubau von 2005 ist kein typischer Chrom- und Metallkasten oder Hotelturm, sondern überzeugt mit einem geschmack-vollen Kolonialstil, edler Einrichtung und einem sehr guten italienischen Restaurant. **www.saigon.park.hyatt.com**

DISTRIKT 1 Renaissance Riverside

$$$$$

8–15 Ton Duc Thang (08) 3822 0033 FAX (08) 3823 5666 *Zimmer 336* **Stadtplan 2 F4**

Das von der Marriott-Kette betriebene Hotel bietet schöne Aussichten über den Fluss und ist nur wenige Gehminuten von der Dong Khoi-Straße entfernt. Die großzügigen Zimmer sind gut ausgestattet und entsprechen internationalem Standard. Die Dachbar ist beeindruckend. Jazzbands in der Lobby. **www.marriott.com**

Stadtplan Ho Chi Minh City *siehe Seiten 78–83*

DISTRIKT 1 Rex Hotel $$$$$

141 Nguyen Hue (08) 3829 2185 FAX (08) 3829 6536 **Zimmer** *289*   **Stadtplan** *2 E4*

Das Rex Hotel ist eines der Wahrzeichen der Stadt *(siehe S. 60)* und verströmt mit seinem Stil und der Einrichtung das Flair einer anderen Zeit. Die Zimmer sind nicht sehr groß, dafür ist der Servicestandard sehr hoch. Den Abend verbringt man hier in der Dachbar mit einer tollen Aussicht über die Stadt. **www.rexhotelvietnam.com**

DISTRIKT 1 Sheraton Towers $$$$$

88 Dong Khoi (08) 3827 2828 FAX (08) 3827 2929 **Zimmer** *481*   **Stadtplan** *2 F4*

Die Zwillingstürme des Hotels stehen im Geschäftsviertel der Stadt und erheben sich stolz über dem Viertel. Alles an diesem Hotel ist riesig, die Lobby, die Ballsäle, die Lounges und auch die opulenten Zimmer. Der schicke Nachtclub Level 23 ist bei Einheimischen wie Ausländern sehr beliebt. **www.starwoodhotels.com/sheraton**

DISTRIKT 1 Sofitel Plaza $$$$$

17 Le Duan (08) 3824 1555 FAX (08) 3824 1666 **Zimmer** *290*   **Stadtplan** *2 E2*

Der Hotelturm des Sofitel Plaza erhebt sich über dem Botschaftsviertel und ist leicht zu finden. Die modernen, elegant gestalteten Zimmer sind gemütlich und stilvoll. Das Restaurant genießt einen guten Ruf, der Dachpool begeistert mit einer der schönsten Aussichten der Stadt. **www.sofitel.com**

DISTRIKT 3 Chancery Saigon $$$

196 Nguyen Thi Minh Khai (08) 3930 4088 FAX (08) 3930 3988 **Zimmer** *96*   **Stadtplan** *2 D4*

Das Best-Western-Hotel verbreitet amerikanisches Flair. Die Zimmer sind nicht sehr groß, aber bequem möbliert und bieten Fernseher, Minibar, Terrasse und komfortable Betten. Darüber hinaus gibt es 24-Stunden-Service, ein Restaurant, ein Pub, eine Bar sowie das Cyberworks Café. **www.chancerysaigonhotel.com**

DISTRIKT TAN BINH Novotel Garden Plaza $$$$

309B Nguyen Van Troi (08) 3842 1111 FAX (08) 3842 4370 **Zimmer** *193*   **Stadtplan** *1 A1*

Das für Geschäftsreisende ideale Hotel liegt in einem modernen, schicken Bau, nur fünf Minuten per Taxi vom Flughafen entfernt und abgeschieden vom Trubel der Innenstadt. Die Zimmer sind groß, nett eingerichtet, der Service gibt sich zuvorkommend und effizient. Beliebtes Restaurant und Lounge. **www.novotel.com**

DISTRIKT PHU NHUAN Mövenpick Hotel Saigon $$$$$

253 Nguyen Van Troi (08) 3844 9222 FAX (08) 3844 9198 **Zimmer** *252*   **Stadtplan** *1 A1*

Im Vietnamkrieg diente dieses Hotel als CIA-Hauptquartier. Das Mövenpick wirkt äußerlich auch heute noch fast wie eine Kaserne, überrascht innen aber mit viel Luxus. Es liegt etwas außerhalb des Stadtzentrums, dicht am Flughafen. Sehr gutes chinesisches und japanisches Restaurant und irisches Pub. **www.saigon.marcopolohotels.com**

UMGEBUNG VON HO CHI MINH CITY

LONG HAI Palace Hotel $$$

11 Nguyen Trai (064) 386 8364 **Zimmer** *120*

Der weiße Hotelturm an der Spitze der Halbinsel Long Hai wurde kürzlich renoviert und ist das beliebteste und preislich attraktivste Hotel der Gegend. Die Zimmer sind recht groß, hell und gut ausgestattet. In der Lounge trifft man sich abends auf einen Drink, nachmittags sieht man sich beim Tennisspiel auf den hoteleigenen Plätzen.

LONG HAI Anoasis Beach Resort $$$$

Domain Ky Van (064) 386 8227 FAX (064) 386 8229 **Zimmer** *46*

Die preisgekrönte, weitläufige Urlaubsanlage in den früheren Villen von Kaiser Bao Dai ist eine echte Ruheoase. 30 reizvolle Bungalows liegen verstreut in üppigen Gärten. Die freundlichen Zimmer haben Bambusmöbel und geräumige Badezimmer. Privatstrand, Tennisplätze und Babysitter-Service. **www.anoasisresort.com.vn**

VUNG TAU Son Thuy Resort $$

165C Thuy Van (064) 352 3460 FAX (064) 352 4169 **Zimmer** *44*

Nur durch eine Straße vom Back Beach getrennt, bietet das Son Thuy Resort Holzbalkenhäuser rund um einen zentralen Pool. Die Anlage verbreitet eine legere Strandhaus-Atmosphäre. Die Zimmer haben Drei-Sterne-Niveau und sind bestens für Familien geeignet. **www.bariavungtautourism.com.vn**

VUNG TAU Palace Hotel $$$

1 Nguyen Trai (064) 385 6411 FAX (064) 385 6878 **Zimmer** *110*

Das Palace liegt im Stadtzentrum, nur wenige Gehminuten vom Anleger der Tragflächenboote entfernt. Es ist eines der größten Gebäude der Stadt und bietet Erholung von der tropischen Hitze. Sehr gut ausgestattete Zimmer, Tennisplätze und guter Service. Abends volkstümliche Live-Musik. **www.palacehotel.com.vn**

VUNG TAU Petro House $$$

63 Tran Hung Dao (064) 385 2014 FAX (064) 385 2015 **Zimmer** *53*

Das Boutique-Hotel in einem restaurierten, französischen Kolonialbau wirkt mit seinen Bogenfenstern und Terrassen wie eine Villa am Mittelmeer. Das ruhige Haus bietet stilsicher eingerichtete Zimmer und Apartments für längere Aufenthalte. Das französische Restaurant serviert auch vietnamesische Spezialitäten. **petrohousehotel@vnn.vn**

MEKONG-DELTA UND SÜDVIETNAM

BAC LIEU Thong Nhat Guesthouse

50 Thong Nhat **(0781) 382 1085** *Zimmer 7*

Das Gästehaus liegt in der Nähe der stets belebten Brücke von Bac Lieu, ist aber etwas zurückgesetzt von der Straße und damit ein wenig ruhiger. Die Zimmer des kleinen Familienbetriebs sind schlicht, aber funktional und bequem. Die Terrasse im ersten Stock lädt nachmittags zum Tee. Das Hostel bietet einen kostenlosen Wäscherei-Service an.

BAC LIEU Bac Lieu Hotel

4–6 Hoang Van Thu **(0781) 382 2437** **FAX** *(0781) 382 3655* *Zimmer 70*

Das durch seine hohe Glasfassade leicht erkennbare Hotel ist sicher das beste im Ort. Zwar gilt es als Drei-Sterne-Haus, aber manche Zimmer bieten nur das Notwendigste wie Ventilator und Bett, andere wiederum viele Annehm-lichkeiten. Das Hotel vermittelt Mietwagen und -motorräder, die Besucherinformation von Bac Lieu ist nebenan.

BEN TRE Hung Vuong

166 Hung Vuong Rd **(075) 382 2408** **FAX** *(075) 381 0911* *Zimmer 40*

Das Hung Vuong liegt direkt am Ufer in der Nähe der Innenstadt und hat den besten Standort in Ben Tre. Für das Geld wird viel geboten: modernes Design, hohe Decken, geräumige Zimmer, viele davon mit Blick auf den Fluss. Die Tennisplätze im Zentrum der Anlage kann man bis spät nachts benutzen.

CAN THO Saigon-Can Tho

55 Phan Dinh Phung **(071) 382 5831** **FAX** *(071) 382 3288* *Zimmer 42*

Das Hotel in der Nähe des Zentralmarkts und einiger Restaurants direkt am Flussufer hat schlichte, aber nett eingerichtete Zimmer mit Fernseher, Minibar, Filmen und Musikanlage. Zur Freizeitgestaltung laden Tischtennis, Billard und die Dachbar mit traditioneller vietnamesischer Musik ein. **www.saigoncantho.com.vn**

CAN THO Phuong Dong

62, 30 Thang, Street 4 **(071) 381 2199** **FAX** *(071) 382 0133* *Zimmer 46*

Das relativ neue und zentral gelegene Phuong Dong ist eines der ersten Häuser mit internationalem Standard. Zwar lässt das Hotel ein wenig Flair und Charme vermissen, ist aber bei Geschäftsreisenden und Urlaubern gleichermaßen beliebt. Das Haus bietet Drei-Sterne-Service. Die besseren Zimmer sind groß und modern europäisch gestaltet.

CAN THO Victoria Can Tho

Cai Khe Ward **(071) 381 0111** **FAX** *(071) 382 9259* *Zimmer 92*

Das internationale Spitzenresort am Fluss liegt auf der Halbinsel Cai Khe gegenüber der Stadt. Die hübschen Bauten im Kolonialstil stehen inmitten üppiger Gärten. Die Zimmer sind groß und mit Holzmöbeln eingerichtet, dazu gibt es von allen Räumen einen schönen Blick ins Grüne. **www.victoriahotels-asia.com**

CHAU DOC Song Sao

12 Nguyen Huu Canh **(076) 356 1777** **FAX** *(076) 386 8820* *Zimmer 25*

Das in einer der ruhigeren Straßen versteckte Song Sao ist ein elegantes, preiswertes Hotel mit sauberen und modernen ostasiatischen Räumen, Topfpflanzen und Rattanmöbeln. Die Zimmer – viele davon mit Balkon – haben Minibar und Fernseher und sind einfach, aber geschmackvoll eingerichtet. Restaurant mit lokaler Küche.

CHAU DOC Nui Sam

Vinh Te Village **(076) 386 1666** **FAX** *(076) 386 1600* *Zimmer 21*

Am Fuß des Bergs Sam *(siehe S. 100)* ist das zweistöckige Hotel mit Ziegeldach und Vierbettzimmern vor allem für Familien mit Kindern ideal. Alle Zimmer haben Balkon und sind mit Fernseher und Minibar ausgestattet. Das Restaurant serviert lokale Gerichte, es gibt auch eine kleine Bar. Sichere Parkplätze im Untergeschoss.

CHAU DOC Victoria Chau Doc

32 Le Loi **(076) 386 5010** **FAX** *(076) 386 5020* *Zimmer 93*

Das imposante Victoria Chau Doc prägt das Flussufer am südlichen Stadtrand. Innen wirkt das Hotel dank der hohen Decken und eleganten Möbel luftig. Die Zimmer sind elegant, manche bieten eine tolle Aussicht auf den Fluss. Hier werden viele Tourangebote der gehobenen Klasse vermittelt. **www.victoriahotels-asia.com**

CON DAO-INSEL ATC Hotel

16B Ton Duc Thang **(064) 383 0345** **FAX** *(064) 383 0111* *Zimmer 8*

Das Anfang des 20. Jahrhunderts erbaute Hotel war eine französische Villa. Heute stehen in dem gepflegten Garten einige Häuschen. Die Zimmer sind mit Tropenholz, Korb- und Rattanmöbeln eingerichtet. Zwar ist die Ausstattung auf das Wesentliche begrenzt, aber die Besitzerfamilie ist sehr gastfreundlich. **atc@fmail.vnn.vn**

CON DAO-INSEL Saigon-Con Dao

18 Ton Duc Thang **(064) 383 0336** **FAX** *(064) 383 0335* *Zimmer 33*

Auf der Hauptinsel (Con Dao) des Con Dao-Archipels liegt das Saigon abgeschieden, idyllisch und ruhig in Strand-nähe. Es besteht aus sieben renovierten französischen Villen. Die Zimmer sind bescheiden, aber sehr geschmackvoll. Auf dem gepflegten Gelände gibt es zwei Tennisplätze. **www.saigoncondao.com**

Stadtplan Ho Chi Minh City *siehe Seiten 78–83*

HA TIEN Ha Tien Hotel

36D Tran Hau ☎ *(077) 581 929* FAX *(077) 395 2093* **Zimmer** *32*

Direkt am Flussufer liegt das netteste Hotel von Ha Tien. Die Zimmer sind einfach mit Holzmöbeln eingerichtet, haben aber alles Wesentliche wie Klimaanlage und Satelliten-TV. Es gibt ein großes Restaurant und ein kleines Spa mit Sauna und Jacuzzi.

MY THO Chuong Duong Hotel

10, 30 Thang 4 ☎ *(073) 387 0875* FAX *(073) 387 4250* **Zimmer** *27*

Die Architektur des eleganten Hotels direkt am Wasser erinnert mit den weiß gekalkten Wänden, Bogen und dem Ziegeldach an Häuser am Mittelmeer. Die Zimmer sind supersauber, groß und schlicht eingerichtet. Alle üblichen Annehmlichkeiten und ein gutes Restaurant *(siehe S. 253)*. **www.chuongduonghotel.com**

PHU QUOC-INSEL Hong Tuyet

14 Bach Dang ☎ *(077) 384 8879* FAX *(077) 384 6248* **Zimmer** *9*

Das vierstöckige Hotel liegt ganz nahe am Flughafen. Die Zimmer des unscheinbaren kleinen Hauses sind sehr schlicht, dafür aber geräumig und mit Satellitenfernseher und Minibar ausgestattet. Die Räume zur Straße haben Balkone, der Service ist erstklassig. Auch Kinderbetreuung wird angeboten.

PHU QUOC-INSEL Tropicana Resort

Duong To, Long Beach ☎ *(077) 384 7127* FAX *(077) 384 7128* **Zimmer** *30*

Das ruhige Strandhotel besteht aus einigen reizvollen strohgedeckten Bungalows, die durch gepflasterte Wege zwischen gepflegten Rasenflächen miteinander verbunden sind. Große und bequeme Zimmer. Das Hotel arrangiert auch Tauch- und Schnorchel- sowie Angelausflüge. **www.northvalleyroads.com/tropicana**

PHU QUOC-INSEL Saigon Phu Quoc Resort

1 Tran Hung Dao Beachside Blvd ☎ *(077) 384 8625* FAX *(077) 384 7163* **Zimmer** *95*

Nur zehn Minuten vom Flughafen entfernt überrascht das elegante Strandhotel mit seinen niedrigen, terrassierten Villen rund um einen Pool mit idyllischem Flair. Die Zimmer sind sehr hübsch, es gibt viele Freizeit- und Sportmöglichkeiten und tolle Strände. Ausflüge und Wassersport werden vom Hotel organisiert. **www.sgphuquocresort.com.vn**

RACH GIA Hung Tai

E11 Thu Khoa Huan ☎ *(077) 877 508* FAX *(077) 877 508* **Zimmer** *15*

Das rosafarbene dreistöckige Hotel an der Ecke zum Zentralmarkt liegt im Herzen der Stadt. Die Zimmer sind praktisch mit allen notwendigen Ausstattungen eingerichtet, auch wenn die Betten mit den für das Delta typischen dünnen Matratzen ausgestattet sind. Kleine Bar, gutes Restaurant, ausreichende und sichere Parkplätze am Hotel.

RACH GIA Phuong Hoang

6 Nguyen Trung Truc ☎ *(077) 386 6525* FAX *(077) 386 6525* **Zimmer** *20*

Das Phuong Hoang mit Blick auf das Südufer des Flusses Cai Lon liegt dicht am Stadtzentrum, aber so abgeschieden, dass man hier in Ruhe ausspannen kann. Die Architektur und Einrichtung sind simpel, aber freundlich. Die kleinen, sauberen Zimmer haben gute Bäder und bequeme Betten. Sehr freundliches Personal.

SOC TRANG Phong Lan I

124 Dong Khoi ☎ *(079) 382 1619* FAX *(079) 382 3817* **Zimmer** *16*

Das zentral gelegene Phong Lan I fällt durch seine breiten umlaufenden Terrassen auf und bietet eine schöne Aussicht auf den Fluss und etwas langweilige, aber für den Preis günstige Zimmer. Im Restaurant serviert man Fischgerichte, vor allem lokale Spezialitäten wie gebratene Flussfische und Fischsuppe. Kleine Karaokebar mit Tanzfläche.

SOC TRANG Phong Lan II

133 Nguyen Chi Thanh ☎ *(079) 382 1757* FAX *(079) 382 3451* **Zimmer** *28*

Der alte Bau aus französischen Kolonialzeiten mit breiten Terrassen und einem Penthouse im obersten Stockwerk kann sein Alter zwar nicht verleugnen, wirkt aber trotz der etwas lieblos eingerichteten Zimmer noch immer prächtig. Das Restaurant ist solide, die Hotelsauna deutlich über dem Durchschnitt.

TRA VINH Cuu Long

999 Nguyen Thi Minh Khai ☎ *(074) 386 2615* FAX *(074) 386 6027* **Zimmer** *52*

Das in einem ruhigen Viertel am Stadtrand gelegene Cuu Long wirkt recht unscheinbar, gilt aber als eines der bequemsten Hotels der Stadt. Die nett eingerichteten Zimmer haben Fernseher, Minibar und einladende Bambusmöbel, die Räume zur Straße einen angenehmen Balkon. In den Bädern gibt es Badewannen und Duschen.

VINH LONG Phuong Hoang Hotel

2H Hung Vuong **Zimmer** *12*

Das Backpacker-Hotel im Zentrum zeichnet sich durch große, saubere Zimmer mit Klimaanlage aus. Die Angestellten sprechen gut Englisch und sind hilfsbereit. Wenn alles belegt ist, hat ein Haus in der Nachbarschaft in der Regel immer noch freie Zimmer. Auch dort gibt es kostenlosen Internet-Zugang. **phuonghoanghotel@yahoo.com**

VINH LONG Cuu Long

Nr. 1, 1 May Rd ☎ *(070) 382 3656* FAX *(070) 382 3848* **Zimmer** *34*

Die Glasfassade des Hotelturms mit Blick auf den Fluss wird von zwei terrassenförmig auf acht Stockwerke ansteigenden Flügeln eingerahmt. Innen ist es luftig und hell, moderne, minimalistische Möbel in recht großen, aber einfachen Zimmern mit Fernseher, Minibar und Obstkorb als Willkommensgruß. Tennisplätze, Billard, Karaokebar.

SÜDLICHES ZENTRALVIETNAM

BUON MA THUOT Thang Loi 📠 🍴 📋 $$
1 Phan Chu Trinh 📞 *(050) 385 7616* 📠 *(050) 385 7622* **Zimmer** *40*

Im Herzen von Buon Ma Thuot liegt das Hotel günstig neben der Dak Lak-Besucherinformation und einem 24-Stunden-Geldautomaten. Es hat keine besonders schönen, aber geräumige Zimmer mit Bad und Satelliten-TV. Das große Restaurant ist bei Einheimischen sehr beliebt und serviert vietnamesische wie internationale Küche.

DALAT Dreams Hotel 📠 🍴 📋 📺 🆆 $
151 Phan Dinh Phung 📞 *(063) 383 3748* 📠 *(063) 383 7108* **Zimmer** *20*

Das preiswerte familienbetriebene Hotel hat kleine Zimmer, aber die Sauberkeit, das fröhliche Interieur und die Ausstattung machen das mehr als wett. Das Englisch sprechende Personal ist hilfsbereit, das Frühstück lecker, der Internet-Zugang kostenlos. Dreams Hotel hat auch Räume in 164B Phan Dinh Phung.

DALAT Empress Hotel 🍴 📋 🆆 🛁 $$$
5 Nguyen Thai Hoc 📞 *(063) 383 3888* 📠 *(063) 382 9399* **Zimmer** *20*

Das ausgezeichnete Hotel mit Blick auf den Xuan Huong-See wirkt wie eine europäische Villa und bietet viel Komfort. Alle Zimmer sind nett eingerichtet, die Suiten mit Whirlpool regelrecht luxuriös gestaltet. Daneben findet man hier ein sehr gutes Restaurant, Schönheitssalon, Friseur und Babysitter-Service.

DALAT Novotel Dalat 🛗 🍴 📺 🆆 $$$$
7 Tran Phu 📞 *(063) 382 5777* 📠 *(063) 382 5666* **Zimmer** *139*

Das restaurierte Novotel aus den 1930er Jahren war einst das französische Hotel du Parc. Noch immer erinnert es an Kolonialzeiten. Das Mittelklassehaus ist dank der sauberen und gut ausgestatteten Zimmer (eine Klimaanlage braucht man in Dalat nicht) eine der besten Optionen im Ort. Sehr gutes Restaurant. **www.accorhotels-asia.com/2037**

DALAT Sofitel Dalat Palace 🍴 📋 🆆 🛁 $$$$$
12 Tran Phu 📞 *(063) 382 5444* 📠 *(063) 382 5666* **Zimmer** *43*

Als eines der luxuriösesten Hotels in Vietnam bietet das Dalat Palace erstaunlich gute Preise. Der 1922 fertiggestellte Bau erinnert an koloniale Pracht, verbunden mit südostasiatischer Herzlichkeit. Alle Zimmer sind prunkvoll mit schweren Vorhängen, Kamin und Antiquitäten eingerichtet. Nebenan liegt ein Golfplatz. **www.sofitel.com**

KONTUM Dakbla Hotel 📠 🍴 📋 $
2 Phan Dinh Phung 📞 *(060) 386 3333* 📠 *(060) 386 3336* **Zimmer** *42*

Selbst die Top-Hotels in Kontum bieten nicht besonders viel, aber das Dakbla, nach lokalem Bahnar-Stil architektonisch gestaltet, hat viel Flair. Die sauberen Zimmer verfügen über grundlegende Annehmlichkeiten, das Personal ist freundlich und effizient, das Restaurant recht passabel. In der Lobby gibt es eine nützliche Besucherinformation.

MUI NE BEACH Mellow 📠 🍴 📋 $
117C Nguyen Dinh Chieu 📞 *(062) 374 3086* **Zimmer** *12*

Vom Strand muss man nur die Straße überqueren, um das bei Surfern beliebte, familienbetriebene Gästehaus zu erreichen. Zimmer kann man mit Klimaanlage oder mit Ventilator, mit oder ohne eigenem Badezimmer haben. Es gibt ein Restaurant und eine Bar mit Billard, dazu einen Surfladen. Der Besitzer Paul erteilt auch Surfunterricht.

MUI NE BEACH Pandanus Resort 🍴 🏊 📺 🍴 🆆 🛁 $$$
Mui Ne, Phan Thiet 📞 *(062) 384 9849* 📠 *(062) 3849850* **Zimmer** *104*

Das Resort liegt außerhalb von Mui Ne Village. Hier wohnt man ein wenig abseits vom Strandtrubel, und doch sind es nur zehn Minuten zu Fuß zu den berühmten roten Sanddünen. Mieten kann man Zimmer in zwei- und dreistöckigen Gebäuden oder Bungalows. Der neue Express-Highway führt zum Sea Links Golf Club. **www.pandanusresort.com**

MUI NE BEACH Coco Beach 🍴 🏊 📋 🆆 $$$$
58 Nguyen Dinh Chieu 📞 *(062) 384 7111* 📠 *(062) 384 7115* **Zimmer** *34*

Im Coca Beach hat man die Wahl zwischen Holzhütten oder Villen mit zwei Zimmern – in jedem Fall ist es eine der schönsten und besten Anlagen am Mui Ne Beach. Die Zimmer sind modern eingerichtet, haben aber keinen Fernseher. Dafür locken eine Bibliothek, ein Spielplatz und ein Reiseservice. **www.cocobeach.net**

MUI NE BEACH Seahorse Resort & Spa 🍴 🏊 📺 📋 🆆 🛁 $$$$
11 km von Ham Tien 📞 *(062) 384 7507* 📠 *(062) 384 7774* **Zimmer** *95*

Das Luxusresort verwöhnt den Gast mit großzügig angelegter Parklandschaft und sehr persönlichem Service. Das Frühstücksbuffet soll das beste am Ort sein. Es gibt ein Restaurant am Strand, Bar, WLAN, Tennisplätze und einen Babysitter-Service. Außerdem kann man unter Anleitung surfen und windsurfen. **www.seahorseresortvn.com**

NHA TRANG Sao Mai Hotel 📠 📋 $
99 Nguyen Thien Thuat 📞 *(058) 352 6412* **Zimmer** *20*

Sao Mai ist das beste preiswerte Hotel im Ort. Die großen Zimmer liegen an einem gemeinsamen Balkon. Es gibt einen Kühlschrank, TV und Klimaanlage. Der Eigentümer Mai Loc ist Fotograf und bietet Motorradtouren durch Zentralvietnam an. Motorräder gibt es hier preiswert zu mieten – für nur 3 US-$ am Tag.

NHA TRANG Nha Trang Lodge
42 Tran Phu **(** *(058) 352 1500* **FAX** *(058) 352 1800* **Zimmer** *120*

Das gute Mittelklassehotel liegt an der Küstenstraße mit Blick auf die Bucht und die Inseln. Die hübschen Zimmer bieten alle Annehmlichkeiten, die meisten sogar Meerblick. Im Business-Center kann man eine Stunde lang das Internet kostenlos nutzen, das Reisebüro bucht und bestätigt Flüge. **www.nhatranglodge.com**

NHA TRANG Evason Ana Mandara Spa
Tran Phu Blvd **(** *(058) 352 2222* **FAX** *(058) 352 5828* **Zimmer** *78*

Das Ana Mandara hat seinen eigenen Hausstrand inmitten tropischer Gärten und Brunnenanlagen. Das Six Senses Spa des Luxustempels ist bekannt, die Zimmer sind auf 17 schöne Bungalows verteilt. Die beiden Restaurants servieren ausgezeichnete vietnamesische und internationale Gerichte. **www.sixsenses.com**

NHA TRANG Melia Sunrise Beach
12–14 Tran Phu **(** *(058) 382 0999* **FAX** *(058) 382 2866* **Zimmer** *123*

Der schicke Hotelturm überragt die Küstenstraße und ist nur einen Steinwurf von einem schönen Strand entfernt. Innen dominieren Marmor und Glas, prächtige Kronleuchter und ein großer, runder Pool. Die eleganten Zimmer bieten herrliche Aussichten, dazu gibt es etliche sehr gute Restaurants. **www.sunrisehotelvietnam.com**

NHA TRANG Vinpearl Resort
7 Tran Phu, Vinh Nguyen **(** *(058) 359 8188* **FAX** *(058) 359 8147* **Zimmer** *485*

Das größte und luxuriöseste Ferienresort von Nha Trang bietet jeden erdenklichen Komfort, Business- und Sporteinrichtungen. Die Anlage liegt auf der Insel Hon Tre, etwa zehn Minuten per Boot vom Festland entfernt. Geschmackvoll eingerichtete Zimmer mit Holz- und Rattanmöbeln. **www.vinepearlland.com**

NINH HOA Six Senses Hideaway Ninh Van Bay
Ninh Vanh Bay **(** *(058) 352 4268* **FAX** *(058) 372 8223* **Zimmer** *55*

Eine Stunde nördlich von Nha Trang wird das ultraluxuriöse Hotel seinem Ruf als »Hideaway« mehr als gerecht. Man erreicht die Ruheoase nach einer 20-minütigen Bootsfahrt von Ninh Hoa. Das Hotel verwöhnt rundum, nicht zuletzt mit seiner Lage vor einer grandiosen Bergkulisse an einem weißen Sandstrand mit Korallenriff. **www.sixsenses.com**

PHAN RANG-THAP CHAM Ninh Thuan
Nr. 2, 21 August **(** *(068) 382 7100* **FAX** *(068) 382 2142* **Zimmer** *24*

Das zweistöckige Hotel ist eines der wenigen guten Häuser in Phan Rang und Thap Cham und bietet saubere, freundliche und praktische Zimmer mit Kabelfernsehen zu soliden Preisen. Ein Plus ist der nahe gelegene Park mit Bonsaibäumen, Blumen und Sträuchern. Im Hotelrestaurant bekommt man gute regionale Gerichte.

PHAN THIET Novotel Ocean Dunes & Golf Resort
1A Ton Duc Thang **(** *(062) 382 2393* **FAX** *(062) 382 5682* **Zimmer** *135*

Diese Anlage ist wahrscheinlich der einzige Grund für einen Aufenthalt in Phan Thiet. Von den Balkonen der Zimmer blickt man aufs Meer oder auf den Golfplatz und die Berge dahinter. Es gibt ein Spa, viele Möglichkeiten zum Wassersport (der Strand ist direkt vor der Haustür), Tennisplätze und abends Live-Musik. **www.novotel.com**

QUANG NGAI My Khe Resort
Tinh Khe **(** *(055) 368 6111* **FAX** *(055) 368 6064* **Zimmer** *12*

An einem wunderschönen Abschnitt am My Khe Beach ist die Ferienanlage die ideale Unterkunft für Quang Ngai. My Khe Resort liegt 17 Kilometer nördlich der Stadt in völliger Ruhe am meist einsamen Strand. Die Zimmer sind hell und sauber, das Personal sehr freundlich. Im Restaurant bekommt man vietnamesische Küche und Seafood-Gerichte.

QUY NHON Quy Nhon Hotel
8 Nguyen Hue **(** *(056) 389 2401* **FAX** *(056) 389 1162* **Zimmer** *43*

Die wohl angenehmste Unterkunft in Quy Nhon ist ein Hotel unweit des Stadtstrands, sehr sauber und relativ ruhig. Die Zimmer sehen unscheinbar aus, sind aber ausreichend. Dafür zaubert das Restaurant leckere vietnamesische Spezialitäten auf den Tisch. Zur Ausstattung gehört auch eine Sauna.

QUY NHON Life Resort Quy Nhon
Ghenh Rang, Bai Dai Beach **(** *(056) 384 0132* **FAX** *(056) 384 0138* **Zimmer** *63*

Das 16 Kilometer südlich der Stadt gelegene Hotel ist das beste und bequemste Haus in der Nähe von Quy Nhon. Es fällt durch seine spektakuläre Architektur auf, die an Cham-Tempel erinnert. Zu den Luxusangeboten zählen u. a. ein Spa mit vielfältigen Behandlungen, Yoga, Tai Chi und Entspannungsanwendungen. **www.life-resorts.com**

ZENTRALVIETNAM

BA NA Ba Na Resort
100 Bach Dang **(** *(0511) 379 1000* **Zimmer** *45*

Direkt auf dem Gipfel von Ba Na bietet dieses Hotel herrliche Aussichten und frische, klare Bergluft. Man kann zwischen ordentlich ausgestatteten Hotelzimmern oder Bungalows wählen. Das große Restaurant serviert ausgezeichnete vietnamesische Küche, die sogar bei Einheimischen großen Anklang findet.

CHINA BEACH My Khe Hotel $$

233–241 Nguyen Van Thoai St, Danang (0511) 383 6125 FAX (0511) 383 6123 **Zimmer** *54*

Das Hotel hat direkten Strandzugang und sehr faire Preise. Die Zimmer sind nicht luxuriös, aber nett eingerichtet, vor allem die mit Meerblick. Das Restaurant serviert einheimische und internationale Gerichte. Sauna, Tennis- und Badmintonplätze, Wassersportmöglichkeiten und ein Reisebüro. **mkbeach@vnn.vn**

CHINA BEACH Furama Resort Danang $$$$$

68 Ho Xuan Huong (0511) 384 7333 FAX (0511) 384 7666 **Zimmer** *198*

Das Furama ist eines der elegantesten Ferienhotels in Vietnam und liegt nur zehn Minuten von Danang entfernt. Das exklusive Haus hat einen Privatstrand, wunderschöne Zimmer und eine klasse Aussicht. Es gibt viele Wassersportangebote, aber man kann auch Billard spielen. Hervorragendes Restaurant. **www.furamavietnam.com**

DANANG Modern Hotel $$

186 Bach Dang (0511) 382 0113 FAX (0511) 382 1842 **Zimmer** *40*

Das sehr saubere, bequeme und preiswerte Hotel liegt günstig im Herzen der Innenstadt von Danang. Alle Zimmer haben Bäder und Kabelfernsehen. Das Restaurant serviert vietnamesische, chinesische und internationale Küche. Darüber hinaus gibt es ein kleines Reisebüro, eine Sauna und eine Karaokebar.

DANANG Royal Hotel $$

17 Quang Trung (0511) 382 3295 FAX (0511) 382 7279 **Zimmer** *60*

Das Royal entspricht internationalem Drei-Sterne-Niveau und verfügt über große, hübsch eingerichtete Zimmer mit DSL-Internet-Zugang. Zum Hotel gehören ein Restaurant mit abwechslungsreicher Küche, eine Karaokebar, ein Club und ein Reisebüro mit Autovermietung. **www.royaldananghotel.com.vn**

DANANG Saigon Tourane $$$

5 Dong Da (0511) 382 1021 FAX (0511) 389 5285 **Zimmer** *82*

Das Saigon Tourane ist eines der besten und größten Hotels in Danang und liegt direkt am Fluss Han. Die geräumigen Zimmer haben ein stilvolles Dekor und viele moderne Annehmlichkeiten, u. a. Kabelfernsehen. Das große, luftige Dachrestaurant serviert regionale und internationale Gerichte. **www.saigontourane.com.vn**

DONG HA Hieu Giang $

138 Le Duan (053) 385 6856 FAX (053) 385 6859 **Zimmer** *31*

Dong Ha liegt etwas abseits bekannter Urlaubsgebiete, sodass man hier nur wenige Hotels findet. Das Hieu Giang ist das beste Haus am Platz. Zwar sind die Zimmer etwas langweilig, reichen aber für eine Übernachtung völlig aus, sind sauber und mit Kabelfernsehen ausgestattet. Im preiswerten Restaurant isst man recht gut.

DONG HOI Cosevco Nhat Le $

16 Quach Xuan Ky (052) 384 0088 FAX (052) 384 0392 **Zimmer** *44*

Das größte Hotel in der Innenstadt von Dong Hoi liegt direkt am Flussufer und wirkt ein wenig anonym. Die schlichten Zimmer sind sauber und modern ausgestattet (u. a. Kabelfernsehen). Im Restaurant kann man gute vietnamesische und solide internationale Speisen bekommen. Sauna und Tennisplätze. **dinhthong@yahoo.com**

DONG HOI Sun Spa Resort $$$$

My Canh, Bao Ninh (052) 384 2999 FAX (052) 384 2555 **Zimmer** *234*

Das luxuriöseste Hotel zwischen Hue und Hanoi wurde erst kürzlich eröffnet und ist an drei Seiten von Wasser umschlossen. Inmitten dieser idyllischen Umgebung bieten die hellen, reizvollen Zimmer alle Annehmlichkeiten eines Spitzenhauses, etwa Kabelfernsehen, Internet-Anschluss und Whirlpool. **www.sunsparesortvietnam.com**

HOI AN Cua Dai Hotel $$

18A Cua Dai (0510) 386 2231 FAX (0510) 386 2232 **Zimmer** *24*

Das Hotel liegt an der Straße zum Cua Dai-Strand, es bietet attraktive Zimmer im Kolonialstil und einen freundlichen Service zu günstigen Preisen. Im üppigen Garten gedeihen schöne Pflanzen und Bäume – ideal zum Entspannen. Man kann die Gegend mit den kostenlosen Hotelfahrrädern erkunden. **www.cuadaihotel-hoian.com**

HOI AN Thanh Xuan $$

30 Ba Trieu (0510) 391 6696 FAX (0510) 391 6697 **Zimmer** *20*

Etwas nördlich von Hoi An bekommt man in dem attraktiven, modernen Haus sicher die besten Preise in dieser Kategorie. Die Gästezimmer sind hell und freundlich eingerichtet, das Personal ist hilfsbereit und der Service im Restaurant erstklassig. Reisebüro, Autovermietung und kostenlose Fahrräder. **www.thanhxuanhotel.com**

HOI AN Ancient House $$$

377 Cua Dai (0510) 392 3377 FAX (0510) 392 3477 **Zimmer** *52*

Die hübsche Anlage mit neuen Villen im traditionellen Hoi An-Stil garantiert Erholung. Das Haus liegt inmitten eines schönen Parks, die Zimmer sind sehr stilvoll eingerichtet. Nachtclub, Schönheitssalon und Spa tragen zum Wohlfühlen bei. Per Shuttle oder Fahrrad (kostenlos) kommt man in die Altstadt. **www.ancienthouseresort.com**

HOI AN Hoi An Riverside Resort $$$$

175 Cua Dai (0510) 386 4800 FAX (0510) 386 4900 **Zimmer** *62*

Das kleine Privathotel mit einigen neuen Villen im französischen Kolonialstil liegt am Ufer eines kleines Flusses und ist eines der schönsten Hotels der Region. Hier wird jeder Wunsch erfüllt: Babysitter-Service, Boutiquen, eine Kunstgalerie, Spa, Parkservice und Billardzimmer – die perfekte Erholung. **www.hoianriverresort.com**

HOI AN Life Resort Hoi An ⊞⊞⊟W⊞ $$$$

1 Pham Hong Thai **(0510) 391 4555** FAX *(0510) 391 4515* **Zimmer** *94*

Nur fünf Minuten von der Altstadt entfernt bietet das luxuriöse Ferienhotel am Fluss edel eingerichtete Zimmer, sehr gutes Essen und einen großen Pool. Im Haus ist ein Reisebüro, hier kümmert man sich um Flugbestätigungen, und man kann Geld tauschen. Es gibt kostenlose Zeitungen und Kinderbetreuung. **www.life-resorts.com**

HOI AN Victoria Hoi An Beach Resort and Spa ⊞⊞⊞⊟W⊞ $$$$$

Cam An Beach **(0510) 392 7040** FAX *(0510) 392 7041* **Zimmer** *104*

Das gehobene Hotel lässt es an nichts fehlen und hat dazu noch viel Charme. Neben den üblichen Einrichtungen eines Fünf-Sterne-Hauses gibt es eine Bibliothek, kostenlose Busse in die Altstadt, Volleyball- und Badmintonplätze, Elefantenausritte am Strand, Wassersportmöglichkeiten und Kinderbetreuung. **www.victoriahotels-asia.com**

HUE Thuan Hoa ⊞⊞⊟W $$

7 Nguyen Tri Phuong **(054) 382 3340** FAX *(054) 382 2470* **Zimmer** *69*

Das Thuan Hoa liegt im Herzen des französischen Viertels, lässt aber kolonialen Charme vermissen. Die großen, sauberen, freundlichen, dazu noch preiswerten Zimmer gleichen diesen Nachteil aus. Extras sind Babysitter-Service, Sauna, Tennisplatz. Reisebüro, Auto- und Fahrradvermietung gehören dazu. **www.thuanhoahuehotel.com.vn**

HUE Century Riverside ⊞⊞⊞⊞⊟W⊞ $$$

49 Le Loi **(054) 382 3390** FAX *(054) 382 3394* **Zimmer** *135*

Von dem prächtigen Hotel am Südufer des Parfümflusses hat man eine schöne Aussicht auf die Festung. Die Zimmer sind aufwendig eingerichtet. Tee, Kaffee und Obst gibt es kostenlos. Das Imperial Restaurant ist auf die Kaiserküche spezialisiert. Es finden auch Aufführungen traditioneller vietnamesischer Kultur statt. **www.centuryriversidehue.com**

HUE Le Loi Hotel ⊞⊞⊟W $$$

2 Le Loi **(054) 382 4668** FAX *(054) 382 4527* **Zimmer** *199*

Das Hotel in der Nähe des Bahnhofs bietet einen gehobenen Service und eine gute Ausstattung. Die Standardzimmer haben Duschen, die Suiten Badewannen und Balkon. Das große Restaurant bereitet leckere vietnamesische und internationale Gerichte zu. **www.greenhotel-hue.com**

HUE Saigon Morin ⊞⊞⊞⊞⊟W⊞ $$$$

30 Le Loi **(054) 382 3526** FAX *(054) 382 5155* **Zimmer** *184*

Die Grande Dame der Hotels von Hue wurde 1901 rund um einen großen, anheimelnden Innenhof voll schattiger Bäume errichtet. Die alten Kolonialzimmer sind wirklich riesig, das Bad ist luxuriös ausgestattet. Traditionelle Musik- und Tanzshows unterhalten beim Dinner im Royal Cuisine Restaurant. **www.morinhotel.com.vn**

HUE La Residence Hotel & Spa ⊞⊞⊞⊞⊟W⊞ $$$$$

5 Le Loi **(054) 383 7475** FAX *(054) 383 7476* **Zimmer** *122*

Eines der besten Hotels der Stadt liegt in der restaurierten Residenz des französischen Gouverneurs mit Aussicht auf den Fluss und die Festung. La Residence hat prächtige Zimmer mit Himmelbetten und Antiquitäten sowie Suiten, die nach besonderen Themen gestaltet sind und doch modernen Komfort aufweisen. **www.la-residence-hue.com**

LANG CO BEACH Lang Co Beach Resort ⊞⊞⊟W⊞ $$

Loc Hai Ortschaft, Lang Co **(054) 387 3555** FAX *(054) 387 3504* **Zimmer** *88*

Das im Stil der Hue-Architektur reich verzierte Hotel liegt an einem der schönsten Strände Vietnams. Das Hotel umfasst Villen mit Balkon und Standardzimmer, alle mit guter Aussicht und komfortabel eingerichtet. Schönheitssalon, Sauna und Tennisplätze. **www.langcobeachresort.com.vn**

VINH Phu Nguyen Hai ⊞⊞⊟W $$

81 Le Loi **(038) 383 8429** FAX *(038) 383 2014* **Zimmer** *25*

Das Hotel gilt als eines der besten Budget-Hotels in Vinh. Es bietet große, saubere und gut ausgestattete Gästezimmer sowie ein Restaurant mit vietnamesischen Gerichten. Das Hotel liegt zentral im Herzen der Stadt, nur wenige Meter vom Hauptpostamt und dem Busbahnhof entfernt. **congtyphunguyenhai@yahoo.com**

HANOI

FRANZÖSISCHES VIERTEL Lotus Guesthouse ⊞⊞⊞⊟W $

42V Ly Thuong Kiet **(04) 3826 8642** FAX *(04) 3934 4197* **Zimmer** *10* **Stadtplan** *2 E4*

Dank der vielen Angebote ist das Gästehaus mit seinen günstigen Preisen bei Rucksacktouristen sehr beliebt. Das Bed and Breakfast-Haus hat zusammenhängende Zimmer mit Mini-Kühlschrank und Kabelfernsehen. Das Personal ist freundlich, die Lage hervorragend, und im Café trifft sich die halbe Welt. **lotus-travel@hn.vnn.vn**

FRANZÖSISCHES VIERTEL De Syloia ⊞⊞⊞⊟W⊞ $$$

17A Tran Hung Dao **(04) 3824 5346** FAX *(04) 3824 1083* **Zimmer** *33* **Stadtplan** *2 F5*

Ein freundliches mittelgroßes Hotel im Herzen der Altstadt von Hanoi, in Gehdistanz zu vielen wichtigen Sehenswürdigkeiten. Große, einladende Gästezimmer mit allen modernen Einrichtungen. Babysitter-Service. Das Restaurant Cay Cau *(siehe S. 257)* serviert eine vielfältige, leckere Küche. **www.desyloia.com**

Preiskategorien *siehe S. 232* **Zeichenerklärung** *siehe hintere Umschlagklappe*

FRANZÖSISCHES VIERTEL Guoman Hotel ⬚ ⛁ ⛢ ▤ ⓦ ⛨ $$$$

83A Ly Thuong Kiet ☎ *(04) 3822 2800* **Zimmer** *154* **Stadtplan** *2 D4*

Das beliebte Hotel richtet sich vor allem an Geschäftsreisende, mit vielen Business-Einrichtungen, einem Whirlpool und gleich vier Restaurants. Die gut ausgestatteten Zimmer, das freundliche, englischsprachige Personal und die Lage in der Nähe von Einkaufsviertel und Bahnhof machen das Hotel zu einer guten Wahl. **guomanhn@hn.vnn.vn**

FRANZÖSISCHES VIERTEL Melia Hotel ⬚ ⛁ ⛱ ⛢ ▤ ⓦ ⛨ $$$$

44B Ly Thuong Kiet ☎ *(04) 3934 3343* **FAX** *(04) 3934 3344* **Zimmer** *238* **Stadtplan** *2 E4*

Das gehobene Hotel gibt sich stilsicher und luxuriös. Die Zimmer sind elegant, das Frühstück ist eine Freude. Dazu gibt es einen Helikopter-Landeplatz auf dem Dach, einen Außenpool im zweiten Stock und allabendlich Live-Musik in der Lobby. Gute vietnamesische und mediterrane Küche. **www.meliahanoi.com**

FRANZÖSISCHES VIERTEL Zephyr Hotel ⬚ ⛁ ⛢ ▤ ⓦ ⛨ $$$$

4 Ba Trieu ☎ *(04) 3934 1256* **FAX** *(04) 3934 1262* **Zimmer** *40* **Stadtplan** *2 E4*

Das einladende Boutique-Hotel liegt sehr günstig, die Innenstadt ist gut zu erreichen. Das Haus wird effizient geführt und ist sehr gemütlich. Im siebten Stock gibt es eine Bar und Lounge mit fantastischer Aussicht auf den Hoan Kiem-See. Gute vietnamesische Küche. **www.zephyrHotel.com.vn**

FRANZÖSISCHES VIERTEL Hilton Hanoi Opera ⬚ ⛁ ⛱ ⛢ ▤ ⓦ ⛨ $$$$$

1 Le Thanh Tong ☎ *(04) 3933 0500* **FAX** *(04) 3933 0530* **Zimmer** *269* **Stadtplan** *2 F5*

Das Opernhaus lieferte das Vorbild für das außergewöhnlich elegante Hotel. Hier findet man perfekten Service und jeden erdenklichen Luxus. Die edel gestalteten Zimmer, viele mit Seidenvorhängen und Werken lokaler Künstler, sind im vietnamesischen Stil eingerichtet und bieten herrliche Aussicht auf die Stadt. **www.hanoi.hilton.com**

FRANZÖSISCHES VIERTEL Sofitel Metropole ⬚ ⛁ ⛱ ⛢ ▤ ⓦ ⛨ $$$$$

15 Ngo Quyen ☎ *(04) 3826 6919* **FAX** *(04) 3826 6920* **Zimmer** *363* **Stadtplan** *2 F4*

Das zu früherem Glanz aufpolierte Sofitel Metropole *(siehe S. 162)* ist eines der schönsten Hotels der Stadt. Die Zimmer sind schallisoliert und sehr gut ausgestattet, in den Badezimmern laden herrliche, große Badewannen ein. Le Beaulieu *(siehe S. 258)* ist das beste französische Restaurant der Stadt. **www.sofitel.com**

ALTSTADT Camellia Hotel II ⬚ ⛁ ▤ ⓦ $

13 Luong Ngoc Quyen ☎ *(04) 3828 3583* **FAX** *(04) 3824 4277* **Zimmer** *26* **Stadtplan** *2 E2*

Das erste von vier Hotels desselben Betreibers bietet einen freundlichen, flinken Service, solide Unterkünfte und organisiert Ausflüge – und alles zu niedrigen Preisen. Wenn das Hotel ausgebucht ist (was nicht selten vorkommt), kann man in einem der anderen Häuser untergebracht werden. Freier Internet-Zugang.

ALTSTADT Prince Hotel I ⬚ ⛁ ▤ ⓦ $

51 Luong Ngoc Quyen ☎ *(04) 3828 0155* **FAX** *(04) 3828 0156* **Zimmer** *14* **Stadtplan** *2 E2*

Das Prince Hotel I (ein Ableger liegt in der 42B Hang Giay) richtet sich an Backpacker. Zimmer mit IDD-Telefon, Mini-Kühlschrank, Kabelfernsehen, Tee- und Kaffeeautomaten, Bad im Zimmer inklusive Föhn, WLAN und – bei Aufenthalt ab drei Tagen – kostenloser Shuttleservice. **www.princehotelhanoi.com**

ALTSTADT Venus Hotel ⬚ ▤ ⓦ $

10 Hang Can ☎ *(04) 3826 1212* **FAX** *(04) 3824 6010* **Zimmer** *10* **Stadtplan** *2 E2*

Das wahrscheinlich preiswerteste Hotel in der Altstadt bietet viel für wenig Geld: saubere Zimmer mit Fernseher, Klimaanlage und Mini-Kühlschrank. Nachteile sind das unattraktive Gebäude und die fensterlosen Gästezimmer an der Rückseite. Doch der günstige Preis und das reichhaltige Frühstück entschädigen dafür.

ALTSTADT Anh Dao ⛁ ▤ ⓦ $$

37 Ma May ☎ *(04) 3826 7151* **FAX** *(04) 3828 2008* **Zimmer** *40* **Stadtplan** *2 E2*

Das Hotel in der Altstadt wurde vor einigen Jahren restauriert und modernisiert. Die bequemen Zimmer mit guter Ausstattung sind günstig. Man sollte allerdings ein Superior oder De-luxe-Zimmer buchen, da einige Standardzimmer keine Fenster haben – dieser »Luxus« kostet nur wenig mehr.

ALTSTADT Classic I Hotel ⬚ ⛁ ▤ ⓦ $$

22A Ta Hien ☎ *(04) 3826 6224* **FAX** *(04) 3828 1727* **Zimmer** *36* **Stadtplan** *2 E2*

Das saubere und bequeme Hotel mit allen Standardeinrichtungen gibt sich freundlich und hilfsbereit, außerdem spricht man hier Englisch. In der Lobby gibt es freien Internet-Zugang, ein kleines Restaurant serviert Frühstück. Der Reiseservice in der Lobby organisiert Ausflüge rund um Hanoi sowie in den Norden. **www.hanoiclassichotel.com**

ALTSTADT Classic Street Hotel ▤ ⓦ $$

41 Hang Be ☎ *(04) 3825 2421* **FAX** *(04) 3934 5920* **Zimmer** *15* **Stadtplan** *2 E3*

Die Zimmer dieses beliebten Hotels sind gut ausgestattet und sauber, jedes hat ein Bad und Kabelfernsehen. Das freundliche, hilfsbereite Personal und die guten Preise sind ein weiteres Plus. Die Hotelbetreiber lieben offenbar kitschige Kunst; die Porzellanmalereien in den Bädern verleihen dem Haus einen sehr speziellen Charme.

ALTSTADT Hong Ngoc Hotel ⬚ ⛁ ⛢ ▤ ⓦ $$

39 Hang Bac ☎ *(04) 3926 0322* **FAX** *(04) 3926 1600* **Zimmer** *25* **Stadtplan** *2 E3*

Das kleine Nichtraucherhotel bietet mehr Extras, Ästhetik und Platz als viele andere preiswerte Häuser, etwa Betten im kaiserlichen Stil und perlmuttbesetzte Stühle. Im kleinen Restaurant kann man leckere Küche aus Vietnam, China und der Welt schlemmen – ungewöhnlich für ein Budget-Hotel.

Stadtplan Hanoi *siehe Seiten 174–177*

ALTSTADT Sunshine 1 Hotel
$${\sf \blacksquare}$$ ⧉ $\boxed{w}$ $\$\$$

42 Ma May 📞 *(04) 3926 1559* FAX *(04) 3926 1558* **Zimmer** *12*   **Stadtplan** *2 E2*

Das Sunshine gehört zu den besseren Hotels in der Altstadt und bietet einfache, aber recht große, komfortable Zimmer an (alle mit Bad und Badewanne). Sehr gutes italienisches Restaurant, Reiseveranstalter für Ausflüge in ganz Vietnam im Haus, kostenloses Internet und freundliches Personal. **www.hanoisunshinehotel.com**

ALTSTADT Win Hotel
$${\sf \blacksquare}$$ ⧉ $\boxed{w}$ $\$\$$

34 Hang Hanh 📞 *(04) 3828 7371* FAX *(04) 3824 7448* **Zimmer** *10*   **Stadtplan** *2 E3*

Das sehr gastfreundliche und solide Hotel ist zu Fuß nur fünf Minuten vom Nordufer des Hoan Kiem-Sees entfernt. Alle Zimmer haben Minibar, Kabelfernsehen, IDD-Telefon und Föhn. Wer Hanoi im Winter besucht, wird die Heizung hier sehr zu schätzen wissen. **winhotel@yahoo.com**

ALTSTADT Lucky I Hotel
    $\$\$\$$

12 Hang Trong 📞 *(04) 3825 1029* FAX *(04) 3825 1731* **Zimmer** *50*   **Stadtplan** *2 E3*

Das Lucky I ist zwar kein Boutique-Hotel, aber hübsch und geschmackvoll eingerichtet. Die modernen Zimmer, der gute Service und das leckere Frühstück sorgen dafür, dass das Haus oft ausgebucht ist. Mit etwas Glück kann man dann ins ähnlich gute Lucky II (46 Hang Hom Street) ausweichen. **www.luckyhotel.com.vn**

ALTSTADT Queen Travel Hotel
    $\$\$\$$

65 Hang Bac 📞 *(04) 3826 0860* FAX *(04) 3826 0300* **Zimmer** *10*   **Stadtplan** *2 E3*

Das für ein Budget-Hotel in der Altstadt eher schicke Hotel wird seinen etwas höheren Preisen durch guten Service gerecht. Dazu gehören die sehr bequemen Zimmer inklusive Whirlpool (gegen fünf US-Dollar Gebühr). Ein Karpfenteich und der Dachgarten mit Aussicht laden zur Entspannung ein. **www.azqueentravel.com**

WESTLICH DES HOAN KIEM-SEES Spring Hotel
    $\$$

38 Pho Au Trieu 📞 *(04) 3826 8500* FAX *(04) 3826 0038* **Zimmer** *16*   **Stadtplan** *2 D3*

Das preiswerte, stilvolle Hotel bietet eine gastfreundliche, gemütliche Atmosphäre, eine schöne Aussicht auf die St. Joseph-Kathedrale und die Nähe zu schicken Läden und Restaurants an der Nha Tho-Straße und in der Altstadt. Die Zimmer sind sehr sauber, gut eingerichtet und haben einen Balkon. Freundliches, Englisch sprechendes Personal.

WESTLICH DES HOAN KIEM-SEES Thu Giang
    $\$$

5A Tam Thuong 📞 *(04) 3828 5734* **Zimmer** *7*   **Stadtplan** *2 D3*

Das vielfältige Hotel war eines der ersten Budget-Häuser der Stadt und vermietet Zimmer zwischen drei und 16 US-Dollar, einige mit Klimaanlage, andere mit Ventilator. Hier kommt man in den Genuss von Internet, DVD-Verleih, Flughafenshuttle und gut ausgebildetem Personal. Ableger: 35A Hang Dieu Street. **thugiangn@hotmail.com**

WESTLICH DES HOAN KIEM-SEES Church Hotel
    $\$\$$

9 Nha Tho 📞 *(04) 3928 8118* FAX *(04) 3828 5793* **Zimmer** *20*   **Stadtplan** *2 E3*

Das relativ neue Hotel für westliche Besucher hat einfache, saubere, freundlich-geschmackvoll eingerichtete Gäste-zimmer. Es liegt in der Nähe der Kathedrale, unweit des Sees und nur einen kurzen Fußweg von der Altstadt entfernt. Die besten Boutiquen, Restaurants und Kunstgeschäfte findet man gleich nebenan.

WESTLICH DES HOAN KIEM-SEES Dragon Hotel
    $\$\$\$$

48 Xuan Dieu 📞 *(04) 3829 2954* FAX *(04) 3829 4745* **Zimmer** *32*

Das Dragon mit seiner überladenen Fassade überblickt den ruhigen See. Das freundliche Hotel bietet chinesisch verzierte Zimmer, Apartments und Suiten für längere Aufenthalte, Fischteiche und eine einladende Veranda. Das Restaurant unter freiem Himmel serviert einheimische und internationale Küche. **www.dragonhotelvn.com**

WESTLICH DES HOAN KIEM-SEES Sheraton Hanoi Hilton
    $\$\$\$\$$

K5 Nghi Tam, 11 Xuan Dieu Rd 📞 *(04) 3719 9000* FAX *(04) 3719 9001* **Zimmer** *299*

Das Sheraton liegt 15 Minuten Fahrt außerhalb des Stadtzentrums auf einer einsamen, wunderschönen Halbinsel bei Ho Tay. Im Hotel genießt man eine schöne Aussicht und unglaublich luxuriöse Zimmer sowie eine vielfältige Bandbreite lokaler und internationaler Küchen. Einrichtungen für Behinderte. **www.sheraton.com/hanoi**

WESTLICH DES HOAN KIEM-SEES Hanoi Daewoo
    $\$\$\$\$\$$

360 Kim Ma 📞 *(04) 3831 5000* FAX *(04) 3831 5010* **Zimmer** *411*   **Stadtplan** *1 A3*

Das 15-stöckige, mit viel Marmor verkleidete Hotel ist der neue, glitzernde Star am Luxushimmel von Hanoi. Das Daewoo bietet jeden denkbaren Komfort, darunter eine vietnamesische Kunstsammlung und den größten Pool der Stadt. Sehr gute italienische, französische, chinesische und japanische Küche. **www.hanoi-daewoohotel.com**

WESTLICH DES HOAN KIEM-SEES Hanoi Horison
    $\$\$\$\$\$$

40 Cat Linh 📞 *(04) 3733 0808* FAX *(04) 3733 0888* **Zimmer** *250*   **Stadtplan** *1 A3*

Das neue Luxushotel liegt günstig zum Tempel der Literatur *(siehe S. 166f)* und zu vielen Museen. Zu den Angeboten gehören High-Speed-Internet in allen Zimmern, ein Arzt im Haus, eine Bar in der Lobby, ein Casino und drei Restaurants mit vietnamesischer, französischer und chinesischer Küche. **www.swiss-belhotel.com**

WESTLICH DES HOAN KIEM-SEES Nikko Hanoi
    $\$\$\$\$\$$

84 Tran Nhan Tong 📞 *(04) 3822 3535* FAX *(04) 3822 3555* **Zimmer** *260*

Das exklusive, stilvolle Hotel der japanischen Nikko-Kette begrüßt vor allem Geschäftsreisende und bietet folglich eines der besten Businesszentren der Stadt sowie luxuriöse, voll ausgestattete Zimmer, ein hochmodernes Spa und eine Sauna. Das japanische Restaurant ist sicher das beste in ganz Hanoi. **www.hotelnikkohanoi.com.vn**

Preiskategorien *siehe S. 232* **Zeichenerklärung** *siehe hintere Umschlagklappe*

WESTLICH DES HOAN KIEM-SEES Sofitel Plaza $$$$$

1 Thanh Nien (04) 3823 8888 FAX (04) 3829 4283 *Zimmer 322* **Stadtplan** 1 B1

Der palastähnliche Hotelturm mit Blick über Ho Tay verwöhnt mit dem für Sofitel-Häuser charakteristischen Luxus und Service. Alle Zimmer haben dank durchgehender Fenster eine herrliche Aussicht und sind modern ausgestattet. Sehr gutes Restaurants, drei einladende Bars und eine Diskothek. **www.sofitel.com**

NORDVIETNAM

BA BE-NATIONALPARK Ba Be National Park Guesthouse $

National Park Headquarters (0281) 389 4126 FAX (0281) 389 4026 *Zimmer 60*

Das große, freundliche Hotel inmitten bewaldeter Karsthügel garantiert dank des Frühstücks auf der großen, offenen Veranda mit toller Aussicht auf den Park stets einen wunderschönen Morgen. Es gibt auch ein Restaurant (leider oft geschlossen, Essen vorbestellen). Die Zimmer sind sauber und ruhig. **www.babenationalpark.org**

BAC HA Sao Mai Hotel $$

Ban Pho Rd (020) 388 0288 FAX (020) 388 0288 *Zimmer 40*

Das beste Hotel von Bac Ha ist stolz auf das beste Restaurant im Ort. Das Haus besteht aus drei Flügeln, zwei neuen Holzgebäuden und einem älteren Betonbau. Die Zimmer im neuen Bereich sind angenehmer. Das große Restaurant ist den ganzen Tag über belebt und serviert vietnamesische und westliche Gerichte. **www.saomaibacha.com**

CAO BANG Huong Thom $

91 Kim Dong (026) 385 5888 FAX (026) 385 6228 *Zimmer 11*

Ein sauberes und völlig ausreichendes, aber etwas langweiliges Hotel – dafür aber das beste Angebot in dieser staubigen kleinen Stadt im Norden. Die Zimmer blicken auf den Fluss Bang Giang und das riesige Kriegerdenkmal des Ortes. Die Klimaanlage dient auch als Heizung, denn Cao Bang ist einer der kältesten Orte Vietnams.

CAT BA-INSEL Holiday View $$

1/4 St, Cat Ba Town (031) 388 7200 FAX (031) 388 7208 *Zimmer 120*

Der neue Hotelturm am Ostufer des Yachthafens mit Aussicht auf die Boote ist ein sauberes, solides Haus mit dem besten Service in Cat Ba – wenn auch ohne besonderes Flair. Im Restaurant bekommt man vietnamesische und westliche Gerichte, vor allem aber frisches Seafood. **www.holidayviewhotel-catba.com**

CAT BA-INSEL Noble House $$

1/4 St, Cat Ba Town (031) 388 8363 FAX (031) 388 8570 *Zimmer 5*

Das zentral gelegene, nur wenige Schritte vom Pier entfernte Noble House ist eines der netteren Hotels im Ort. Alle Zimmer sind sauber, großzügig und gut ausgestattet, mit schönem Blick nach Süden über den Hafen. Das Restaurant ist ebenfalls gut und bietet vietnamesische und internationale Küche. **noblehousevn@yahoo.com**

DIEN BIEN PHU Khach San Cong Ty Bia $

No. 17 Ward 28 (023) 382 4635 FAX (023) 382 5576 *Zimmer 10*

Das auch als »Beer Hotel« bekannte Haus steht neben einer kleinen Brauerei und ist eines der bekanntesten Budget-Hotels der Stadt. Die Zimmer sind sauber, aber nur begrenzt ausgestattet, immerhin gibt es Fernseher und Dusche. Das Hotel serviert nur Frühstück.

HAIPHONG Harbour View $$$$$

4 Tran Phu (031) 382 7827 FAX (031) 382 7828 *Zimmer 122*

Das elegante, stilvolle Hotel verströmt koloniales Flair und gilt als beste Unterkunft in Haiphong. Dafür ist der Preis durchaus angemessen. Trotz des Namens hat man keine direkte Aussicht auf den Hafen, aber die plüschigen Zimmer sind sehr sauber, der Service ist einwandfrei, die Küche herausragend. **www.harbourviewvietnam.com**

HALONG CITY Heritage Halong $$

88 Halong St, Bai Chay (033) 384 6888 FAX (033) 384 6999 *Zimmer 101*

Als eines der besten Hotels der Stadt bietet das Heritage Halong geschmackvoll eingerichtete und komplett ausgestattete, moderne Zimmer, einige davon mit herrlicher Aussicht über die Bucht. Der Hotelempfang organisiert Bootsausflüge, es gibt einen Hotelarzt und auf dem Gelände auch eine Diskothek. **www.heritagehalonghotel.com**

HALONG CITY Saigon Halong Hotel $$$

168 Halong Road, Bai Chay (033) 384 5845 FAX (033) 384 5849 *Zimmer 228*

Das stilvolle Hotel mit sechs verschiedenen Zimmer- und Suitenkategorien richtet sich an Geschäftsreisende und Urlauber. Das Haus hat drei Restaurants und zwei Bars mit vietnamesischer, chinesischer und internationaler Küche. Das Panorama Restaurant gilt als höchstes in Halong City mit toller Aussicht. **www.saigonhalonghotel.com**

HALONG CITY Novotel Ha Long Bay $$$$

Halong Road, Bai Chay (033) 384 8108 FAX (033) 369 6808 *Zimmer 214*

Das neue Vier-Sterne-Hotel liegt nahe zu allen größeren Sehenswürdigkeiten der Stadt. Die Zimmer sind mit Stil eingerichtet und bieten alle Annehmlichkeiten (auch WLAN) sowie eine prachtvolle Aussicht über die Bucht. Es gibt behindertengerechte Zimmer. Vom Pool mit Bar blickt man ebenfalls auf die Bucht. **www.novotelhalongbay.com**

Stadtplan Hanoi *siehe Seiten 174–177*

HALONG CITY Huong Hai Junk   🍴📋 $$$$$

1 Vuon Dao St, Bai Chay 📞 *(033) 384 5042* FAX *(033) 384 6263* **Zimmer** *61*

Das Huong Hai verteilt sich auf neun Dschunken und ist eine luxuriöse Möglichkeit, die Bucht von Halong *(siehe S. 182–184)* kennenzulernen. Die Boote verlassen die Stadt täglich gegen Mittag und ankern bei Sonnenuntergang in der Bucht inmitten der Kalksteinfelsen. An Bord serviert man Fischgerichte. **www.halongdiscovery.com**

MAI CHAU-TAL Mai Chau Guesthouse   📋 $

Mai Chau Village 📞 *(018) 385 1812* **Zimmer** *4*

Das einfache Holzhaus bietet nur ein Mindestmaß an Ausstattung, aber die Betreiber, eine Familie der Weißen Thai, sind gastfreundlich. Man kann sich Essen kochen lassen und gemeinsam mit dem Gastgebern oder auch alleine essen. Moskitonetze und Bettrollen (zum Schlafen auf dem Boden) werden verteilt, ebenso der örtliche weiße Schnaps.

NINH BINH Viet Hung Hotel   📋🍴📋📶 $

150 Tran Hung Dao 📞 *(030) 387 2002* FAX *(030) 388 0247* **Zimmer** *15*

Das im Geschäftsviertel von Ninh Binh zentral gelegene Hotel ist ein nettes, familienbetriebenes Haus mit freundlichem Personal, das leider nur wenig Englisch spricht, aber sehr hilfsbereit ist. Das Restaurant serviert gute, vietnamesische Gerichte und westliches Frühstück. Der Besitzer organisiert Ausflüge zu Zielen außerhalb der Stadt.

NINH BINH Thuy Anh Hotel   📋🏊🍴📋📶 $$

55A Truong Han Sieu 📞 *(030) 387 1602* FAX *(030) 387 6934* **Zimmer** *37*

Das Hotel ist für Aufenthalte in Ninh Binh eine sehr gute Option, denn es ist absolut sauber und gut organisiert. Wie die Stadt selbst hat auch dieses Hotel kaum eigenes Flair, aber das einheimische Essen ist sehr gut und preiswert – die ideale Basis für Erkundungen zu den Sehenswürdigkeiten im Umland. **www.thuyanhhotel.com**

SAPA Son Ha Guesthouse   📋🍴📶 $

25 Fansipan Rd 📞 *(020) 387 1273* **Zimmer** *15*

Das attraktive Budget-Hotel mit großen, bequem eingerichteten Zimmern im ersten Stock bietet schöne Aussichten über das Tal auf den Fansipan *(siehe S. 196)*. Ein nettes Plus sind die Kamine in den Zimmern – im Winter sehr gemütlich. Das Restaurant im Erdgeschoss serviert vietnamesische und westliche Gerichte.

SAPA Sapa Goldsea   📋🍴📋📶 $$

58 Fansipan Rd 📞 *(020) 387 1869* FAX *(020) 387 2185* **Zimmer** *46*

Das neue, bequeme Hotel mit hilfsbereitem, englischsprachigem Personal überblickt das Muong Hoa-Tal. Hier funktioniert das Kabelfernsehen (nicht immer die Regel), und die Zimmer sind für die Winter mit Heizungen ausgestattet. Angehörige der ethnischen Minderheit sind als Guide buchbar. **www.sapagoldsea-hotel.com.vn**

SAPA Topas Ecolodge   🍴📶 $$$$$

24 Muong Hoa, Cau May 📞 *(020) 387 2404* FAX *(020) 387 2405* **Zimmer** *25*

Auf einem Hügel gleich oberhalb von Sapa steht dieses aus 25 Granitstein-Bungalows bestehende Hotel mit fantastischer Aussicht über das Tal und den Fluss. Die sehr gut ausgestatteten Zimmer haben jeweils eine eigene Veranda. Das Restaurant tischt vietnamesische und westliche Küche in einem Pfahlbau auf. **www.topas-eco-lodge.com**

SAPA Victoria Sapa   🍴📺📋📶🏊 $$$$$

Hoang Dieu 📞 *(020) 387 1522* FAX *(020) 387 1539* **Zimmer** *77*

Das wie ein Chalet erbaute Hotel ist sicher das beste in der gesamten Region: Schon die Fahrt dorthin mit dem hoteleigenen Victoria Express (hin und zurück 90 US-Dollar) ab Hanoi ist stilvoll und erinnert an den legendären Orient-Express. Das Essen im Hotelrestaurant ist fantastisch. **www.victoriahotels-asia.com**

SON LA Trade Union Hotel   📋🍴📋📶 $

No. 4, 26/8 📞 *(022) 385 2804* FAX *(022) 385 5312* **Zimmer** *100*

Trotz seines Namens (»Gewerkschaftshotel«) ist dieses staatliche, altmodische Haus die beste Wahl in Son La: Die Zimmer sind sauber und groß, ein Restaurant bietet ausschließlich vietnamesische Küche an. Die Badezimmer haben fließend Warmwasser. Das Personal trägt die traditionelle Kleidung der Weißen Thai.

ANGKOR

SIEM REAP Angkor Thom Hotel   📋🍴📋📶 $$

Wat Bo Rd 📞 *(063) 963 721* FAX *(063) 964 862* **Zimmer** *32*

Das kitschige, von Neonlichtern angestrahlte Hotel ist eine sehr gute, preiswerte Wahl. Die Zimmer sind mit Kabelfernsehen, Internet-Zugang, Minibar und eigenem Bad (inklusive Warmwasser) ausgestattet. Im Restaurant bekommt man koreanische und internationale Gerichte. Das Personal spricht einigermaßen gut Englisch.

SIEM REAP Borann   🍴🏡📋📶 $$

Hinter dem Sawasdee Restaurant 📞 *(063) 964 740* **Zimmer** *20*

Das Borann liegt inmitten üppiger Gärten in einem ruhigen Stadtviertel und hat rustikale, aber gut ausgestattete Zimmer in fünf Bungalows. Zu jedem Zimmer gehört ein Balkon mit Blick auf die Idylle. Das Personal gibt sich freundlich und spricht Englisch, das nette Restaurant serviert lokale und internationale Gerichte. **www.borann.com**

SIEM REAP Dead Fish Tower Inn 🚻🍴☰w $$$

Sivatha Blvd an der Dead Fish Plaza 📞 *(016) 330 821* **Zimmer** *15*

Das Haus mit dem merkwürdigen Namen ist eine solide Anlaufstelle für Backpacker mit sauberen, bequemen Zimmern. Das Hotel gibt sich bizarr-charmant, wie man am Krokodilteich sieht oder bei der kostenlosen Kopfmassage. Im Restaurant isst man zu traditionellen Vorführungen Thai- und Khmer-Küche. **deadfishtower@hotmail.com**

SIEM REAP Angkor Silk Thmey 🍴☰w $$$

Angkor Wat Rd 📞 *(063) 963 373* ℻ *(063) 969 002* **Zimmer** *20*

Das Budget-Hotel liegt in einem recht anziehenden Bau und bietet Zimmer mit Minibar, Kabelfernsehen und IDD-Telefon. Dazu gibt es einen kostenlosen Shuttle zum Flughafen und bei drei Übernachtungen eine Nacht gratis dazu. Gutes Restaurant mit Thai-Spezialitäten.

SIEM REAP Bopha Angkor 🏊🍴🏖☰w $$$

0512 Acharsvar St, Ostufer des Siem Reap-Flusses 📞 *(063) 964 928* ℻ *(063) 964 446* **Zimmer** *39*

Der restaurierte Kolonialbau ist von einem reizvollen Pool, Tropengarten und stilvollen Bungalows umgeben. Die geschmackvoll eingerichteten Zimmer bieten Moskitonetze, kambodschanische Kunst neben modernen Einrichtungen wie Kabelfernsehen und Minibar. Abendunterhaltung im Restaurant. **www.bopha-angkor.com**

SIEM REAP Chez Om 🍴☰w $$$

Build Bright University 📞 *(012) 587 045* **Zimmer** *12*

Mit seinen gut ausgestatteten Zimmern in einer Reihe kleiner, frei stehender Villen in einem hübschen Garten ist das Chez Om eine ideale Rückzugsmöglichkeit. Den Zimmerservice übernimmt das Baray Petit Garden Restaurant, das auf seine traditionelle Küche Kambodschas, nur mit natürlichen Produkten zubereitet, stolz ist. **www.chezom.com**

SIEM REAP Hanumanalaya 🍴🏖📺☰w🛗 $$$

5 Krom 2 Phoum Treang, bei Angkor 📞 *(063) 760 582* ℻ *(063) 380 328* **Zimmer** *13*

Das gemütliche Hotel ist nach einer langen Tempeltour das perfekte, erholsame Refugium. Die Zimmer sind im traditionellen kambodschanischen Stil mit viel Holz eingerichtet, aber modern. Im Sita Spa kann man sich verwöhnen lassen. Das Hotel ist teilweise behindertengerecht ausgestattet. **www.hanumanalaya.com**

SIEM REAP Princess Angkor Hotel 🏊🍴🏖📺☰w🛗 $$$

Route 6, Airport Rd 📞 *(063) 760 056* ℻ *(063) 963 668* **Zimmer** *89*

Das Spitzenhaus bietet viel Luxus für erstaunlich bezahlbare Preise. Hier kann man alle gängigen Dienstleistungen eines First-Class-Hotels, inklusive Spa und Schönheitssalon, genießen. Hinter dem Hotel gibt es einen einladenden Garten mit Pool. Das Haus bietet sogar einen Arzt mit Rufbereitschaft an. **www.princessangkor.com**

SIEM REAP Shinta Mani 🍴🏖📺☰w🛗 $$$$

Kreuzung Oum Khum und 14. Straße, altes französisches Viertel 📞 *(063) 761 998* ℻ *(063) 761 999* **Zimmer** *25*

Das ideal im französischen Viertel in einem restaurierten Kolonialbau untergebrachte Hotel bietet neben den üblichen Luxuseinrichtungen kostenlose Kunstausstellungen und hilft armen Jugendlichen mit Ausbildungsprogrammen. Das hoteleigene Restaurant ist ein Paradies für Feinschmecker. **www.shintamani.com**

SIEM REAP Angkor Village 🍴🏖📺☰w $$$$$

Wat Bo Rd, Ostufer des Siem Reap-Flusses, hinter Bayon Hotel 📞 *(063) 963 561* ℻ *(063) 963 361* **Zimmer** *52*

Die wunderschöne Anlage besteht aus traditionellen Khmer-Häusern zwischen Lotosteichen. Die Zimmer bieten jeden erdenklichen Luxus, das Restaurant zaubert Gerichte aus Kambodscha, Thailand und Europa auf die Tische. Abends kann man im Apsara-Theater traditionelle Khmer-Tanzshows sehen. **www.angkorvillage.com**

SIEM REAP Apsara Angkor 🏊🍴🏖📺☰w🛗 $$$$$

Route 6, Airport Rd 📞 *(063) 964 999* ℻ *(063) 964 567* **Zimmer** *144*

Das Apsara Angkor lässt es an nichts fehlen: Die Zimmer weisen Holzfußboden und bunte Khmer-Seidenstoffe auf, sind aber modern eingerichtet. Dazu gehören auch Internet-Zugang am Pool, ein Arzt rund um die Uhr, Babysitter, besondere Einrichtungen für Behinderte und ein kostenloser Airport-Shuttle. **www.apsaraangkor.com**

SIEM REAP Grand Hotel d'Angkor 🏊🍴🏖📺☰w🛗 $$$$$

1 Vithei Charles de Gaulle 📞 *(063) 963 888* ℻ *(063) 963 168* **Zimmer** *131*

Das älteste und eleganteste, zentral gelegene Hotel von Siem Reap versteckt sich in einem schön renovierten französischen Meisterbau der Kolonialzeit und wird Jahr um Jahr als eines der besten Luxushotels Asiens ausgezeichnet. Das Erfolgsgeheimnis ist einfach: Hier gibt es alles, was man sich erträumt. **www.siemreap.raffles.com**

SIEM REAP Sofitel Royal Angkor 🏊🍴🏖📺☰w🛗 $$$$$

Charles de Gaulle 📞 *(063) 964 600* ℻ *(063) 964 609* **Zimmer** *238*

Das Luxushotel verspricht zahlreiche Annehmlichkeiten wie moderne und gut ausgestattete Zimmer, die französische und Khmer-Architektur harmonisch miteinander verbinden. Dazu kommen ein luxuriöses Spa, ein 18-Loch-Golfplatz und herausragende Abendessen am Buffet mit sündhaft verlockenden Desserts. **www.sofitel.com**

SIEM REAP Victoria Angkor Hotel 🏊🍴🏖📺☰w🛗 $$$$$

Central Park 📞 *(063) 760 428* ℻ *(063) 760 350* **Zimmer** *130*

Das relativ neue und hervorragend eingerichtete Victoria Angkor verfügt über gut ausgestattete Zimmer, beeindruckend sind der offene Grundriss des Hauses und der Pool. Das Restaurant L'Escale hat bei Kennern der französischen Küche einen sehr guten Ruf. Trotz der Nähe zum Markt ist das Haus ruhig. **www.victoriahotels-asia.com**

RESTAURANTS

Vietnamesen essen gern und akzeptieren für sich selbst und für Besucher nur die beste Küche. Überall im Land findet man eine erstaunliche Restaurantvielfalt – von Handkarren über Straßenstände und Straßencafés bis hin zu Feinschmeckerrestaurants. Die leckere vietnamesische Küche schmeckt am besten mit heißem Tee oder einem kalten Bier. Essen in Vietnam ist nicht zuletzt wegen der extrem niedrigen Preise ein großes Vergnügen, und die kulinarische Vielfalt der einheimischen Küche bietet etwas für jeden Geschmack und Geldbeutel. Weniger vertreten ist westliches Fast Food, dagegen findet man italienische, amerikanische und indische Restaurants vor allem in Großstädten immer häufiger. Internationale Küche wird besonders in großen Hotels und eleganten Restaurants serviert und ist dort in der Regel gut zubereitet. Sehr gute, frische vietnamesische Gerichte werden dagegen an fast jeder Straßenecke angeboten.

Leckere Speisen

Thuy Ta Café (siehe S. 259) mit Blick auf den Hoan Kiem-See, Hanoi

RESTAURANTS UND TYPISCHE GERICHTE

Restaurants mit ausgebildeten Kellnern, Speisekarten und Stoffservietten sind in Vietnam eine relativ neue Erscheinung und vor allem in den Hotels und Ferienanlagen größerer Städte zu finden.

Vietnamesische Restaurants mit Tischservice sind oft auf ein bestimmtes Gericht spezialisiert. Am häufigsten findet man *bun thit nuong*. Das ist gegrilltes, vorher mariniertes Fleisch (meist Rind oder Schwein) auf Reis oder Reisnudeln mit frischem Gemüse und Kräutern. Oft wird es mit *nuoc cham*, einer Variante der Fischsauce, serviert. *Banh xeo* bezeichnet Pfannkuchen, die auf der Basis von Reis- oder Maismehl hergestellt und mit Schweinefleisch oder Garnelen, Sprossen und Gemüse gefüllt werden. Meist serviert man dazu Brühe. Ein *lau* ist ein Topf voller würziger Brühe, der in die Mitte des Tisches gestellt wird. Wie bei einem Fondue kann der Gast Gemüse- und Fleischstückchen darin garen lassen.

In vietnamesischen Cafés bekommt man immer ein frisches Baguette, heißen Kaffee und Fruchtsäfte. Pizzerien, Fast-Food-Restaurants und US-Diners findet man in Hanoi, Ho Chi Minh City und in Urlaubsorten. Europäische Gourmetküche wird in manchen Hotelrestaurants angeboten.

COM UND PHO

Ein Restaurant, in dem man große Reisportionen mit Fleisch und Gemüse erhält, heißt *quan com* (*com* ist das vietnamesische Wort für Reis). Meist ist dies ein sehr schlichtes Lokal für nur eine Handvoll Gäste. Das Essen ist in einer Vitrine am Eingang zu sehen, sodass man nur mit dem Finger darauf zeigen muss. Fleisch und Fisch werden geschmort, gegrillt oder im Eintopf serviert, Fisch oft in einer Sauce eingelegt. Dazu isst man geschmorte Bambussprossen, gegrillte Auberginen, frittiertes Gemüse und Tofu.

Ein *pho (siehe S. 248)*, benannt nach der Nudelsuppe, Vietnams Nationalgericht, ist ein kleines Familienlokal. Der Duft der *pho* führt sicher zum nächsten Lokal. Auf der Karte stehen meist acht bis zehn Varianten, meist mit Rindfleisch, Huhn, Fisch oder Gemüse.

STRASSENHÄNDLER

Vietnam hat eine lange Tradition an Straßenimbissen. In allen Städten und Dörfern verkaufen Straßenhändler mit riesigen Körben leckere Kleinigkeiten wie Wassermelonen-

Frisch zubereitetes Essen vom Buffet eines Straßenlokals in Hue

Highlands Coffee, eine beliebte Kaffeehauskette

samen, gekochte Sojabohnen, Tamarindenstücke, Gebäck oder frisches Obst. Einige Straßenköche bieten verschiedene *banh* (siehe S. 29) an, scharfe oder süße Köstlichkeiten in Bananenblätter eingewickelt und dann gedünstet oder gebraten. Oft sieht man ganze Küchen auf Handkarren für die Zubereitung von *pho*, Bratnudeln, Tofu oder *chao*, einem Reiseintopf, auch *congee* genannt. Spannend ist die Zubereitung vor den Augen der Kunden. Einige Händler tragen das Essen auf einem Bügel auf dem Rücken und verkaufen Snacks oder Gemüse, andere tragen einen kleinen Herd, auf dem schnell ein kleines, heißes Gericht gezaubert wird.

Saigon-Bierflasche

BIERGÄRTEN UND BIA HOI

Biergärten findet man vor allem im stets warmen Süden. Manche dieser Freiluftlokale haben nur wenige Tische, andere scheinen sich endlos auszubreiten. Meist wird nur eine Biermarke ausgeschenkt, eine Woche später kann es schon eine andere sein. Zum Bier isst man Grillfleisch mit Gemüse. Mit Reispapier *(siehe S. 95)* rollt man die Speisen zusammen und tunkt sie in scharfe Saucen

Bia hoi, eine Spezialität von Hanoi, heißt wörtlich »frisches Bier« und meint vor allem Bier vom Fass. In der Regel stammt es aus einer Mikro-

brauerei oder ist gar selbst gebrautes Bier. Diese erfrischende Spezialität kommt ohne Zusatzstoffe aus und kostet pro Glas nur einige Cent. Das Bier bekommt man beispielsweise in den *Bia hoi*-Bars, die vor allem von vietnamesischen Männern besucht werden. Ausländische Urlauber können es ihnen gleichtun – eine Chance, die einheimische Kneipenkultur zu entdecken.

VEGETARISCHE GERICHTE

Zwar findet man nur selten ein vegetarisches Restaurant, dennoch kann man in Vietnam ohne rotes Fleisch sehr gut essen. Viele Restaurants bieten Fisch, Geflügel und natürlich Gemüse an. Wer streng vegetarisch oder veganisch lebt, sollte auf *nuoc mam* achten: Die beliebte Fischsauce taucht in fast allen Gerichten, auch in angeblich vegetarischen auf.

Doch viele Restaurants sind sich vegetarischer Grundsätze bewusst und erfüllen Sonderwünsche gerne. Dennoch sollten Vegetarier ihre Wünsche und Abneigungen bei der Essensbestellung deutlich und klar äußern.

PREISE

Essen wird wahrscheinlich den kleinsten Teil Ihres Reisebudgets ausmachen. Selbst ein komplettes Menü im Hotelrestaurant kostet mit-

unter weniger als 20 US-Dollar pro Kopf. Allerdings verdreifacht importierter Alkohol den Preis leicht. Die Steuern auf Wein sind sehr hoch, importierte Spirituosen sind etwas günstiger, Bier aus Südostasien hat günstige Preise.

Wer auf Alkohol weitgehend verzichtet und in kleinen Lokalen oder an Straßenständen schlemmt, muss für Essen nur etwa fünf US-Dollar pro Tag rechnen.

TISCHSITTEN

Im Gegensatz zu westlichen Gepflogenheiten werden Speisen in Vietnam nicht nacheinander, sondern gleichzeitig auf den Tisch gebracht bzw. dann, wenn sie fertig sind. Meist bestellt jeder Gast ein anderes Gericht, dann kann man sich alle Speisen teilen. Die Tischsitten sind einfach *(siehe S. 281)*: Die Gäste sollten das Essen genießen und dies auch deutlich zeigen. Vietnamesen essen mit Hingabe und unterhalten sich dabei angeregt.

TRINKGELD

Trinkgeld war im kommunistischen Vietnam lange unbekannt, heute wird es in Lokalen geradezu erwartet. Zehn Prozent des Rechnungsbetrags sind angemessen, wenn der Service gut war. In modernen Restaurants und Hotels wird oft eine Servicegebühr von fünf Prozent aufgeschlagen. Dann liegt es an Ihnen, ob Sie zusätzlich etwas geben möchten.

Schicke Fassade eines französischen Cafés in Ho Chi Minh City

Die Küche Vietnams

Im Laufe seiner Geschichte hat Vietnam zwar viele kulinarische Einflüsse aufgenommen, aber dennoch eine eigenständige Küche bewahrt. Die lange chinesische Herrschaft hat ihre Spuren auch in der Küche hinterlassen – in Form von Stäbchen, Sojasauce und Tofu. Die französische Kolonialzeit brachte westliche Produkte wie Kaffee, Brot und Milcherzeugnisse ins Land. Im Süden zeigen sich indische, Khmer- und Thai-Einflüsse in der Verwendung von Kokosnuss und aromatischen Currys.

Pfefferminz-, Basilikum- und Korianderbüschel

Eine Frau beim Kochen an einem Marktstand in Hoi An

VIETNAMESISCHE KÜCHE

Die fruchtbaren Flussregionen am Roten Fluss im Norden und am Mekong im Süden machen Vietnam zu einer Reiskammer. Fisch und Meeresfrüchte kommen von den langen Küsten, aus den Seen und Flüssen, und im tropischen Klima gedeihen überall exotische Früchte und Gemüse. Die vietnamesische Küche verwendet zahlreiche Gewürze und Kräuter, vor allem Koriander, Pfefferminze, Ingwer, Zitronengras und Lauch sowie Fischsauce. Das Hauptnahrungsmittel ist jedoch Reis (*siehe S. 95*): Das zeigt sich sogar in der Sprache. Der übliche Gruß *Ban an com chua?* bedeutet: »Hast du heute schon Reis gegessen?« Die Vietnamesen haben für die diversen Reissorten, den Anpflanzungs- und Wachstumsprozess, die Ernte und natürlich die verschiedenen Reisgerichte individuelle Begriffe. Im Alltag essen Vietnamesen gewöhnlichen, nichtklebrigen Reis, den *gao te*, während man bei Festen und für Opfergaben *gao nep*, glutenhaltigen Klebreis, nimmt. Reismehl ist die Grundlage vieler Produkte wie Nudeln, Kuchen und Reispapier. Reis wird auch zur Herstellung von Reisschnaps und Reiswein verwendet.

Eine Auswahl tropischer Früchte, die man in ganz Südostasien findet

VIETNAMESISCHE GERICHTE UND SPEZIALITÄTEN

Beilage zur *pho*

Die vietnamesische Küche kennt drei kulinarische Regionen: Im kühlen Norden wird recht einfach gekocht. Exotisches Fleisch, darunter auch Hund, gilt als Delikatesse. Überall wird Schlangenschnaps getrunken. Zentralvietnam hat eine vegetarische Tradition und ist auf die feine kaiserliche Küche der alten Kaiserstadt Hue stolz. Der Süden verarbeitet vor allem die vielen tropischen Produkte.

Pho, eine traditionelle Nudelsuppe, ist das vietnamesische Gericht schlechthin. Die einfache Suppe entstand im Norden, ist heute aber das Nationalgericht Vietnams und dank der Rindfleischstreifen in heißer Brühe auch sehr nahrhaft. Kenner essen *pho* an Straßenständen so spät wie möglich, um eine möglichst kräftige Brühe zu bekommen.

Pho *ist ein Klassiker mit weißen Nudeln, Rindfleischstreifen und Lauchzwiebeln in einer fetten Brühe.*

Fische werden für *nuoc mam* in der Sonne getrocknet, Nha Trang

kleinen Gerichten nicht weit. Stände, an denen sich Einheimische auf Plastikstühlen drängen, servieren meist das beste Essen. *Pho* (Nudelsuppe), *banh xeo* (Pfannkuchen) und belegte Baguettes sind am beliebtesten.

Ein typisches Straßenbild in Vietnam sind Frauen, die an einem langen Stab je einen Topf tragen: Die Töpfe enthalten Zutaten wie Nudeln, Fleisch, Gemüse, Gewürze und einen kleinen Herd – tragbare Küchen, auf denen so manches wunderbare Gericht kreiert wird.

Dank der langen buddhistischen Geschichte Vietnams hat sich im Lauf der Jahrhunderte eine hochwertige vegetarische Küche entwickelt. Vor allem Hue, das traditionelle buddhistische Zentrum des Landes, ist für seine ausgezeichneten vegetarischen Gerichte bekannt. Oft wird das Fleisch in bekannten Gerichten durch Tofu oder Pilze ersetzt, manchmal bekommt man aber auch extrem leckere Gemüse- und Fruchtkombinationen.

Zu den eher exotischen Aspekten der vietnamesischen Küche zählen ausgefallene Fleischsorten wie Frosch, Schlange, Sperlinge, Schnecken und Schildkröten. Einige Restaurants servieren auch Wildtiere wie beispielsweise Stachelschweine, verstoßen damit aber gegen Artenschutzgesetze.

STRASSENSTÄNDE

Der Ausdruck *com binh dan* (»beliebtes Essen«) oder *com bui* (»staubiges Essen«) meint immer Essen an Straßenständen. Fast überall in Vietnam ist es zum nächsten Stand mit leckeren

Straßenverkäufer mit Baguettebroten in Ho Chi Minh City

AUF DER SPEISEKARTE

Nuoc mam Scharfe Sauce, aus gesalzenen und gegorenen Fischen hergestellt.

Nuoc cham Fischsauce mit Zucker, Limone, Wasser, Knoblauch und Chili.

Nem ran Frittierte Frühlingsrollen in Reispapier, die man meist in *nuoc cham* tunkt.

Banh cuon Mit Fleisch gefüllte Brötchen aus Reismehl.

Chao tom Garnelenpaste, die auf Zuckerrohrstückchen serviert wird.

Canh chua Saure Suppe.

Lau Hotpot, eine Art Fondue.

Chao Reisbrei.

Banh bao Gedünstete Hefeklöße, mit Fleisch oder Gemüse gefüllt.

Che Süßer Dessertbrei.

Cahn Chua Ca, *eine süßsaure Suppe, wird meist mit Ananas, Fisch und sehr viel Chili zubereitet.*

Banh Xeo *ist Pfannkuchen, gefüllt mit Garnelen und Schweinefleisch. Dazu gehört ein Limonen-Chili-Dip.*

Cha Ca, *ein Gericht aus Hanoi, enthält gebratenen Fisch, Nudeln, Dill, Erdnüsse und* nuoc cham.

Restaurantauswahl

Die nach Regionen aufgeführten Restaurants wurden wegen ihrer ausgezeichneten Küche, dem Ambiente und der Lage ausgewählt. Allerdings lassen sich nach diesen Kriterien in ländlichen Gebieten nur wenige Lokale empfehlen, hier wurden gut gelegene Restaurants mit einem guten Preis-Leistungs-Verhältnis ausgesucht.

PREISKATEGORIEN
Die Preise beziehen sich auf ein Essen für zwei Personen mit verschiedenen Gerichten, inklusive Steuern und Gebühren, aber ohne Alkohol.
$ unter 5 US-$
$$ 5–10 US-$
$$$ 10–20 US-$
$$$$ 20–30 US-$
$$$$$ über 30 US-$

HO CHI MINH CITY

CHOLON Café Central An Dong 📋 🅥 $$$$
Windsor Plaza Hotel, 18 An Duong Voung St 📞 *(08) 3833 6688* **Stadtplan** 4 F4

Das Café mit Bar im Windsor Plaza Hotel *(siehe S. 232)* hat von 6 Uhr morgens bis Mitternacht geöffnet. Die einfache Einrichtung ist vergessen, wenn man am internationalen Buffet mit rund 150 verschiedenen Gerichten steht. Die Preise sind am Wochenende billiger, ein Mittagsmenü kostet nur 10 US-$.

DISTRIKT 1 Bun Cha Hanoi 📋 $
26/1 le Thanh Ton 📞 *(08) 3827 5843* **Stadtplan** 2 F3

Das einzigartige, für Hanoi typische Grillgericht *bun cha* besteht aus gegrilltem Schweinefleisch mit Gemüse (meist Blattsalat, Sojasprossen und Gurken) sowie etwas Reis vermicelli. Das beliebte, typisch vietnamesische Lokal ist mit winzigen Tischen und Stühlen eingerichtet und immer sehr gut besucht.

DISTRIKT 1 Mi Keo Soi Trung Hoa 📋 🏧 $
86 bis Le Thanh Ton 📞 *(08) 3827 4407* **Stadtplan** 2 E4

Das bei Einheimischen und den in Hanoi lebenden Ausländern beliebte Mittags- und Abendlokal serviert leckere, frisch von Hand und vor den Gästen hergestellte Nudeln, die mit gegrilltem Schweinefleisch und einer Brühe serviert werden. Dazu gibt es Frühlingsrollen, Klöße und Dim Sum – viel leckerer, als das Dekor zunächst glauben macht.

DISTRIKT 1 Bo Tung Xeo 📋 🅥 $$
31 Ly Tu Trong 📞 *(08) 3825 1330* **Stadtplan** 2 E3

Das gartenähnliche Bo Tung Xeo ist eines der fröhlichsten und langlebigsten Lokale der Stadt, dessen Hausspezialität *bo tung xeo*, ein gegrilltes Rindfleischgericht, von den Gästen auf einem kleinen Grill direkt am Tisch mit viel Spaß zubereitet wird. Lecker ist auch *cha ca (siehe S. 249)*, gebratener Fisch mit frischem Dill.

DISTRIKT 1 Pho 24 📋 📋 🅥 $$
5 Nguyen Thiep 📞 *(08) 3822 6278* **Stadtplan** 2 F4

Im Pho 24, das zu einer Kette mit vielen Filialen gehört, wird das Straßengericht Nummer eins in einem klimatisierten Lokal serviert. Der Name geht auf das Versprechen »24 Zutaten und 24 Stunden Zubereitung mit feinstem Rindfleisch« zurück. Hähnchen-, Fisch- und vegetarische *pho* sind ebenfalls erhältlich. **www.pho24.com.vn**

DISTRIKT 1 Sozo 📋 🅥 $$
176 Bui Vien 📞 *(08) 3870 6580* **Stadtplan** 2 D5

Das Sozo stellt amerikanisches Gebäck, Brötchen, Cookies und Kaffee her und engagiert sich in der Ausbildung von Straßenkindern. Um sie aus Armut und Hilflosigkeit zu befreien, lernen sie hier das Backen, Buchhaltung und alles Wissenswerte rund um einen Kleinbetrieb. Kostenloses WLAN.

DISTRIKT 1 Asian Kitchen 📋 🏧 🅥 $$$
185/22 Pham Ngu Lao 📞 *(08) 3836 7397* **Stadtplan** 2 D5

Die Asian Kitchen versteckt sich in einer Gasse abseits der Hauptstraße und ist ein kleines, preiswertes Lokal im Beach-Stil mit einer großen Auswahl vietnamesischer Spezialitäten. Das im Tontopf geschmorte Schweinefleisch ist das Hausgericht, es gibt aber auch vegetarische Speisen. Dazu hört man US-Hits der 1950er und 1960er Jahre.

DISTRIKT 1 Black Cat 📋 📋 🅥 $$$
13 Phan Van Dat 📞 *(08) 3829 2055* **Stadtplan** 2 F4

Das von einem Amerikaner und seiner vietnamesischen Frau betriebene Black Cat ist sicher die beste Fusion-Cuisine der Stadt. An den Wänden hängen Bilder einheimischer Städte und Dörfer, serviert werden scharfe vietnamesische Gerichte sowie westliche Sandwiches sowie Suppen. An der Bar trinkt man den härtesten Gin Tonic der Stadt.

DISTRIKT 1 Bourbon Street 📋 📋 $$$
123 Le Loi 📞 *(08) 3914 2183* **Stadtplan** 2 E4

Ein Hauch aus New Orleans mitten in der exotischen Ho Chi Minh City – die sparsame Einrichtung täuscht über die gute Küche leicht hinweg. Cajun- und Tex-Mex-Gerichte wie Jambalaya, Gumbo-Eintopf, kleine Ribs und Steaks, Fajitas, Hähnchenflügel und eine Salatbar. Gute Auswahl an Importbieren.

Zeichenerklärung *siehe hintere Umschlagklappe*

DISTRIKT 1 Cool Saigon $$$

30 Dong Khoi (08) 3829 1364   **Stadtplan** 2 F4

Das interessant eingerichtete Cool Saigon bereitet klassische vietnamesische Küche zu und wird seinem Namen mehr als gerecht. Das Erdgeschoss ist wie ein vietnamesisches Dorf gestaltet, sogar mit quietschendem Wasserrad, im ersten Stock geht es dagegen formaler zu. Serviert werden Frühlingsrollen, Grill- und Nudelgerichte.

DISTRIKT 1 Original Bodhi Tree $$$

175/4 Pham Ngu Lao (08) 3837 1910   **Stadtplan** 2 D5

Das Lokal in einer kleinen, auch »Pagoda Alley« genannten Gasse ist eines der bekanntesten vegetarischen Restaurants der Stadt und bei Ausländern sehr beliebt. Die vietnamesische Speisekarte wird durch italienische und mexikanische Akzente aufgefrischt. Die ausgestellten Gemälde sind verkäuflich, das Geld kommt armen Kindern zugute

.DISTRIKT 1 Pepperoni's $$$

111 Bui Vien (08) 3920 4989   **Stadtplan** 2 D5

Eines der wenigen Lokale im Backpacker-Viertel rund um Pham Ngu Lao mit guten westlichen Gerichten. Viele sagen, hier gäbe es die besten Pizzas, Pasta-Gerichte und Ribs der Stadt. Dazu locken ein Buffet mit italienischen Spezialitäten, frischen Salaten, Hamburgern und vietnamesischen Snacks sowie eine ordentliche Weinkarte.

DISTRIKT 1 Red Dot $$$

15/17 Phan Van Dat (08) 3822 6178   **Stadtplan** 2 F4

Das Dekor dieses Restaurants mit Bar *(siehe S. 270)*, eines der wenigen der Gegend mit Klimaanlage, erinnert an eine italienische Piazza mit Brunnen. Etliche Restaurants versuchen sich in mexikanischer Küche, aber das Red Dot serviert authentische, leckere Tortillas, Enchiladas und natürlich Burritos. Die Fisch-Tacos sind besonders gut.

DISTRIKT 1 Tan Hai Van $$$

162 Nguyen Trai (08) 3839 9617   **Stadtplan** 2 D5

Das stets gut besuchte chinesische Restaurant zieht die trendige Jugend von Ho Chi Minh City wegen der unschlagbaren Dim Sum-Gerichte an. Die exotischeren Gerichte sind knusprige, gebratene Gänsezungen und Haifischflossensuppe. Die Tische draußen sind noch immer gut belegt, wenn andere Lokale längst geschlossen haben.

DISTRIKT 1 Vietnam House $$$

93–95 Dong Khoi (08) 3829 1623   **Stadtplan** 2 F4

Die Top-Adresse für traditionelle vietnamesische Gerichte in französisch-elegantem Ambiente. Die besten Tische des über drei Stockwerke verteilten Restaurants stehen im Erdgeschoss, wo man dem Straßentreiben zuschauen kann, während man knusprige Frühlingsrollen zu sanfter Hintergrundmusik isst.

DISTRIKT 1 Wrap and Roll $$$

62 Hai Ba Trung (08) 3823 4030   **Stadtplan** 2 F3

Bei Wrap and Roll kann man sich sein eigenes Essen am Tisch kreieren, denn alle Speisen (außer Suppen) werden als einzelne Zutaten serviert. Man nimmt Fleisch, Fisch, Gemüse und Gewürze ganz nach eigenem Geschmack und rollt sie in Reispapier zusammen. Dip-Saucen und gute Weine machen das »Do-it-yourself«-Menü perfekt.

DISTRIKT 1 Xu Restaurant and Lounge $$$$

71–75 Hai Ba Trung (08) 3824 8468   **Stadtplan** 2 F3

In dem ultramodernen Lokal mit Bar und Lounge rekeln sich die Gäste auf niedrigen, bequemen Sesseln, genießen das gedämpfte Licht und die exotischen Cocktails. Man isst hier »neuvietnamesisch«, d. h. Klassiker mit europäischen und kalifornischen Einflüssen. Sehr guter Service und eine umfassende Weinkarte. **www.xusaigon.com**

DISTRIKT 1 Bonsai Cruises $$$$$

Bach Dang Pier am Ende der Nguyen Hue (090) 3880 0775   **Stadtplan** 2 F4

Das beste der vier schwimmenden Restaurants, die ihre Gäste allabendlich zum Essen auf den Saigon River einladen. Serviert wird eine Mischung aus westlicher und vietnamesischer Küche in Buffetform. Dazu gibt es Fischgerichte, sogar deutsch wirkende Wurst, einheimische Nudeln und gute Weine. Zur Musik der Live-Band kann getanzt werden.

DISTRIKT 1 Camargue $$$$$

16 Cao Ba Quat (08) 3824 3148   **Stadtplan** 2 F3

Das stilvolle Camargue liegt in einer restaurierten französischen Villa, in der die besten Tische auf der malerischen Terrasse über der Hauptbar zu finden sind. Austern, Käse und Weine werden täglich aus Paris eingeflogen. Auf der Karte stehen vor allem Steaks, Braten und Fisch – natürlich alles französisch und mit leckeren Saucen angerichtet.

DISTRIKT 1 Maxim's $$$$$

13–17 Dong Khoi (08) 3829 6676   **Stadtplan** 2 F4

Das Maxim's *(siehe S. 269)* geht bis auf die französische Kolonialzeit zurück und ist damit eines der ältesten Restaurants der Stadt. Der elegante Speisesaal erstreckt sich an drei Seiten um eine Bühne, auf der abends meist ein Streichquartett aufspielt, manchmal auch mit westlicher klassischer Musik. Die Küche gibt sich klassisch vietnamesisch.

DISTRIKT 3 Mai Thai $$$

13 Ton That Thiep (08) 3821 2920   **Stadtplan** 2 F4

Das Mai Thai gilt als eines der beliebtesten unter den vielen Thai-Restaurants der Stadt und begeistert durch eine aufwendige Inneneinrichtung mit bunten thailändischen Stoffen. Die Speisekarte ist für den Distrikt 3 sehr preiswert, der Mittagstisch unschlagbar. Das freundliche Personal garantiert einen unglaublich guten Service.

Stadtplan Ho Chi Minh City *siehe Seiten 78–83*

DISTRIKT 3 Tandoor
103 Vo Van Tan (*(08) 3930 4839* **Stadtplan** *1 C4*

$$$

Dieses Restaurant einer wachsenden indischen Restaurantkette in Ho Chi Minh City und Hanoi bietet die üblichen Lieblingsgerichte der nordindischen Küche, Tandoori-Grillgerichte und vegetarische Spezialitäten. Das scharfe Essen spült man mit einem kühlen Bier hinunter. **www.tandoorvietnam.com**

DISTRIKT 3 Texas Barbeque
206 Pasteur (*(08) 3825 1142* **Stadtplan** *2 D3*

$$$$

Das Restaurant wird seinem Namen mehr als gerecht und ist folglich bei Amerikanern beliebt. Die Ribs und Steaks genießt man in riesigen Portionen, Beilagen wie Maiskolben, Pommes frites, Cole Slaw und BBQ-gewürzte Bohnen machen satt. Innen ist das Dekor hell und schlicht, auf der Terrasse geht es fröhlich zu. **www.texasbarbq.com**

DISTRIKT 3 Au Lac Do Brazil
238 Pasteur (*(08) 3820 7157* **Stadtplan** *1 C2*

$$$$

Hohe Decken, Kacheln und weiße Tischdecken verwandeln Au Lac Do Brazil in eine elegante südamerikanische Enklave, in der man vor allem Fleisch isst. Am leckersten ist das auf Spießen servierte *churrasco*, Berge von Grillfleisch, das die Kellner mit schwertähnlichen Messern gekonnt am Tisch zersäbeln. **www.aulacdobrazil.com**

DISTRIKT 10 Anh Thien
251 Dao Duy Tu (*(08) 3853 2182* **Stadtplan** *4 E3*

$

Das Anh Thien macht von außen wenig her, serviert aber eines der saftigsten Steaks der Stadt. Viele Gäste werden vom Heißhunger auf ein gutes Steak zu niedrigen Preisen hierhergetrieben. Das Fleisch wird in der Küche vorbereitet und dann in einer zischenden Pfanne mit Butter und Zwiebeln gebraten. Einfach, aber köstlich.

UMGEBUNG VON HO CHI MINH CITY

LONG HAI Le Belvedere
Anoasis Beach Resort, Domain Ky Van (*(064) 386 8227*

$$$

Le Belvedere liegt auf einem Hügel über dem Anoasis Resort, die Tische stehen unter einer überdachten Terrasse, leicht gekühlt von der Meeresbrise. Auf der internationalen Speisekarte findet man italienische Pasta, griechische Salate, Sandwiches und vietnamesische Klassiker wie gegrilltes Schweinefleisch und Schmorgemüse.

VUNG TAU Good Morning Vietnam
6 Hoang Hoa Tham (*(064) 385 6959*

$$

Das Straßenrestaurant gehört zu einer bekannten Kette, die für guten Service und hohe Qualität steht. Pizza ist das beliebteste Gericht, aber es gibt auch Pasta-Gerichte und andere italienische Klassiker. Zubereitet wird dies alles unter der Aufsicht eines echten italienischen Küchenchefs.

VUNG TAU Plein Sud
152A Ha Long Rd (*(064) 351 1570*

$$$$

Das reizvolle Plein Sud scheint geradewegs aus dem Süden Frankreichs nach Vietnam umgezogen zu sein: Die hübsche Terrasse rund um das Restaurant liegt in einem Waldstückchen nahe am Strand. Aus dem Holzofen kommen rauchige Pizza, Braten, Fisch und gutes französisches Brot. Recht ordentliche Weinauswahl.

MEKONG-DELTA UND SÜDVIETNAM

BAC LIEU Bac Lieu Restaurant
Bac Lieu Hotel, 4–6 Hoang Van Thu (*(0781) 382 2437*

$$$

Das Restaurant im Erdgeschoss des gleichnamigen Hotels *(siehe S. 235)* ist chinesisch mit großen, runden Tischen eingerichtet. Auf der Karte stehen verschiedene einheimische Tontopf-Gerichte, knackige Stir Fries, Meeresfrüchte und einige Nudelspeisen. Das Restaurant schließt meist früh.

CAN THO Nam Bo
50 Hai Ba Trung (*(071) 382 3908*

$$$

Das Nam Bo liegt in einer alten französischen Kolonialvilla, komplett mit träge in der Hitze rotierenden Ventilatoren an hohen Decken, dazu ein hübscher Garten und angenehmes Speisen innen oder draußen auf der Terrasse. Serviert werden vietnamesische Gerichte und internationale Klassiker wie Pizza, Sandwiches, Salate und Suppen.

CAN THO Spices
Victoria Can Tho Hotel, Cai Khe Ward (*(071) 381 0111*

$$$$$

Zum luxuriösen Victoria Can Tho Hotel *(siehe S. 235)* gehört ein Restaurant, das im typischen Stil des Mekong-Deltas eingerichtet ist. Man kann innen oder draußen am Fluss essen, serviert werden internationale Gerichte und einige italienische Spezialitäten sowie amerikanische Grillgerichte vom Buffet und vietnamesische Klassiker (u. a. Bratfisch).

CAO LANH Tu Hao ▣ $$$

Kreuzung Dien Bien Phu und Nguyen Hue ☎ *(067) 385 2589*

Das Tu Hao liegt am anderen Flussufer, ist aber von der Stadt aus leicht per Taxi erreichbar. Das Lokal ist einfach, aber einladend und wird seit Generationen von derselben Familie betrieben. Die Spezialität sind gegrillte Fleischgerichte aller Art, darunter auch Exotisches wie Ratten und Schlangen.

CHAU DOC Lam Hung Ky ▣ V $$

71 Chi Lang ☎ *(076) 386 6745*

Das unscheinbare, aber nette Restaurant liegt direkt gegenüber vom Zentralmarkt und lädt mittags zum Essen ein – ganz in Nähe des lauten Markttrubels, aber dennoch eine echte Erholung vom Einkaufsstress. Auf der Karte stehen chinesisch geprägte Klassiker Vietnams mit Sojasauce und viel Ingwer sowie Stir Fries. Sehr gute Suppen.

CHAU DOC Bassac ▦ ▤ V $$$

Victoria Chau Doc Hotel, 32 Le Loi ☎ *(076) 386 5010*

Das nach dem Fluss Bassac benannte Restaurant am Ufer erinnert mit seinen chic uniformierten Kellnern und der gedämpften Atmosphäre an vergangenen kolonialen Glanz. Die Speisekarte bietet Gänse aus der Region, vietnamesisch zubereitete Fische sowie Sandwiches, Burger und Pizza. Auf der Terrasse hat man eine schöne Aussicht.

CON DAO-INSEL Poulo Condore ▦ ▤ V $$$

Saigon Con Dao Resort, 18 Ton Duc Thang ☎ *(064) 383 0366*

In einem der elegantesten Restaurants der Insel kann man innen sitzen oder draußen im Garten die salzige Meeresbrise auf sich wirken lassen. Zu den Hausspezialitäten gehören Seafood-Gerichte. Die Zubereitung der Speisen orientiert sich an den verschiedenen Küchen von Nord-, Zentral- und Südvietnam.

HA TIEN Xuan Thanh ▣ V $$

20 Tran Hau ☎ *(077) 385 2197*

Das Xuan Thanh liegt gegenüber vom Zentralmarkt und ist ein sauberes, freundliches kleines Lokal mit traditioneller vietnamesischer Küche sowie westlichen Kleinigkeiten (Sandwiches und Pasta). Spezialitäten sind *lau (siehe S. 249)* mit vielen frischen Zutaten, der frittierte Fisch und die vielen Wok-Gerichte, u. a. mit Tintenfisch.

MY THO Chuong Duong Restaurant ▣ ▦ V $$$

10 St 30/4, Ward 1 ☎ *(073) 387 0875*

Das für 500 Gäste ausgelegte Restaurant im Chuong Duong Hotel *(siehe S. 236)* liegt mit seiner Terrasse direkt am Fluss und hat eine schöne Aussicht auf das Wasser. Auf der Karte stehen vor allem Fisch und Meeresfrüchte, die gekonnt nach vietnamesischen und chinesischen Rezepten zubereitet werden. Die Portionen sind sehr großzügig.

PHU QUOC-INSEL An Thai Café ▣ ▦ V $$$

Khu Pho 3 St, An Thoi ☎ *(077) 384 4307*

Das für Mittag- und Abendessen sowie Kaffee und Cocktails beliebte Lokal versteckt sich im ersten Stock eines an den Seiten offenen Holzbalkenhauses mit schöner Aussicht und einer kühlenden Meeresbrise. Im An Thai serviert man vor allem vietnamesische Fischgerichte und westliche Fast-Food-Klassiker wie Burger und Sandwiches.

PHU QUOC-INSEL Minh Tri ▣ ▦ V $$$

DC Tran Hung Dao – Khu St 1 ☎ *(077) 384 8829*

Das Restaurant am Long Beach liegt in einem gartenähnlichen Ambiente und hat zwei Ebenen: unten eine ganze Tischlandschaft, teils überdacht, teils unter schattigen Bäumen, oben Tische mit Blick auf dieses Chaos. Zu den Spezialitäten gehören Aal und Tintenfisch sowie Fleischgerichte und Suppen.

PHU QUOC-INSEL Saigon Restaurant ▦ V $$$

Saigon Phu Quoc Resort, 1 Tran Hung Dao St, Duong Dong ☎ *(077) 384 6999*

Das große Restaurant (bis zu 150 Gäste) überblickt von seiner Hügellage das Meer und ist trotz der überdachten Tische stets einer frischen Brise ausgesetzt. Die Einrichtung ist einfach, aber fröhlich. Empfehlenswert sind hier vietnamesische Fleisch-, Fisch- und Nudelgerichte sowie Suppen – genauso lecker wie das frische Sushi und Sashimi.

RACH GIA Hai Au ▣ ▦ ▤ V $$$

2 Nguyen Trung Truc ☎ *(077) 386 3740*

Das Hai Au bietet eine schöne Aussicht auf den Fluss und erstreckt sich über zwei Ebenen, u. a. mit einer geräumigen Terrasse mit mediterranen Möbeln und Sonnenschirmen. Die überraschend gute Weinkarte listet vor allem französische Tropfen auf, aber das Essen ist rein vietnamesisch. Besonders gut sind hier die Fischgerichte.

SOC TRANG Quan Com Hung ▣ $$

Mau Than 74–76 ☎ *(079) 382 2268*

Das schlichte, kleine Lokal ist eines der beliebtesten Restaurants im Ort und auf Reisgerichte spezialisiert – wenn auch das lau (das man hier auch »Steamboat« nennt) beim Essen noch mehr Spaß macht. Dafür wird eine kleine Kohlepfanne mit Brühe direkt an den Tisch gebracht. Die Gäste kochen die Zutaten ihrer Wahl dann selbst.

VINH LONG Thien Tan ▣ V $$

56/1 Pham Thai Buong ☎ *(070) 382 4001*

Wie die meisten Restaurants im Flussdelta ist hier die Einrichtung eher zweitrangig, doch das gilt glücklicherweise nicht für das Essen. Die Grillgerichte schmecken wunderbar, wobei viele Gäste auf die gebratene Ratte lieber verzichten. Aber die in Ton und Bambus zubereiteten Fisch- und Geflügelgerichte sollte man unbedingt probieren.

Stadtplan Ho Chi Minh City *siehe Seiten 78–83*

SÜDLICHES ZENTRALVIETNAM

BUON MA THUOT Buon Juin

1 Phan Chu Trinh 【 *(050) 381 7615*

Das beste Restaurant in Buon Ma Thuot liegt im Erdgeschoss des Hotels Thang Loi *(siehe S. 237)* im Stadtzentrum und bietet eine Reihe internationaler wie vietnamesischer Gerichte zu guten Preisen. Dafür bekommt man hier alle einheimischen Speisen, außerdem verschiedenes »Dschungelfleisch« wie Wildschwein und Fasan.

DALAT Au Lac

71 Phan Dinh Phung 【 *(063) 382 2025*

Frische Gemüse wie Karotten, Avocados und Blattsalate wachsen überall in Dalat, und das vegetarische Restaurant weiß mit diesen Zutaten gut umzugehen. Es gibt westliche, vietnamesische und chinesische Kreationen mit Reis und Nudeln. Hier sind Glutamat und Rauchen absolut verpönt – der ideale Ort für Gesundheitsbewusste.

DALAT Café V

1/1 Bui Xui Thuan 【 *(063) 352 0215*

Das von einem vietnamesisch-amerikanischen Ehepaar betriebene, preiswerte Café serviert eine Mischung aus vietnamesischen und mexikanischen Gerichten. Auf der Karte stehen Burritos, Nachos, Chimichangas, Bohnen, Tortillas und italienische Pizza. Dazu trinkt man einen Wein aus Dalat, ein kühles Bier oder eine Margarita.

DALAT Long Hoa

Nr. 6, 3/2 【 *(063) 382 2934*

Das bei Einheimischen wie Besuchern beliebte Long Hoa kocht gute vietnamesische Gerichte, vor allem Eintöpfe und Stir Fries der südvietnamesischen Küche. Eine kleine Auswahl europäischer Speisen, u.a. Aufläufe und Suppen, kann man neben einigen lokalen Biermarken und dem Kaffee aus der Region probieren. Manchmal auch Live-Musik.

DALAT Le Café de la Poste

Tran Phu 【 *(063) 382 5444*

Zwischen Novotel und Sofitel liegt das gemütliche Café im französischen Kolonialstil. Zwischen 6 Uhr morgens und 10 Uhr abends kann man sich hier an einem westlich ausgerichteten Frühstücksbuffet bedienen. Mittags und abends gibt es einfache, aber gekonnt zubereitete Gerichte der amerikanischen, französischen und italienischen Küche.

DALAT Le Rabelais

Sofitel Dalat Palace, 12 Tran Phu 【 *(063) 382 5444*

Das schickste und teuerste Restaurant in Dalat zelebriert herausragende französische Küche, ergänzt durch eine umfangreiche Weinkarte. Das Personal ist kompetent, die Kolonialarchitektur hübsch, die Einrichtung elegant. Danach kann man bei Klaviermusik noch einen Drink genießen. Korrekte Kleidung erwünscht.

KONTUM Dakbla Restaurant

Dakbla Hotel, 2 Phan Dinh Phung 【 *(060) 386 3333*

Kontum ist nicht gerade für seine Restaurants bekannt, aber das Dakbla im gleichnamigen Hotel *(siehe S. 237)* ist die beste Option im Ort: sauber, mit einer netten Terrasse und freundlichem Service. Serviert werden solide Eiergerichte, Baguettes, *pho* und Kaffee zum Frühstück. Die Wände werden mit Kunst ethnischer Minderheiten geschmückt.

MUI NE BEACH La Luna d'Autonno

51A Nguyen Dinh Chieu St, Han Tien Ward 【 *(062) 384 7591*

Das ausgezeichnete italienische Restaurant ist auf Pasta-Gerichte und Pizza aus dem Holzofen spezialisiert. Dazu passt der Wein, den man aus einer respektablen Karte wählen kann. Natürlich serviert ein Restaurant in Mui Ne frischen Fisch – neben Kalb, Rindfleisch, Hähnchen und vegetarischen Gerichten. Die Grillabende (Fr und Sa) sind ein Muss.

MUI NE BEACH Rung (Forest)

7 Nguyen Dinh Chieu St, 67 Han Tien Ward 【 *(062) 384 7589*

Gute vietnamesische Küche mit vielen Fischgerichten genießt man hier in einer einzigartigen Atmosphäre direkt am Meer. Das Lokal besteht aus einem etwas kitschig dekorierten Garten, das Essen wird auf Tischen aus Baumstümpfen serviert. Dazu hört man traditionelle vietnamesische Musik. Kinder lieben das Rung und sind herzlich willkommen.

MUI NE BEACH Shree Ganesh

57 Nguyen Dinh Chieu St, Han Tien Ward 【 *(062) 374 1330*

Das beliebte Restaurant gehört zu einer Kette von Tandoori-Restaurants. Rustikales Dekor, Tische auf dem Balkon im Obergeschoss und indische Popmusik sorgen für ein bunt-fröhliches Ambiente. Hier bekommt man vor allem Currys – mit Lamm, Huhn, Seafood oder vegetarisch.

MUI NE BEACH Champa

Coco Beach Resort, 58 Nguyen Dinh Chieu 【 *(062) 384 7111*

Das herausragende, von einem französischen Koch geführte Restaurant liegt neben einem Pool im tropischen Garten des Coco Beach Resort *(siehe S. 237)*. Auf der Speisekarte stehen importierte Gerichte, aber auch einheimische Fische und Meeresfrüchte, die klassisch französisch zubereitet werden. Leckerste Desserts. Montags geschlossen.

Preiskategorien *siehe S. 250* **Zeichenerklärung** *siehe hintere Umschlagklappe*

NHA TRANG Da Fernando $$$
96 Nguyen Thien Thuat **(** *(058) 352 8034*

Im Ort gibt es zwar ein halbes Dutzend italienische Restaurants, aber dieses ist das beste und wird von einem Italiener betrieben. Pizza, Pasta und Risotto sind hervorragend und mit Sorgfalt zubereitet. Das ruhige Ambiente trägt dazu bei, dass man sich hier wohlfühlt.

NHA TRANG Lac Canh $$$
44 Nguyen Binh Khiem **(** *(058) 382 2522*

Das Lac Canh erfreut sich einer Fangemeinde und ist so etwas wie eine Tradition in Nha Trang. Das Freiluftlokal versteht sich vor allem auf frisches Fleisch und Meeresfrüchte, die direkt am Tisch gegrillt werden. Der Rauch und der Duft heben die Vorfreude, dazu passt das kalte Bier wunderbar. Es gibt auch eine kleine vegetarische Auswahl.

NHA TRANG Rainbow Divers $$$
90A Hung Vuong **(** *(058) 352 4351*

Tauchen macht Appetit, und so ist es nur folgerichtig, dass Vietnams bester Dive Shop ein Restaurant eröffnete. Nicht nur Taucher erfreuen sich jetzt an Burger und Pizza, Steaks und Pies. Hier gibt es anständigen Kaffee im Becher und kostenloses WLAN – eine angenehme Unterbrechung des Aufenthalts in Sonne und Meer.

NHA TRANG Ana Pavilion $$$$
Ana Mandara Resort, Tran Phu **(** *(058) 352 2222*

Das von einem Neuseeländer betriebene Strandrestaurant bereitet aufwendige Fisch- und vietnamesische Fusion-Gerichte zu und hat den ganzen Tag über geöffnet. Morgens startet man mit einem opulenten Frühstück in den Tag, das Mittagsbuffet ist ein Preishit. Abends speist man à la carte und bestellt Wein oder Importbier vom Fass dazu.

NHA TRANG Louisiane Brewhouse $$$$
Lot 29, Tan Phu **(** *(058) 352 1948*

Das Restaurant mit Mikrobrauerei am Central Beach ist eines der teuersten Lokale der Gegend. In exotischem Ambiente sitzt man am Pool oder am Strand. Auf der Speisekarte stehen Meeresfrüchte, Sushi, Steaks, Burger und viele leckere Kleinigkeiten. Das köstliche Ginger Ale sollten Sie probieren.

QUANG NGAI Cung Dinh Restaurant $$$$
5 Ton Duc Thang St **(** *(058) 381 8555*

In Pavillons kann man den Blick auf den Tra Khuc-Fluss ebenso genießen wie die Spezialitäten aus Quang Ngai und Hue. Zu den besten Gerichten zählen *don* (eine Suppe, die mit Seeschnecken gekocht wird), *ram bap* (kleine Frühlingsrollen) und der Emperor Seafood Salad. Der Service ist freundlich und schnell, viele Angestellte sprechen Englisch.

QUY NHON Seafood 2000 $$$
1 Tran Doc **(** *(056) 381 2787*

Das beliebteste Fischrestaurant von Quy Nhon ist wegen des freundlichen Ambientes, der guten Preise und der unglaublich schönen Lage direkt an der Bucht beliebt. Man isst hier Riesengarnelen vom Grill, gegrillten Tintenfisch, Haisteak oder leckere, an Bouillabaisse erinnernde Fischeintöpfe. Manchmal gibt es sogar frischen Hummer.

ZENTRALVIETNAM

BA NA Ba Na Restaurant $$$
100 Bach Dang **(** *(0511) 382 8262*

In diesem riesigen Restaurant für bis zu 200 Gäste tummeln sich fast ausschließlich vietnamesische Touristen. Dementsprechend gibt es eine lange vietnamesische Speisekarte, aber nur wenige westliche Gerichte. Abends wird hier gerne gegrillt. Verlockend ist auch die gute Auswahl lokaler und importierter Biersorten, neben Wein aus Dalat.

CHINA BEACH Loi Restaurant $$$
My Khe Beach **(** *(0511) 383 1088*

Das Strandlokal ist die richtige Adresse für ein kaltes Bier und gegrillte Garnelen, während man die Aussicht auf das Südchinesische Meer genießt. Die Meeresfrüchte sind besonders frisch und werden kurz vor der Zubereitung aus den Wassertanks gefischt. Eine Spezialität sind gegrillte Muscheln in würziger Tomatensauce sowie leckerer Hummer.

DANANG Bread of Life $$$
12 Le Hong Phong **(** *(0511) 356 5185*

Eine amerikanische Familie betreibt das Lokal und beschäftigt fast ausschließlich Gehörlose, um ihnen ein unabhängiges Leben zu ermöglichen. Hier lieben vor allem im Ausland lebende Amerikaner die *burgers* und *pizzas*, die *baked macaroni* und die *Thanksgiving dinners* – kurz alles, was an die Heimat erinnert.

DANANG My Hanh $$$
265 Nguyen Van Thoai **(** *(0511) 394 0994*

Das Restaurant für bis zu 200 Gäste ist trotz seiner Größe fast immer voll. Die Kunden sind vor allem Einheimische – eine bessere Empfehlung gibt es wohl kaum. Die Spezialität des Hauses sind Fische und Meeresfrüchte, die Qualität ist herausragend. Da die Preise je nach Angebot schwanken, sind diese auf der Karte nicht angegeben.

DANANG Apsara

222 Tran Phu 📞 *(0511) 356 1409*

Das große, nett eingerichtete Restaurant in der Nähe des bekannten Cham-Museums ist durch sein angenehmes Dekor und den Garten mit einer Minikopie eines Cham-Turms geprägt. Gekocht wird allerdings rein vietnamesisch und sehr schmackhaft, vor allem Fisch und Meeresfrüchte. Kein Wunder, dass es hier immer voll ist.

DONG HOI Anh Dao

56 Quang Trung 📞 *(052) 382 0889*

Das Anh Dao ist nichts Besonderes, aber dennoch das beste Restaurant im Ort. Sauberkeit, freundlicher Service und eine gute Auswahl vietnamesischer Speisen, zumeist im Stil des Nordens und Zentralvietnams zubereitet, sind hier garantiert. Leider spricht das Personal kaum Englisch, aber man kann in der Küche auf das Gewünschte zeigen.

HOI AN Brother's Café

29 Phan Boi Chau 📞 *(510) 391 4150*

Brother's Café liegt am Flussufer im alten französischen Viertel in einem nett restaurierten Kolonialbau – eines der besten und reizvollsten Restaurants der Stadt. Man kann innen oder im geschützten Garten speisen. Die vietnamesischen Gerichte sind lecker und ästhetisch angerichtet. Die Menükarte wechselt täglich. Gute Weinauswahl.

HOI AN Good Morning Vietnam

34 Le Loi 📞 *(510) 391 0227*

Das italienische Lokal liegt in einem historischen Haus und ist bei Besuchern wie Vietnamesen beliebt – meist wegen der Holzofen-Pizza mit verschiedenen Belägen. Auch die frischen Seafood-Gerichte sind empfehlenswert, ebenso die knackigen Salate und die Schoko-Kreationen. Filialen in Hoh Chi Minh City, Mui Ne und Nha Trang.

HOI AN Mango Room

111 Nguyen Thai Hoc 📞 *(510) 391 0839*

Intelligente Cross-over-Küche in attraktiver Umgebung, zubereitet von einem Viet Kieu (Auslandsvietnamese), der aus den USA in seine Heimat zurückgekehrt ist und hier als erfolgreicher Gastronom Rindfleisch-, Garnelen- und Fischgerichte nach vietnamesischen Rezepten mit kalifornischen und mexikanischen Einflüssen kreiert. Gute Weinauswahl.

HOI AN Nhu Y

2 Tran Phu 📞 *(510) 386 1527*

Als eines der besten und ältesten Straßenlokale von Hoi An kocht das nett eingerichtete Nhu Y lokale Spezialitäten wie *cao lau*, ein einzigartiges Nudel- und Schweinefleischgericht, und »White Rose«, Klöße aus Reismehl, gefüllt mit Garnelen. Das Personal ist aufmerksam, die illustrierte Speisekarte so interessant wie die Kochkurse im Nhu Y.

HOI AN Tam Tam Café & Bar

110 Nguyen Thai Hoc 📞 *(510) 386 2212*

Das kleine Restaurant mit französischer und italienischer Küche (sowie einigen vietnamesischen Gerichten) überzeugt durch sein einnehmendes Dekor und sehr leckeres Essen. Der alte, pastellgelbe Bau mit Tischen auf einem Balkon erinnert durchaus an koloniale Zeiten. Eiskaltes Bier und eine Weinkarte runden den positiven Eindruck ab.

HOI AN Thanh

76 Bach Dang 📞 *(510) 386 1366*

Das Thanh liegt in einem hübschen, alten sino-vietnamesischen Haus am Fluss Thu Bon. Das kleine, aber feine Restaurant zaubert leckere chinesische und einzigartige Hoi An-Delikatessen auf den Tisch, u.a. die berühmten *Cao lau*-Nudeln mit Schweinefleischstreifen, Sojasprossen und Croutons. Hier bekommt man Bier, aber auch Wein.

HUE La Boulangerie Française

47 Nguyen Tri Phuong 📞 *(054) 383 7437*

Zweifellos ist dies eine der besten Bäckereien in Vietnam. Die Pasteten, Tartes, Kuchen, Gebäckstücke und das frische Brot, das täglich aus dem Ofen kommt, duften verführerisch und können im Café noch warm genossen werden. Am besten schmeckt hier alles am Morgen. La Boulangerie Française ist Teil eines Projekts, das Straßenkinder ausbildet.

HUE Lac Thanh/Lac Thien/Lac Thuan

6 Dinh Tien Hoang 📞 *(054) 352 7348*

Diese drei nebeneinanderliegenden Lokale sind eine Institution von Hue – in der Hand einer gehörlosen, aber sehr charmanten Familie. Das Essen ist einfach wunderbar, vor allem die knusprigen Rindfleischnudeln. Das Interieur wirkt wegen der vielen Graffiti-Sprüche etwas schäbig. Hier trinkt man eiskaltes Huda-Bier (aus Hue) vom Fass.

HUE Ong Tao

134 Ngo Duc Ke 📞 *(054) 352 2037*

Sehr gute Küche aus Zentralvietnam ist die Spezialität des Ong Tao, wobei man auch etliche für Ho Chi Minh City und Hanoi typische Gerichte probieren kann. Der Gastwirt kennt sich in Hue ebenso gut aus wie mit der kaiserlichen Küche. Die Fischgerichte sind hervorragend, das Rindfleisch ist saftig, das Hühnchen manchmal etwas zäh.

HUE Tropical Temple

5 Chu Van An 📞 *(054) 383 0716*

Das Restaurant in Nähe des Parfümflusses hat Tische in einem tropischen Garten und drinnen einen klimatisierten Speiseraum. Die Fusion-Cuisine gibt sich hier franko-vietnamesisch und legt großen Wert auf spektakulär brutzelnde Fleischspieße. Leckere Desserts mit vietnamesischen Einflüssen und eine gute Weinkarte.

Preiskategorien *siehe S. 250* **Zeichenerklärung** *siehe hintere Umschlagklappe*

HUE Le Parfum 🗐 V ⚡ $$$$
La Residence Hotel & Spa, 5 Le Loi 📞 *(054) 383 7475*

Das Restaurant im schicken Residence *(siehe S. 240)* hat einen deutschen Chefkoch, der Le Parfum zu einer der besten Gourmetadressen in Hue gemacht hat – elegant und gehoben, sicher das beste westliche Restaurant – mit großen Portionen, guter Wein- und einer ebensolchen Dessertauswahl sowie schöner Aussicht auf die Zitadelle.

LANG CO BEACH Thanh Tam 🗐🗐 $$$
Thanh Tam Resort, Lang Co Beach 📞 *(054) 387 4456*

Das beste Restaurant von Lang Co findet man im Thanh Tam Seaside Resort. Vor allem bei durchreisenden Gruppen ist das Lokal sehr beliebt. Die Außenterrasse überblickt das Südchinesische Meer, kein Wunder, dass das Thanh Tam auf Seafood spezialisiert ist. Restaurantgäste dürfen den Hotelpool kostenlos benutzen.

HANOI

ÖSTLICH DES HOAN KIEM-SEES Ly Club 🎵🗐V⚡ $$$$
51 Ly Thai To 📞 *(04) 3936 3069*   **Stadtplan 2 F4**

Der in einer anziehenden Kolonialvilla gelegene, opulent eingerichtete Ly Club begeistert durch ein kreatives Dekor und ein ebenso fantasiereiches Essen. Die französischen und vietnamesischen Spezialitäten werden stilvoll zubereitet, man kann z. B. zwischen Vorspeisen wie Kaviar auf Süßkartoffel-Crêpe oder Muscheln auf Apfelstücken wählen.

FRANZÖSISCHES VIERTEL Pho 24 🗐🗐V $$
26 Ba Trieu 📞 *(04) 3936 1888*   **Stadtplan 2 E4**

Wie der Name vermuten lässt, dreht sich hier alles um die berühmte vietnamesische Nudelsuppe *pho (siehe S. 248)*. Pho kann man hier den ganzen Tag über bekommen, vom Frühstück bis zum nächtlichen Snack. Man isst in einem klimatisierten Raum auf normalen Stühlen – keine schlechte Erfahrung nach den vielen Straßenständen.

FRANZÖSISCHES VIERTEL Alfresco 🗐V $$$
23 Hai Ba Trung 📞 *(04) 3826 7782*   **Stadtplan 2 E4**

Ein Restaurant im Herzen der Innenstadt, spezialisiert auf westliche Gerichte. Das australisch geführte Alfresco bietet eine riesige Auswahl an (großzügig bemessenen) Speisen wie Ribs, Burger, Pizza, Steaks, Pommes, Sandwiches, sehr gute Salate und verführerische Desserts. Dazu sollte man einen der hervorragenden Kaffees trinken.

FRANZÖSISCHES VIERTEL Au Lac Café 🗐🗐V $$$
57 Ly Thai To 📞 *(04) 3825 7807*   **Stadtplan 2 F4**

Das in der Nähe des bekannten Sofitel Metropole Hotels *(siehe S. 241)* gelegene reizvolle Bistro-Café serviert gute vietnamesische und internationale Küche in einer restaurierten französischen Villa mit einer kleinen Veranda. Die Fischgerichte sind besonders lecker, Hausspezialität sind Tamarinden- und Chilisaucen.

FRANZÖSISCHES VIERTEL Cay Cau 🗐🎵🗐V $$$
De Syloia Hotel, 17A Tran Hung Dao 📞 *(04) 3933 1010*   **Stadtplan 2 F5**

Das Cay Cau gehört zum stilvollen De Syloia Hotel *(siehe S. 240)* und ist ein geschmackvolles vietnamesisches Restaurant mit einer großen Speiseauswahl zu guten Preisen. Verführerisch ist die für vietnamesische Verhältnisse umfassende Dessertkarte mit Käsekuchen, Obsttörtchen und mehr. Abends wird Live-Musik gespielt.

FRANZÖSISCHES VIERTEL Emperor 🗐🗐V⚡ $$$
18B Le Thanh Tong 📞 *(04) 3826 8801*   **Stadtplan 2 F5**

Das Restaurant empfängt seine Gäste in einer französischen Kolonialvilla oder einem vietnamesischen Pfahlbau und serviert die kaiserliche Küche von Hue. Zu den wunderbar angerichteten, erlesenen Kreationen zählen u. a. »Dracheneier«, Vogelnest-Suppe und in Tamarinde gebratene Weichschalenkrebse. Gute Weine.

FRANZÖSISCHES VIERTEL Hoa Sua 🗐🗐V $$$
28A Ha Hoi 📞 *(04) 3942 4448*   **Stadtplan 2 E5**

Das Hoa Sua ist in einer renovierten französischen Villa zu finden und dient als gemeinnützige Kochschule für Waisenkinder. Das französisch geführte Haus serviert preiswerte französische und vietnamesische Küche und bietet sogar ein Kindermenü an. Lecker ist z. B. Schweinefleisch in Karamellsauce, danach empfiehlt sich ein Mille-Feuille-Gebäck.

FRANZÖSISCHES VIERTEL Il Grillo 🗐🗐 $$$
116 Ba Trieu 📞 *(04) 3822 7720*   **Stadtplan 2 E5**

Il Grillo tischt klassische italienische Gerichte auf und etliche Spezialitäten, die man bei Italienern in Vietnam selten bekommt, d. h. neben Pasta auch Gerichte wie *carpaccio, parma con melone, porcini* (Steinpilze) sowie Desserts wie *zabaglione* und *tiramisu.* Gute Weinauswahl, gemütliche Einrichtung, guter Service.

FRANZÖSISCHES VIERTEL Indochine 🗐🎵🗐V⚡ $$$
16 Nam Ngu 📞 *(04) 942 4097*   **Stadtplan 1 C4**

Das ausgezeichnete Restaurant in einem Villenkomplex mit schattigen Höfen ist eines der ältesten Restaurants von Hanoi. Die vietnamesische Speisekarte ist mit 100 Gerichten sehr umfangreich, u. a. gibt es Bananenblütensalat oder gebratenen, mit Schweinefleisch gefüllten Tintenfisch. Dienstags und donnerstags traditionelle Live-Musik.

Stadtplan Hanoi *siehe Seiten 174–177*

FRANZÖSISCHES VIERTEL San Ho 🎵🎶🎼 $$$

58 Ly Thuong Kiet 📞 *(04) 3934 9184* **Stadtplan** 2 D4

Eines der bekanntesten und erfolgreichsten Fischrestaurants Hanois – von imposanten Aquarien gesäumt – bietet Speisen à la carte oder ein Menü zu guten Preisen an. Die Küche ist vietnamesisch geprägt, verrät aber einige chinesische Einflüsse. Hier trinkt man eher kaltes Bier als Wein. Abends erklingt live Pianomusik.

FRANZÖSISCHES VIERTEL Le Beaulieu 🎼🎶 $$$$

Sofitel Metropole Hotel, 15 Ngo Quyen 📞 *(04) 3826 6919* **Stadtplan** 2 F4

Le Beaulieu kreiert die beste französische Küche Hanois und ist der Star am Gourmethimmel der Stadt. Bestes importierte Rindfleisch, frische Fische, fein abgeschmeckte Saucen, cremige Desserts und eine beeindruckende Weinkarte sind nur einige Highlights. Beim berühmten Mittagbuffet ist die riesige Käseauswahl überwältigend.

FRANZÖSISCHES VIERTEL Spices Garden 🎼🎶🎵 $$$$

Sofitel Metropole Hotel, 15 Ngo Quyen 📞 *(04) 3826 6919* **Stadtplan** 2 F4

Das Hotelrestaurant des Sofitel Metropole *(siehe S. 241)* wird von einem französischen Chefkoch geführt, der hervorragende vietnamesische, französische und Fusion-Cuisine auf die Teller zaubert. Das Buffet am Mittag kann es in seinem Angebot mit den besten Restaurants in Europa aufnehmen und umfasst sogar eine große Käseauswahl.

FRANZÖSISCHES VIERTEL Restaurant Bobby Chinn 🎼🎵 $$$$$

77 Xuan Dieu 📞 *(04) 3719 24 60* **Stadtplan** 2 E4

Bobby Chinn war der Star einer Kochsendung des Discovery Channel. Anfang 2009 schloss er sein berühmtes Restaurant am Hoan Kiem-See und betreibt dieses kleine Restaurant mit fantasievoller Cross-over-Küche – Kombinationen vietnamesischer, französischer und japanischer Einflüsse. Fantastische Cocktails, große Weinauswahl. Ein Erlebnis.

DISTRIKT HAI BA TRUNG Wild Rice 🎼🎵 $$$

6 Ngo Thi Nham 📞 *(04) 3943 8896* **Stadtplan** 2 E5

In einem Kolonialbau ist das Wild Rice zwar modern gestaltet, die Kellnerinnen tragen jedoch traditionelle *ao dai*. Der Koch setzt sich spielerisch mit vietnamesischen Klassikern und Einflüssen aus Frankreich, China und Japan auseinander, etwa bei Frühlingsrollen mit Bananen und Shrimps oder geschmorten Artischocken mit Schweinefleisch.

ALTSTADT Bo Bit Tet 🎶🎼 $

15 Hang Cot 📞 *(04) 3828 2052* **Stadtplan** 2 D2

Das winzige Lokal serviert nur ein Gericht, Beefsteak – *thit bit tet*. Die Holzstühle sind ein wenig wackelig und zu klein, die Tische viel zu niedrig – aber all das ist vergessen, wenn das Fleisch in einer heißen, brutzelnden Grillpfanne unter einer Schicht Pastete und Spiegelei sowie Pommes als Beilage serviert wird. Einfach unwiderstehlich.

ALTSTADT Cha Ca La Vong 🎶🎼 $

14 Cha Ca 📞 *(04) 3825 3929* **Stadtplan** 2 E2

Das legendäre Cha Ca La Vong *(siehe S. 156)* bietet nur ein Gericht an: *cha ca* (Bratfisch) nach einem Rezept, das hier perfektioniert wurde. Der Fisch wird in einer Marinade aus Galgant, Safran, gesäuertem Reis und Fischsauce eingelegt und in einem öligen Sud mit frischem Schnittlauch und Dill an Nudeln und Erdnüssen serviert.

ALTSTADT Little Hanoi 🎶🎵 $$

21–23 Hang Gai 📞 *(04) 3928 5333* **Stadtplan** 2 E3

Das einladende kleine Lokal liegt direkt im Herzen der Altstadt und bietet vor allem Baguette-Sandwiches, Brathähnchen, diverse Desserts und Eiscreme an. Der leckere Ca Phe Chon oder »Weasel Coffee« wird angeblich aus Kaffeebohnen, die das Wiesel ausgeschieden hat, hergestellt *(siehe S. 263)*, ist aber in der Regel nur mit Enzymen behandelt.

ALTSTADT Thu Huyen 🎶 $$

36 Hang Giay **Stadtplan** 2 D2

Das bei Vietnamesen beliebte, nur von wenigen westlichen Besuchern frequentierte Lokal ist ein quirliges, etwas schäbiges, aber charmantes Lokal mit ausgezeichneter, preiswerter vietnamesischer Küche. Dazu trinkt man große Gläser kaltes *bia hoi (siehe S. 247)*, das in der Altstadt schmeckt wie nirgendwo sonst.

ALTSTADT Green Tangerine 🎼🎶🎵 $$$

48 Hang Be 📞 *(04) 3825 1286* **Stadtplan** 2 E3

Das sehr gute, fantastisch eingerichtete Restaurant liegt in einem skurrilen Gebäude, einem Stilmix französischer Kolonialbauten und Röhrenhaus-Architektur. Die französische, aber vietnamesisch beeinflusste Küche spricht alle Sinne an, etwa Räucherlachs, gefüllt mit Pistazien, Muscheln und Wasserkresse oder Eiscreme mit Chili.

ALTSTADT Tandoor 🎼🎵 $$$

24 Hang Be 📞 *(04) 3824 5359* **Stadtplan** 2 E3

Dieses indische Kettenrestaurant *(siehe S. 252)* serviert Currys, Kebabs und eine große Auswahl anderer Speisen aus Indien. Natürlich ist es vor allem bei Indern beliebt. Während der französischen Kolonialzeit zogen viele Tamilen aus dem französischen Gebiet um Puducherry in Indien nach Vietnam und eröffneten hier Bekleidungsgeschäfte.

ALTSTADT Tassili 🎼🎵 $$$

78 Ma May 📞 *(04) 3828 0774* **Stadtplan** 2 E2

Das von Algeriern geführte Restaurant serviert Couscous, Hummus und ausgezeichnetes Lammfleisch, leicht gewürzte, aber herzhaft geschmacksstarke Suppen, *Merguez*-Würste und eine große Auswahl mediterraner Speisen aus dem Libanon, Griechenland und Italien. Sehr gute Weinkarte, aufmerksame Bedienung, legeres Ambiente.

Preiskategorien *siehe S. 250* **Zeichenerklärung** *siehe hintere Umschlagklappe*

WESTLICH DES HOAN KIEM-SEES Moca　　🔲 Ⓥ　💲💲💲

14–16 Nha Tho 📞 *(04) 3825 6334*　　　　　　*Stadtplan 2 E3*

Das Moca ist wie ein schlichtes Loft in einem Vorratslager gestaltet. In diesem Trendcafé sind die Gäste darauf aus, abwechslungsreiche internationale Küche zu genießen – von Mexiko bis nach Bengalen. Dazu trinkt man importierten Kaffee, Bier vom Fass, Weine und Säfte und rundet das Ganze mit guten Desserts zu vernünftigen Preisen ab.

WESTLICH DES HOAN KIEM-SEES Thuy Ta　　📇 🌂 Ⓥ　💲💲💲

1 Le Thai To 📞 *(04) 3828 8148*　　　　　　*Stadtplan 2 F3*

Das am Nordwestufer des Hoan Kiem-Sees gelegene Restaurant ist so etwas wie eine Institution am See. Hier begeistert nicht nur die schöne Aussicht aufs Wasser, sondern auch die gute internationale Küche mit Snacks wie Baguettes, Burger und Kuchen, Gebäck sowie Eiscreme – ideal zum Aus- und Entspannen.

WESTLICH DES HOAN KIEM-SEES Brother's Café　　🌂 🔲 Ⓥ　💲💲💲💲

26 Nguyen Thai Hoc 📞 *(04) 3733 3866*　　　　　*Stadtplan 1 C3*

Hanoi hat eine ganze Menge gehobene Restaurants in wunderschön restaurierten französischen Kolonialvillen – das Brother's Café ist sicherlich eine der besten Adressen. Das liegt an den Hanoi-Klassikern wie *bun cha*, einer leckeren Kreation mit Fleischklößchen in Fischsauce, aber auch an den Mittagsbuffets und den Grillbuffets am Abend.

WESTLICH DES HOAN KIEM-SEES Mediteraneo　　🌂 🔲 Ⓥ　💲💲💲💲

23 Nha Tho 📞 *(04) 3826 6288*　　　　　　*Stadtplan 2 E3*

Das Name hält, was er verspricht: Das Mediteraneo zelebriert Mittelmeerküche wie in einer temperamentvollen italienischen Trattoria. Das Lokal liegt günstig in der Nähe der Kathedrale und der Trendrestaurants und -boutiquen rund um Nha Tho. Spezialitäten sind u. a. Moussaka, Pasta und Pizza. Dazu trinkt man hier Wein.

WESTLICH DES HOAN KIEM-SEES Vine Wine Boutique Bar and Café　　🔲 Ⓥ　💲💲💲💲💲

1A Xuan Dieu 📞 *(04) 3719 8000*

Das gute Restaurant im zunehmend eleganten Ho Tay-Viertel von Hanoi serviert solide zubereitete vietnamesische, thailändische, japanische und italienische Gerichte. Der Name ist natürlich kein Zufall: Das Vine Wine hat sicher eine der längsten Weinkarten von ganz Hanoi, mit dekorativen Flaschenregalen an den Wänden.

NORDVIETNAM

BAC HA Cong Phu　　📇　💲💲💲

Am Busbahnhof 📞 *(020) 388 0254*

Das Cong Phu ist eines der wenigen Lokale in Bac Ha und nicht viel mehr als ein Treffpunkt für Rucksacktouristen, die auf der englischen Speisekarte nur ein Kreuz hinter dem gewünschten Gericht machen müssen. Man isst hier Frühlingsrollen, gebratenes Schweinefleisch und Bratreis – keine große Auswahl, aber auch nicht schlecht.

CAT BA-INSEL Flightless Bird Café　　📇　💲💲💲

Cat Ba Harbor 📞 *(031) 388 8517*

Der ungewöhnliche Name des Cafés mit Bar erklärt sich durch das gemeinsame vietnamesisch-neuseeländische Management. Tagsüber ist das Café meist geschlossen, erwacht aber abends zum Leben, wenn man hier auf ein Bier oder einen Cocktail vorbeischaut, internationale Snacks isst und dazu Darts spielt, Filme anschaut oder Musik hört.

CAT BA-INSEL The Green Mango　　Ⓥ 🌂　💲💲💲

Block 4, 1–4 St 📞 *(031) 388 7151*

Das sicherlich beste Restaurant von Cat Ba ist in diesem Küstendorf ein wirkliches Kleinod. Das nett eingerichtete Green Mango serviert vietnamesische, westliche und Cross-over-Küche mit besonders leckeren Fischgerichten – von Garnelen auf Zuckerrohr bis hin zu britischen Fish 'n' Chips. Bier, Wein und Cocktails gibt es natürlich auch.

DIEN BIEN PHU Lien Tuoi　　📇 🔲　💲💲💲

27 Muong Thanh 📞 *(023) 382 4919*

Zwar wartet Dien Bien Phu mit etlichen guten Restaurants auf, aber das Lien Tuoi besticht durch sehr schmackhafte Gerichte auf der chinesisch-vietnamesischen Speisekarte. Eine Spezialität ist Wild (Hirsch oder Wildschwein), aber auch Fischgerichte, süßsaures Hähnchen, Frühlingsrollen und dampfend heiße Eintöpfe sind empfehlenswert.

HAIPHONG Com Viet　　📇 🌂　💲💲

4 Hoang Van Thu 📞 *(031) 384 1698*

Das kleine Lokal liegt inmitten eines idyllischen Innenhofs, in dem man einfaches vietnamesisches Essen, vor allem Reis- und lokale Fischgerichte, bekommt. Auch die allgegenwärtigen Nudeln und Frühlingsrollen fehlen hier nicht. Man wird gestikulierend bestellen müssen, denn westliche Besucher kommen selten.

HAIPHONG Thien Nhat Chie　　📇 🔲　💲💲💲

18 Tran Quang Khai 📞 *(031) 382 1018*

Als eines der besten Restaurants in Haiphong ist das Thien Nhat Chie auf eine überraschende Bandbreite japanischer Gerichte spezialisiert. Erwartungsgemäß spielt dabei frischer Fisch eine große Rolle, auch Sushi und Sashimi sind sehr gut. Wer die entspannte japanische Atmosphäre ganz genießen will, trinkt dazu importiertes Asahi-Bier.

Stadtplan Hanoi *siehe Seiten 174–177*

HALONG CITY Asian Restaurant $$$

Vuon Dao St, Bai Chay ☎ *(033) 364 0028*

Eine der besten Adressen unter den vielen Restaurants am Wasser an der Vuon Dao (Hotel Street). Hier bekommt man eine leckere Auswahl preiswerter vietnamesischer Gerichte. Das ideale Getränk dazu ist kühles Bier. Der Besitzer spricht Deutsch und Englisch, die Speisekarte ist mehrsprachig.

HALONG CITY Bien Mo Floating Restaurant $$$

35 Ben Tau St, Hong Gai ☎ *(033) 382 8951*

Was im Wasser lebt und essbar ist, landet auf den Tellern dieses gehobenen, schwimmenden Restaurants: Hummer, Riesengarnelen, Sepia, Hai und Barsch, natürlich so frisch wie möglich. Die Speisen sind sehr gut und stilvoll zubereitet. Natürlich zahlt man für ein Essen mitten in der Bucht etwas mehr als sonst.

MAI CHAU-TAL Mai Chau Guesthouse $

Mai Chau Village ☎ *(018) 386 7262*

Mai Chau liegt mitten im Gebiet der Weißen Thai. Zu den im Mai Chau Guesthouse *(siehe S. 244)* angebotenen regionalen Spezialitäten gehört Klebreis, der zu handlichen Bällchen geformt und in verschiedene Würzsaucen getunkt wird. Dazu kommen Fischsauce, Trockenfisch, Brathähnchen und Salate aus Rind- oder Büffelfleisch auf den Tisch.

NINH BINH Hoang Hai $$

36 Truong Han Sieu ☎ *(030) 387 5177*

Das vielleicht beste Restaurant in Ninh Binh ist ein recht interessantes kleines Lokal. Eine lang gestreckte, auf Pfählen erbaute Holzterrasse lädt abends ein, die guten Fischgerichte, die Meeresfrüchte oder das »Steamboat« (ein Eintopf) zu kosten. Das Personal ist freundlich und spricht etwas Englisch.

SAPA Mimosa $$

64 Sapa, Cay Mau ☎ *(020) 387 1377*

Das gute und preiswerte Restaurant in Sapa ist über eine lange Betontreppe an der Cay Mau-Straße zu erreichen. Das Lokal liegt in einem gemütlichen, nett eingerichteten alten Haus und hat auch eine Terrasse. Angeboten wird eine ungewöhnliche Mischung aus westlicher Küche und lokalen Wild- und Fischgerichten.

SAPA Baguette and Chocolat $$$

Thac Bac ☎ *(020) 387 1766*

Das stilvolle Lokal ist etwas für Liebhaber von Süßspeisen: Reichhaltiges Frühstück, Pasta und Pizza, vor allem aber eine riesige Auswahl an Kuchen und Süßigkeiten helfen westlichen Besuchern bei der Auffrischung ihrer Kohlehydratevorräte, falls sie eine Abwechslung von der leichten vietnamesischen Kost haben wollen.

SAPA Bon Appetit $$$

25 Xuan Vien ☎ *(020) 387 2927*

Das gemütliche und zentral gelegene Lokal richtet sich vor allem an Besucher aus den USA: Es bietet eine üppige westliche Frühstücksauswahl, Hamburger und Pommes, reichhaltig belegte Baguette-Sandwiches, Pasta und Eintöpfe an. Daneben serviert das freundliche, flinke Servicepersonal auch solide vietnamesische Küche.

SAPA Delta $$$

33 Cau May ☎ *(020) 387 1799*

Das vielleicht beste und älteste italienische Restaurant in Sapa bietet Pizza aus dem offenen Holzofenfeuer an, außerdem gibt es Pasta, frische Kalbfleischgerichte, Hühnchenbrust in Pilzsauce, heiße Minestrone und andere kräftige Suppen. Bier, Wein, Cocktails und Kaffee runden das Angebot ab.

SON LA Long Phuong $$

Thinh Doi ☎ *(022) 385 2339*

In Son La gibt es nur wenige Restaurants, dafür aber preiswerte. Lokale Spezialitäten sind *de* (Ziegenfleisch), *lau de* (Hammeleintopf) sowie *tiet canh*, eine Delikatesse aus geronnenem Ziegenblut mit klein gehackten Erdnüssen und grünen Schalotten. Hier spricht man kaum Englisch, sondern zeigt auf der Karte, was man möchte.

ANGKOR

SIEM REAP Baca Villa $$

Taphul Village ☎ *(063) 965 328*

Das günstige Restaurant in einem Guesthouse liegt inmitten eines ruhigen tropischen Gartens und serviert eine breite Auswahl an britischen und Khmer-Gerichten, etwa riesige Sandwiches, Burger sowie Fish 'n' Chips. Dazu trinkt man Softdrinks oder kaltes Bier. Freundlicher, schneller Service.

SIEM REAP Borey Sovann $$$

Angkor Wat Rd ☎ *(063) 760 617*

Dies ist eine von zwei Filialen einer Kette, die preislich günstige Khmer-Spezialitäten in großer Auswahl anbietet. Man kann hier draußen sitzen und abends traditionelle kambodschanische *Apsara*-Tanzvorführungen mit Live-Musik genießen. Gutes Preis-Leistungs-Verhältnis und authentische Khmer-Kreationen.

Preiskategorien *siehe S. 250* **Zeichenerklärung** *siehe hintere Umschlagklappe*

SIEM REAP Chivit Thai ⬛⬛▤Ⅴ⬛ ⑤⑤⑤
Wat Bo 【 (011) 750 801

Das thailändische Spezialitätenrestaurant liegt in einem anheimelnden Holzhaus mit Balkon, verfügt aber innen auch über einen klimatisierten Speiseraum. Der thailändische Koch kreiert feurige Currys und würzige Salate, ist aber besonders auf seine vegetarischen Gerichte stolz. Englischsprachiges Personal, freundlich entspannte Atmosphäre.

SIEM REAP Kama Sutra ⬛⬛Ⅴ⬛ ⑤⑤⑤
Old Market 【 (0121) 3824 474

Die sinnlichen Freuden, die der Restaurantname verheißt, sind scharfe nord- und südindische Gerichte, u. a. auch einige vegetarische. Leckere Currys, Tandoori-Gerichte und wechselnde Fischspezialitäten sowie ein täglich wechselndes Menü zu einem guten Preis. Auch eine wohlsortierte Bar fehlt im Kama Sutra nicht.

SIEM REAP Mandalay Inn ⬛⬛Ⅴ⬛ ⑤⑤⑤
Sivatha Blvd 【 (092) 932 837

Das einzigartige Straßenlokal bereitet hausgemachte Spezialitäten aus Burma sowie einige Khmer-Gerichte zu. So gibt es u. a. geschmorte Artischocken mit Schweinefleisch, verschiedene Frühlingsrollen, gebratene Spare Ribs und süßsaures Schweinefleisch. Dank der guten Preise und der tollen Bedienung eine überraschende Abwechslung.

SIEM REAP Red Piano ⬛⬛⬛ ⑤⑤⑤
Old Market 【 (063) 963 240

In dem äußerst populären Restaurant drängen sich die Gäste auf Balkonen mit Blick auf die Kneipenstraße am Alten Markt und genießen internationale Gerichte wie Pasta, Pizza und Stealk sowie einheimische Spezialitäten. Dazu gibt es eine gute Wein- und eine lange Cocktailkarte, aber auch eiskaltes Bier.

SIEM REAP Sawasdee ⬛⬛▤Ⅴ⬛ ⑤⑤⑤
Wat Bo Rd 【 (012) 983 510

Ungemein leckere und ebenso gesunde Thai-Gerichte umfassen hier auch vegetarische Speisen, etwa einen Grüne-Papaya-Salat und andere gesunde, fettarme Kreationen, die man unter freiem Himmel genießen kann. Das Sawasdee präsentiert sich stilvoll und ist eine würzig-scharfe Alternative zur herkömmlichen Khmer-Küche.

SIEM REAP Temple Bar ⬛▤Ⅴ⬛ ⑤⑤⑤
Old Market 【 (012) 756 655

Das gastfreundliche Restaurant serviert preiswerte internationale und einheimische Küche. Die beliebte Kneipe mit Restaurant spielt zwar keine Live-Musik, hat aber ein tolles Soundsystem und zeigt im ersten Stock Sportfernsehen. Gäste können zwischen den Balkonen an der Straße oder dem klimatisierten Raum im ersten Stock wählen.

SIEM REAP Viroth's ⬛Ⅴ⬛ ⑤⑤⑤
Wat Bo Rd 【 (012) 3826 346

Das nach seinem Koch – einer lokalen Berühmtheit – benannte Restaurant tischt einzigartige Khmer-Gerichte, etwa Hühncheneintopf oder Satayspieße auf. Die Speisen sind ästhetisch angerichtet, der Service ist ausgezeichnet, und Viroth erklärt seinen Gästen die Feinheiten der gehobenen Khmer-Küche gerne persönlich.

SIEM REAP Balcony Café ⬛⬛Ⅴ ⑤⑤⑤⑤
Old Market 【 (012) 726 758

Ein Essen im Balcony Café im französischen Viertel von Siem Reap macht wegen des alten Kolonialcharmes, der durchaus an Algerien oder Dschibuti erinnert, sehr viel Spaß. Die lange Speisekarte mit Khmer- und internationalen Angeboten wird durch Fotos ergänzt. Der Service ist schnell und freundlich; große Alkohol- und Saftauswahl.

SIEM REAP Carnets d'Asie ⬛♫▤Ⅴ⬛ ⑤⑤⑤⑤
333 Sivatha Blvd 【 (016) 746 701

Zu den Hausspezialitäten des Carnets d'Asie gehören neben Khmer- und französischer Küche auch einige internationale Standards. Traditionelle Musik aus Kambodscha und Tanzshows begleiten das Abendessen. Mittags gibt es hier ein preiswertes Salatbuffet – ein ideales Angebot in der Mittagshitze.

SIEM REAP FCC Angkor ⬛Ⅴ⬛ ⑤⑤⑤⑤
Pokambor Rd 【 (063) 760 283

Das Pendant zu dem gefeierten Foreign Correspondents' Club (FCC) in Phnom Penh: schöne Sitzmöglichkeit draußen, eine nette Einrichtung und eine lebendige Atmosphäre, dazu gute internationale und einheimische Küche, natürlich die üblichen FCC-Extras, d. h. Buchhandlung, Galerien mit Fotos aus Kambodscha – und viel kaltes Bier.

SIEM REAP La Residence d'Angkor ⬛♫▤Ⅴ⬛ ⑤⑤⑤⑤
Ostufer des Siem Reap-Flusses 【 (063) 963 390

Gerichte aus Kambodscha, Frankreich sowie internationale Speisen werden hier à la carte oder in verschiedenen Menüs serviert. Man speist entweder innen in einem klimatisierten Speisesaal oder draußen. Dienstag-, donnerstag- und samstagabends erklingen traditionelle Musik und Tänze. Eine Bar schenkt Weine, kaltes Bier und Cocktails aus.

SIEM REAP Restaurant le Grand ⬛♫▤Ⅴ⬛ ⑤⑤⑤⑤⑤
Grand Hotel d'Angkor, 1 Charles de Gaulle 【 (063) 963 888

Das in einem eleganten Speisesaal im kolonialen Stil gehaltene Restaurant le Grand bietet verschiedene Gerichte von französischer Feinschmeckerküche bis hin zu traditionellen Klassikern aus Thailand und Kambodscha an. Das Essen wird hier elegant und gekonnt vom flinken Service inszeniert. Nicht ganz billig, aber lohnenswert.

SHOPPING

Früher fielen vietnamesische Geschäfte vor allem durch leere Regale auf. Das hat sich drastisch geändert. Läden und Märkte bieten heute eine unglaubliche Warenvielfalt an, darunter Designermode, Seide, vietnamesische Rundhüte, bunte Lampions, elegantes Porzellan und filigrane Bambusmöbel zu erstaunlich günstigen Preisen. Am kostbarsten sind jedoch traditionelle Produkte, etwa die prächtig bestickten Stoffe, Kunsthandwerk und Schmuck der Volksgruppen. In Großstädten findet man exklusive Einkaufszentren, aber am verlockendsten sind die örtlichen Märkte sowie die Einkaufsstraßen und -viertel von Hanoi und Ho Chi Minh City. Auch das Straßengewirr von Hoi An ist mit seinem Angebot von Lackarbeiten, Kleidung und Kunsthandwerk ein Shopping-Paradies für jeden Besucher.

Malerei auf einem Seidenstoff

Stoffangebot in einem Dorf der Weißen Thai bei Mai Chau

ÖFFNUNGSZEITEN

In den Städten haben die meisten Läden ab 8 Uhr morgens bis 20 oder 21 Uhr geöffnet. Moderne Einkaufszentren und Warenhäuser in Großstädten öffnen oft erst um 10 Uhr, bleiben aber bis 22 Uhr offen. Traditionelle Märkte wie Ben Thanh *(siehe S. 66)* in Ho Chi Minh City und Dong Xuan *(siehe S. 158)* in Hanoi haben meist von Sonnenaufgang bis -untergang geöffnet. Manche bieten dabei auch einen Nachtmarkt (meist bis Mitternacht) an. Fast alle Geschäfte öffnen jeden Tag in der Woche. Nur zum Tet-Fest *(siehe S. 28f)* schließen einige Läden, andere dagegen bleiben dann sogar länger offen.

BEZAHLUNG

Der vietnamesische *dong* (VND) ist zwar die offizielle Landeswährung, aber niemand weist US-Dollar zurück. Beim Abflug muss man die internationale Ausreisesteuer sogar in US-Dollar bezahlen. In Gegenden mit vielen ausländischen Besuchern, vor allem in besseren Vierteln, bevorzugen die meisten Läden US-Dollar – wegen der hohen Inflation und der schlechten Wechselkurse ist der vietnamesische *dong* wenig beliebt.

In exklusiveren Geschäften, Hotels und Restaurants, in Großstädten und Urlaubsorten werden Kreditkarten akzeptiert. In kleinen Orten, im Bus, auf dem Markt und an Straßenständen kann man nur mit Bargeld bezahlen.

RECHTE UND UMTAUSCH

Grundsätzlich sind alle Käufe endgültig. Einige moderne Kaufhäuser in Großstädten bieten zwar einen Umtausch an, aber im Allgemeinen ist ein Kauf unumkehrbar. Einige Elektronikartikel wie Mobiltelefone werden mit Garantie verkauft – die aber keine Rückzahlung, sondern nur Reparatur oder Umtausch umfasst. Bei einfachen technischen Geräten macht es Sinn, sie möglichst schon vor dem Kauf auszuprobieren.

VERHANDELN

Nur für Speisen und Getränke sowie in modernen Läden und Einkaufszentren ist der Preis festgelegt. Ansonsten kann und muss man verhandeln, denn oft liegt der zunächst angegebene Preis doppelt so hoch wie der tatsächliche Preis – das gilt für Waren, aber auch für Dienstleistungen wie Fahrten mit dem *Honda om*.

Beim Handeln sollten Sie drei Prinzipien berücksichtigen: Bleiben Sie in jedem Stadium der Verhandlung freundlich, ja sogar humorvoll – ein Handel hat schließlich auch eine zwischenmenschliche Ebene. Bringen Sie Zeit mit – es kann schon mal zehn Minuten dauern, bis Sie einen Preis von 50 auf 25 US-Dollar heruntergehandelt haben. Wenn alles nichts hilft, geben Sie vor, einfach wegzugehen – das bewirkt manchmal wahre Wunder.

Bunte Taschenauswahl auf dem Binh Tay-Markt, Ho Chi Minh City

Diamond Department Store und Diamond Plaza, Ho Chi Minh City

KAUFHÄUSER UND SHOPPING-CENTER

In großen Städten gibt es immer mehr Shopping-Malls und Kaufhäuser. **Diamond Plaza** in Ho Chi Minh City ist das größte und exklusivste Shopping-Paradies im Land: Hier kann man hochwertige Produkte zu entsprechenden Preisen finden. Diamond Plaza liegt im Distrikt 1 und umfasst Kino, Supermarkt und Bowlingbahnen.

Ganz in der Nähe lockt das **Parkson**, ein schickes, vierstöckiges Kaufhaus mit Marken wie Nike, Guess, Estée Lauder und Mont Blanc. Auch hier findet man einen Supermarkt und Lokale. Die vielen Läden im zentral gelegenen **Tax Trading Center** sind preiswerter als andere, und die sechsstöckige **Zen Plaza** mit Geschäften und Cafés bietet Möbel, Bekleidung und Kunst an. Nicht weit von hier kann man Elektronikartikel und Spielwaren im **Saigon Shopping Center** kaufen. Hier findet man auch einen Supermarkt und einen Buchladen. Wer durch Cholon bummelt, sollte in der **An Duong Plaza** vorbeischauen, wo man vielerlei asiatische Produkte erhält.

In Hanoi bietet **Trang Tien Plaza** internationale und einheimische Marken an, während man im Supermarkt **Big C Thang Long** nicht nur leckere Delikatessen kaufen kann: In der zweistöckigen Mall findet man frische Produkte, Mode, Elektronik- und Deko-Artikel. Die ersten vier Stockwerke der **Vincom City Towers** sind ein Einkaufs- und Unter-

haltungsparadies mit zahlreichen vietnamesischen und internationalen Imbiss-Ständen.

MÄRKTE UND STRASSENVERKÄUFER

Trotz aller modernen Einkaufszentren, die in vielen Großstädten entstehen, kann man auf traditionellen Märkten noch immer am besten shoppen gehen. Die Märkte sind billiger und haben eine authentische, quirlige Atmosphäre. Die größten Märkte in Ho Chi Minh City sind der Ben Thanh *(siehe S. 66)* im Distrikt 1 und Binh Tay *(siehe S. 71)* in Cholon. Auf beiden erhält man alles von Kleidung über Lebensmittel bis zu Elektronik und Möbeln fast alles. Importierte Lebensmittel, Souvenirs und vieles mehr bekommt man auf dem **Old Market**.

In Hanoi ist der **Dong Xuan-Markt** *(siehe S. 158)* mit Haushaltswaren, Kleidung, Souvenirs und mehr bei Besuchern sehr beliebt. Eine riesige Stoffauswahl (und Maßschneider) findet man auf dem **Hang Da-Markt**. Einer der reizvollsten Märkte befindet sich in Hoi An *(siehe S. 124–128)*. Tagsüber werden hier Kleidung, Lack- und Keramikwaren, Schuhe und Kunsthandwerk verkauft, abends lädt der Markt zum Bummeln ein.

Neben den örtlichen Märkten gibt es überall Straßenverkäufer, die Souvenirs, Küchenutensilien, Kleidung und Produktimitate anbieten.

Lampengeschäft, Dong Khoi, Ho Chi Minh City

EINKAUFSSTRASSEN UND -VIERTEL

Die Straßen in der Altstadt von Hanoi *(siehe S. 156f)* sind nach den hier verkauften Waren benannt: So bekommt man in der Ma (Papier)-Straße Papierwaren, in der Hon Gai (Hanf)-Straße Seide, in der Chieu (Matten)-Straße Binsenmatten und Bambusrollos, in der Thiec (Blech)-Straße Metall- und Glaswaren sowie Spiegel. Die Zuordnungen der Waren sind zwar heute nicht mehr so strikt, aber Preiswertes findet man noch immer.

Das Haupteinkaufsviertel von Ho Chi Minh City ist Dong Khoi *(siehe S. 56f)* mit einer großen Auswahl an Mode-, Antiquitäten-, Kunsthandwerks- und Möbelläden.

FÄLSCHUNGEN

Vietnam scheint voller gefälschter Produkte zu sein: Falsche Rolex-Uhren, CDs, DVDs, Zippo-Feuerzeuge und angebliche Relikte der US-Army werden an jeder Straßenecke angeboten.

KAFFEE UND TEE

In Vietnam bekommt man eine breite Auswahl an Kaffeesorten, etwa mit Vanille-, Anis- oder Schokoladen-Aroma. Der teure Ca Phe Chon, auch Weasel Coffee (»Wieselkaffee«) genannt, stammt traditionell aus Kaffeekirschen, die eine vietnamesische Schleichkatzenart frisst, wobei die unverdaulichen Bohnen wieder ausgeschieden werden. Heute sehen die meisten Bohnen keinen Tiermagen mehr, sondern werden mit einem Enzym behandelt.

In Vietnam wird gerne grüner, mit Lotosblüten aromatisierter Tee getrunken. Am besten kauft man Kaffee und Tee auf Märkten wie Ben Thanh in Ho Chi Minh City oder Dong Xuan in Hanoi.

Eine Auswahl an Kunsthandwerk, Hoi An

KUNSTHANDWERK

Traditionelles Kunsthandwerk wird fast überall in Vietnam hergestellt. Prächtig bestickte Stoffe, fein geschnitzte Objekte und Figuren sowie bunte Seidenlampions sind einige der schönsten Produkte. Feine Stoffe, handbestickte Seide französischer und japanischer Künstler findet man in Chi Vang (Hanoi). **Tan My** verkauft prachtvolle, handbestickte Tisch-, Tages- und Bettdecken. Auch **Lan Handicrafts** bietet hervorragende Stoffe an, teilweise von Behinderten für den gemeinnützigen Laden hergestellt. Eine ähnliche Einrichtung ist **Hoa-Nhap Handicrafts** in Hoi An. Im Distrikt Dong Khoi in Ho Chi Minh City arbeiten viele Seidenhändler wie **Bao Nghi**, der auch Leinen- und andere Stoffe bereithält.

Kunsthandwerk der ethnischen Bergstämme, etwa handgewebte Kleidung, Seidenstickereien und Schuhe, kann man in Ho Chi Minh City bei **Sapa** kaufen. In Hanoi bieten **Craft Link**, **Viet Hien** und **Craft Window** eine große Kunsthandwerksauswahl an. In Hoi An sind das **House of Traditional Handicrafts** und der **Kunsthandwerksladen** *(siehe S. 128)* empfehlenswert.

Keramik, Geschirr und Seidenlampen findet man im Straßengewirr von Hoi An. Sehr schönes Porzellan wie Teesets, Vasen und Schüsseln bietet **Em Em** in Ho Chi Minh City an.

Die **Hanoi Gallery** ist eine gute Adresse für moderne Kunst. In Ho Chi Minh City zeigt das Hanoi Studio Werke führender Künstler. **Dogma** präsentiert politische Kunst, die **Phuong Dong Orient Gallery** Kopien berühmter Kunst. Auch die **Que Noi Gallery** in Hoi An ist interessant.

Souvenirfigur

MODE

Zweifellos ist Hoi An das Einkaufsmekka Vietnams für Kleidung. Viele Läden schneidern in wenigen Stunden jedes Modell aus Modemagazinen nach – zu einem Bruchteil des Preises, den man im Westen zahlen würde. Sehr gute Qualität und Service garantiert **Yaly Couture**, die auch Frauenschuhe herstellt. Kleider von der Stange und einfache Schnitte bekommt man auf dem **Hoi An-Kleidermarkt**. Mode aus Seide kann man in der **Khaisilk Boutique** kaufen, **Bao Khan Tailors** ist auf maßgeschneiderte Abendgarderobe spezialisiert. Einen Besuch

Eine Schneiderin nimmt an ihrer Kundin Maß, Geschäft in Hoi An

wert sind auch **VN Colour**, **Gia Thuong** und **Thang**.

In Hanoi ist **Khai Silk** vor allem für elegante Kleidung eine gute Adresse, **Ha Noi Silk** schneidert Anzüge in 24 Stunden. Hervorragende Seidengeschäfte findet man in der Hang Gia-Straße. Traditionelle Kleidung und Silberschmuck bietet **La Boutique and The Silk** an.

In Ho Chi Minh City schneidert **H&D Tailors** für Herren. Damen kaufen ihren *ao dai*, das traditionelle vietnamesische Kleid, bei **Ao Dai Si Hoang**. Auch **Creation** bietet Maßgeschneidertes an.

MÖBEL

Möbel gelten in Vietnam als Kunst. Die meisten Produkte werden aus fein verarbeiteten Harthölzern produziert, oft mit Perlmutteinlagen oder kunstvollen Schnitzereien verziert. Individuelle Wünsche werden gerne erfüllt, die Waren direkt ins Heimatland verschickt.

In Ho Chi Minh City verkauft **Furniture Outlet** schöne Stücke zu guten Preisen. Tien An ist auf leichte Bambusstühle-, Schränke und Grasmatten spezialisiert. **Do Kim Dung** bietet eine schmiedeeiserne Möbelserie an, **The Lost Art** Antiquitäten und Kopien. In Hanoi führt **Viet Hien** Möbel aller Art. In Hoi An fertigt **Kim Bong Carpentry** Möbel sogar nach Fotos.

LACKARBEITEN UND KERAMIK

Vietnam ist für seine dekorativen Lackkunstarbeiten sowie für Teeservice, Vasen, Schüsseln, Tabletts und Malereien bekannt. Manche Lackprodukte sind mit erstaunlich filigranen Einlegearbeiten verziert, Porzellan weist oft feine Muster auf. In Ho Chi Minh City verkauft der **Nga Shop** Produkte der renommierten Designerin Michele de Albert. **Quang's Ceramics** in Hanoi hat ein herausragendes Angebot, auch in der Le Duan-Straße sind gute Läden. In Hoi An kann man traditionelle vietnamesische Produkte in vielen Läden finden.

AUF EINEN BLICK

KAUFHÄUSER UND SHOPPING-CENTER

An Duong Plaza
18 An Duong Vuong,
Cholon, HCMC.
Stadtplan 4 F4.
(08) 33832 3288.

Big C Thang Long
222 Tran Duy Hung,
Hanoi.

Diamond Plaza
34 Le Duan,
Distrikt 1, HCMC.
Stadtplan 2 E3.
(08) 3822 5500.
www.diamondplaza.
com.vn

Parkson
35bis 45 Le Than Ton,
Phuong Ben Nghe,
HCMC.
Stadtplan 2 E3.
(08) 3827 7636.

Saigon Shopping Center
65 Le Loi,
Distrikt 1, HCMC.
Stadtplan 2 E4.
(08) 3829 4888.

Tax Trading Center
39 Le Loi,
Distrikt 1, HCMC.
Stadtplan 2 F4.
(08) 3821 6475.

Trang Tien Plaza
24 Hai Ba Trung,
Hanoi.
Stadtplan 2 E4.
(04) 3934 9720.

Vincom City Towers
191 Ba Trieu,
Hanoi.
Stadtplan 2 E5.
(04) 3974 9999.
www.vincomjsc.com

Zen Plaza
54 Nguyen Trai,
Distrikt 1, HCMC.
Stadtplan 2 D5.
(08) 3925 0339.

MÄRKTE

Hang Da-Markt
Ecke Hang Ga und
Doung Thanh, Hanoi.
Stadtplan 2 D2.

Old Market
Ecke Ham Nghi und
Ton That Dam,
Distrikt 1, HCMC.
Stadtplan 2 F4.

KUNSTHANDWERK

Bao Nghi
127 Dong Khoi, Distrikt 1,
HCMC.
Stadtplan 2 F4.
(08) 3823 4521.

Craft Link
43 Van Mieu, Hanoi.
Stadtplan 1 B4.
(04) 3843 7710.
www.craftlink.com.vn

Craft Window
97 Nguyen Thai Hoc,
Hanoi. **Stadtplan** 1 C3.
(04) 3733 5286.

Dogma
43 Ton That Thien,
Distrikt 1, HCMC.
Stadtplan 2 E4.
(08) 3821 8019.

Em Em
38 Mac Thi Buoi,
Distrikt 1, HCMC.
Stadtplan 2 F4.
(08) 3829 4408.

Hanoi Gallery
110 Hang Bac, Hanoi.
Stadtplan 2 E3.
(04) 3926 1064

House of Traditional Handicrafts
41 Le Loi, Hoi An.
(0510) 862 164.

La Gai Handicrafts
103 Nguyen Thai Hoc,
Hoi An.
(0510) 910 496.

Lan Handicrafts
36 Phan Phu Tien,
Hanoi. **Stadtplan** 1 B4.
(04) 3843 8443.
www.lan-handicrafts.
com

Phuong Dong Orient Gallery
44 Nguyen Hue,
Distrikt 1, HCMC.
Stadtplan 2 F4.
(08) 3824 8514.

Que Noi Gallery
83 Nguyen Thai Hoc,
Hoi An.
(0510) 863 184.

Sapa
223 De Tham, Distrikt 1,
HCMC.
Stadtplan 2 D5.
(08) 3836 5163.

Tan My
66 Hang Gai, Hanoi.
Stadtplan 2 E3.
(04) 3825 1579.
www.tanmyembroidery.
com.vn

Viet Hien
8B Ta Hien, Hanoi.
Stadtplan 2 E2.
(04) 3826 9769.

MODE

Ao Dai Si Hoang
135 Namky Khoi Nghia,
Distrikt 1, HCMC
Stadtplan 2 E3.
(08) 3973 8040.

Bao Khan Tailors
37 Phan Dinh Phung,
Hoi An.
(0510) 391 0757.

Creation
105 Dong Khoi,
Distrikt 1, HCMC.
Stadtplan 2 F4.
(08) 3829 5429.

Gia Thuong
41 Nguyen Thai Hoc,
Hoi An.
(0510) 391 0712.

H&D Tailors
76 Le Lai, Distrikt 1,
HCMC.
Stadtplan 2 D5.
(08) 3824 3517.

Ha Noi Silk
Sofitel Plaza, 1 Thanh
Nien Rd, Hanoi.
Stadtplan 2 E3.
(04) 3716 3062.
www.hanoisilkvn.com

Hoi An-Kleidermarkt
Ecke Tran Phu und
Hoang Dieu, Hoi An.

Khai Silk
121 Nguyen Thai Hoc,
Hanoi. **Stadtplan** 1 C3.
(04) 3747 0583.
www.khaisilkcorp.com

Khaisilk Boutique
Hoi An Riverside Resort,
Cua Dai Rd, Hoi An.
(0510) 386 4800.

La Boutique und The Silk
40 Hang Trong,
Hanoi.
Stadtplan 2 E3.
(04) 3928 5368.

Thang
66 Tran Phu, Hoi An.
(0510) 386 3173.

VN Colour
79 Nguyen Thai Hoc,
Hoi An.
(0510) 391 0827.

Yaly Couture
358 Nguyen Duy Hieu,
Hoi An.
(0510) 391 4995.
www.yalycouture.com

MÖBEL

Do Kim Dung
42 Mac Thi Buoi,
Distrikt 1, HCMC.
Stadtplan 2 F4.
(08) 3822 2539.

Furniture Outlet
3B Ton Duc Thang,
Distrikt 1, HCMC.
Stadtplan 2 F2.
(08) 3827 2728.

Kim Bong Carpentry
108 Nguyen Thai Hoc,
Hoi An.
(0510) 386 2279.

The Lost Art
18 Nguyen Hue,
Distrikt 1, HCMC.
Stadtplan 2 F4.
(08) 3827 4649.

Viet Hien
Siehe Kunsthandwerk.

LACKARBEITEN UND KERAMIK

Nga Shop
61 Le Thanh Ton,
Distrikt 1, HCMC.
Stadtplan 2 F3.
(08) 3825 6289.

Quang's Ceramics
95 Ba Trieu,
Hanoi.
Stadtplan 2 E5.
(04) 3945 4235.

Stadtplan Ho Chi Minh City siehe Seiten 78–83 **Stadtplan Hanoi** siehe Seiten 174–177

Souvenirs

Seidentasche aus Hanoi

Weitläufige, authentische Märkte, Straßenhändler und selbst die Shopping-Center bieten eine vielfältige, faszinierende Souvenirauswahl. Fast jede Art Kleidung, Schuhe oder Schmuck ist preiswert; lokales Kunsthandwerk wie Keramik, Korbwaren, Lackarbeiten und Bilder aller Art sind wunderschöne Mitbringsel. Die auffallendsten Stücke sind handbestickte Stoffe und der Silberschmuck der Bergstämme. Ganz im Gegensatz dazu, oft aber ebenso verlockend, stehen die vielen gefälschten, überall angebotenen Markenprodukte.

Handgefärbte Seide der Weißen Tai, mit schönen Mustern verziert

Mode, Schuhe und Accessoires

Für Frauen ist das traditionelle ao dai *ein Muss. Das zweiteilige Kleid wird aus Baumwolle, Seide oder Synthetik und in verschiedensten Farben hergestellt. Vietnam ist für preiswerte Bekleidung – von T-Shirts über Seidenkleider bis hin zu Designerwaren – bekannt. Vietnamesische Seidenhemden und -hosen sind günstig und rasch geschneidert. Die bestickten Wollschals und -stolen der Bergvölker sind jeden* dong *wert.*

Reich bestickte Taschen der Roten Dao

Fein gewebte Stola mit Fransen

Bunte Flip-Flops

Seidenkleid mit China-Kragen

Lackarbeiten

Schüssel mit leuchtendem Lacküberzug

Die Viet erlernten die Lackproduktion aus Sumac-Bäumen vor rund 2000 Jahren – und bis heute findet man im Land die schönsten Lackarbeiten. Selbst einfache Kästchen, Vasen und Schmuck verwandeln sich dank des Lacküberzugs in kleine Kostbarkeiten. Bei dem mehrmonatigen Prozess wird der Lack auf eine Holzoberfläche aufgebracht und dann bemalt oder mit feinen Einlegearbeiten weiter verziert.

Traditionell bemalte Gewürzdöschen

Bleistiftkästchen mit Perlmutteinlage

Lackprodukte mit Einlegearbeiten

Seekompass mit Tierkreiszeichen

Schmuckkasten mit Vogel- und Blumenmotiven

Keramik

Von riesigen Töpfen bis hin zu winzigen Teetassen: Vietnamesische Töpfer produzieren wunderschöne, nützliche Keramik, die überall im Land verkauft wird. Als besonders kostbar gelten Produkte aus Bat Trang bei Hanoi – die Region ist für die hohe Qualität des weißen Tons und der hier entwickelten Glasurstile wie der »Alten Perlglasur« und der »Indigoblauen Blumenglasur« berühmt.

Handbemalte Porzellanelefanten

Blau-weißer chinesischer Porzellankrug

Riesenvasen mit geschwungenen Blumen und Elfenbeinglasur

Malerei

Vietnam entwickelt sich rasch zum Mekka für Sammler. Wasserfarben- und Ölgemälde sind allgegenwärtig, einzigartig sind Lack- und Seidenmalerei. Kunstwerke findet man auch in den Kulturzentren von Hanoi, Hoi An und Hue.

Silberschmuck der Bergstämme

Silber ist bei vielen Bergvölkern ein traditionelles Wohlstandssymbol. Alte Ohrringe, klobige Anhänger und Armreife erhält man in vielen Dorfläden im Hochland. Die verzierten Silbergürtel für Frauen sind besonders attraktive Schmuckstücke.

Farbenfrohes Gemälde eines zeitgenössischen Künstlers

Kopfschmuck der Roten Dao

Verschiedene Silberohrringe

Serviertabletts aus Rattan

Hölzerne Obstschalen

Traditioneller vietnamesischer Bauernhut

Tabletts aus Korbgeflecht, mit Porzellangriffen

Bemaltes Kosmetikdöschen

Bambus, Binsen, Blätter und Gräser

Kunstvoll geflochtene Gras- und Binsenmatten werden in allen Größen und Formen als Matratzen, Sitzkissen und Vorhänge verwendet. Tabletts und Schüsseln aus Weidengeflecht sind ebenso beliebt wie bestickte Bambus-Paravents und Küchenutensilien. Der traditionelle non la (Bauernhut) ist überall erhältlich, oft wird er aus dicken, getrockneten Palmenblättern geflochten. In Hue zeigen die Hüte im Gegenlicht oft feine, gemalte Muster.

Grell bemalte Tet-Maske aus Weidengeflecht

UNTERHALTUNG

Das kulturelle Leben Vietnams war niemals so aufregend und lebendig wie heute. Jahrhundertealte, traditionelle Theater- und Musikformen feiern auf Festivals im ganzen Land eine Wiedergeburt. Es ist vor allem die beeindruckende Kulturtradition Vietnams, die internationale Besucher anzieht – trotz all der neuen Clubs und Multiplexkinos in den Großstädten. In Konzertsälen kann man Opernarien hören oder Popstars mit den neuesten Schnulzen auf provisorischen Bühnen feiern. Ho Chi Minh City leidet längst nicht mehr unter der mitternächtlichen Sperrstunde, überall verführen Bars und Clubs mit Live-Musik und Cocktails zum Feiern bis in den frühen Morgen. Wasserpuppen-Theater floriert insbesondere in Hanoi, ebenso wie der Jazz. Pop, Rock und Techno hört man selbst in Kleinstädten. Selbst Wetten ist erlaubt – aber nur auf Windhunde und Pferde.

Vietnamesische Popsängerin

Drei der führenden Veranstaltungsmagazine Vietnams

INFORMATION

Das offizielle Monatsmagazin von Vietnam National Administration of Tourism, *Vietnam Discovery*, liefert Infos zu Touren und Unterhaltung in ganz Vietnam, ebenso das Bordmagazin *Heritage* der Vietnam Airlines. Freizeit- und Lifestyle-Themen sowie Events und aktuelle Programme findet man im Monatsmagazin *The Guide* oder *Time Out* der jeweiligen Stadt. In Hotels, Restaurants und Bars liegt kostenlos *Saigon Inside Out* mit Unterhaltungsinfos aus Ho Chi Minh City.

Die nationale englischsprachige Zeitung *Viet Nam News* und die monatlich erscheinende *Saigon Times* enthalten Programmteile zu Hanoi und Ho Chi Minh City.

VORVERKAUF

Kartenvorverkauf ist in Vietnam kein Standard, aber viele Hotels kaufen oder reservieren für ihre Gäste Tickets. Unter den wenigen Online-Anbietern ist **Ticket Vietnam** empfehlenswert. Die meisten Vietnamesen (und auch viele Besucher) kaufen Karten an der Abendkasse.

TRADITIONELLES THEATER, MUSIK UND TANZ

Traditionelle Musik, Tanz und Theater bilden in Vietnam eine untrennbare Einheit. Trotz der stürmischen Modernisierung des Landes sind diese Kunstformen nicht zuletzt durch den Tourismus neu belebt worden.

Hanoi gilt als kulturelles Herz Vietnams und ist u. a. Geburtsstätte der wohl eigenwilligsten Kunstform Vietnams, dem Wasserpuppen-Theater *(siehe S. 159)*. Dabei werden mit Marionetten auf einer Wasserbühne spannende Geschichten inszeniert, am besten zu sehen im **Thang Long Wasserpuppen-Theater** *(siehe S. 158)* in Hanoi. In der Nähe zeigt das **Kim Dong-Theater** mehrere Aufführungen täglich. Auch das Museum der Geschichte Vietnams *(siehe S. 61)* in Ho Chi Minh City präsentiert täglich Aufführungen, und das **Binh Quoi Tourist Village** präsentiert auch Wasserpuppen-Shows.

In Vietnam sind verschiedene Theaterformen beliebt und verbreitet: Das traditionelle vietnamesische Theater *(siehe S. 24f)* lässt sich in drei grundlegende Dramenstile unterteilen: *hat boi*, *hat cheo* und *cai luong*. Alle drei Formen werden gesungen – *hat* bedeutet »singen« – und erinnern in ihren Formen stark an Opern. Das durch ausgefallene Kostüme und Make-up sowie ein hochgradig stilisiertes Schauspiel geprägte *hat boi* oder *tuong* ist vietnamesisch, verrät aber Einflüsse des chinesischen Theaters.

Eine vereinfachte, kompakte Form des *hat boi* ist das *hat cheo*. Auch dieses der Operette ähnliche Theater dreht sich um großes Drama und Tragödien, gewürzt mit einer Prise Ironie.

Cai luong entstand dagegen zu Beginn des 20. Jahrhunderts und erinnert an westliche Musicals mit aufwendiger Kulisse und melodramatischen Szenen. Unabhängig von den Liedtexten drücken

Aufwendig kostümierte Puppen, Wasserpuppen-Theater, Hanoi

bestimmte Melodien Gefühle wie Glück, Trauer, Misstrauen usw. aus. Die echten Fans kennen alle Melodien auswendig.

Das traditionelle Theater genießt heute vor allem in Hanoi größte Popularität. *Hat cheo*-Stücke sieht man regelmäßig im **National Cheo Theater**. Das **Chuong Vang-Theater** konzentriert sich auf *cai luong*. An Wochenenden zeigt Den Ngoc Son *(siehe S. 160)* Auszüge von *Hat cheo*-Werken. Vor Ort sollte man auch die Zeitungen nach Theaterproduktionen im Tempel der Literatur *(siehe S. 166f)* durchforsten. In Ho Chi Minh City inszeniert das **Hoa Binh-Theater** sehr gute Produktionen traditionellen Theaters.

Neben der Oper enthält klassische vietnamesische Musik Vokal- und Instrumentalwerke. Die einst am Kaiserhof von Hue strikt regulierte Klassik erlebte in der französischen Kolonialzeit eine neue Blüte: Drei Stile entwickelten sich: *bac* im Norden, *trung* in Zentralvietnam und *nam* im Süden.

Die Kammermusik setzt sich aus Streich-, Schlag- und Holzblasinstrumenten zusammen und schafft so einen unverwechselbaren Klang. Beim traditionellen Theater gehören auch Blechinstrumente dazu, um dramatische Effekte zu erzielen. Musiker spielen u. a. im Palast der Wiedervereinigung *(siehe S. 61)* in Ho Chi Min City.

Wie Hanoi und Ho Chi Minh City haben die meisten Städte Kulturzentren und Theater: In Hoi An präsentiert das **Traditional Arts Theater** fast jeden Abend Konzerte und Theater. Das **Classical Opera Theater** in Danang und das Biennial Arts Festival in Hue (jeden Juni eines geraden Jahres) erhalten altes vietnamesisches Theater, Tanz und Musik lebendig. Im Hon Chen-Tempel *(siehe S. 148)* in Hue stehen im dritten und siebten Mondmonat Musik und Tanz im Mittelpunkt. Im **Vien Dong Hotel** in Nha Trang gibt es jeden Abend ein Programm, das sich vor allem aus Musik- und Tanzdarbietungen ethnischer Minderheitsgruppen zusammensetzt.

Eine Aufführung traditioneller Musik in Ho Chi Minh City

ZEITGENÖSSISCHE MUSIK UND KONZERTE

Die wichtigsten Konzertsäle Vietnams sind das Opernhaus *(siehe S. 162)* in Hanoi und das Stadttheater *(siehe S. 58)* in Ho Chi Minh City. In beiden Häusern stehen Orchestermusik, westliche und asiatische Opern sowie Popkonzerte auf dem Programm. **Nhac Vien**, das Musikkonservatorium in Ho Chi Minh City, ist Sitz des Sinfonieorchesters und präsentiert Klassik, Oper und Jazz.

Dank des warmen Wetters sind Vietnamesen große Fans von Open-Air-Konzerten: In Ho Chi Minh City ist der malerische **Van Hoa-Park** populär, in Hanoi hört man Musik am Hoan Kiem-See *(siehe S. 160)*. Bei den meisten dieser Konzerte wird vietnamesische Popmusik gespielt, manchmal finden auch revueähnliche Tänze von Frauen im traditionellen *ao dai* statt. Zwar wirken diese Aufführungen recht kommerziell, doch die fröhliche Stimmung ist ansteckend.

Sportstadien wie das **Military Region 7 Stadium** in Ho Chi Minh City dienen ebenfalls als Konzertorte, in denen einheimische Künstler von Teenagern gefeiert werden.

Schauspieler in *Cai luong*-Kostüm

Einige Restaurants, Bars und Modehäuser in Ho Chi Minh City und Hanoi veranstalten ebenfalls regelmäßig Konzerte, die in den lokalen Medien angekündigt werden. Der Hotelempfang ist in der Regel gut darüber informiert. Das **Maxim's Dinner Theater** in Ho Chi Minh City, eine der ältesten Bühnen dieser Art, bietet ein solides Essen und eine meist nette Show an – vom Streichquartett über Pop bis hin zu vietnamesischen Volksliedern und sogar den angesagtesten Rockgruppen.

MODERNES THEATER

Trotz vieler guter und ambitionierter Autoren, die kritische Dramen und Komödien schreiben, ist modernes Theater in Vietnam eine Nischenkunst. Die meist in der Landessprache inszenierten Stücke werden in kleinen Theatern aufgeführt. Eine gute Adresse für ausländische Besucher ist das **Ho Chi Minh City Drama Theater**, das vietnamesische Produktionen mit englischen Untertiteln zeigt. In Hanoi gilt das **Youth Theater** als eines der besten Theater Vietnams: Der Chefregisseur Le Hung studierte in Moskau, seinen durch Stanislawski und Brecht geprägten Stil wendet er nun bei den modernen Inszenierungen an. Viele Stücke des Ensembles schrieb Le Hung selbst, andere sind Adaptionen vietnamesischer und internationaler Werke. Am interessantesten sind modernisierte Versionen des *hat cheo*, die hier gelegentlich gespielt werden.

Die angesagte Q Bar in Ho Chi Minh City

KINO

Vietnamesische Filme sind selten synchronisiert oder mit englischen Untertiteln versehen. Einheimische Kunstfilme sowie ausländische Produktionen kann man in Hanoi in der **Cinemathèque** und im **National Cinema Theater** sehen. In Ho Chi Minh City läuft im **Galaxy Cinema** und im Kino des **Diamond Plaza** *(siehe S. 263)* internationaler Mainstream. Ausländische Filme sind selbst in Kleinstädten populär. Allerdings werden die meisten Filme wohl auf kopierten DVDs in privater Umgebung gesehen.

NACHTCLUBS, DISCOS UND BARS

Selbst in den ersten Jahren der Wirtschaftsreformen war in Ho Chi Minh City ein laues Bier in einer Backpacker-Absteige so ziemlich das einzige legale Vergnügen am Abend. Mittlerweile hat sich auch das Nachtleben befreit: **Hien and Bob's Place**, eine der ältesten Bars in Ho Chi Minh City, war das Vorbild für viele Nachahmer.

Es wirkt, als würden Bars fast wöchentlich eröffnen oder schließen, aber Klassiker wie **Apocalypse Now** sind immer noch da. Dieser berühmteste Club ganz Vietnams hat auch einen Ableger in Hanoi. Im Backpacker-Viertel rund um die Pham Ngu Lao-Straße gibt es viele Bars und Clubs. Am schicksten ist hier die **163 Cyclo Bar** mit toller Aussicht auf die Straße. Gelassener genießt man Drinks im **Bach Duong**, einer Kaffeebar, die meist vietnamesische Musik spielt. **California Pizza Works** und **Red Dot** servieren

zum Essen passende Biere. Ein Newcomer ist das beliebte **Blue Gecko**, komplett mit Billard und Darts. Im **Lucky Café** sieht man sich beim Bier Sport auf einem Riesenbildschirm an, die **Car Men Bar** ist wegen der Holzwände und Flamenco-Musik bekannt. Die **Rainforest Discotheque** erinnert an echten Regenwald.

Mehr Stil und Klasse findet man in Dachbars der eleganten Hotels an der Dong Khoi-Straße, etwa in **Rooftop Garden** des Rex *(siehe S. 60)* oder im **Saigon Saigon** des Caravelle Hotel *(siehe S. 58)*. Hier und in der **Bellevue Bar** sowie im **Saigon Pearl** spielen Bands Live-Musik, während man die Aussicht auf die nächtliche Stadt genießt. Die **Q Bar** im Gebäude des Stadttheaters *(siehe S. 58)* ist eine angesagte Adresse, im **Sax n Art** kann man bei Jazz entspannen.

Hanoi gibt sich nicht ganz so glamourös wie Ho Chi Minh City, aber auch hier weiß man, wie gefeiert wird: Winzige Läden, in denen das lokale Bier *bia hoi (siehe S. 247)* ausgeschenkt wird, sind besonders beliebt. Wer es etwas gediegener mag, findet im **Bobby Chinn** eine weinbarähnliche Alternative. Klassische Piano- und Violinenklänge hört man im **O. V. Club**, im **Seventeen Saloon** wird der Wilde Westen gefeiert, die **Relax Bar** wird ihrem Namen wirklich gerecht.

Am spannendsten ist die lebendige Jazzszene Hanois, deren wechselnde Clubs man der lokalen Presse entnehmen kann. Die Nummer eins der Clubs ist schon geraume Zeit der **Jazz Club**, in dem der vietnamesische Saxofonmeister Quyen Van Minh fast jeden Abend spielt.

In Hoi An erinnert das Dekor im **Tam Tam Café & Bar** *(siehe S. 256)* an das alte Indochina – trotz der hippen DJs. Trockener Gin und Snacks sind die Spezialität der **Amsterdam Bar**.

In Nha Trang beginnt man den Abend angenehm im **Louisiane Brewhouse**. Den einzigen Grappa im Ort serviert **La Bella Napoli**. Einer der besten Clubs ist der **Sailing Club**, tagsüber Bar, abends Disco. In Hue taucht man in der **DMZ Bar** in längst vergangene Zeiten ein oder schaut auf einen Cocktail in der **Why Not Bar** vorbei.

Karaoke-Clubs sollte man am besten meiden – es sind oft getarnte Bordelle. Die Polizei bekämpft diese Bars gegenwärtig sehr gezielt.

SPORTVERANSTALTUNGEN

Fußball ist zweifellos der Nationalsport schlechthin. Regionalteams und -ligen werden gefeiert, und zur Fußball-WM steht das Land still. Die meisten größeren Spiele finden im **Thong Nhat-Stadion** in Ho Chi Minh City und dem **My Dinh-Nationalstadion** in Hanoi statt.

Fast ebenso beliebt ist Badminton, das die Vietnamesen noch lieber selbst spielen, als nur die Meisterschaften zu verfolgen.

Glücksspiel gehört zur vietnamesischen Kultur, ist aber noch überwiegend illegal. Doch die staatliche Lotterie, Rennen im **Saigon Racing Club** und Windhundrennen im **Lam Son-Stadion** garantieren ganz legalen Nervenkitzel.

Pferderennen im berühmtem Saigon Racing Club

AUF EINEN BLICK

VORVERKAUF

Ticket Vietnam
www.ticketvn.com

TRADITIONELLES THEATER, MUSIK UND TANZ

Binh Quoi Tourist Village
1147 Xo Viet Nghe Tinh, Distrikt Binh Thanh, HCMC.
(08) 3898 6696.

Chuong Vang-Theater
72 Hang Bac, Hanoi. **Stadtplan** 2 E3.
(04) 3826 0374.

Classical Opera Theater
155 Phan Chu Trinh, Danang.
(0511) 561 291.

Hoa Binh-Theater
240 Ba Thang Hai, Distrikt 10, HCMC. **Stadtplan** 1 A5.
(08) 3865 5760.

Kim Dong-Theater
57B Dinh Tien Hoang, Hanoi. **Stadtplan** 2 E3.
(04) 3824 9494.

National Cheo Theater
Khu Van Cong Mai Dich Tu Liem, Hanoi.
(04) 3764 3280.

Traditional Arts Theater
75 Nguyen Thai Hoc, Hoi An.
(0510) 386 1159.

Vien Dong Hotel
1 Tran Hung Dao, Nha Trang. (058) 352 3608.

ZEITGENÖSSISCHE MUSIK, KONZERTE

Maxim's Dinner Theater
13, 15, 17 Dong Khoi, Distrikt 1, HCMC. **Stadtplan** 2 F4.
(08) 3829 6676.

Military Region 7 Stadium
2 Pho Quang, Tan Binh, HCMC.

Nhac Vien (Musik-konservatorium)
112 Nguyen Du, Distrikt 1, HCMC. **Stadtplan** 2 D4.
(08) 3824 3774.
www.hcmcons.edu.vn

Van Hoa-Park
115 Nguyen Du, Distrikt 1, HCMC. **Stadtplan** 2 D3.

MODERNES THEATER

Ho Chi Minh City Drama Theater
30 Tran Hung Dao, Distrikt 1, HCMC. **Stadtplan** 2 E5.
(08) 3836 9556.

Youth Theater
11 Ngo Thi Nham, Hanoi. **Stadtplan** 2 E5.
(04) 3734 2251.

KINO

Cinemathèque
22A Hai Ba Trung, Hanoi. **Stadtplan** 2 E4.
(04) 3936 2648.

Galaxy Cinema
116 Nguyen Du, Distrikt 1, HCMC. **Stadtplan** 2 D3.
(08) 3822 8533.

National Cinema Theater
87 Lang Ha, Hanoi. **Stadtplan** 1 A3.
(04) 3514 1791.

NACHTCLUBS, DISCOS UND BARS

163 Cyclo Bar
163 Pham Ngu Lao, Distrikt 1, HCMC. **Stadtplan** 2 D5.
(08) 3920 1567.

Amsterdam Bar
Life Resort, 1 Pham Hong Thai, Hoi An.
(0510) 391 4555.

Apocalypse Now
2C Thi Sach, Distrikt 1, HCMC. **Stadtplan** 2 F3.
(08) 3825 6124.
25C Hoa Ma, Hanoi.
(04) 3971 2783.

Bach Duong
28 Phan Dinh Phung, Hanoi. (04) 3733 8255.

Bellevue Bar
Majestic Hotel, 1 Dong Khoi, Distrikt 1, HCMC. **Stadtplan** 2 F4.
(08) 3829 5514.
www.majesticsaigon.com

Blue Gecko
31 Ly Tu Trong, Distrikt 1, HCMC. **Stadtplan** 2 E3.
(08) 3824 3483.

Bobby Chinn
77 Xuan Dieu, Hanoi. **Stadtplan** 2 E4.
(04) 3934 8577.
www.bobbychinn.com

California Pizza Works
25B Tran Cao Van, Distrikt 1, HCMC. **Stadtplan** 2 D2.
(08) 3827 9682.

Car Men Bar
8 Ly Tu Trong, Distrikt 1, HCMC.
(08) 3829 7699.

DMZ Bar
60 Le Loi, Hue.
(054) 382 3414.
www.dmz-bar.com

Hien and Bob's Place
43 Hai Ba Trung, Distrikt 1, HCMC. **Stadtplan** 2 F3.
(08) 3823 0661.

Jazz Club
31 Luong Van Cam, Hanoi. **Stadtplan** 2 E3.
(04) 3828 7890.

La Bella Napoli
60 Hung Vuong, Nha Trang.
(058) 352 7299.

Louisiane Brewhouse
Lot 29, Tran Phu, Nha Trang. (058) 352 1948.

Lucky Café
224 De Tham, Distrikt 1, HCMC. **Stadtplan** 2 D5.
(08) 3836 7277.

O. V. Club
15 Ngo Quyen, Hoi An.
(04) 3733 0808.

Q Bar
7 Lam Son Sq, Distrikt 1, HCMC. **Stadtplan** 2 F3.
(08) 3823 3479.
www.qbarsaigon.com

Rainforest Discotheque
5–15 Ho Huan Nghiep, Distrikt 1, HCMC. **Stadtplan** 2 F3.
(08) 3821 8753.

Red Dot
15/17 Phan Van Dat, Distrikt 1, HCMC. **Stadtplan** 2 F4.
(08) 3822 6178.

Relax Bar
60 Ly Thuong Kiet, Hanoi.
(04) 3942 4409.

Saigon Pearl
Palace Hotel, 56–66 Nguyen Hue, Distrikt 1, HCMC. **Stadtplan** 2 F4.
(08) 3829 2860.
www.palacesaigon.com

Sailing Club
72 Tran Phu, Nha Trang. (058) 382 6528. www.sailingclubvietnam.com

Sax n Art
28 Le Loi, Distrikt 1, HCMC. **Stadtplan** 2 E3.
(08) 3822 8472.
www.saxnart.com

Seventeen Saloon
98B Tran Hung Dao, Hanoi. **Stadtplan** 2 D4.
(04) 3942 6822.

Tam Tam Café and Bar
110 Nguyen Thai Hoc, Hoi An. (0510) 386 2212.

Why Not Bar
21 Vo Thi Sau, Hue.
(054) 382 4793.

SPORT-VERANSTALTUNGEN

Lam Son-Stadion
15 Le Loi, Vung Tau.
(064) 807 309.

My Dinh-Nationalstadion
Hoa Lac, Distrikt Tu Liem, Hanoi.

Saigon Racing Club
2 Le Dai Hanh, Distrikt 11, HCMC. **Stadtplan** 3 C2.
(08) 3962 4319.

Thong Nhat-Stadion
138 Dao Duy Tu, Distrikt 10, HCMC. **Stadtplan** 4 E3.
(08) 3855 7865.

Stadtplan Ho Chi Minh City siehe Seiten 78–83 **Stadtplan Hanoi** siehe Seiten 174–177

SPORT UND AKTIVURLAUB

Mit seinen hohen, oft wolkenverhangenen Berggipfeln, den üppigen tropischen Regenwäldern, den reißenden Flüssen und den immer internationaleren Großstädten lockt Vietnam mit vielfältigen Möglichkeiten, den Urlaub aktiv zu gestalten. Die über weite Strecken fast unberührte, Hunderte Kilometer lange Küste mit ihren einsamen Sandstränden, klaren Buchten und ihrer Brandung ist ein Traum für Wassersportler. Wanderer und Naturliebhaber zieht es in die Nationalparks, auf die Bergpfade und die vielen Wanderwege. Immer mehr Radsportler erkunden das Land auf einsamen Straßen zwischen Hanoi und Ho Chi Minh City. In den letzten Jahren sind luxuriöse Golfplätze für die vielen ausländischen Besucher rund um die Großstädte und in den Urlaubsorten entstanden. Feinschmecker können ihre Gaumen bei verschiedensten Gourmet-Reisen verwöhnen, etwa mit der kaiserlichen Küche von Hue oder mit den exotischen Früchten des Mekong-Deltas. Vietnam bietet ein schier unbegrenztes Freizeitangebot. Es ist ein facettenreiches Land mit den unterschiedlichsten Möglichkeiten für jede Vorliebe und für jeden Geldbeutel.

Fußballer am Vung Tao-Strand

Taucher vor einem Tauchgang, Nha Trang

TAUCHEN, SCHNORCHELN UND SCHWIMMEN

Der am besten entwickelte Ort für Taucher ist der Urlaubsort Nha Trang *(siehe S. 108–111)*. Hier versammeln sich zahlreiche Anbieter, Lehrer für Schnellkurse, Ausrüster und Bootsverleiher. Der älteste und beste Tauchanbieter ist **Rainbow Divers** mit Ablegern an vielen Tauchgebieten Vietnams. In Nha Trang findet man weitere solide Anbieter wie **Sailing Club Divers**. Etwa 60 Kilometer nördlich der Stadt ist das **Whale Island Resort** für Taucher und Schnorchler ein zunehmend verlockendes Ziel. Südlich bieten Phu Quoc *(siehe S. 101)* und Con Dao *(siehe S. 98)* flache Korallenriffe – eine ernste Konkurrenz für Nha Trang, denn beide Inseln sind noch unverdorbener und preiswerter als Nha Trang. Rainbow Divers ist hier gegenwärtig der einzige Anbieter.

Die wie an einer Perlenschnur aufgereihten Fischerinseln vor **Hoi An** *(siehe S. 124–128)* sind nur eine Stunde Bootsfahrt vom Festland entfernt und garantieren hervorragende Tauchgründe in Zentralvietnam. Ein-, Zwei- und Drei-Tages-Ausflüge zu diesen Inseln bietet das **Cham Island Diving Center** an.

An den meisten Stränden zwischen Danang *(siehe S. 134)* und Nha Trang herrschen in der Regel ideale Bademöglichkeiten. Einer der sichersten Strände ist Mui Ne Beach *(siehe S. 106f)*, wo die Unterströmung am schwächsten ausfällt.

In Städten laden Hotelpools zum Schwimmen ein; auch Nichthotelgäste können sie gegen eine geringe Gebühr nutzen. In Ho Chi Minh City bietet das **Grand Hotel** *(siehe S. 233)* eine der günstigsten Tagesraten an, im International Club Pool kann man Sauna, Dampfsauna und Fitnessraum für weniger als zehn US-Dollar am Tag genießen. In Hanoi sind die Pools des **Army Hotel** und des **Thang Loi Hotel** preiswert. Wasserfreizeitparks wie **Dam Sen** *(siehe S. 71)* in Ho Chi Minh City, der **Ho Tay Water Park** in Hanoi und der **Phu Dong Water Park** in Nha Trang sorgen für Spaß.

SURFEN, WINDSURFEN UND KITEBOARDING

Nur wenige Vietnamesen surfen selbst, aber viele Urlauber stürzen sich gerne in die guten, wenn auch nicht allzu großen Wellen am China Beach *(siehe S. 133)*. Bretter kann man vor Ort mieten.

Mui Ne Beach *(siehe S. 106f)* ist in letzter Zeit vom Kiteboarding-Fieber erfasst worden. Alljährlich findet hier ein internationaler Wettkampf statt. Die ruhige See und starke Winde garantieren auch perfekte Bedingungen zum Windsurfen. Anbieter für Windsurfer und Kiteboarder sind **Storm Kiteboarding** und **Windchimes**. In **Jibe's Beach Club** in Mui Ne trifft man sich mit anderen Surfbegeisterten.

Kitesurfer und Windsurfer im Südchinesischen Meer bei Mui Ne

KAJAK FAHREN

Kajaks nutzte man erstmals in der Bucht von Halong *(siehe S. 182–184)*, sie erwiesen sich als ideal zur Erkundung der Inseln, Buchten und Höhlen. Gleichwohl gelten sie in Vietnam als Neuheit. Man kann Gewässer auf eigene Faust erkunden, besser sind jedoch Touren von Spezialanbietern. Solide und bewährte Veranstalter sind **Sinh Café** *(siehe S. 281)* und **Buffalo Tours**, die beide Kajakreisen organisieren. Empfehlenswert ist wegen der kleinen Gruppen, eigenen Kajaks und Führer auch **Handspan Adventure Travel**. **Green Trail Tours** bietet Kajakfahrten durch die Bucht von Halong, auf dem Ba Be-See *(siehe S. 200)* sowie im Mekong-Delta an.

Mit dem Kajak durch das klare Wasser der Bucht von Halong

GOLF

Golf war für die Kommunistische Partei der Inbegriff westlicher Dekadenz – heute spielen auch immer mehr Vietnamesen den von Besuchern und hier lebenden Ausländern eingeführten Sport. Die Mitgliedsbeiträge der Clubs sind sehr hoch, die Gebühren für Gäste dagegen eher niedrig.

Die meisten Golfplätze liegen rund um Ho Chi Minh City. Die **Rach Chiec Driving Range** findet man zehn Minuten nördlich vom Stadtzentrum. Der **Vietnam Golf and Country Club** ist eine Spitzenadresse mit zwei 18-Loch-Anlagen und Flutlicht.

In Hanoi kann man seinen Abschlag auf der **Lang Ha Driving Range** trainieren, und eine Autostunde westlich lädt der exklusive **King's Island Golf Course** ein. Die beliebtesten Plätze liegen in und rund um Dalat *(siehe S. 114–116)*. Zwei sehr stilvolle Golfclubs sind **Dalat Palace** aus der französischen Kolonialzeit und **Ocean Dunes**, der von Nick Faldo in Phan Thiet gestaltet wurde. **Sea Links** in Mui Ne gehört zu den exklusivsten Golfclubs Vietnams.

Die elegante Golfanlage Ocean Dunes fast direkt am Strand, Phan Thiet

WANDERN

Die landschaftliche Vielfalt macht Vietnam zu einem Wander- und Trekkingparadies. Man hat die Wahl zwischen Pfaden in Nationalparks oder Wanderungen an Berghängen, Abenteuertouren durch Dschungel oder langen Spaziergängen am Strand.

Die nördliche Bergregion rund um Sapa *(siehe S. 196 f)* ist eine Wandergegend, die bei Vietnamesen und Besuchern besonders beliebt ist. Hier findet man auch viele Touranbieter, etwa **Topas Adventure**, **Exotissimo** und **Footprints**. Alle drei Veranstalter arbeiten mit lokalen Guides zusammen, die in den Dörfern der Bergstämme ersten Kontakt knüpfen.

Auch Nationalparks laden mit ihren gepflegten Pfaden und einfacher Infrastruktur zum Sportwandern ein. Der Cat Ba-Nationalpark *(siehe S. 189)* hat einen der schwierigsten Bergsteigerpfade aller Parks: Er führt 18 Kilometer lang durch Dschungel bis zu einem der höchsten Gipfel im Park. Kondition, gutes Schuhwerk, wasserfeste Kleidung und viel Trinkwasser sind hier ein Muss, ein lokaler Führer empfiehlt sich natürlich auch. Jedes Hotel in der Region wird bei der Buchung eines Guide weiterhelfen.

Im Cuc Phuong-Nationalpark *(siehe S. 193)* sind nicht alle Wege markiert, sodass man sich unbedingt mit einem Guide auf den Weg machen sollte. Der längste Pfad ermöglicht eine fünfstündige Wanderung zum Dorf Kanh. Hier übernachtet man und kehrt per Wildwasser-Rafting auf dem Buoi-Fluss zurück. Auf einem acht Kilometer langen Pfad durch den Regenwald kommt man zu einem gewaltigen, angeblich tausendjährigen Baum. Kürzere Wanderungen führen durch einen botanischen Garten, zum Primate Rescue Center und zu einer Höhle.

Einige der schönsten Wanderwege findet man im Bach Ma-Nationalpark *(siehe S. 136)*. Der Summit Trail führt zur Spitze des Bach Ma Mountain (»Berg des Weißen Pferdes«), so genannt wegen der weißen Wolken am Gipfel. Die schöne Aussicht belohnt den Aufstieg. Der Five Lakes Cascade Trail schlängelt sich zu Wasserfällen, und der Rhododendron Trail macht im Frühling seinem Namen alle Ehre.

Abschnitt des Five Lakes Cascade Trail, Bach Ma-Nationalpark

RAD FAHREN

Das unverfälschte Vietnam kann man wunderbar vom Fahrradsattel aus erleben. Die Route zwischen Hanoi und Ho Chi Minh City ist das Mekka vieler Radfahrer. Da der Highway 1 zunehmend unter Staus und Überflutungen leidet, nehmen viele den Highway 14. Zwar fehlt hier die Meeresbrise der Küstenroute, aber die Strecke ist sehr malerisch.

Durch das Mekong-Delta fährt man auf einsame Strecken. Die Landschaft hier ist wunderschön, vor allem während der Reisernte. Im zentralen Hochland sind immer mehr Mountainbiker unterwegs. Die Straßenbedingungen im südlichen Teil sind wechselhaft. Flüsse an der Strecke laden zum Rasten ein.

Veloasia organisiert eine Reihe maßgeschneiderter Touren durch einsame Regionen Vietnams. Ein ebenso ausgezeichneter Anbieter ist **SpiceRoads** mit Hauptsitz in Bangkok. Touren rund um Dalat und durch das südliche zentrale Hochland bietet **Phat Tire Ventures** an. Im Winter sollte man wegen gefährlicher Straßenbedingungen das nördliche Hochland meiden.

Wer auf eigene Faust radeln möchte, sollte seine eigene Ausrüstung mitbringen, denn Leihräder sind oft nicht in besten Zustand. Radreparaturen sind dank der vielen Fahrradläden problemlos.

Auf dem Fahrrad durch Hoi An

Häufig sieht man Menschen beim Kampfsport-Training in Parks

KAMPFSPORT

Kampfsportarten sind ein wichtiges Element der vietnamesischen Kultur und des Sports. Neben dem einheimischen, vor 2000 Jahren entstandenen *vo dao* werden hier zahlreiche Kampfsportarten ausgeübt. *Vo dao* ist eine Mischung aus Judo und Kung-Fu, die Energie des Gegners wird dabei gegen ihn verwendet. Es gibt zahlreiche Schlagarten. Auch Waffen wie Totschläger, Schwerter und Äxte gehören mitunter dazu.

Kurse und Schaukämpfe bietet die **Nam Huynh-Pagode** in Ho Chi Minh City an. Eine weitere vietnamesische Kampfkunst ist *sa long cuong*. Dabei wird die geistige Stärke über Körperkraft gesetzt, Flexibilität ist mehr als strikte Prinzipien. Unterrichtet wird der Sport im **Youth Culture House of HCMC** in Ho Chi Minh City. Im **Phu Tho-Stadion** in Ho Chi Minh City kann man gegen eine geringe Gebühr Judo, Aikido und Kung-Fu ausüben oder einfach kostenlos dabei zusehen.

In einigen Stadtparks, vor allem in Cholon, sieht man oft Kampfsportlehrer beim ausgiebigen, harten Training. In Hanoi ist Taekwondo – eine Selbstverteidigung ohne Waffen – am beliebtesten. Der renommierte **GTC Club** in Hanoi ist eine der besten Adressen, um diesen Sport zu trainieren.

VOGELBEOBACHTUNG

Vor dem Ausbruch der Vogelgrippe entwickelte sich Vietnam zu einem Spitzenziel für Vogelkundler. Das Land ist auch ein bedeutender Nistplatz für viele Wandervögel, und die meisten gewöhnlichen Vogelarten sieht man überall. Manche Veranstalter entwickelten Spezialvogelreisen, in Touristeninformationen erhielt man Infomaterial. Es bleibt zu hoffen, dass die Gefahren der Vogelgrippe bald ganz bewältigt sind und man in naher Zukunft die Vogelwelt Vietnams wieder unbesorgt genießen kann.

Frische Zutaten und Gewürze beim Kochen, Hue

GOURMET-URLAUB

Vietnam hat eine der faszinierendsten Küchen der Welt. Gourmet-Reisen sind zwar nicht gerade preiswert, aber Feinschmecker schwören darauf. Die New Yorker Agentur **Absolute Asia** veranstaltet entsprechende Luxusreisen ab Ho Chi Minh City über Hoi An *(siehe S. 124–128)* und Hue *(siehe S. 138–145)* bis nach Hanoi. In weniger als einer Woche schlemmt man sich durch alle Grundrichtungen vietnamesischer Küche.

Eine Alternative sind Kochkurse vieler Hotels. Als bestes Angebot gilt der Kurs von Madame Thi Kim Hai im Sofitel Metropole Hotel *(siehe S. 162)* in Hanoi. Das halbtägige Unternehmen beginnt auf dem Markt und endet in der Küche, wo man nordvietnamesisch kocht. Ein ähnlicher Kurs ist **Miss Vy's Cooking Class** in Hoi An.

SPAS

Einige der besten Spas gehören zu Luxushotels, so das **Six Senses Hideaway Ninh Van Bay** (siehe S. 238) in Ninh Hoa. Doch auch immer mehr kleinere Spas sind lohnenswerte Ziele, etwa **Thap Ba Hot Springs** (siehe S. 110) in Nha Trang oder **Tam Spa** und **Forester Spa** in Phan Thiet.

Häuschen mit Meerblick, Six Senses Hideaway Ninh Van Bay (siehe S. 238)

AUF EINEN BLICK

TAUCHEN, SCHNORCHELN UND SCHWIMMEN

Army Hotel
33C Pham Ngu Lao, Hanoi. **Stadtplan** 2 F4.
(04) 3826 5541.

Cham Island Diving Center
88 Nguyen Thai Hoc, Hoi An.
(0510) 391 0782.

Ho Tay Water Park
614 Lac Long Quan, Hanoi.
(04) 3718 4175.

Phu Dong Water Park
Tran Phu, Nha Trang.

Rainbow Divers
90A Hung Vuong, Nha Trang.
(058) 352 4351.

Sailing Club Divers
72–74 Tran Phu, Nha Trang.
(058) 352 2788.
www.vietnam-diving.com

Thang Loi Hotel
Yen Phu, Ho Tay, Hanoi.
(04) 3823 8161.

Whale Island Resort
2 Me Linh, Nha Trang.
(058) 351 3871.

SURFEN, WIND-SURFEN UND KITEBOARDING

Jibe's Beach Club
90 Nguyen Dinh Chieu, Mui Ne, Phan Thiet.
(062) 384 7405.

Storm Kiteboarding
24 Nguyen Dinh Chieu, Mui Ne, Phan Thiet.
(062) 384 7442.

Windchimes
Saigon Mui Ne Resort, Mui Ne, Phan Thiet.
(090) 972 0017.

KAJAK FAHREN

Buffalo Tours
94 Ma May, Hoan Kiem, Hanoi.
(04) 3828 0702.
www.buffalotours.com

Green Trail Tours
Hanoi. (04) 3754 5268. www.greentrail-indochina.com

Handspan Adventure Travel
Hanoi. (04) 3926 0581.
www.handspan.com

GOLF

Dalat Palace
Phu Dong Thien Vuong, Dalat.
(063) 382 1201.

King's Island Golf Course
Dong Mo-See, Ha Tay.
(034) 826 6555.

Lang Ha Driving Range
16A Lang Ha, Hanoi.
(04) 3835 0908.

Ocean Dunes
1 Ton Duc Thang, Phan Thiet. (062) 382 1995.

Rach Chiec Driving Range
An Phu Village, Distrikt 9, HCMC. (08) 389 6756.

Sea Links Golf & Country Club
Nguyen Dinh Chieu, Mui Ne, Phan Thiet.
(062) 374 1741.
www.sealinksvietnam.com

Vietnam Golf and Country Club
Long Thanh My Village, Thu Duc, HCMC.
(061) 3351 1812.

WANDERN

Exotissimo
26 Tran Nhat Duat, Hanoi.
Stadtplan 2 E2.
(04) 3828 2150.
www.exotissimo.com

Footprints
6 Le Thanh Tong, Hanoi.
Stadtplan 2 F5.
(04) 3933 2844.
www.footprintsvietnam.com

Topas Adventure
2 To Ngoc Van, Hanoi.
Stadtplan 1 C1.
(04) 3715 1005.
www.topas-adventure-vietnam.com.

RAD FAHREN

Phat Tire Ventures
73 Truong Cong Dinh, Dalat.
(063) 382 9422.
www.phattireventures.com

SpiceRoads
www.spiceroads.com

Veloasia
283/20 Pham Ngu Lao, Distrikt 1, HCMC.
Stadtplan 2 D5.
(08) 3837 6766.
www.veloasia.com

KAMPFSPORT

GTC Club
A3 Ngoc Khanh, Hanoi.
(04) 3846 3095.

Nam Huynh-Pagode
29 Tran Quang Khai, Distrikt 1, HCMC.
Stadtplan 1 C1.

Phu Tho-Stadion
1 Gia, Distrikt 11, HCMC.
Stadtplan 3 C2.
(08) 3866 0156.

Youth Culture House of HCMC
4 Pham Ngoc Thach, Distrikt 1, HCMC.
Stadtplan 2 E3.
(08) 3829 4345.

GOURMET-URLAUB

Absolute Asia
www.absoluteasia.com

Miss Vy's Cooking Class
Cargo Club, 107 Nguyen Thai Hoc, Hoi An.
(0510) 391 0489.
www.hoianhospitality.com

SPAS

Forester Spa
65A Nguyen Dinh Chieu, Mui Ne, Phan Thiet.
(062) 374 1317.

Tam Spa
9A Nguyen Dinh Chieu, Mui Ne, Phan Thiet.
(062) 374 1114.

Thap Ba Hot Springs
25 Ngoc Son, Nha Trang.
(058) 383 0090.
www.thapbahotsprings.com.vn

Stadtplan Ho Chi Minh City siehe Seiten 78–83 **Stadtplan Hanoi** siehe Seiten 174–177

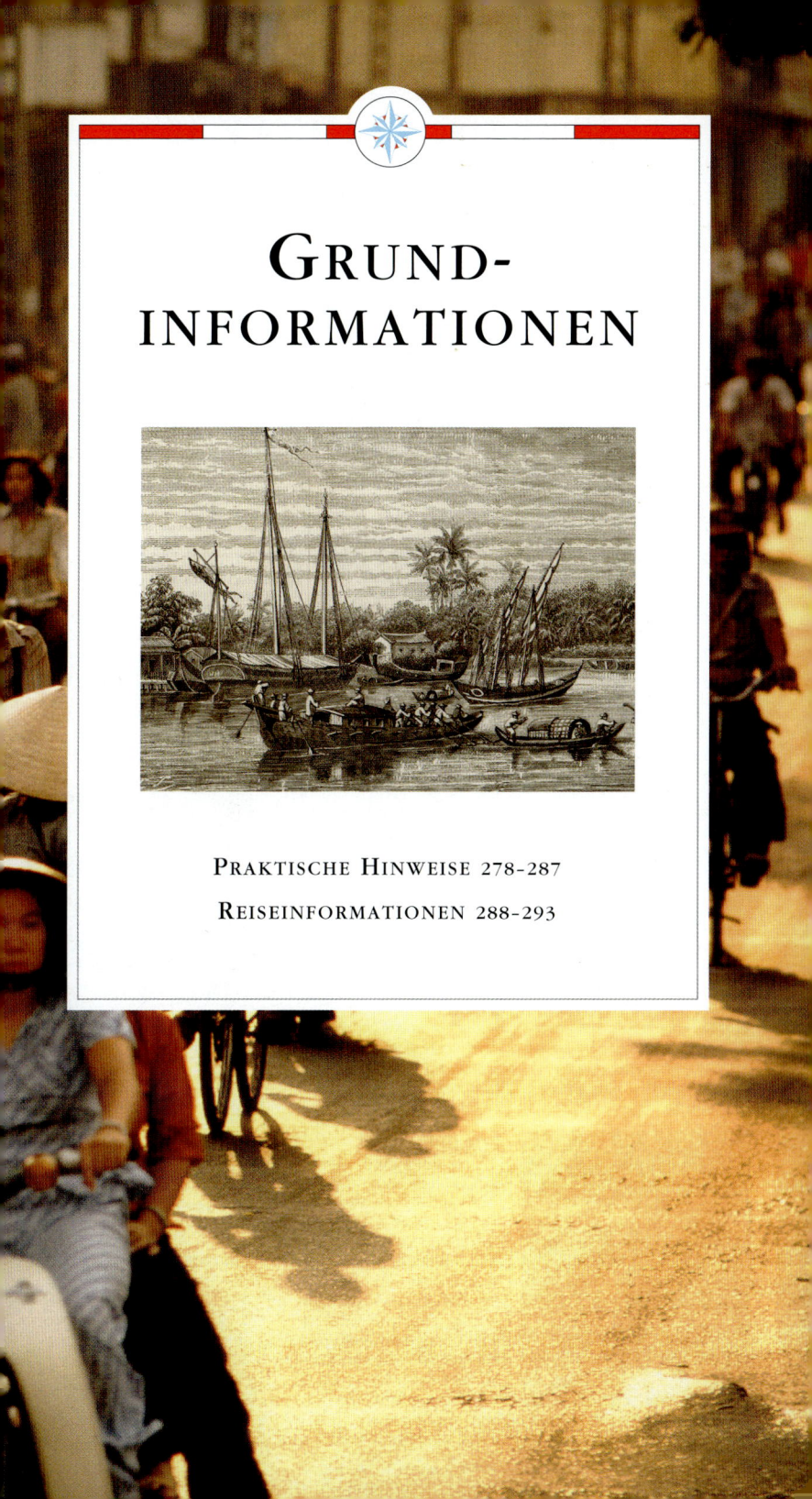

GRUND-
INFORMATIONEN

PRAKTISCHE HINWEISE

Vietnam gilt heute als ein Top-Reiseziel mit jährlich wachsenden Besucherströmen. Zwar hat sich das Land schon Mitte der 1990er Jahre geöffnet, aber Infrastruktur und touristische Angebote für die Millionen Besucher verbesserten sich erst nach und nach. In größeren Städten findet man jede Art von Hotels – vom Fünf-Sterne-Haus bis hin zu preiswerten Gästehäusern. In den meisten Orten lockt eine abwechslungsreiche Restaurantszene. Heute ist fast die ganze Küste für die touristische Entwicklung geöffnet, neue Ferienanlagen sprießen überall aus dem Boden. Die weißen Strände und die atemberaubenden Korallenriffe sind ebenso verlockend wie das einsame Hochland im Norden. Angesichts der vielen Reisebüros mit Angeboten für diese Region wird sich die Idylle hier allerdings bald ändern. Vietnams staatliche Stellen gelten als nicht besonders dienstleistungsorientiert, dafür organisieren private Anbieter Reisen in fast alle Teile dieses faszinierenden Landes.

Besucher mit Straßenhändler

BESTE REISEZEIT

Temperaturen und Niederschläge weisen in Vietnam starke regionale Unterschiede auf *(siehe S. 34 f)*. Deshalb sollten Sie Ihre Reiseroute entsprechend planen und vor allem die Monsunzeiten meiden. Im Süden gehen die schwersten Regenfälle von Mai bis November nieder, im Norden zwischen Mai und August. Diese Regenzeiten sind die Nebensaison, in der eine Vietnamreise viel preiswerter ausfällt, wegen Überflutungen und schlechter Sicht allerdings auch deutlich weniger verlockend sein kann.

Wer wichtige Feste wie das Tet-Fest *(siehe S. 28 f)* erleben möchte, sollte trotz höherer Preise zwischen Dezember und Februar reisen. Besseres Wetter und weniger Besucher kennzeichnen die Monate März, April und Mai – eindeutig die beste Reisezeit.

Ein herrlicher Nachmittag im Januar, Phan Thiet *(siehe S. 106)*

◁ Straße in Ho Chi Minh City *(siehe S. 52–83)*

REISEVORBEREITUNG

Es gibt nur wenige Dinge, die man nicht in vietnamesischen Städten kaufen kann, und bestimmt bekommt man sie zu Hause nicht so preiswert. In Dörfern und ländlichen Gegenden ist die Auswahl natürlich beschränkter. Generell sollte man einen breitkrempigen Hut tragen und viel Sonnenschutzmittel benutzen. In der Regenzeit ist ein Klappschirm ein absolutes Muss. Auch ein Taschenmesser, eine Taschenlampe, Batterien und ein Antimückenspray sind nützlich.

Die beste Kleidung für das warme, tropische Klima sind leichte, gedeckte Baumwoll- oder Seidenstoffe sowie leichtes Schuhwerk. Im Norden, vor allem im Hochland, sind die Nächte kalt und selbst die Tagestemperaturen niedrig. Hier empfehlen sich mehrere Lagen Kleidung.

BUCHUNG

Die Hochsaison dauert in Vietnam von Dezember bis Februar, wenn viele Tausende Viet Kieu, die ausgewanderten Vietnamesen, zum Weihnachts- oder Tet-Fest ihre Familien in der Heimat besuchen. Für diese Reisezeit sollte man mindestens drei Monate im Voraus buchen. Manche Besucher versuchen, dem Chaos durch eine Einreise über Laos oder Kambodscha zu entgehen, aber diese Jahreszeit ist überall in Südostasien schwierig. Zwischen Dezember und Februar empfiehlt sich auch eine Hotelreservierung, vor allem wenn man in Luxushotels absteigen möchte. Preiswerte Häuser sind dagegen meist kein Problem. Buchungen in Vietnam übernehmen bewährte Reisebüros *(siehe S. 281 und S. 291)*.

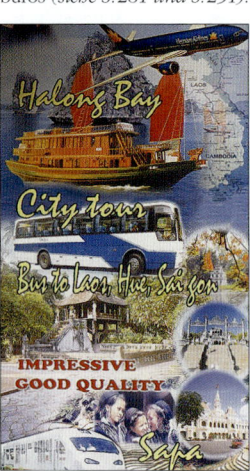

Werbeplakat mit Angeboten für Spezialtouren eines Reisebüros

EINREISE

EU-Bürger brauchen einen Reisepass (der mindestens einen Monat länger als die Aufenthaltszeit gültig ist) und ein Visum. Gegenwärtig sind nur Bürger aus Russland, Kambodscha und Malaysia von der Visumspflicht ausge-

Business-Pass für die Grenzkontrolle bei der Einreise aus China

nommen. Visa werden von den Botschaften Vietnams ausgestellt. Man kann sie dort direkt oder über ein Reisebüro beantragen. Das Antragsformular findet man auch im Internet. Es ist in Planung, dass Visa künftig auch bei der Einreise am Flughafen erteilt werden können, »Visa on Arrival« sind aber derzeit noch nicht erhältlich.

Ein »normales« Touristenvisum ist zur einmaligen Einreise und 30 Tage lang gültig. Visa für einen längeren Zeitraum und zur zwei- oder mehrfachen Einreise können (gegen eine höhere Gebühr) beantragt werden, Visa für Geschäftsreisende für die Dauer von bis zu einem Jahr. Eine Verlängerung der Gültigkeitsdauer des Visums in Vietnam ist möglich, nahezu alle Reisebüros vor Ort bieten diesen Service an.

Ein Kinderausweis muss mit einem Lichtbild versehen sein. Da Schwierigkeiten mit diesem Dokument nicht auszuschließen sind, empfiehlt es sich, auch für Kinder einen eigenen Reisepass mitzuführen.

ZOLL

Die einstmals sehr strikte Zollkontrolle in Vietnam ist heute sehr viel einfacher. Besucher aus der EU dürfen 1,5 Liter Alkoholika über 22 Prozent und 400 Zigaretten zollfrei einführen. Bargeld im Wert über 7000 US-Dollar muss deklariert werden.

Bei der Einreise füllt man ein Zollformular aus, die gelbe Kopie des Blattes erhält man zurück. Diesen Durchschlag müssen Sie bei der Ausreise wieder vorlegen. Ausländische Besucher werden kaum intensiv durchsucht, aber kulturell Anstößiges oder politisch Kritisches (Pornografie, CDs, DVDs etc.) kann beschlagnahmt werden.

Aktuelle Informationen über Zollvorschriften liefert auch die Website der Vietnamesischen Botschaft in den USA.

IMPFUNGEN

Die Weltgesundheitsorganisation (WHO) empfiehlt für Reisen nach Südostasien eine Reihe von Impfungen, darunter gegen Hepatitis A und B, Tetanus, Röteln, Masern, Mumps, Diphtherie, Typhus, Tollwut und Japanische Encephalitis. Die Notwendigkeit einer Malaria-Prophylaxe hängt stark von der Reisezeit und der Region ab. Die Städte Vietnams sind inzwischen malariafrei, Risiko besteht vor allem in manchen Provinzen im Hochland und im Süden. Die Website des Auswärtigen Amts liefert differenzierte Merkblätter über Krankheiten und das Malaria-Risiko in einzelnen Regionen. Am besten informieren Sie sich rechtzeitig vor der Reise bei Ihrem Hausarzt oder einem Tropenmediziner über erforderliche Impfungen. Auch die Website des Robert-Koch-Instituts (www.rki.de) ist eine gute Informationsquelle.

Bei der Einreise aus einem Land mit Gelbfieber ist eine gültige Impfung nicht älter als ein Jahr erforderlich. Weitere Informationen zum Thema Gesundheit und Medizinische Versorgung *siehe S. 282 f.*

AUF EINEN BLICK

BOTSCHAFTEN

Sozialistische Republik Vietnam
Eisenstraße 3,
12435 Berlin.
(030) 5363 0108.
www.vietnambotschaft.org

Felix-Mottl-Straße 20,
1190 Wien.
(01) 368 0755.
www.vietnamembassy.at

Schlösslistrasse 26, 3008 Bern.
(031) 388 7878.
www.vietnam-embassy.ch

Deutschland
29 Tran Phu, Hanoi.
Stadtplan 1 B3.
(04) 3843 0245.
www.hanoi.diplo.de

Österreich
Prime Center, 53 Quang Trung,
8. Stock, Distrikt Hai Ba Trung,
Hanoi. **Stadtplan** 2 D5.
(04) 3943 3050. www.aussenministerium.at/hanoi

Schweiz
Hanoi Central Building Office,
44B Ly Thuong Kiet, 15. Stock,
Hanoi. **Stadtplan** 2 E4.
(04) 3934 6589.
www.eda.admin.ch/hanoi

AKTUELLE INFOS
www.auswaertiges-amt.de
www.bmeia.gv.at
www.eda.admin.ch˙

Vietnamesische Botschaft in den USA
www.vietnamembassy-usa.org

Besuchergruppe vor dem Ho Chi Minh-Mausoleum *(siehe S. 165)*

Stadtplan Hanoi *siehe Seiten 174–177*

Neonlicht und Logo von Saigon Tourist, Ho Chi Minh City

INFORMATIONEN

Die vietnamesische Tourismusindustrie ist immer noch in der Entwicklung. Es gibt nur zwei offizielle Besucherinformationen, **Saigon Tourist** und **Vietnam Tourism**. Beide haben sich in den vergangenen Jahren deutlich verbessert und betreiben nützliche Websites. Dennoch bleiben sie Staatsunternehmen, die durch Hotel- und Reisevermittlung Geld verdienen sollen. Unabhängige Reisebüros und Anbieter *(siehe auch S. 291 und S. 293)* sind eine deutlich serviceorientiertere Alternative, sofern man seine Reise auf eigene Faust organisieren oder individuelle Touren buchen möchte. Trotz einiger Ausnahmen sind die meisten Anbieter zuverlässig und gut informiert.

EINTRITT

Die meisten Museen, Zoos und botanischen Gärten verlangen ein geringes Eintrittsgeld, meist einen US-Dollar oder sogar darunter. Das Zweiklassen-Ticketsystem, bei dem Ausländer fünfmal so viel zahlten wie Einheimische, wurde offiziell abgeschafft, ist mancherorts aber noch in Kraft. Pagoden und Tempel verlangen in der Regel keinen Eintritt, aber eine Spendenbüchse findet man hier fast immer an prominenter Stelle platziert.

BEHINDERTE REISENDE

Leider gibt es für behinderte Reisende, vor allem für Rollstuhlfahrer, in Vietnam nur sehr beschränkte Einrichtungen. Zwar sind die Bürgersteige breit, aber zwischen den vielen Straßenhändlern und den geparkten Fahr- oder Motorrädern kommt man kaum voran. Die abgeflachten Bordsteine dienen vor allem den Motorrädern. Aufzüge sind eher selten und Behindertentoiletten praktisch unbekannt.

Dennoch müssen Sie sich von dieser sehr begrenzten Infrastruktur für behinderte Besucher nicht abschrecken lassen, auch wenn Sie sich auf Unbequemlichkeiten einrichten sollten. Viele gehobene Hotels und Ferienresorts sind für Behinderte adäquat ausgestattet, und Reisebüros organisieren einen Helfer oder Pfleger, sofern notwendig. Mit etwas Planung und der Hilfe von spezialisierten Agenturen wie **Accessible Journeys** oder der **Society for Accessible Travel and Hospitality** kann man auch in einem Land wie Vietnam als behinderter Besucher reisen.

MIT KINDERN REISEN

Vietnam ist eine familienorientierte Gesellschaft, in der Kinder fast überall herzlich willkommen sind. Sehr oft sieht man Eltern mit Kleinkindern auf der Reise. Windeln, Babynahrung und andere Produkte für die Kleinen sind überall leicht erhältlich, vor allem in größeren Städten. Auch Restaurants geben sich kinderfreundlich, wenn auch

In Tempeln korrekte Kleidung tragen

ein Kinderteller so gut wie nie im Angebot ist. Einige Speisen sind für Kinder zu scharf, aber Joghurt, frisches Obst und Eiscreme können eine gute Alternative sein. Hotels bieten zwar wenig für Kinder, aber viele Zimmer haben drei oder mehr Einzelbetten.

SPRACHE

Vietnamesisch ist wegen der vielen tonalen Variationen schwierig zu erlernen. Viele Einheimische – insbesondere alle, die etwas verkaufen möchten – sprechen bruchstückhaftes, mitunter schwer verständliches Englisch. Allerdings können die meisten Verkäufer etwas in Englisch notieren, da auch Vietnamesisch mit lateinischen Buchstaben geschrieben wird. In allen großen Hotels, in Banken und bei Airlines wird Englisch gesprochen. Auf dem Land reist man am besten mit einem Dolmetscher oder Führer (ab zehn US-Dollar pro Tag).

Mehrsprachiges Schild im Tempel

ETIKETTE

Vietnamesische Umgangsformen folgen zwar genauen Regeln, sind aber leicht zu befolgen. Generell sollte man viel lächeln und als ausländischer Besucher nie die Stimme erheben oder gar auf Menschen zeigen. Möchte man jemand auf sich aufmerksam machen, sollten die Handinnenflächen bei Gesten niemals in Richtung des anderen zeigen. Außerdem ist es fast immer kontraproduktiv, in schwierigen Situationen Ungeduld zu zeigen. Vietnamesen reagieren auf Beschwerden eher, wenn man diese höflich äußert. Bei Begrüßungen schüttelt man sich meist die Hände. Einen Vietnamesen am Kopf zu berühren, dem Sitz der Seele, ist sehr unhöflich.

Dennoch mögen Vietnamesen Körperkontakt: Menschen des

Entspannung bei einem Essen in einem Straßencafé

gleichen Geschlechts gehen Arm in Arm, klopfen sich auf die Schulter und halten sogar Händchen – das gilt nicht für Freunde unterschiedlichen Geschlechts, es sei denn bei Ehepaaren. Vietnamesen freuen sich sehr über ausländische Babys, kneifen sie in die Wange oder knuddeln sie intensiv. Manche Besucher mögen dies als störend empfinden, aber derart spontane Gesten drücken Zuneigung aus.

Viele Männer tragen nur einfache, bequeme Shorts, die meisten Frauen kleiden sich konservativ. In Vietnam achtet man dennoch sehr auf ordentliche Kleidung, vor allem in Tempeln. Hier sollte man niemals mit nackten Armen oder Beinen umherlaufen.

Bei Tisch wartet man, bis der älteste Gast mit dem Essen anfängt – es sei denn, man ist Ehrengast. Man sticht nie mit Stäbchen ins Essen oder stellt sie aufrecht hinein (ein Zeichen des Todes). Vietnamesen essen mit Hingabe und zeigen, dass es ihnen schmeckt. Essenseinladungen werden fast immer für Restaurants, selten für zu Hause ausgesprochen. Hinweise zu Tischsitten und Trinkgeld *siehe S. 247.*

FOTOGRAFIEREN

Vietnam ist ein Land mit unglaublich fotogenen Menschen und Landschaften. Qualitativ gute Kameras, Filme und Speicherkarten kann man preiswert in Ho Chi Minh City, Hanoi und ande-

ren Großstädten kaufen. Auch die Filmentwicklung ist billig und unkompliziert, ebenso leicht finden Sie Läden, die Ihre Fotos von der Speicherkarte auf CDs brennen.

Rund um Polizeistationen und Militärbereiche ist Fotografieren verboten. Wer religiöse Stätten und ethnische Minderheiten fotografieren möchte, sollte vorher besser fragen.

ZEIT UND KALENDER

Vietnam ist der Mitteleuropäischen Zeit (MEZ) sechs Stunden voraus, in der Sommerzeit fünf Stunden. Zwar wird heute der westliche, d. h. der gregorianische Kalender für offizielle und geschäftliche Termine weitgehend genutzt, aber der Mondkalender dient bei religiösen Festen und Anlässen noch immer als wichtige Grundlage zur Berechnung der Festtage.

GEWICHTE UND MASSE

In Vietnam gilt analog zu Kontinentaleuropa seit französischen Kolonialzeiten das metrische System.

ELEKTRIZITÄT

Wie überall in der Region beträgt die Spannung in Vietnam etwa 220 Volt Wechselstrom. Die meisten Steckdosen passen zwar für runde französische und amerikanische flache Stecker – für deutsche Stecker allerdings nur in Ausnahmefällen. Meist hält das Hotel Adapter bereit, man kann sie aber auch preiswert

in Läden für Haushaltswaren kaufen. Akkus für Taschenlampen, Laptops und Mobiltelefone sollten Sie regelmäßig aufladen – vor allem auf dem Land kommt es immer wieder zu plötzlichen Stromausfällen.

AUF EINEN BLICK

INFORMATIONEN

Ann Tours
77 Pham Hong Thai, Hanoi.
Stadtplan 2 D1.
(04) 3715 0950.
58 Ton That Tung, Distrikt 1,
HCMC. **Stadtplan** 1 C5.
(08) 3833 2564.
www.anntours.com

Saigon Tourist
23 Le Loi, Distrikt 1, HCMC.
Stadtplan 2 E4.
(08) 3829 2291.
www.saigon-tourist.com

Sinh Café
14 Cua Bac, Hanoi.
Stadtplan 2 E2.
(04) 3926 1568.
246 De Tham, Distrikt 1, HCMC.
Stadtplan 2 D5.
(08) 3836 7338.
www.sinhcafe.com

TNK Travel Vietnam
216 De Tham, Distrikt 1, HCMC.
Stadtplan 2 D5.
(08) 3920 4766.
www.tnktravelvietnam.com

Tuan Travel
130 Bui Vien, Distrikt 1, HCMC.
Stadtplan 2 D5.
091 813 3165.
www.tuantravel.com

Vietnam Tourism
80 Quan Su, Hanoi.
Stadtplan 2 D4.
(04) 3942 3760.
www.vietnamtourism.com

BEHINDERTE REISENDE

Allg. Behindertenverband in Deutschland e.V.
www.abid-ev.de

Accessible Journeys
www.disabilitytravel.com

Disability World
www.disabilityworld.com

Society for Accessible Travel and Hospitality
www.sath.org

Weitsprung Reisen
www.weitsprung-reisen.de

Auf Fotojagd

Stadtplan Ho Chi Minh City *siehe Seiten 78–83* **Stadtplan Hanoi** *siehe Seiten 174–177*

Sicherheit und Gesundheit

Apothekenschild, Ho Chi Minh City

Vietnam gilt als ein sicheres Reiseziel – dank der autoritären Regierungsform und der sehr gesetzestreuen Gesellschaft. Hier kann man selbst abends gefahrlos durch die Straßen bummeln, auch wenn man grundlegende Vorsichtsmaßnahmen beachten sollte. Leider steigt die Kleinkriminalität in Großstädten an, ist aber kein weit verbreitetes Problem. Vietnamesen sind sehr saubere Menschen, sodass selbst Imbiss-Stände sicher sind. Wasser sollte man nur aus Flaschen trinken. Es gibt nicht sehr viele gut ausgerüstete Krankenhäuser mit Notaufnahme. Auf jeden Fall sollten Sie eine gute Reisekrankenversicherung (mit Rücktransport) abschließen.

VORSICHTSMASSNAHMEN

Reisen durch Vietnam sind zwar recht sicher, dennoch sollte man einige simple Grundregeln beachten. Kleinkriminalität wie Handtaschenraub oder Taschendiebstahl passiert vor allem in Großstädten wie Ho Chi Minh City, Hanoi und Nha Trang. Vor allem hier sollte man keine größeren Bargeldmengen oder gar wertvollen Schmuck bei sich tragen. Am besten verwahren Sie Bargeld, Reiseschecks und Pass in einem versteckten Bauchgürtel, den Rest der Wertsachen im Hotelsafe. Bei Spaziergängen sollten Sie Kamera und Geld dicht am Körper tragen – zum Schutz gegen vorbeifahrende motorisierte Diebe. Empfehlenswert sind Kopien von Reisepass, Versicherungsunterlagen, Ausreisekarte und anderen Dokumenten, die Sie separat aufbewahren sollten.

Grundsätzlich sollten Sie unbekannte Gegenden nachts meiden, vor allem Stadtteile wie Dong Khoi oder die Gegend um den Saigon-Fluss in Ho Chi Minh City.

Vietnam leidet unter einem wachsenden HIV-Problem, die Übertragung durch sexuelle Kontakte steht heute als Hauptansteckungsweg noch vor Bluttransfusionen. Laut Schätzungen der UNO leben in Vietnam rund 290 000 HIV-positiv infizierte Menschen.

Eine zunehmende Gefährdung geht vom Straßenverkehr aus. Bei der Anzahl der Verkehrstoten rangiert Vietnam in der Weltstatistik vorn.

Verkehrspolizist *(links)* **und herkömmliche Schutzpolizei** *(rechts)*

TOURISTENPOLIZEI

Die Touristenpolizei ist eine relativ neue Einrichtung und zum Schutz der Besucher vor Straßenhändlern, Bettlern und Betrügern in touristischen Zentren präsent. Die Beamten helfen manchmal auch mit Informationen weiter. Im Umgang mit der Polizei sollten Sie äußerst höflich sein. Bei Diebstählen sollte die Polizei (gegebenenfalls mithilfe eines Dolmetschers) für die Versicherung einen Bericht anfertigen.

MEDIZINISCHE VERSORGUNG

Die meisten modernen Einrichtungen mit halbwegs westlichem Standard findet man in Ho Chi Minh City und Hanoi. Wer bei einem Aufenthalt in einer Kleinstadt ernsthaft erkrankt, sollte versuchen, eine der beiden Großstädte zu erreichen. Krankenhäuser sind dort für den medizinischen Alltag und kleinere Operationen gut ausgerüstet, doch teilweise mangelt es an Medikamenten oder Instrumenten. Das gilt auch für die Zahnmedizin. Bei ernsthaften Verletzungen oder Erkrankungen sollten Sie möglichst nach Bangkok, Hongkong oder Singapur ausreisen.

Die meisten Apotheken in Hanoi und Ho Chi Minh City haben ein großes Medikamentenangebot. Achten Sie aber auf das Verfallsdatum. Spezielle Medikamente sollten Sie von zu Hause mitbringen.

REISEVERSICHERUNG

Eine Reisekrankenversicherung ist für Südostasien unbedingt anzuraten. Neben der Behandlung bei Erkrankungen und Unfällen sollte sie auf jeden Fall den Rücktransport aus medizinischen Gründen abdecken.

ERKRANKUNGEN DURCH WASSER UND SPEISEN

Die häufigsten Reiseerkrankungen in Vietnam sind Beschwerden wie Durchfall, Dysenterie und Magen-Darm-Infektionen. Alle diese Krankheiten sind einerseits mit Antibiotika behandelbar, aber

Überall in Vietnam findet man Straßenstände mit frischen Tropenfrüchten

andererseits auch relativ leicht zu verhindern: Waschen Sie sich vor jedem Essen gründlich die Hände. Essen Sie nur an sauberen Orten, wählen Sie gut durchgekochte Gerichte, oder lassen Sie sich die Speisen vor Ihren Augen zubereiten. Schälen und schneiden Sie Obst nur selbst. Straßenimbisse sind nicht grundsätzlich risikoreich – bleiben Sie trotzdem vorsichtig, selbst bei Buffets in Fünf-Sterne-Häusern.

Wer selbst wenig würzt, sollte bedenken, dass man in Vietnam scharf isst. Dieser Wechsel allein reicht schon für Magen-/Darmbeschwerden. Nehmen Sie also Mittel gegen Durchfall mit. Durch Wasser übertragene Krankheiten wie Typhus und Cholera vermeiden Sie, indem Sie ausschließlich Wasser aus Flaschen trinken. Tee ist meist ungefährlich, da das Wasser bis zum Kochen erhitzt wird.

HITZE

Im Sommer steigen die Temperaturen in Vietnam mitunter auf sehr hohe Werte an. Wer bei schwülheißem Wetter reist, sollte ausreichend und regelmäßig Wasser trinken sowie stets genug davon dabeihaben. Schutz vor einem Hitzschlag bieten Hut, Sonnenbrille und locker am Körper sitzende Kleidung, gegen Sonnenbrand schützen Cremes oder Lotionen mit hohem Lichtschutzfaktor.

INSEKTENSTICHE UND INFEKTIONEN

Ein Moskitostich kann zu einer Malaria-Infektion führen, einer gefährlichen Erkrankung, die man mit Vorsicht verhindern kann. Moskitos sind vor allem in der Morgen- und Abenddämmerung aktiv. Benutzen Sie Antimückenmittel, schlafen Sie unter einem Moskitonetz. In Zimmern mit Klimaanlage oder Ventilator sind Moskitos in der Regel nicht aktiv.

Da sich auch kleine Wunden in dem feuchtheißen Klima schnell entzünden, sollten Sie immer eine desinfizierende Wundsalbe dabeihaben.

VOGELGRIPPE

Die Vogelgrippe war vor allem 2005 ein großes Problem. Dank umfassender Impfprogramme von Millionen von Vögeln und Schlachtungen infizierter Tiere gilt Vietnam derzeit als vogelgrippefrei. Geflügel kann man gefahrlos genießen, aber die meisten Vogelschutzgebiete sind geschlossen. In Tempeln sieht man oft Vögel in Käfigen, von denen man sich möglichst fernhalten sollte.

BOMBEN UND MINEN

Minen, Bomben und Granaten, die nicht explodiert sind, bilden in Regionen wie der Demilitarisierten Zone *(siehe S. 149)* bis heute eine Gefahr. In Urlaubszentren ist diese Bedrohung absolut gebannt. Wer abseits des Weges einen verdächtigen Gegenstand findet, sollte ihn auf keinen Fall anfassen, vorsichtig weggehen und die Behörden darüber informieren.

Eine ausländische Besucherin mit Kind beim Straßenbummel

ALLEINREISENDE FRAUEN

Alleinreisende, ausländische Frauen sind in Vietnam nichts Ungewöhnliches. Auf dem Land schauen Einheimische neugierig, aber ohne jede Aggression. Vietnamesen sind gastfreundlich, und alleinreisende Frauen werden nicht selten zum Essen oder über Nacht eingeladen – ohne Hintergedanken. Verzichten Sie als Frau jedoch auf knappe Kleidung. Abends gelten die bekannten Vorsichtsmaßnahmen.

SCHWULE UND LESBISCHE REISENDE

Zwar gibt es keine Gesetze gegen Homosexualität, aber der gesellschaftliche Druck ist stärker als jede staatliche Sanktion. Wenn gelegentlich ein schwuler Club aufmacht, schließt ihn die Polizei bald. Mehr Infos über die Szene Vietnams bieten Websites wie **Utopia**.

ÖFFENTLICHE TOILETTEN

Öffentliche Toiletten sind selten, selbst in Ho Chi Minh City gibt es sie nur im Stadtzentrum (mit Personal, Benutzung gegen Gebühr). Hoi An hat die höchste Pro-Kopf-Zahl an WCs, meist Toiletten zum Hocken, oft schmutzig und ohne Privatsphäre. Toilettenpapier dabeizuhaben ist sinnvoll; aber spülen Sie es bitte nicht in die Toilette!

NAM

Öffentliches Herren-WC

Banken und Währung

In allen größeren und mittleren Städten sowie in Urlaubsregionen findet man problemlos Banken, Wechselstuben und Geldautomaten, nicht jedoch auf dem Land und in Gegenden abseits der Besucherströme. Es kann leicht passieren, dass die nächste Bank mehr als eine Tagesreise entfernt ist. Reiseschecks kann man auch in guten Hotels einlösen. Viele Hotels und Läden nehmen gerne US-Dollar – allerdings nicht immer zum günstigsten Kurs. An Geldautomaten kann man mit Kreditkarten (mit PIN) oder auch mit der Maestro-Karte (nur bei der Vietcombank) gegen Gebühr Bargeld abheben.

Beim Geldabheben an einem Geldautomaten der ANZ

BANKEN UND BANKÖFFNUNGSZEITEN

Die führenden Banken sind **Vietcombank** und **Sacombank**, die am weitesten verbreiteten internationalen Geldhäuser **ANZ** und **HSBC**. Alle Banken unterhalten überall im Land Filialen mit Geldautomaten und sind dem »Plus«-System angeschlossen. Geldwechseln ist in Banken zeitaufwendiger als an Geldautomaten oder in privaten Wechselstuben.

Banken haben mit geringen Abweichungen werktags von 8 bis 17 Uhr geöffnet, manche schließen mittags. Private Wechselstuben haben meist längere Öffnungszeiten.

GELDAUTOMATEN

Noch 1999 gab es in ganz Vietnam nur zwei Geldautomaten – beide in Hanoi. Heute findet man Automaten in und an fast allen Banken. Die meisten Geldautomaten sind rund um die Uhr zugänglich, manche nur zu Geschäftszeiten der Bank. Erläuterungen gibt es auf Vietnamesisch und Englisch, akzeptiert werden die üblichen Kreditkarten. Geld wird nur in der Landeswährung ausgegeben und nach dem aktuellen Dollar-Tageswechselkurs verrechnet. Pro Tag kann man beliebig oft Geld bis jeweils maximal 2 000 000 *dong* abheben. Pro Abbuchung sind zwischen zwei und fünf US-Dollar Gebühr fällig.

GELDWECHSEL

Der Geldwechsel hat sich in den vergangenen Jahren vereinfacht, aber lange Schlangen sind in Banken noch immer die Regel. Schneller geht es in privat geführten Wechselstuben, aber hier sind die Kurse nicht so gut. Die besten Kurse geben Juweliere – allerdings gibt es hier das Risiko, gefälschte Banknoten zu erhalten. Meiden Sie auf jeden Fall Geldwechsler auf der Straße.

KREDIT-/DEBIT-KARTEN

In kleineren Orten werden Kreditkarten oft nicht angenommen. In Großstädten akzeptieren Airlines, Reisebüros, gute Hotels und Restaurants sowie viele Läden American Express, MasterCard und Visa. Mit der Kreditkarte erhält man an Geldautomaten Bargeld, mit der Maestro-Karte kann man an Automaten der Vietcombank Geld abheben.

KARTENVERLUST

Allgemeine Notrufnummer
☎ 0049 116 116.

American Express
☎ 0049 69 9797 1000.

MasterCard
☎ 1 636 722 7111.

Visa
☎ 1 201 0288, auf Ton warten, dann 888 710 7781.

Maestro-/EC-Karte
☎ 0049 69 740 987.

WÄHRUNG

Die vietnamesische Landeswährung ist der *dong*, offiziell mit VND, sonst meist mit d abgekürzt. Der *dong* ist eine der schwächsten Währungen der Welt, in den letzten Jahren ist die Inflationsrate, die man 1990 in den Griff bekam, wieder im Steigen begriffen. US-Dollar sind keine offizielle Währung, werden aber vor allem in Urlaubsgebieten gerne genommen. Den *dong* kann man nur in Vietnam (rück-)tauschen.

REISESCHECKS

Reiseschecks (in Dollar) kann man in großen Banken und Wechselstuben einlösen, gegen Gebühr auch in großen Hotels und bei Airlines. Bei Scheckverlust erhält man Ersatz nur in Großstädten.

Eine Filiale der Vietcombank, eine gute Adresse für den Geldwechsel

Banknoten

Vietnamesische Banknoten gibt es im Wert von 200, 500, 1000, 2000, 5000, 10 000, 20 000, 50 000, 100 000, 200 000 und 500 000 dong. Werte unter 10 000 dong (Mitte 2009: ca 0,56 US-Dollar) kommen kaum mehr vor. Alle Banknoten zeigen das Bild von Ho Chi Minh, Scheine ab 10 000 dong sind aus Polymer hergestellt.

500 000 *dong*

100 000 *dong*

50 000 *dong*

200 000 *dong*

20 000 *dong*

10 000 *dong*

5000 *dong*

200 *dong*

500 *dong*

1000 *dong*

2000 *dong*

Münzen

2004 wurden Geldscheine im Wert von 200, 500, 1000, 2000 und 5000 dong durch entsprechende Münzen ersetzt. Sie sind eine praktische Alternative zu den unhandlichen, unübersichtlichen großen Bündeln Papiergeld, die man in Vietnam braucht.

5000 *dong*

AUF EINEN BLICK

BANKEN

ANZ Bank
11 Me Linh Sq, Distrikt 1, HCMC.
Stadtplan 2 F4. (*(08) 3829 9319.*
14 Ly Thai To, Hanoi. **Stadtplan**
2 F3. (*(04) 3825 8190.*
www.anz.com/vietnam

HSBC Bank
235 Dong Khoi, Distrikt 1, HCMC.
Stadtplan 2 F4. (*(08) 3829*
2288. **www**.vn.hsbc.com

Sacombank
278 Nam Ky Khoi Nghia,
Distrikt 3, HCMC. **Stadtplan**
1 C2. (*(08) 3932 0420.*
www.sacombank.com

Vietcombank
29 Ben Chuong Duong,
Distrikt 1, HCMC. **Stadtplan** 2
F5. (*(08) 3823 0311.*
198 Tran Quang Khai, Hanoi.
Stadtplan 2 F3. (*(04) 3934*
3472. **www**.vietcombank.com.vn

Stadtplan Ho Chi Minh City *siehe Seiten 78–83* **Stadtplan Hanoi** *siehe Seiten 174–177*

Kommunikation

SIM-Karte, VinaPhone

Kleine, verlässliche Internet-Cafés gibt es überall in Ho Chi Minh City

Das Kommunikationsnetz Vietnams galt als unzuverlässig, aber in den vergangenen Jahren hat das Land enorme Fortschritte gemacht. Heute kann man selbst in den entlegensten Regionen internationale Ferngespräche führen, E-Mails oder Faxe versenden.

Fast jeder Vietnamese besitzt ein Mobiltelefon – die Netze sind vor allem in und um Städte flächendeckend. Öffentliche Telefone findet man seltener, sie funktionieren aber zuverlässig. Internet-Zugang ist in Vietnam denkbar einfach, da viele Hotels und Cafés Internet anbieten. Wichtige internationale Medien erhält man in Großstädten, auch erscheinen einheimische englischsprachige Titel. Das Postwesen ist effizient, die Postbeamten sehr hilfsbereit. Gleichwohl sind private Kurierdienste meist schneller. Pakete werden vor dem Verschicken vom Zoll geöffnet und kontrolliert.

Öffentliches Telefon an einer Straßenecke in Ho Chi Minh City

INTERNATIONALE UND LOKALE TELEFONANRUFE

Internationale Anrufe kann man von fast jedem Hotel aus führen, dort sind sie aber meist sehr teuer. Das gilt in geringerem Maße auch für Landesgespräche. Internationale Telefonate erledigt man am besten im Postamt. Hier kann auch der Empfänger die Gebühren übernehmen.

Eine Option für internationale Anrufe ist das preiswerte Internet-Telefon (Voice Over Internet Protocol, VoIP). Dazu wählt man 1717, dann 00, die Länder- und schließlich die Ortsvorwahl und die Rufnummer. Für die 1717-Nummer gibt es auch vorbezahlte Telefonkarten, die man in Telefonläden erhält.

Anrufe innerhalb des Landes sind günstig. 2008 stellte Vietnam sein Telefonsystem um. Zu jeder Rufnummer kam vorne eine Ziffer (meist eine 3) dazu. Damit haben die meisten Orte siebenstellige Teilnehmernummern, außer Hanoi, Ho Chi Minh City und Haiphong City, die achtstellige Rufnummern haben. Jede Provinz hat eine eigene Vorwahlnummer. Die Überlandleitungen sind meist zuverlässig, aber bei Ferngesprächen muss man sich auf einen hohen Pegel von Nebengeräuschen einstellen.

Die meisten Läden bieten einen preiswerten Telefonservice an, zu erkennen an dem blauen Zeichen. *Dien thoai cong cong* heißt öffentliches Telefon.

Mobiltelefone sind in Vietnam billiger als im Westen und sehr beliebt. Auch die Preise für SMS-Nachrichten sind niedrig. Wer länger in Vietnam bleibt, sollte sich eine SIM-Karte von VinaPhone oder Mobiphone kaufen. Eine Alternative für Urlauber ist ein Miethandy (ca. 1 US-Dollar pro Tag plus Telefongebühren).

INTERNET

Heute gibt es selbst in der kleinsten Stadt Internet. In Orten mit vielen ausländischen Besuchern findet man an jeder Ecke einen Internet-Zugang. In den meisten modernen Hotels und selbst in manchen Hostels für Rucksacktouristen gibt es Internet auf den Zimmern. Der herkömmliche Zugang per Modem ist sehr langsam, High-Speed-Zugänge sind fast immer parallel verfügbar. In vielen Restaurants und Bars wird auch Wireless LAN (WLAN, engl. Wi-Fi) angeboten, besonders nützlich für Laptops und Netbooks.

In vielen Städten reihen sich Internet-Cafés dicht an dicht. Sie sind meist ziemlich voll und oft nicht klimatisiert – die Temperatur kann dann ziemlich unangenehm sein. Cafés mit Klimaanlage werben dafür mit auffälligen Schildern.

POST

In Vietnam ist es zum nächsten Postamt nie sehr weit. Vietnamesen schreiben gerne, viel und versenden mit Hingabe Geschenke an Freunde und Verwandte. Das Postsystem spielt also im Alltag eine große Rolle. Postämter haben meist sieben Tage die Woche von 8 bis 21 Uhr geöffnet. Die Mitarbeiter sind hilfsbereit, sie verpacken Pakete, füllen die Zollformulare aus und erledigen die richtige Portoauswahl (ca. 0,50 US-Dollar für einen Standardbrief nach Europa). Vietnamesische Briefmarken sind nicht selbstklebend; meist steht ein Topf mit Klebstoff und Pinsel im Postamt. Die Postauslieferung

Bunte vietnamesische Briefmarken

ist nicht sehr schnell, aber relativ zuverlässig. In Hanoi oder Ho Chi Minh City aufgegebene Briefe benötigen nach Europa etwa zehn Tage, Pakete länger. Post aus einer Kleinstadt ins Ausland kann schon mal einen Monat unterwegs sein, bevor sie überhaupt das Land verlässt. Einen schnelleren Service bieten Kurierdienste wie **DHL**, **Federal Express** und **UPS**.

Das Postleitzahlsystem funktioniert in Vietnam wie in den meisten anderen Ländern auch. In Großstädten wie Hanoi und Ho Chi Minh City kann man gegen eine geringe Gebühr Sendungen auch postlagernd empfangen.

Bedenken Sie, dass alle Paketsendungen ins Ausland geöffnet und kontrolliert werden. Auch nach Vietnam geschickte Sendungen, die CDs, DVDs, Videos oder Fotos enthalten könnten, werden von vietnamesischen Behörden stichprobenweise durchsucht.

Internationale Zeitungen und eine einheimische englischsprachige

ZEITUNGEN UND MAGAZINE

In größeren Hotels und an Kiosken in Großstädten kann man einige französische und englische Zeitungen wie *International Herald Tribune*, *Le Monde* und *Bangkok Post* kaufen sowie Magazine wie *Time* und *Newsweek*. Mitunter findet man sogar eine deutsche Zeitung. Auch viele Bars in Ho Chi Minh City und Hanoi halten für ihre Gäste Zeitungen bereit.

Die größte englischsprachige Tageszeitung Vietnams ist *Viet Nam News*. Das Regie-

rungsblatt bietet allerdings wenig mehr als linientreue Artikel über die erfolgreiche Politik der Regierung. Doch für Kulturevents ist das Blatt nützlich, ebenso die Freizeitbeilage am Sonntag. Aktuelle Informationen über Veranstaltungen findet man auch in Zeitungen wie *Saigon Times* und *The Guide*.

FERNSEHEN UND RADIO

Das vietnamesische Fernsehen und der Rundfunk (VTV und Voice of Vietnam) sind staatlich und senden vor allem Nachrichten, Seifenopern und einheimische Popmusik. Internationale Sender wie CNN, HBO, BBC, Star TV, News Asia aus Singapur und MTV kann man in größeren Hotels empfangen. Sportsender sind in Vietnam populär.

VIETNAMESISCHE ADRESSEN

Vietnamesische Adressen sind einfach: Hausnummer, Straße, Stadt. In Ho Chi Minh City folgt auf die Straße der Distrikt. Hinter den Straßennamen steht im Verkehr mit Ausländern oft St für »Street« oder Sq für »Square«, oft beginnen Straßennamen auch mit *pho* oder *duong* (beides heißt »Straße«). Die Adresse »120/5 Nguyen Trai« bedeutet: Man gehe zu Haus Nr. 120 in der Nguyen Trai-Straße und suche

von dort Haus Nr. 5 in der nächsten Seitengasse. Die Nummerierung beginnt neu, sobald eine Straße einen neuen Distrikt erreicht.

Stadtplan Ho Chi Minh City *siehe Seiten 78–83* **Stadtplan Hanoi** *siehe Seiten 174–177*

AUF EINEN BLICK

NÜTZLICHE NUMMERN

Ferngespräche Inland Telefonvermittlung
☎ 101.

Internationaler Service
☎ 110.

Talking Yellow Pages
☎ 1080 oder 1081.

KURIERDIENSTE

DHL
1 Cong Xa Paris Sq, Distrikt 1, HCMC. **Stadtplan** 2 E3.
☎ (08) 3823 1525.

49 Nguyen Thai Hoc, Hanoi. **Stadtplan** 1 C3.
☎ (04) 3733 2086.

Federal Express
146 Pasteur Rd, Distrikt 1, HCMC. **Stadtplan** 2 E4.
☎ (08) 3829 0995.

6C Dinh Le, Hanoi.
Stadtplan 2 E4.
☎ (04) 3824 9054.

UPS
80 Nguyen Du, Distrikt 1, HCMC. **Stadtplan** 2 E3.
☎ (08) 3824 3597.

4C Dinh Le, Hanoi.
Stadtplan 2 E4.
☎ (04) 3514 2888.

VORWAHLEN

- Bei internationalen Anrufen wählt man 00, gefolgt von der Länder- und Ortsvorwahl (ohne 0) sowie der Teilnehmernummer.
- Länder-Vorwahlnummern: Deutschland: 49; Österreich: 43; Schweiz: 41.
- Bei Anrufen aus Deutschland nach Vietnam wählt man die 00, die 84, gefolgt von der Ortsvorwahl (ohne 0) sowie der Teilnehmernummer.
- Die internationale Vermittlung erreicht man über 00.
- Die Telefonauskunft hilft unter 1080 weiter.
- Um mit der nationalen Vermittlung zu sprechen, wählt man die 0. Kundenservice gibt es auf Vietnamesisch und Englisch, wobei letztere Sprachoption mit Wartezeiten verbunden ist.

Handy-Telefonkarte von VinaPhone

REISEINFORMATIONEN

Die meisten Besucher reisen per Flugzeug nach Vietnam. Das inländische Flugnetz ist solide, sicher und wird stetig verbessert. Die meisten Flüge sind pünktlich und verbinden alle wichtigen Urlaubsziele im Land. Europäische Besucher reisen oft über Bangkok oder Hongkong nach Vietnam. Über Kambodscha kann man auf dem Mekong eine landschaftlich reizvolle Anreise genießen. Dank

Logo der Vietnam Airlines

der Einrichtung neuer Grenzübergänge reisen immer mehr Besucher auf dem Landweg per Bahn, Auto oder Bus aus China, Laos und Kambodscha ein. In Vietnam selbst sind die Fernbusse und Open-Tour-Busse das preiswerteste und bequemste Verkehrsmittel. Wer auf eigene Faust unterwegs ist, kann für wenig Geld Wagen und Fahrer mieten. In Städten bieten sich Taxis und die preiswerten Motorradtaxis an.

Ankunft am Tan Son Nhat Airport in Ho Chi Minh City

ANREISE PER FLUGZEUG

Unter den drei internationalen Flughäfen Vietnams ist der Tan Son Nhat Airport von Ho Chi Minh City mit Abstand der größte, der zweitgrößte ist Hanois Noi Bai Airport, Danang International spielt eine untergeordnete Rolle. Nach Tan Son Nhat fliegt die internationale Fluggesellschaft **Vietnam Airlines** von zahlreichen Städten, u. a. direkt von Frankfurt am Main, Paris, Moskau, Peking, Siem Reap, Sydney, Bangkok und Singapur. Auch nach Hanoi gibt es mehrmals die Woche Direktverbindungen von Frankfurt am Main. Nach

Vietnam fliegen auch Airlines wie **Lufthansa**, **Air France**, **Cathay Pacific**, **Thai Airways**, **Malaysia Airlines**, **Qantas** und **Singapore Airlines**. Die Flugzeit ab Mitteleuropa beträgt rund elf Stunden.

FLUGPREISE

Die Flugpreise nach Vietnam variieren je nach Airline und Jahreszeit. Linienflüge von Deutschland nach Vietnam können zwischen unter 500 und über 4000 Euro kosten. Am stärksten gebucht ist die Zeit zwischen Dezember und Februar, wenn viele Familien reisen, um das Tet-Fest *(siehe S. 28 f)* zu feiern. Günstige Sonderangebote findet man eher in der Nebensaison *(siehe S. 278)* und wenn man sehr früh bucht.

ANKUNFT

Die Einreise nach Vietnam ist relativ einfach. Bereits im Flugzeug erhält man Einreise- und Zollformulare zum Ausfüllen.

Diese legt man zusammen mit dem Reisepass (mit Visum; *siehe S. 278 f)* dem Grenzbeamten bei der Einreise vor. Der gelbe Durchschlag des Zollformulars für die eigenen Unterlagen muss bei der Ausreise wieder vorgelegt werden. Bei Nichtbeachtung (Verlust) verzögert sich die Ausreise, dazu kann ein Bußgeld verlangt werden.

FLUGHÄFEN

Der Tan Son Nhat Airport (IATA-Code: SGN) in Ho Chi Minh City ist der größte und am besten ausgestattete Flughäfen Vietnams mit unkomplizierter An- und Abreise. Bei Ankunft und Abflug muss man hier durch die Sicherheitsschleusen. Der Flughafen liegt etwa fünf Kilometer vom Zentrum entfernt.

Am offiziellen Taxistand in der Nähe des Geldwechselschalters kann man ein Taxi (mit Taxameter) nehmen. Fahrer, die einen Pauschalpreis anbieten, sollte man meiden. Andere Wege in die Stadt sind Minibusse und Shuttlebusse der Hotels. Vor dem Terminal stehen oft riesige Menschentrauben.

Flughafentaxi – ein bezahlbares Verkehrsmittel

FLUGHAFEN	ℹ INFORMATION	ENTFERNUNG ZUM STADTZENTRUM	DURCHSCHNITT-LICHER TAXIPREIS	DURCHSCHNITT-LICHE FAHRDAUER
Tan Son Nhat, Ho Chi Minh City	(08) 3848 5383	5 km	9 US-$	10 Minuten
Danang International	(0511) 383 0339	1,6 km	2 US-$	5 Minuten
Noi Bai Airport, Hanoi	(04) 3886 6674	35 km	15 US-$	45–60 Minuten

Besucher mit Gepäck vor einem der gelben offiziellen Vina Taxis

Viele Vietnamesen holen hier nicht nur Familienangehörige oder Freunde ab, sondern kommen einfach hierher, um dem Trubel zuzusehen.

Die Fahrt von Hanois Noi Bai Airport (IATA-Code: HAN) ins Stadtzentrum dauert mit dem Taxi etwa 45 Minuten. Alle Verkehrsmittel, Minibusse und Taxis stehen vor dem Terminal bereit. Die Taxis sind das bequemste und durchaus bezahlbare Transportmittel in die Stadt (rund 15 US-Dollar). Am preiswertesten ist Buslinie 7, die alle 15 Minuten abfährt und eine Stunde ins Stadtzentrum zum Hoan Kiem-See *(siehe S. 160)* benötigt. Der Bus hält unterwegs auf Wunsch. Fast ebenso günstig ist der Shuttlebus der Vietnam Airlines, der für rund vier US-Dollar Passagiere zum Airline-Büro an der Trang Thi-Straße bringt. Manche Fahrer setzen Gäste auf Wunsch auch am Hotel ab. Auf dem Weg vom und zum Flughafen fallen keine Maut- oder andere Gebühren an!

Danang International am westlichen Rand der Stadt Danang in Zentralvietnam ist der kleinste der drei internationalen Flughäfen. Hier gibt es nur einen Terminal mit einem kleinen Bereich für die internationalen Flüge (nur nach Bangkok, Hongkong und Singapur). Mit dem Taxi kommt man zu einem sehr günstigen Festpreis in die Innenstadt.

AUSREISESTEUER

Bei der Ausreise muss jeder Besucher aus Übersee gegenwärtig in Ho Chi Minh City und in Hanoi 14 US-Dollar, in Danang acht US-Dollar als Ausreisesteuer zahlen. Der Betrag ist in US-Dollar zu entrichten und dürfte künftig noch steigen.

ANREISE AUF DEM LAND- ODER SEEWEG

Vietnam hat drei Landgrenzen zu Nachbarländern: Zu China gibt es gegenwärtig drei Grenzübergänge, zu Laos sechs und acht zu Kambodscha.

Von China kann man per Auto, Bus oder Zug nach Vietnam reisen. Der Friendship Pass bei Dong Dang für Bahn- und Straßenverkehr ist der meistfrequentierte Übergang zwischen beiden Ländern. Zweimal in der Woche fährt ein Zug von Beijing mit kurzen Stopps über diesen Pass nach Hanoi. Die beiden anderen Übergänge (ruhiger und nur für Straßenverkehr) sind Lao Cai *(siehe S. 197)* und Mong Cai.

Die Grenzübergänge von Laos heißen Lao Bao (westlich von Dong Ha), Cau Treo, Nam Can, Cha Lo, Na Meo und Bo Y. Die ersten drei sind nur für den Straßenverkehr geöffnet. Der Grenzübertritt mit einem Reisebus ist zeitaufwendig, sodass man aus Laos besser per Flugzeug anreist.

Der Grenzübertritt aus oder nach Kambodscha gestaltet sich unkompliziert *(siehe S. 222f)*. Der Übergang Moc Bai ist wegen seiner Nähe zu Ho Chi Minh City (zwei Stunden) am verkehrsreichsten. Täglich fahren viele Busse zwischen beiden Ländern. Die Grenze von Vinh Xuong (bei Chau Doc) präsentiert sich reizvoll, man kann die Ein-/ Ausreise auf dem Mekong erleben und die Landschaft an sich vorbeiziehen lassen. Die anderen sechs Übergänge werden weniger genutzt.

AUF EINEN BLICK

FLUGGESELLSCHAFTEN

Air France
1 Ba Trieu, Hanoi. **Stadtplan** 2 E4. ☎ *(04) 3824 7066.*
www.airfrance.de

Cathay Pacific
49 Hai Ba Trung, Hanoi. **Stadtplan** 2 D4.
☎ *(04) 3826 7298.*
www.cathaypacific.com

Lufthansa
19–25 Nguyen Hue Blvd, Distrikt 1, HCMC. **Stadtplan** 2 F4.
☎ *(08) 3829 8529.*
www.lufthansa.com

Malaysia Airlines
49 Hai Ba Trung, Hanoi. **Stadtplan** 2 D4. ☎ *(04) 3826 8820.*
www.malaysiaairlines.com

Qantas
4 Pham Ngu Lao, Hanoi. **Stadtplan** 2 F4. ☎ *(04) 3933 3026.* www.qantas.com.au

Singapore Airlines
17 Ngo Quyen, Hanoi. **Stadtplan** 2 F4. ☎ *(04) 3826 8888.* www.singaporeair.com

Thai Airways
44B Ly Thuong Kiet, Hanoi. **Stadtplan** 2 E4. ☎ *(04) 3826 7921.* www.thaiair.com

Vietnam Airlines
25 Trang Thi, Hanoi. **Stadtplan** 2 E4.
☎ *(04) 3832 0320.*
www.vietnamair.com.vn
☎ *(069) 297 2560 (in Frankfurt).*
☎ *(01) 581 892 285 (in Wien).*
☎ *(044) 286 9925 (in Zürich).*
www.vietnam-air.de

Ein Flughafenbus schiebt sich durch den Verkehr in Ho Chi Minh City

Stadtplan Ho Chi Minh City *siehe Seiten 78–83* **Stadtplan Hanoi** *siehe Seiten 174–177*

In Vietnam unterwegs

Dank der raschen Entwicklung der Infrastruktur Vietnams wird das Reisen bequemer und preiswerter. Zwischen Ho Chi Minh City und Hanoi fahren Züge mit Stopps in verschiedenen Städten (und weiter bis nach China). Die Züge sind zwar recht komfortabel, aber auch recht langsam. Schneller sind Fernbusse, die allerdings nach einigen Stunden unbequem werden. Die neuen Expressbusse fallen recht luxuriös aus, haben jedoch auch ihren Preis. Am populärsten bei Besuchern und Vietnamesen ist das Open-Tour-Bussystem zwischen den Großstädten. Für rasche Verbindungen zwischen Städten ist das Flugnetz ideal. Fähren und Tragflächenboote steuern die Hafenstädte an. Fast überall kann man Motorräder oder einen Wagen mit Fahrer mieten.

Im Bahnhof von Ho Chi Minh City

INLANDSFLÜGE

Die vier Inlandsfluglinien Vietnams sind **Vietnam Airlines** *(siehe S. 288f)*, **Jetstar Pacific Airlines**, **Vietnam Air Service Company (VASCO)** und **Indochina Airlines**. Vietnam Airlines und VASCO sind staatlich. Erstere ist die größere Airline mit einem landesweiten Streckennetz. VASCO operiert vor allem in Südvietnam. Jetstar Pacific Airlines steuert die sechs größten Städte an, Indochina Airlines nur die internationalen Flughäfen von Ho Chi Minh City, Hanoi und Danang.

FLUGTICKETS UND -PREISE

Tickets kann man in den Stadtbüros der Airlines und am Flughafen kaufen. In der Regel spricht das Personal auch Englisch. Auch fast jedes Reisebüro kann einen Flug in Vietnam buchen; die Preise liegen meist auch höher als die Tarife der Fluggesellschaften. Außerdem kann man über bessere Hotels Flüge buchen lassen. Auch via Internet lassen sich Flüge buchen.

Inlandsflüge kosten in der Regel unter 100 US-Dollar. Wenn Sie mit Vietnam Airlines von Europa nach Vietnam fliegen, bekommen Sie bei Inlandsflügen oft Ermäßigungen. Wer in der Hochsaison, d. h. zwischen Dezember und Februar, innerhalb Vietnams fliegen möchte, sollte seinen Flug unbedingt einige Zeit im Voraus buchen.

EISENBAHNNETZ

Das Eisenbahnnetz folgt ungefähr dem Küstenverlauf von Ho Chi Minh City nach Hanoi, mit Haltepunkten in größeren Städten. Von Hanoi fährt man zur Bucht von Halong Bay *(siehe S. 182–184)*, nach Sapa *(siehe S. 196f)* sowie nach China. Das Landesinnere kann man nicht per Bahn erreichen.

Die Fahrzeiten variieren stark, die schnellste Verbindung zwischen Ho Chi Minh City und Hanoi dauert etwa 33 Stunden. Viele Züge sind verspätet, andere erreichen ihr Ziel zu früh. Züge in Nord-Süd-Richtung haben gerade Zugnummern, Züge von Süd nach Nord ungerade Nummern. Hanoi und Ho Chi Minh City sind durch den »Reunification Express« verbunden – dies bezeichnet die Strecke, und nicht einen spezifischen Zug.

ZÜGE

Die meisten Zugfahrten in Vietnam sind recht preiswert. Die Züge sind neu, sauber und relativ bequem, wenn auch keineswegs luxuriös. Alle Waggons sind klimatisiert. Verkauft werden vier Ticketkategorien: Hard Seat (Holzbank), Soft Seat (ein gepolsterter, verstellbarer Sitz), Hard Sleeper (ein Abteil mit sechs Liegen) und Soft Sleeper (eigenes Abteil mit vier Betten und abschließbarer Tür).

Alle Fernzüge haben einen Speisewagen sowie Verkäufer, die mit Getränken und Snacks durch den Zug gehen. Auch an Bahnhöfen kann man von fliegenden Verkäufern leckere Snacks erwerben.

EISENBAHNTICKETS UND -PREISE

Fahrkarten kann man an Bahnhöfen, in Reisebüros und guten Hotels kaufen. Einige Reisebüros dürfen nur Tickets für ausgewählte Ziele verkaufen; andere Reiseveranstalter haben wiederum mehr Möglichkeiten. Über aktuelle Fahrpläne informiert man sich am besten im Bahnhof, auf der Website von **Vietnam Railways** oder im Reisebüro. Bis auf den Victoria-Zug (Hanoi–Sapa) kostet keine Fahrt mehr als 70 US-Dollar. Rund um vietnamesische Festtage sollte man unbedingt ein Ticket im Voraus buchen.

Ein Fernbus vor der Abfahrt, Busbahnhof Mien Tay, HCMC

Ticketkauf im Busbahnhof Mien Tay, Ho Chi Minh City

BUSSE

Die Einführung von modernen, sauberen Schnellbussen hat den Bus für Reisen zwischen den Großstädten zum bevorzugten Verkehrsmittel aufsteigen lassen. Die Expressbusse sind teurer als die herkömmlichen Fern- und regionalen Minibusse, dafür schneller, sicherer und bequemer. Einen Nachteil darf man nicht verschweigen: Viele haben eine Karaoke-Maschine an Bord. Neben den fahrplanmäßigen Bussen kann man auch einen Minibus buchen, den Reisebüros oder Hotels für bis zu 16 Passagiere reservieren können.

Sogenannte Open-Tour-Busse zwischen wichtigen Reisezielen sind eine beliebte und schnelle Alternative – auch für Besucher. Viele Cafés wie das Sinh Café *(siehe S. 281)* vermitteln diesen Service. Die billigen, flexiblen Tickets gelten für je eine Fahrt und gestatten beliebig viele Zwischenstopps.

BUSTICKETS UND -PREISE

Die Busfahrpreise sind niedrig. Eine Fahrt von Ho Chi Minh City nach Hanoi kostet zwischen 45 und 60 US-Dollar. Tickets kauft man im Busbahnhof am Abfahrtstag. Das Ticket- und Fahrplansystem kann wegen seiner Unübersichtlichkeit frustrieren, zumal ein Schalter Tickets nur für bestimmte Ziele verkauft. Am besten lässt man sich Bustickets vom Hotel oder Reisebüro besorgen.

AUTO- UND MOTORRADVERMIETUNG

Wer ein Auto mietet, sollte den Fahrer gleich dazubuchen. Wagen und Fahrer kosten zwischen 65 und 120 US-Dollar pro Tag; der Preis variiert je nach Länge der Strecke. Der Fahrer kümmert sich selbst um seine Mahlzeiten und bei mehrtägigen Reise um die Unterkunft.

Ein Motorrad kann fast jeder anmieten, der offiziell erforderliche Führerschein wird selten verlangt. Wer allerdings kein sehr geübter Motorradfahrer ist, tut gut daran, ein Motorradtaxi zu nehmen. Die Gefährte werden *xe om* oder *Honda om* genannt und kosten je nach Strecke ab zehn US-Dollar am Tag. Auch in Vietnam gilt Helmpflicht.

SCHIFFE UND FÄHREN

Schiffe fahren von Ho Chi Minh City auf dem Mekong bis nach Chau Doc an der Grenze zu Kambodscha. Die Flussfahrt dauert auf einem langsamen Schiff zwei Tage, auf einem schnelleren einen Tag. Zur Insel Phu Quoc *(siehe S. 101)* kommt man mit der Fähre ab Rach Gia. Zu vielen Inseln in der Bucht von Halong fahren Fähren. Tragflächenboote von zuverlässigen Reedereien wie **Vina Express** verkehren zwischen Ho Chi Minh City und Vung Tau *(siehe S. 76).*

Kreuzfahrtschiff im Hafen des Saigon River

AUF EINEN BLICK

FLUGGESELLSCHAFTEN

Indochina Airlines
www.indochinaairlines.vn

Jetstar Pacific Airlines
www.jetstar.com

VASCO
www.vasco.com.vn

BAHNHÖFE

Danang-Bahnhof
202 Haiphong, Danang.
☎ (0511) 382 3810.

Hanoi-Bahnhof
120 Le Duan, Hanoi.
Stadtplan 1 C4.
☎ (04) 3942 3433.

Saigon-Bahnhof
1 Nguyen Thong,
Distrikt 3, HCMC.
Stadtplan 1 A3.
☎ (08) 3843 6528.

Vietnam Railways
www.vr.com.vn

BUSBAHNHÖFE

Cholon
86 Trang Tu, Cholon,
HCMC. **Stadtplan** 3 C5.
☎ (08) 3855 7719.

Gia Lam
Gia Thuy Long Bien,
Hanoi.
☎ (04) 3873 0083.

Giap Bat
6 Giai Phong, Hanoi.
☎ (04) 3864 1422.

Kim Ma
Ecke Nguyen Thai Hoc
und Giang Vo, Hanoi.
Stadtplan 1 A3.
☎ (04) 3845 2846.

Mien Dong
292 Dinh Bo Linh,
Distrikt Binh Thanh,
HCMC.
☎ (08) 3899 4056.

Mien Tay
395 Dinh Duong Vuong,
Distr. Binh Chanh, HCMC.
☎ (08) 3877 6593.

SCHIFFE UND FÄHREN

Danang Port
26 Bach Dang, Danang.
☎ (0511) 382 2513.

Haiphong Port
8A Tran Phu, Haiphong.
☎ (031) 3383 6109.

Vina Express am Bach Dang Jetty
Ton Duc Thang, Distr. 1,
HCMC. **Stadtplan** 2 F4.
☎ (08) 3829 7892.

REISEBÜROS

Kangaroo Café
18 Bao Khanh, Hanoi.
Stadtplan 2 E3.
☎ (04) 3877 6593.

**Le Lai
Air Ticket Agency**
80 Le Lai, Distrikt 1,
HCMC. **Stadtplan** 2 D5.
☎ (08) 3925 4640.
www.lelai.net

Stadtplan Ho Chi Minh City *siehe Seiten 78–83* Stadtplan Hanoi *siehe Seiten 174–177*

In Städten unterwegs

Der öffentliche Nahtransport Vietnams steckt noch in der Entwicklung und variiert von Stadt zu Stadt. Das für Besucher bequemste Verkehrsmittel sind Taxis. Das örtliche Busnetz ist wegen der überfüllten, lauten, unsicheren und oft unzuverlässigen Busse keine wirkliche Option. Am schnellsten und preiswertesten sind Motorradtaxis, die *Honda om* oder *xe om* genannt werden.

Mit dem *Honda om* kommt man überall hin

Ausländische Besucher können problemlos Motorräder und Autos mieten. Cyclos, lange das beherrschende Verkehrsmittel in Vietnams Städten, wurden per Gesetz abgeschafft, sind aber vielerorts noch auf den Straßen unterwegs.

IN HANOI UND HO CHI MINH CITY UNTERWEGS

Ho Chi Minh City und Hanoi erkundet man am besten zu Fuß. Zwar ist Ho Chi Minh City eine sehr weitläufige Metropole, aber die einzelnen Stadtviertel selbst kann man ganz gut zu Fuß bewältigen. Hanoi ist dagegen so überschaubar, dass man es leicht an einem Tag durchqueren könnte.

Die bequemen Cyclos, rikschaähnliche Fahrzeuge, die einen oder auch zwei Fahrgäste auf dem Sitz vor dem Fahrer transportieren, wurden ab 2009 offiziell verboten. Zunächst sollte dieses 2008 beschlossene Gesetz vietnamweit gelten, derzeit (Mitte 2009) gilt ein Verbot zumindest während der Stoßzeiten oder für einzelne Straßen in den Großstädten. Gegen das Gesetz gab es heftige Proteste der Cyclo-Fahrer, denn in der Regel haben sie keine Möglichkeit, den Lebensunterhalt für ihre Familien auf andere Weise zu verdienen. Falls bei Ihrem Aufenthalt in Vietnam noch Cyclos unterwegs sind, sollten Sie sich eine Fahrt mit diesem traditionellen, preiswerten Gefährt nicht entgehen lassen.

Schneller und dennoch preiswert ist vor allem für Ho Chi Minh City ein Gefährt, das *Honda om*, in Hanoi *xe om* genannt wird. Bei diesen Motorradtaxis fährt der Fahrgast hinten als Beifahrer mit.

Motorradtaxis findet man in Städten und Urlaubsregionen an jeder Straßenecke, man bekommt sie angepriesen und kann auch an der Straße eines heranwinken. Der Fahrpreis beträgt unter einem US-Dollar pro Kilometer. Allerdings variieren die Preise von Stadt zu Stadt, von Distrikt zu Distrikt und oft je nach Tageszeit. Bei längeren Fahrten hängt der Preis nicht zuletzt auch von Ihrem eigenen Verhandlungsgeschick ab.

BUSSE UND MINIBUSSE

Die Stadtbusse in Vietnam sind nicht nur sehr unbequem, sondern auch völlig unzulänglich – das räumt sogar die Regierung ein. Zwar ist dieses Transportmittel sehr preiswert, aber es gibt einfach

viel zu wenige davon. Außerdem sind die meisten Busse sehr langsam und unklimatisiert. In Ho Chi Minh City werden derzeit zwei U-Bahn-Linien gebaut, die 2014 fertiggestellt sein sollen.

Minibusse mit Fahrer kann man für wenig Geld über das Hotel oder ein Reisebüro mieten – ideal für Familien oder kleine Gruppen, besonders für Ausflüge und mehrtägige Fahrten in die Umgebung der Städte.

Taxis verschiedener Unternehmen in Großstädten

TAXIS

Lange Zeit waren Taxis eine Seltenheit – meist private gemietete oder geliehene Wagen, deren Fahrer die Fahrpreise frei aushandelten. Heute findet man in fast allen Städten Taxis mit Taxameter.

Tam Hanh ist eine Intercity-Busgesellschaft, die in Südvietnam fährt

Unterwegs in den verstopften Straßen von Ho Chi Minh City

Verschiedene Unternehmen bieten einen soliden Taxiservice, die Fahrer können ein paar Brocken Englisch. Eine Stadtfahrt in der Stadt kostet heute mindestens einen US-Dollar. Viele Taxameter sind allerdings manipuliert, wie selbst die Regierung einräumt. Dennoch: Wenn der Fahrer einen Pauschalpreis anbietet, sollten Sie auf das Einschalten des Taxameters bestehen.

VERHALTEN IM VERKEHR

Der Verkehr in Vietnam ist teilweise sehr chaotisch. Autofahren ist jetzt auch Ausländern erlaubt, trotzdem macht es in Großstädten keine Freude. Besonders preiswert ist die Anmietung eines Motorrads, aber dafür sollten Sie einige Erfahrung auf Zweirädern mitbringen. Achten Sie außerhalb des Zentrums auch auf Tiere auf der Straße.

Für den normalen Besucher ist schon das Überqueren von Großstadtstraßen eine Herausforderung. Es gibt nur wenige Ampeln und Zebrastreifen – und die meisten Autofahrer beachten sie nicht unbedingt. Am besten wartet man die vorbeifahrenden Autos ab und bewegt sich dann vorsichtig, aber konstant mit gleichmäßigem Tempo durch den Verkehrsstrom der Motor- und Fahrräder. Vermeiden Sie es, abrupt stehen zu bleiben oder zu zögern – das führt leicht zu einem Unfall, da die Zweiradfahrer Ihr Verhalten nicht einschätzen können.

Für Motorradfahrer besteht Helmpflicht, aber viele halten

sich nicht daran. In Städten sind auf einem Motorrad nur maximal zwei Personen erlaubt, aber auch diese Regelung wird von Vietnamesen eher locker gehandhabt.

Ein *Honda om* oder *xe om* ist an vielen Stellen zu mieten

TOUREN UND AUSFLÜGE

Organisierte Tagesausflüge sowie ein- bis zweitägige Touren kann man überall in Vietnam buchen. Sie sind recht bequem und mitunter (je nach Gruppengröße) auch preiswerter als Fahrten auf eigene Faust. In Hanoi und Ho Chi Minh City finden Sie zahlreiche Reiseveranstalter – vergleichen Sie die Angebote, bevor Sie buchen. Die meisten Ausflüge ab Ho Chi Minh City führen zu den Cu Chi-

Tunneln *(siehe S. 73)* und in das Mekong-Delta. Von Hanoi werden oft Touren in die Bucht von Halong *(siehe S. 182–184)* und nach Sapa *(siehe S. 196f)* angeboten.

AUF EINEN BLICK

TAXIS IN HANOI

Airport Taxis
📞 (04) 3873 3333.

City Taxis
📞 (04) 3822 2222.

Hanoi Taxis
📞 (04) 3853 5353.

TAXIS IN HO CHI MINH CITY

Airport Taxis
📞 (08) 3844 6666.

Mai Linh Taxis
📞 (08) 3822 2666.

Vina Taxi
📞 (08) 3811 1111.

TOURVERANSTALTER

A to Z Queen Café
65 Hang Bac, Hanoi. **Stadtplan** 2 E3. 📞 (04) 3826 0860.

Buffalo Tours
Siehe S. 275.

Explorer Tours
2 Tran Thanh Tong, Hanoi. **Stadtplan** 2 F5. 📞 (04) 3972 1607.

Kim Travel
270 De Tham, Distrikt 1, HCMC. **Stadtplan** 2 D5. 📞 (08) 3920 5552.

Saigon Tourist
Siehe S. 281.

Sinh Café
Siehe S. 281.

TNK Travel
216 De Tham, Distrikt 1, HCMC. **Stadtplan** 2 D5. 📞 (08) 3920 4766.

Ein Sightseeingbus macht halt am Thang Long-Wasserpuppen-Theater

Stadtplan Ho Chi Minh City *siehe Seiten 78–83* **Stadtplan Hanoi** *siehe Seiten 174–177*

Textregister

Danksagung und Bildnachweis

Dorling Kindersley bedankt sich bei allen, deren Arbeit und Unterstützung dieses Buch ermöglicht haben.

Autoren
Andrew Forbes hat einen Bachelor of Arts in Chinesisch und promovierte über chinesische Geschichte. Er lebt seit 20 Jahren als Redakteur für CPA Media (www.cpamedia. com) in Chiang Mai, Thailand, und besucht Vietnam seit einem Jahrzehnt jedes Jahr.

Richard Sterling ist ein langjähriger, renommierter Reiseautor und lebt bei San Francisco in den USA. Er ist u. a. Preisträger des Lowell Thomas Award für Reiseliteratur und hat umfassend über Vietnam geschrieben. Sterling reist jedes Jahr durch die Region.

REDAKTIONSLEITUNG Aruna Ghose
GRAFIKLEITUNGEN Priyanka Thakur
PROJEKTREDAKTION Shahnaaz Bakshi
PROJEKTGRAFIK Kavita Saha
REDAKTION Arunabh Borgohain, Jyoti Kumari, Jayashree Menon, Asavari Singh
DESIGN Shipra Gupta
KARTOGRAFIE Uma Bhattacharya
LEITUNG BILDRECHERCHE Taiyaba Khatoon
BILDRECHERCHE Sumita Khatwani
DTP-DESIGN Vinod Harish
BERATUNG Claire Boobbyer, Dana Healy
RECHERCHE Nam Nguyen, Nick Ray
KORREKTUR Shahnaaz Bakshi
TEXTREGISTER Jyoti Dhar

Für Dorling Kindersley London
PUBLISHER Douglas Amrine
PUBLISHING MANAGER Jane Ewart, Scarlett O'Hara, Kate Poole
MANAGING EDITOR Kathryn Lane
PROJECT EDITOR Ros Walford
ART DIRECTOR Gadi Farfour, Kate Leonard
DESIGN- UND REDAKTIONSASSISTENZ
Adam Bray, Alexandra Farrell, Fay Franklin, Rhiannon Furbear, Jacky Jackson, Priya Kukadia, Hayley Maher, Catherine Palmi, Sands Publishing Solutions, Janis Utton
KARTOGRAFIE Casper Morris
DTP-DESIGN Natasha Lu
ASSISTENZ BILDRECHERCHE Rachel Barber
DK BILDARCHIV Romaine Werblow
DIGITALE MEDIEN Fergus Day
PRODUKTIONSÜBERWACHUNG Louise Daly

Zusätzliche Fotografien
Simon Bracken, Adam Bray, Eric Crichton, Robin Forbes, Ken Findlay, Frank Greenaway, Colin Keates, Dave King, David Mager, Ian O'Leary, David Peart, Roger Smith, Kavita Saha, Kim Taylor, Jerry Young.

Mitarbeit und Unterstützung
Dorling Kindersley möchte sich bei den folgenden Personen für ihre Unterstützung bedanken: Ton Sinh Thanh und Nguyen Luong Ngoc, Botschaft der Sozialistischen Republik Vietnam in New Delhi, Indien; Pham Ngoc Minh, Buffalo Tours Vietnam.

Außerdem bedankt sich Dorling Kindersley bei allen Museen, Kirchen, Hotels, Restaurants, Geschäften, Galerien und Sehenswürdigkeiten, die hier nicht einzeln aufgeführt werden können.

Kartennachweis
Die Karten für die Stadtpläne von Ho Chi Minh City und Hanoi basieren auf Material von Netmaps.

Bildnachweis
o = oben; om = oben Mitte; or = oben rechts; mlo = Mitte links oben; mo = Mitte oben; mro = Mitte rechts oben; ml = Mitte links; m = Mitte; mr = Mitte rechts; mlu = Mitte links unten; mu = Mitte unten; mru = Mitte rechts unten; ul = unten links; um = unten Mitte; ur = unten rechts; gol = ganz oben links; gor = ganz oben rechts; goml = ganz oben Mitte links; gomr = ganz oben Mitte rechts; gul = ganz unten links; gur = ganz unten rechts.

Wir haben uns bemüht, jeden Copyright-Inhaber ausfindig zu machen. Dorling Kindersley entschuldigt sich für unbeabsichtigte Auslassungen und würde sich freuen, sie in den folgenden Ausgaben korrigieren zu können.

Dorling Kindersley bedankt sich bei folgenden Unternehmen, Personen und Bildarchiven für die freundliche Erlaubnis zur Abbildung ihrer Fotografien:

4CORNERS IMAGES: Amantini Stefano 2–3.

AKG-IMAGES LTD.: 49m; Amelot 6–7; François Guénet 267mr. ALAMY: A.M. Corporation 5ol, 130ul, 131or; Arco Images 18ul; Bill Bachmann 65om; Oliver Benn 105ur, 114ml; Blickwinkel 18mu, 97mru, 201mru; Tibor Bognar 90ol; Jon Bower 215or, 216mo, 220ul; Rachael Bowes 45ul; Paul Carstairs 23ur, 57ur; Rob Cousins 3m, 17u; FLPA 182ol; Glow Images 24ol, 26mlu, 267ur; Alex Griffiths 23mr, 192mlu; Gavin Hellier 205o; Henry Westheim Photography 20or, 201mlo; Hornbil Images Pvt. Ltd. 19mlu; Jeremy Horner 95mo; Imagebroker 99mro, 214mru; ImageState 39o, 146–147; Index Stock 166mlo; Ingo Jezierski 32mr; Jon Arnold Images 12, 14ol, 47mru, 60ol, 152, 202–203, 204ul; Elmari Joubert 182um; E. J. Baumeister Jr. 25ur; Christian Kober 25or; Serge Kozak 63ur; Kevin Lang 25ul, 28ul, 50mru, 99mru, 120, 166ur; Barry Lewis 29ul; Mary Evans Picture Library 40ur, 203m; Neil McAllister 127mru, 128ur, 160ol, 167ol; Chris McLennan 159m, 160mr; Nic Cleave Photography 214ul; David Osborn 18mlu; Papilio 97mlu; Edward Parker 193or; Photobyte 199ul; Photofrenetic 19mo, 98m; Photoz.at 129ul; Pictorial Press Ltd. 59mru; Christopher Pillitz 276–277; Nicholas Pitt 273or; Popperfoto 44or, 45mru; Royal Geographical Society 50mlo;

Marcus Wilson-Smith 19mro; Stephen Frink Collection 190ul; Ulana Switucha 57or; The Photolibrary Wales 90ul; Tribaleye Images/J. Marshall 179u; Ian Trower 24ur; Visual Arts Library (London) 37ur; Andrew Woodley 114or, 196ul; WorldFoto 192mlo. ARDEA.COM: Jean Paul Ferrero 201m; Masahiro Iijima 201ul; Jean Michel Labat 19ur. ASIAN EXPLORERS: Timothy Tye 215ol.

ADAM BRAY ©2008: 116or, 174mo, 292ur; THE BRIDGEMAN ART LIBRARY: Archives Charmet/Private Collection *Die Ankunft französischer Truppen in der Bucht von Haiphong im Juni 1884* (Farblithografie), Vietnamesische Schule (19. Jh.) 42ol; Archives Charmet/ Bibliothèque Nationale, Paris, Frankreich *Der Kongress von Tours, Ho Chi Minh* (1890–1969) aus »L'Humanité«, Dezember 1920 (s/w-Foto) 169mro; JULIET BUI: 98or.

CORBIS: 19um, 273ml; Asian Art & Archaeology, Inc 37m; Bettmann 43ur, 44ml, 44um, 44ul, 45ol, 45or, 45m, 45mlu, 45mru, 46ul, 46um, 46ur, 151mru, 169mr, 169ul; Tibor Bognar 52; Christophe Boisvieux 28ur, 29mro, 30ul, 249m; Corbis Sygma/J.P. Laffont 46mlu, Jacques Langevin 46or, Les Stone 279ur, Orban Thierry 169ur; Natalie Fobes 20ur, 33ol; Owen Franken 74mlo, 183mrr; Michael Freeman 104ml, 132ml; Philippe Giraud 156mlo; Robert van der Hilst 249ol; Jeremy Horner 99mlu; Hulton-Deutsch Collection 42mu, 169ml; Catherine Karnow 20–21m, 28ol, 182mlo, 186–187, 269mu; Charles & Josette Lenars 38om; Christophe Loviny 215mr; Wally McNamee 45ur; Kevin R. Morris 209ol, 218ur; David A. Northcott 19m; Tim Page 31ul, 32ol, 119ur; Papilio/John R. Jones 20mlo, 25mlo, 25mro, 41om; Steve Raymer 13u, 21ol, 21or, 25mr, 30om, 166mro, 169mlo, 279ol; Reuters/Dien Bien Phu Museum 43mru; Roman Soumar 72ol; Keren Su 19mro; Luca Tettoni 275or; Brian A. Vikander 63ol; Nevada Wier 24mro, 29mru, 30mr, 31ol; Alison Wright 198mlu; Michael S. Yamashita 99ul; Zefa/Gary Bell 190mlo.

CPA MEDIA: 22ul, 38mlu, 40m, 42um, 43om, 44mru; Jim Goodman 24or, 24ur, 29mr; David Henley 22ol, 23ml, 23mlu, 29mlu, 135ml, 135m.

DAVID J. DEVINE: 44ol.

FRANK LANE PICTURE AGENCY LIMITED: Colin Marshall 178.

GETTY IMAGES: AFP/Hoang Dinh Nam 24mlo; Asia Images/Martin Puddy 192or; Iconica/John W. Banagan 103u; Photographer's Choice/John W. Banagan 97ml; Riser: Astromujoff 10ul, Image Makers 11or; Robert Harding World Imagery: 18mro, Robert Francis 111mru, 248ml, Occidor Ltd. 199ur; The Image Bank/ Peter Adams 16ul; Time Life Pictures/Larry Burrows: 44–45m, Stringer 44mlu; Stone/ Simeone Huber 210f.

VIKKI HILL: 56or.

TRAN LINH: 32ur. LONELY PLANET IMAGES: John Banagan 4ur, 92–93, 102, 112–113, 226–227; Anders Blomqvist 48–49, 153u, 206ul; Alain Evrard 19mlo; Mason Florence 84, 164ol; Kraig Lieb 118ol; Craig Pershouse 193ul; Peter Ptschelinzew 40ol; Patrick Ben Luke Syder 23mlo.

MARY EVANS PICTURE LIBRARY: 7m, 22or, 22mlu, 36, 43ul, 227m, 277m. MASTERFILE: Pierre Arsenault 18mlo, 85u.

NATUREPL.COM: Jeff Foott 18m; David Kjaer 136m; Pete Oxford 201mr. NGOC: 29mlo. NGOC DONG HA NAM CO. LTD.: 267mlu, 267mu, 267mlu, 267um. PHONG T. NGUYEN: 24mlu, 24mru, 25ml.

MICK PALARCZYK: 9ur. PETER PHAM: 198ur. PHOTOGRAPHERSDIRECT.COM: Images & Stories 198or; Jamie Marshall Photography 199ol; Peter Schickert 193ol; Steve MacAulay Photography 199or; tanchouzuru.com 51mr; Tanya D'Herville Photography 9ol. PHOTOLIBRARY: Oxford Scientific Films/Mary Plage 77ur.

REUTERS: Larry Downing 47om, 47ur; Kham 78om; Nguyen Huy Kham 20mlu.

SEDONA SUITES HANOI: 231ur. STARS & STRIPES: Fotografie von John Olson – Cu Chi, Südvietnam, November, 1967: Colt .45 und Taschenlampe in der Hand, mit Gasmaske, »Tunnelratte« Sp4 Richard Winters, 2. Bataillon, 27. Infanterieregiment, 25. Infanteriedivision, lässt sich vorsichtig in einen 330 Meter langen Tunnel des Vietcong im »Eisernen Dreieck« Vietnams hinab 73mro; SWRIGHT.SMUGMUG. COM: Steven L. Wright 95ul.

TERRA GALLERIA PHOTOGRAPHY: Q.T. Luong 65ur, 151or.

WIKIPEDIA.COM: Public Domain 39um. WORLD PICTURES: Eur 184u; Stuart Pearce 101ul.

Vordere Umschlaginnenseite
ALAMY: Jon Arnold Images m, or; Kevin Lang mlo. CORBIS: Tibor Bognar ol. FRANK LANE PICTURE AGENCY LIMITED: Colin Marshall ol. LONELY PLANET IMAGES: John Banagan mr; Mason Florence ul.

Umschlag
Vorderseite – DK IMAGES: Demetrio Carrasco mlu. HEMISPHERES IMAGES: Bertrand Gardel Hauptfoto. Rückseite – ALAMY IMAGES: Neil McAllister mu; Nicholas Pitt ol. DK IMAGES: Demetrio Carrasco mlo, ul. Buchrücken – DK IMAGES: Demetrio Carrasco u. HEMISPHERES IMAGES: Bertrand Gardel o.

Alle andere Fotografien © Dorling Kindersley
Weitere Informationen unter
www.dkimages.com

Sprachführer Vietnamesisch

Vietnamesisch gehört zu den Mon-Khmer-Sprachen innerhalb der austroasiatischen Sprachfamilie. Neben dem Standard-Vietnamesisch im Großraum Hanoi gibt es zahlreiche andere Dialekte, vor allem in Zentral- und Südvietnam. Sie weichen in ihrer Phonetik (u. a. haben sie weniger Tonlagen als das Standard-Vietnamesisch) und dem Wortschatz ab, nicht jedoch in der Grammatik. Jahrhundertelang war Chinesisch *(chu han)* die offizielle Beamten- und Bildungssprache, da es kein geschriebenes Vietnamesisch gab. Später entstand eine Schriftform namens *chu nom* für die Landessprache. Im 17. Jahrhundert entwickelten katholische Missionare aus Europa eine einfache vietnamesische Transkription mit lateinischen Buchstaben. Mit den ersten Franzosen wurde *quoc ngu* eingeführt. Trotz anfänglicher Widerstände gegen die neue Schriftsprache, die als Instrument kolonialer Herrschaft galt, verbreitete sie sich dank ihrer Erlernbarkeit rasch und überzeugte auch die Kritiker.

Die sechs Tonfälle

Vietnamesisch ist eine komplexe tonale Sprache, d. h. Wörter werden in unterschiedlichen Tonlagen ausgesprochen. Das im Alltag gesprochene Vietnamesisch weist sechs Tonfälle auf, die durch verschiedene Zeichen, meist über dem Vokal, unterschieden werden. Der Tonfall kann die Bedeutung eines Worts entscheidend verändern, z. B. hat das Wort *ma* je nach Tonlage sechs verschiedene Bedeutungen. In der folgenden Übersicht markieren Akzente die Tonlage einer jeden Silbe:

Ma (Geist)	Mittlerer, gleichmäßiger Ton
Mà (aber)	Fallender, gleichmäßiger Ton
Mã (Pferd)	Aufsteigender, unterbrochener Ton mit Knacklaut
Mả (Grab)	Aufsteigend-absteigender Ton
Má (Wange)	Aufsteigender Ton
Mạ (Reissetzling)	Schroff fallender Ton, starker Knacklaut

Familienbezeichnungen

Begriffe zur Bezeichnung von Familienzugehörigkeit, die »Verwandtschaftswörter«, werden bei der persönlichen Anrede verwendet. Die Wortwahl hängt vom Geschlecht, Alter, gesellschaftlichen Status und dem Grad der Verwandtschaft sowie der Vertrautheit ab. Die häufigsten Begriffe sind:

Anh (älterer Bruder) als Anrede für einen jungen Mann.

Chị (ältere Schwester), weibliche Entsprechung von **anh**.

Em (jüngere Geschwister) als Anrede eines jüngeren Gegenübers.

Ông (Großvater) als Anrede eines älteren Herrn; formal und voller Respekt, dem englischen »Sir« vergleichbar.

Bà (Großmutter) bei Anrede einer älteren Frau, sehr respektvoll und formal.

Cô ähnlich wie »Madam« im Englischen.

Aussprachregeln

Die meisten Konsonanten werden ähnlich wie im Deutschen ausgesprochen – mit folgenden Ausnahmen:

c	wie **k**
ch	am Silbenanfang wie in **tj**a
d	im Süden wie **j**, im Norden stimmhaftes **s** wie in **S**ahne
đ	**d** wie in **D**orf
gi	im Süden wie **j**, im Norden stimmhaftes **s** wie in **S**ahne
kh	wie **ch** in Da**ch**
ng, ngh	wie **ng** mit geschlossenen Lippen
nh	**nj** wie in Ken**i**a
th	stark aspiriertes **t**
tr	stimmloses **tsch**
x	scharfes, stimmloses **s**

Vokale werden in etwa so ausgesprochen:

a	wie in fr**a**gen
â, ă	wie in h**a**tte, Tendenz zum **o**
e	wie in j**ä**h
ê	wie in L**e**ben
i	wie in T**i**nte
o	wie in v**o**r
ô	ähnlich dem engl. **a** in b**a**ll
ơ	ähnlich dem engl. **o** in w**o**rst
u	wie in K**u**ss
ư	zwischen **u** und **ü**
y	wie in T**i**nte

Grundbegriffe

Hallo!	Xin chào!
Auf Wiedersehen!	Tạm biệt!
Ja/nein	Vâng/không
Ich verstehe	Tôi hiểu
Ich verstehe nicht	Tôi không hiểu
Ich weiß es nicht	Tôi không biết
Danke	Cám ơn!
Sprechen Sie Englisch?	Anh/chị có biết tiếng Anh không?
Ich spreche nicht Vietnamesisch	Tôi không biết tiếng Việt
Entschuldigung!	Xin lỗi!
Keineswegs	Không dám
Kommen Sie bitte rein!	Mời anh/chị vào!
Notfall	Cấp cứu
Polizei	Công an
Krankenwagen	Xe cấp cứu
Feuerwehr	Cứu hỏa

Nützliche Redewendungen

Ich heiße …	Tên tôi là …
Wie heißen Sie?	Tên anh/chị là gì?
Guten Tag/ angenehm	Rất hân hạnh được gặp anh/chị
Wie geht es Ihnen?	Anh/chị có khỏe không?
Welchen Beruf haben Sie?	Anh/chị làm nghề gì?
Wie alt sind Sie?	Anh/chị bao nhiêu tuổi?
Aus welchem Land kommen Sie?	Anh/chị là người nước nào?
Was ist das?	Dây là cái gì?
Gibt es … hier?	Ở dây có … không?
Wo ist …?	… ở đâu?
Wie teuer ist das?	Cái này giá bao nhiêu?
Wie viel Uhr ist es?	Bây giờ là mấy giờ?
Glückwunsch	Chúc mừng
Wo sind die Toiletten?	Phòng vệ sinh ở đâu?

Nützliche Wörter

ich	tôi
Mann	đàn ông
Frau	đàn bà
Familie	gia đình
Eltern	bố mẹ/cha mẹ /ba má
Vater	bố/cha/ba
Mutter	mẹ/má/mạ
jüngerer Bruder	em trai
älterer Bruder	anh trai
jüngere Schwester	em gái
ältere Schwester	chị
groß/klein	to/nhỏ
hoch/niedrig	cao/thấp
heiß/kalt	nóng/lạnh
gut/schlecht	Tốt/xấu
jung/alt	trẻ/già
alt/neu	cũ/mới
teuer/preiswert	đắt/rẻ
hier	đây
dort	kia
Was?	gì?
Wer?	ai?
Wo?	(ở) đâu?
Warum?	(tại) sao?
Wie? Wie ist das?	thế nào?

Geld

Ich möchte 100 US-$ in vietnamesisches Geld umtauschen.	Tôi muốn đổi 100 đô la Mỹ ra tiền Việt.
Wechselkurs	tỷ giá hối đoái
Ich möchte gerne diese Reiseschecks einlösen.	Tôi muốn đổi séc du lịch này ra tiền mặt.
Bank	ngân hàng
Geld/Bargeld	tiền/tiền mặt
Kreditkarte	thẻ tín dụng
Dollar	đô la
Vietnamesischer Dong	đồng (Viêt Nam)

Postamt und Banken

Ich möchte gerne ein Telefonat führen.	Tôi muốn gọi điện thoại.
Ich möchte gerne ein internationales Telefonat führen.	Tôi muốn gọi điện thoại quốc tế.
Mobiltelefon	máy điện thoại di động
Telefonauskunft	chi dẫn điện thoại
öffentliche Telefonzelle	trạm điện thoại công cộng
Vorwahl	mã (vùng)
Postamt	bưu điện
Briefmarke	tem
Brief	thư
Einschreiben	thư bảo đảm
Adresse	địa chi
Straße	phố
Stadt	thành phố
Dorf	làng

Shopping

Wo kann ich … kaufen?	Tôi có thể mua … ở đâu?
Wie viel kostet das?	Cái này giá bao nhiêu?
Darf ich das anprobieren?	Tôi mặc thử có được không?
Wie viel?	Bao nhiêu?
Wie viele?	Mấy?
teuer/preiswert	đắt/rẻ
handeln	mặc cả
Größe	số, cỡ
Farbe	màu
blau	xanh da trời
braun	nâu
gelb	vàng
grau	xám
grün	xanh lá cây
rot	đỏ
schwarz	đen
weiß	trắng
Apotheke	hiệu thuốc
Buchhandlung	hiệu sách
Holzstatue	bức tượng gỗ
Kaufhaus	cửa hàng bách hóa
Lackgemälde	tranh sơn mài
Markt	chợ
Seidenmalerei	tranh lụa
Seidenschal	khăn lụa
Souvenirladen	cửa hàng lưu niệm
Souvenirs	đồ lưu niệm
Supermarkt	siêu thị
Tablett	khay
Tischtuch	khăn trải bàn
Vase	lọ hoa

Sehenswürdigkeiten

Reisebüro	công ty du lịch
Wo ist der internationale Ticketschalter?	Phòng bán vé máy bay quốc tế ở đâu?
Vietnam Airlines	Hãng hàng không Việt Nam
Berg	núi
Bucht	vịnh
Ethnische Volksgruppe	dân tộc ít người
Festival	lễ hội
Fluss	sông
Höhle, Grotte	hang
Insel	hòn đảo
Landschaft	nông thôn
Museum	bảo tàng
Pagode	chùa
See	hồ

Strand	bãi
Tempel	đền
Wald, Dschungel	rừng

Unterwegs

Auto	xe ô tô
Autovermietung	thuê xe ô tô
Bahnhof	nhà ga
Busbahnhof	bến xe búyt
Cyclo	xích lô
Einfaches Ticket	vé một lượt
Fahrkarte	vé
Fahrrad	xe đạp
Flughafen	sân bay
Flugticket	vé máy bay
Flugzeug	máy bay
Hin- und Rückfahrticket	vé khứ hồi
Motorrad	xe máy
Taxi	tắc xi
Zug	xe lửa
Wie lange dauert es bis nach …?	Đi …. mất bao lâu?
Kennen Sie den Weg nach …?	Anh/chị có biết đường …. không?
Ist das weit?	Có xa không?
geradeaus	Đi thẳng.
wenden	rẽ
links	trái
rechts	phải
Reisepass	hộ chiếu
Visum	thi thực
Zoll	hải quan

Im Hotel

Hotel	khách sạn
Gästehaus	nhà khách
Zimmer (Einzel-, Doppel-)	phòng (đơn, đôi)
Klimaanlage	máy lạnh
Reisepassnummer	số hộ chiếu

Im Restaurant

Ich möchte einen Tisch für zwei Personen reservieren.	Tôi muốn đặt trước một bàn Cho hai người.
Kellner	người phục vụ
Kann ich die Karte sehen?	Cho tôi xem thực đơn.
Haben Sie heute ein besonderes Tagesgericht?	Hôm nay có món gì đặc biệt không?

Was möchten Sie bestellen?	**Anh/chị muốn gọi gì?**	Kuchen	**bánh ngọt**
Kann ich die Rechnung haben, bitte?	**Anh/chị cho hóa đơn.**	Mandarine	**quít**
		Mango	**xoài**
Ich bin Vegetarier.	**Tôi ăn chay.**	Milch	**sữa**
lecker/ausgezeichnet	**ngon/ngon tuyệt**	Nicht-Klebreis	**gạo (cơm) tẻ**
scharf (würzig)	**cay**	Nudeln	**mì, miến**
süß	**ngọt**	Nudelsuppe mit Rind/Hühnchen	**phở bò/gà**
sauer	**chua**	Papaya	**đu đủ**
bitter	**đắng**	Pfeffer	**hạt tiêu**
Frühstück	**bữa ăn sáng**	Pilze	**nấm**
Stäbchen	**đôi đũa**	Rambutan	**chôm chôm**
Messer	**dao**	Reis	**gạo**
Gabel	**nĩa**	Reis (gekocht)	**cơm**
Löffel	**thìa**	Rindfleisch	**thịt bò**
trinken	**uống**	Rindfleisch mit Pilzen gebraten	**bò xào mắm**
essen	**ăn**	Salat	**xà lách**
hungrig/durstig	**đói/khát**	Salz	**muối**
Restaurant	**hiệu ăn, nhà hàng**	Schnecke	**ốc**
westliches Essen	**món ăn Âu**	Schwein	**thịt lợn**
Vietnamesische Spezialitäten	**đặc sản Việt Nam**	Sojasauce	**tương**
		Speisekarte	**thực đơn**
		Suppe	**xúp**
Auf der Speisekarte		Vietnamesische Nudelsuppe	**phở**
Aal	**lươn**	Vorspeise	**(món) khai vị**
Apfel	**táo**	Zitrone	**chanh**
Bambussprösslinge	**măng**	Zitronengras	**xả**
Banane	**chuối**	Zucker	**đường**
Birne	**đào**	Zwiebel	**hành**
Bohnensprösslinge	**giá**		
Brot	**bánh mì**	**Getränke**	
Butter	**bơ**	Bier	**bia**
Dessert	**(món) tráng miệng**	Kaffee (mit Milch)	**cà phê (cà phê sữa)**
Ei	**trứng**	Milch	**sữa**
Eis	**đá**	Mineralwasser	**nước khoáng**
Eiscreme	**kem**	Obstsaft	**nước quả, nước trái cây**
Ente	**vịt**	Softdrink	**nước ngọt**
Fisch	**cá**	Tee	**trà, chè**
Fischsauce	**nước mắm**	Wasser	**nước**
Fleisch (gut durch, medium, roh)	**thịt (tái, vừa, chin)**	Wein	**rượu vang**
		Glas	**cốc**
Frosch	**ếch**	Flasche	**chai**
Frucht	**hoa quả, trái cây**		
Frühlingsrolle	**nem rán (chả giò)**	**Gesundheit**	
Garnele	**tôm**		
Gemüse	**rau**	Was ist mit Ihnen los?	**Anh/chị bị làm sao?**
Hummer	**tôm hùm**	Akupunktur	**châm cứu**
Hähnchen	**(thịt) gà**	Allergie	**dị ứng**
Ingwer	**gừng**	Ambulanz	**xe cấp cứu**
Kartoffel (Süßkartoffel)	**khoai tây (khoai)**	Antibiotika	**thuốc kháng sinh**
Klebreis	**gạo (cơm) nếp**	Apotheke	**cửa hàng thuốc**
Kokosnuss	**dừa**		
Krebs	**cua**		

Arzt	bác sĩ	sonnig	nắng
Blut	máu	Wetter	thời tiết
Blutdruck	huyết áp	warm/kalt	ấm/lạnh
(hoch/niedrig)	(cao/thấp)	Mondkalender	Âm lịch
Diabetes	bệnh đái đường	Sonnenkalender	Dương lịch
Durchfall	đi ngoài	Vietnamesisches	
Fieber	sốt	Neujahr	Tết Nguyên đán
Grippe	cúm	Wie viel Uhr ist es?	Bây giờ là mấy giờ?
Halsentzündung	viêm họng	8.30 Uhr	tám giờ rưởi
Herz	tim	8.45 Uhr	tám giờ bốm mươi
Husten	ho		lăm phút/chín giờ
Hygiene	vệ sinh		kém mười (phút)
Injektion	tiêm	10.15 Uhr	mười giờ mười
Kopfschmerzen	đau đầu		lăm phút
Krankenhaus	bệnh viện	12.00 Uhr	mười hai giờ
Krankheit	bệnh	Morgen	buổi sang
Lebensmittelvergiftung	ngộ độc thức ăn	Mittag	buổi trưa
Malaria	bệnh sốt rét	Nachmittag	buổi chiều
Medikament	thuốc	Abend	buổi tối
Ohr	tai	Nacht	đêm
Operation	mổ		
Rezept	đơn thuốc	**Zahlen**	
Schlaflosigkeit	mất ngủ		
schwindelig	chóng mặt, hoa mắt	1	một
Temperatur	sốt	2	hai
Tetanusimpfung	tiêm phòng uốn ván	3	ba
Traditionelle vietname-	thuốc Nam	4	bốn
sische Medizin		5	năm
		6	sáu
Unfall (Verkehr)	tai nạn (giao thông)	7	bảy
Zahn	răng	8	tám
Zahnschmerzen	đau răng	9	chín
		10	mười
		11	mười một
Zeit und Jahreszeiten		12	mười hai
		15	mười lăm
Minute	phút	20	hai mươi
Stunde	giờ	21	hai mươi mốt
Tag	ngày	24	hai mươi bốn/
Woche	tuần		hai mươi tư
Monat	tháng	25	hai mươi lăm
Jahr	năm	30	ba mươi
Montag	(ngày) thứ hai	40	bốn mươi
Dienstag	(ngày) thứ ba	50	năm mươi
Mittwoch	(ngày) thứ tư	100	một trăm
Donnerstag	(ngày) thứ năm	101	một trăm linh
Freitag	(ngày) thứ sáu		(lẻ) một
Samstag	(ngày) thứ bảy	105	một trăm linh
Sonntag	Chủ nhật		(lẻ) năm
Jahreszeit	mùa	200	hai trăm
Frühjahr	mùa xuân	300	ba trăm
Sommer	mùa hè/mùa hạ	1000	một nghìn/
Herbst	mùa thu		một ngàn
Winter	mùa đông	10 000	mười nghìn/
Trockenzeit	mùa khô		mười ngàn
Regenzeit	mùa mưa	1 000 000	một triệu
Regen (es regnet)	mưa (trời mưa)		
Wind	gió		

DORLING KINDERSLEY VIS-À-VIS

DIE 100 BÄNDE DER VIS-À-VIS-REIHE

Ägypten • Alaska • Amsterdam
Apulien • Australien • Bali & Lombok
Barcelona & Katalonien • Beijing & Shanghai
Berlin • Brasilien • Bretagne • Brüssel
Budapest • Chicago • China • Costa Rica
Dänemark • Danzig & Ostpommern
Delhi, Agra & Jaipur • Deutschland
Dublin • Emilia-Romagna • Florenz & Toskana
Florida • Frankreich • Genua & Ligurien
Griechenland • Griechische Inseln
Grossbritannien • Hamburg • Hawai'i
Indien • Irland • Istanbul • Italien
Japan • Jerusalem • Kalifornien
Kanada • Kanarische Inseln • Korsika • Krakau • Kroatien
Kuba • Las Vegas • Lissabon • London • Madrid • Mailand
Malaysia & Singapur • Mallorca, Menorca & Ibiza
Marokko • Mexiko • Moskau • München & Südbayern
Neapel • Neuengland • Neuseeland • New Orleans
New York • Niederlande • Nordspanien • Norwegen
Österreich • Paris • Polen • Portugal • Prag
Provence & Côte d'Azur • Rom • San Francisco
St. Petersburg • Sardinien • Schottland • Schweden
Schweiz • Sevilla & Andalusien • Sizilien • Spanien
Stockholm • Südafrika • Südtirol & Trentino • Südwestfrankreich
Thailand • Tokyo • Tschechien & Slowakei • Tunesien
Turin • Türkei • Umbrien • Ungarn • USA
USA Nordwesten & Vancouver
USA Südwesten & Las Vegas
Venedig & Veneto • Vietnam & Angkor
Warschau • Washington, DC
Wien • Zypern

**Erhältlich in
jeder Buchhandlung**

DORLING KINDERSLEY
www.dk.com

VIS·À·VIS

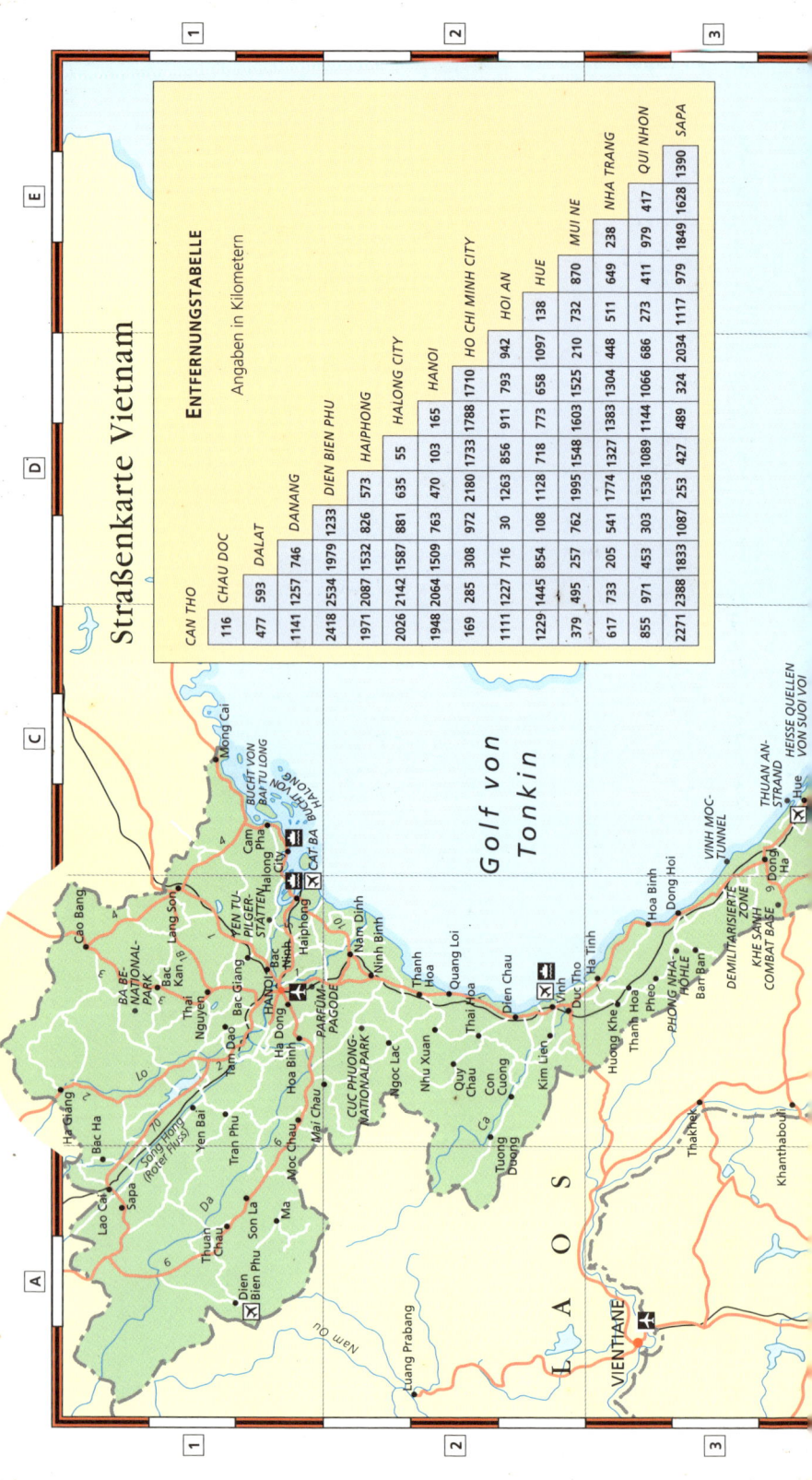